儿子小亮回家前与妈妈告别（2010年，中国上海）

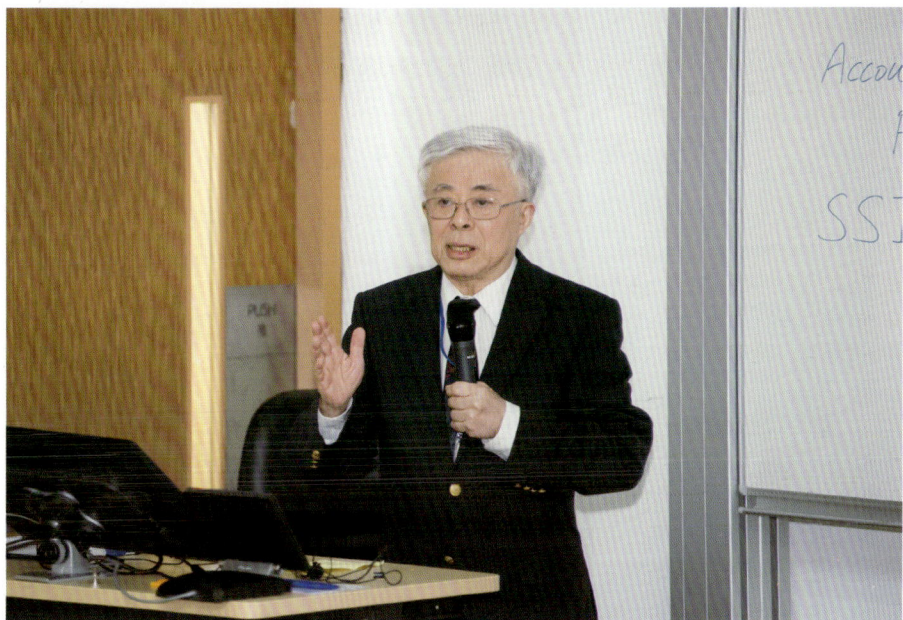

在全球华人化工研讨会上做报告。（2014年，中国香港）

中国工程院院士传记系列丛书

领导小组

顾　问：宋　健　徐匡迪

组　长：周　济

副组长：陈左宁　黄书元　辛广伟

成　员：董庆九　任　超　沈水荣　于　青　高中琪
　　　　王元晶　高战军

编审委员会

主　任：陈左宁　黄书元

副主任：于　青　高中琪　董庆九

成　员：葛能全　王元晶　陈鹏鸣　侯俊智　王　萍
　　　　吴晓东　黎青山　侯　春

编撰出版办公室

主　任：侯俊智　吴晓东

成　员：侯　春　贺　畅　徐　晖　邵永忠　陈佳冉
　　　　汪　逸　吴广庆　常军乾　郑召霞　郭永新
　　　　王晓俊　范桂梅　王爱红　宗玉生　唐海英
　　　　张　健　黄海涛　李冬梅　于泽华

总　序

　　20 世纪是中华民族千载难逢的伟大时代。千百万先烈前贤用鲜血和生命争得了百年巨变、民族复兴，推翻了帝制，击败了外侮，建立了新中国，独立于世界，赢得了尊严，不再受辱。改革开放，经济腾飞，科教兴国，生产力大发展，告别了饥寒，实现了小康。工业化雷鸣电掣，现代化指日可待。巨潮洪流，不容阻抑。

　　忆百年前之清末，从慈禧太后到满朝文武开始感到科学技术的重要，办"洋务"，派留学，改教育。但时机瞬逝，清廷被辛亥革命推翻。五四运动，民情激昂，吁求"德、赛"升堂，民主治国，科教兴邦。接踵而来的，是 18 年内战、14 年抗日和 3 年解放战争。怀科学救国的青年学子，负笈留学或寒窗苦读，多数未遇机会，辜负了碧血丹心。

　　1928 年 6 月 9 日，蔡元培主持建立了中国近代第一个国立综合科研机构——中央研究院，设理化实业研究所、地质研究所、社会科学研究所和观象台 4 个研究机构，标志着国家建制科研机构的诞生。20 年后，1948 年 3 月 26 日遴选出 81 位院士（理工 53 位，人文 28 位），几乎都是 20 世纪初留学海外、卓有成就的科学家。

　　中国科技事业的大发展是在中华人民共和国成立以后。1949 年 11 月 1 日成立了中国科学院，郭沫若任院长。1950~1960 年有 2500 多名留学海外的科学家、工程师回到祖国，成为大规模发展中国科技事业的第一批领导骨干。国家按计划向苏联、东欧各国派遣 1.8 万各类科技人员留学，全都按期回国，成为建立科研和现代工业的骨干力量。高等学校从中华人民共和国成立初期的 200 所增加到 600 多所，年招生增至 28 万人。到 21 世纪初，高等学校 2263 所，年招生 600 多万人，科技人力总资源量超过 5000 万人，具有大学本科以上学历的科技人才达 1600 万人，已接近最发达国家水平。

中华人民共和国成立 60 多年来，从一穷二白成长为科技大国。年产钢铁从 1949 年的 15 万吨增加到 2011 年的粗钢 6.8 亿吨、钢材 8.8 亿吨，几乎是 8 个最发达国家（G8）总年产量的 2 倍。20 世纪 50 年代钢铁超英赶美的梦想终于成真。水泥年产 20 亿吨，超过全世界其他国家总产量。中国已是粮、棉、肉、蛋、水产、化肥等第一生产大国，保障了 13 亿人口的食品和穿衣安全。制造业、土木、水利、电力、交通、运输、电子通信、超级计算机等领域正迅速逼近世界前沿。"两弹一星"、高峡平湖、南水北调、高公高铁、航空航天等伟大工程的成功实施，无可争议地表明了中国科技事业的进步。

党的十一届三中全会以后，实行改革开放，全国工作转向以经济建设为中心。加速实现工业化是当务之急。大规模社会性基础建设、大科学工程、国防工程等是工业化社会的命脉，是数十年、上百年才能完成的任务。中国科学院张光斗、王大珩、师昌绪、张维、侯祥麟、罗沛霖等学部委员（院士）认为，为了顺利完成中华民族这项历史性任务，必须提高工程科学的地位，加速培养更多的工程科技人才。中国科学院原设的技术科学部已不能满足工程科学发展的时代需要。他们于 1992 年致书党中央、国务院，建议建立"中国工程科学技术院"，选举那些在工程科学中做出重大创造性成就和贡献、热爱祖国、学风正派的科学家和工程师为院士，授予终身荣誉，赋予科研和建设任务，请他们指导学科发展，培养人才，对国家重大工程科学问题提出咨询建议。中央接受了他们的建议，于 1993 年决定建立中国工程院，聘请 30 名中国科学院院士和遴选 66 名院士共 96 名为中国工程院首批院士。于 1994 年 6 月 3 日，召开了中国工程院成立大会，选举朱光亚院士为首任院长。中国工程院成立后，全体院士紧密团结全国工程科技界共同奋斗，在各条战线上都发挥了重要作用，做出了新的贡献。

中国的现代科技事业比欧美落后了 200 年。虽然在 20 世纪有了巨大进步，但与发达国家相比，还有较大差距。祖国的工业化、现代化建设，任重道远，还需要数代人的持续奋斗才能完成。况且，世界在进步，科学无止境，社会无终态。欲把中国建设成科技强国，屹立于世界，必须持续培养造就数代以千万计的优秀科学家和工程师，服膺接力，担当使命，开拓创新，更立新功。

中国工程院决定组织出版《中国工程院院士传记》丛书，以记录他们对祖国和社会的丰功伟绩，传承他们治学为人的高尚品德、开拓创新的科学精神。他们是科技战线的功臣，民族振兴的脊梁。我们相信，这套传记的出版，能为史书增添新章，成为史乘中宝贵的科学财富，俾后人传承前贤筚路蓝缕的创业勇气、魄力和为国家、人民舍身奋斗的奉献精神。这就是中国前进的路。

宋健

序　一

　　我与渭康教授虽长期同在沪工作，但除了工作上有过几次交往外，并无深交。1995年我俩同时成为中国工程院第一批选举产生的院士，因而有缘相识。当时的工程院化工、冶金与材料学部一共只有约40人，其中大部分是中科院技术科学部转过来的德高望重的老院士（如师昌绪、严冬生、侯祥麟、闵恩泽、邵象华等），我们新人会上自然就很少发言，但私下里用上海话可没少交流，几次会后就成了无话不谈的挚友。在封建科举时代同科录取的举人互称为"同年"，因渭康教授比我年长几岁，按旧例我应尊称他为"年兄"才是。

　　在拙作《我的学术生涯》一文中我曾说过："我们这些20世纪30年代出生的中国知识分子，可以说是经历特别'丰富'的一代。"诞生于民族危亡与抗日烽火之中，成长于新旧社会交替的四五十年代，既曾热烈欢呼过新中国的建立与强盛，又因经历过肃反、反"右""大跃进"以及走向极端的"文化大革命"而感到前途迷茫。因为学的工科、所以每年去工厂带学生实习、下工地参加劳动成了例行的"家常便饭"，更有到农村参加"四清"及在"五七干校"种地接受农民"再教育"的难忘经历。相对于长一辈的师长（他们多数是欧美留学回国的教授），我们并没有享受过"资产阶级知识分子"的优越生活待遇。但在不惑

───────────────

* 本文是徐匡迪院士为袁渭康院士所著《半生行悟——亲历与随想》一书所作的序，该书2014年由上海人民出版社出版，现收录其中部分内容于本书上篇中。

之年后，却沐浴到了改革开放的春风，我们中的不少人被派到欧美发达国家的著名高校学习、进修，并在学成回国后挑起了本专业"学术带头人"的担子。回顾我们这代人的一生，真可以说是跌宕起伏，挫折与艰辛之苦和奋斗成功后的甘甜并存，"却顾所来径，苍苍横翠微"，在我看来这或许就是人生的真谛吧！

渭康教授的《半生行悟——亲历与随想》一书摆脱了多数名人、学者自传的老套格局，既没有平淡的流水账式的记述，更无友人、学生的赞颂及自我褒扬的俗套，而是以平静似水的心境将改革开放以后自己在国内外的亲身经历，以及由此产生的联想与感悟，真诚而直白地娓娓道来，既有生活琐记的亲切与可读性，更有杂文犀利的思考和深度，这对我们这一代人可以说是感同身受的，而对于20世纪80年代后成长起来的年轻科技工作者来说，也可以成为激励他们奋发前进的心灵鸡汤。

徐匡迪

2014 年 1 月 31 日

序　二

　　袁先生的高作《一路行思》脱稿，希望我写一序言。这让我诚惶诚恐，又着实为难。袁先生是我的前辈，长期给予我多方面的指导和支持，我岂有资格为袁先生写序？又知《半生行悟——亲历与随想》是由徐匡迪院士作序，我更是不敢造次。但袁先生坚持，且我读过书稿后，感到此书十分有意义，大事小事，娓娓道来中讲了很多深刻的道理，我自己深受启发。这些文字，就当做读了袁先生的高作后，谈一些体会吧。

　　首先，此书不同于一般写人的传记，让人耳目一新。作者通过对人生的回忆，在叙事中表达了作者对各种事物的态度，反映了深刻的思想内涵，值得读者仔细玩味，并从中汲取营养。也就是说，此书虽是传记，但重在研析社会，表达感悟，而不在写人。这是一般的传记作品所缺少的。

　　其次，本书无处不见作者严谨求精的科学态度。对文中涉及的别人的观点，哪怕只是一句话，即使也许是常识，但作者觉得有价值，对自己有过启发或产生过共鸣的，都有详细的引证。这充分体现了老一辈科学家尊重他人的崇高品格。

　　第三，寓道理于日常，更能引起读者思考。书中谈到的事情虽然

＊本文是李静海院士为本书的下篇《一路行思——人生与思考》所作的序。

有很多小事，但袁先生从小事中挖掘背后蕴含的深刻道理，而这些道理是构成一个良好的社会氛围和优秀文化所应具备的基本要素，这比一般只讲大道理的传记更能引起人们的思考！

书中有学术总结的回顾，有为人处世的态度，有对文化艺术的讨论，有对社会现象的评述，还有对待朋友、面对疾病的态度，是一位过来人的感悟全集。我觉得值得读者，特别是年轻人认真体会。相信每一位读者都会受益匪浅，这也许是袁先生写作本书的一片苦心。

谈一些体会，难以为序。

2017 年 2 月于北京

为什么这么写？（代前言）

中国工程院正在组织编写一套"院士传记丛书"，也要我参与传记的写作。我认为这是一件很有意义的事，因此乐于参加。相信此丛书一方面可以把院士的成长和业绩留给社会，留给亲友和学生；另一方面也可避免对院士生平产生一些没有根据的误传。

"传记"分两种：一种是以某位院士的同事、友人、学生或其他人的视角来记述院士生平和工作的，称作"传记"；另一种是由院士本人动笔撰写的，则称作"自传"。我认为，只要本人尚能动笔，"自传"总要比"传记"更为贴切，因为对自己的了解应是深入和全面的。我当然选择自己动笔，因此写的是"自传"。

（1）

怎么写，是一个大问题。可以按时间程序，年复一年，日复一日地写，我戏称为"流水账"。我个人并不喜欢这种形式。我心想我虽然是一名院士，但自问有多少贡献，我只能说业绩平平。读者为什么要花时间来阅读你这个业绩平平的日复一日的人生记录呢？

为此，我想到了另一种形式，就是用杂文的形式记述我一生中自己认为值得写的一些事，以及相应的时间或地点的节点，把不值得一记的事视作空白。于是我借用数学中矩阵的概念，以时间为行，地点为列，构成了一些元素，作为记述的对象。这个时间和地点意义上的矩阵，有不少元素为零值，也就是没有写到，表示没有什么可写，或者有意规避。

这些写到的事，还有一个隐含的选择理念。就是在那些事情，自身也许也没有什么值得写的，但是正巧我想到了一些什么，我就写了那件事，并写了我的"联想"或"思考"。我承认这么做多少有一些借题发挥之意。正像我在《半生行悟——亲历与随想》的"自序"中写的，生活中有一些想说又不知道哪里去说的话，也就借此机会说出来了。

（2）

本《自传》是由两部分组成的：《半生行悟——亲历与随想》和《一路行思——人生与思考》。前者已于2014年6月由上海人民出版社出版。当时正值我虚岁八十，我是为了答谢学生要为我祝寿的好意而写的；后者则于最近完成手稿。

说起《半生行悟》，写的时候有些随心所欲，因为那时并没有计划写什么自传，而只是心血来潮，随心所欲地写了一些杂文，无意中却成了"集"，所以毫无系统性可言。我把它称作"杂文集"。从时间来看，《半生行悟》大体是记述改革开放以后的事。但是在该书出版以后获得了一些读者的好评，于是我就试图在后来冶金工业出版社出版我的《文集》时，提议《文集》的中文部分收入《半生行悟》，但总编辑在最后审稿时提出应把《半生行悟》适当扩充形成一本我的《自传》。显然这也是与中国工程院组织出版《院士传记丛书》的意图相一致的。

我考虑了《自传》的写法。我不大喜欢那种记述式的写法，也就是按时按事地写，并且正如我上面说到的，我的一生比较平淡，如果还是按时间序列去写，必定会是一本枯燥无味、令人厌烦的读物。然而我那本《半生行悟》出版后却获得了一些好评，就像徐匡迪院士在为《半生行悟》所作的"序"中所说，此书摆脱了"自传的老套格局，而是以平静似水的心境将改革开放以后自己在国内外的亲身经历，以及由此产生的联想和感悟，真诚而直白地娓娓道来。"徐院士的正面评价，给了我很大鼓励，因此我还是以这个有很多零元素的时间和地点矩阵的模式来写成我的《一路行思——人生与思考》，当然也绝忘不了所谓的"思考"：基本格局与《半生行悟》类同，应该也是一本杂文集。

当我把我的写作计划与冶金工业出版社的编辑交流时，最初他们有些为难，认为这样的自传写作，有些"不伦不类"，也就是不大符合传统的自传格式。后来我说，现在大家都在讲创新，总也允许自传的格式有些创新吧。最后他们同意了我的写作理念，但加了一句："尽量往自传方向靠"。我理解这句话的意思是尽量写得像传统意义上的自传。我当然表示同意，因此《一路行思》在叙事方面与《半生行悟》相比，是有些"补齐"之意的，就时间来说，基本上覆盖了我的一生。

（3）

在书稿接近完成之际，再回头翻阅了一遍，对有些段落还算满意，但有些确也感到不足称道。我曾考虑改动一些，再想想也就算了。原始的东西总是纯真的和朴实的，这一点我深信不疑，因此我后来对书稿的修改主要只是改改错别字，改改语句不通顺或作一些文字上的润色和修饰，没有在原意上大动。

与《半生行悟》一样，《一路行思》的风格也是在叙事的同时穿插了我个人的一些联想和思考，其中有关于人生的，关于治学的，关于公德的，也有针砭时弊的。对于后者，可能有一些争议，也可能会得罪一些人，尤其是一些"权贵"。但转念一想，我只是在"自传"这个小得不能再小的个人小天地里谈谈想说的话，爱看就看，不爱看也就请另翻一页吧。然而我却相信，不少人就是冲着这些联想和思考而来的，因为他们或许只是想从中得到一些共鸣，而对作者的什么经历之类并不很有兴趣。

最后，我要感谢徐匡迪院士和李静海院士，他们在百忙中分别审读了《半生行悟》和《一路行思》的手稿并分别为这两本书写了序。我充分理解他们的工作是多么繁忙，他们抽时间审读我的手稿并亲自动笔为我的小书作序是多么不易。我把他们此举看作是对我的极大鼓励和支持，也在把手稿交付出版社之际向两位院士再次表示由衷的感激和敬意。

2017 年 2 月于上海

目 录

中国工程院院士传记

袁渭康自传

上　篇
半生行悟
——亲历与随想

引 子

本篇取名《半生行悟——亲历与随想》，是想记述在我后半生经历的一些事，以及由此引发的感想。

我已到望八之年，自己也不知来日还有多少。朋友们在闲谈中曾建议我写下些什么，以飨后人和学生。我知道，他们说的意思是指"自传"之类的东西。

我掂量自己，一生平淡，无甚出色业绩，因而也谈不上什么自传，又何况我的前半生除了读书和上学，就是后来的运动和批判，周而复始罢了，似乎也没有什么值得写的。自思我在改革开放以来开始的后半生的亲身经历似乎还比较丰富，并由此产生一些联想，如果把这些片断写下来，作为一种杂文或琐记，可能还有一些可读之处，特别是对于学化学工程类专业的师生们。

（1）

我是学化学工程的，从事的也是化学工程专业的教学和科研工作。我的杂文不少与我的专业活动有关。如果是从事化学工程专业的师生有兴趣来读一读这本书，他们可能会看到他们熟悉的或曾经耳闻过的人名，以及这些人的工作和生活的另一些侧面。对于非化学工程专业的人士，我的同龄人或比我年轻些的人士，他们或许也会在我的杂文中看到自己曾经有过的雷同的经历，读罢会心一笑。

本书如有点滴价值，那就是它的真实性：所记述的人和事，绝无虚假，全部是真人真事，因而我在写作中全用真名。只有在极个别场合，出于读者易于理解的原因，姑且隐其大名。

（2）

我们这一代人，是一个比较特殊的群体。这里说的我们这一代人，大体指的是20世纪五六十年代的大学生们，也就是解放初到"文化大革命"前就读于大学的那些知识分子。我们与前辈们有很大不同。他们在三四十年代就读于大学，随后有的出国深造，有的在国内从事专业的或非专业的工作。他们中有些人在50年代学成回国，成为受人尊敬的专家，得到各种各样的照顾；在国内工作的，也因多年工作经验而成长，也成了各行各业的专家。

虽然在"左"倾思潮泛滥的年代里，我们的前辈们多少也受到批判，在十年动乱中更是如此，有的甚至还被扣上"特务"帽子，但他们毕竟曾经受到过尊敬，还过上过一阵"光鲜"的日子。我们的后辈们，他们成长于我国实行改革开放政策以后。他们中有的人出国留学，也有相当一些人在国内得到各种学位，然后从事他们自己选择的工作。他们中一些人的头衔，教授已不过瘾，于是就发明了冠以各处名山大川名称（如长江、泰山）的"学者"，国家"杰青""百人""千人""首席"等等，不一而足。我们的媒体，多有兴趣报道我们的前辈们或后辈们的工作、学习和生活，然而对我们这一代人，除个别特别出众者外，却很少涉猎。这似乎也很容易理解。我们这一代人，遭遇特殊，青春年华正值国家经济困难时期，运动不断，再加上十年动乱，因而生平事业多平淡无奇。"文化大革命"过后，我们有的已过不惑之年，有的人甚至已步入暮年，健康不佳，以致只能等待退休了。

难怪人们对这代人缺乏兴趣，他们似乎是被遗忘了的一代。但是这代人也有理想，他们中有的人也很有才华，对我国的经济建设也作出过贡献。我属于这一代人，我也理解这一代人，我们有自己的喜怒哀乐，经历过自己的悲欢离合，我们有只属于我们这一代人的苦衷与困难。譬如，四十岁以后出国留学，过外语关，经受巨大的业务落差的考验，艰苦条件下的创业等等。也许我们是"空前绝后"的一代。于是我决定来写这本杂文集，是为了让尚想了解我们这一代人的人们能稍稍了解我们，也是为了让我们这一代人自己能从同代人留下的足迹中看到自己的人生。

（3）

了解，有时是不很容易做到的，但是我体会了解是很有好处的。了解可以在一定程度上抚平"代沟"。

"代沟"通常指不同年代人们的思想认识差别。所谓"代"，通常的理解大体是 20 年。也就是说，一代人与年龄相差大体是 20 年的人有较大的思想认识差距。但是我的学生告诉我，他们与比他们低三五届的学生有"代沟"。他们说他们不了解低三五届的学生的真实思想，说低年级的学生思想"复杂"得很，低年级的学生也不大了解他们。

我们读历史书，为的是了解历史，更好地对待今天。

我有很多时间和年轻人在一起，他们多是我过去的学生，现在的同事，也有的是现在的学生。我们主要是讨论工作，讨论研究进展。我们也有闲聊的时候，话题广泛。我觉得，他们对我们经历过的时代的了解不多，甚至很少。譬如，当提到"五七"干校，提到思想批判时，他们似乎是闻所未闻，尽管他们的父辈们也许也有过类似的经历。他们为我填表，在学历一栏，总会给我填上"博士"。我说我不是博士，他们会再给我填上"硕士"。我说我什么士也不是，非但不是博士硕士，连学士都不是。我说我只是在 1995 年当选为中国工程院院士后，才与"士"字搭上了一些关系，但此"士"

非彼"士"也。他们听后，直瞪眼睛，心想研究生毕业，怎么会什么"士"都不是。他们显然也不能体会实行改革开放之初出国留学有多少困难，回国后的创业又是多么艰苦。他们不了解这些，怎么会感受到今天的条件是如何来之不易，又是如何值得珍惜。

如果通过媒体的报道来了解一些人和事，往往极易产生误导，因为我们的媒体为了吸引读者而常常会把事情极端化：华丽的辞藻和动人的情节，可以离事实很远。我自己也曾有幸被媒体报道过，报道中的"我"似乎已是"非我"，而是硬被"拔高"了的我。且看当今的媒体在报道"海归"精英时，几乎是同一个腔调：一出国就因才华横溢而使导师惊艳，博士论文答辩获最高评价，工作中创新不断，回国时拒高薪挽留，这几乎已成为八股。我虽然没有认真调查研究过，但据我所知，除极个别的特殊情况外，几乎没有被高薪挽留者。媒体是从哪里获得这些"可靠的"信息的？报道的可信度又何在？

因此在我写这本杂文集的时候，我唯一能依赖的就是真实性：真实的人，真实的事，真实的时代背景，以及我个人的真实的联想。正如我前面说到的，这可能是本书唯一有价值之处。由于是杂文，免不了落笔琐碎，也许还写了些轶事、趣事，敬请读者见谅。

（4）

十分感激徐匡迪院士答应在百忙中为本书写序。徐先生是我十分尊敬的领导和学者。我初次认识他尚在他任上海市高等教育局局长期间，那时我作为上海高教系统化学化工高级职称评审组组长，向他汇报工作；他的意见明快、果断，使我们十分易于贯彻执行。后来他出任上海市市长，作为上海子民，也只能有缘在电视屏幕上见到他。徐先生与我于1995年同期当选为中国工程院院士。正巧在我们当选后第一次参加院士大会期间，我的住房就在他的对门。我们已多年不见，见面后握手相互祝贺，又同在一个学部，见面交谈机会就多了起来。他的敏捷思维，他的平易近人，始终令我敬佩不已。在不久前的一次院士大会上，我又一次见到他并请他在百忙之中为本书写一个序。他满口答允，并玩笑地用英语说："My pleasure"。

今年春节前几天我完成了本书的初稿并通过电子邮件发给了徐先生。本想他公务繁忙，未必会很快挤出时间来一阅书稿，不料就在大约一星期后的今年 1 月 31 日（即马年正月初一）傍晚，收到了他发来的电子邮件及他为本书写的"序"，还附了一封亲笔短信。信中说他是利用休假时间看完了我的书稿，并在初一下午写完了"序"。感动之余我写上这些，也是为了使读者了解徐先生的为人风格以及他待人接物的真诚和认真。

人生转折，从一次谈话开始

1978 年的一天，我所在的华东化工学院（今华东理工大学）化工原理教研组的支部书记孙象兴先生与我谈话。"你可能会要出远门一次"，他说。我问："是去北京吗？" 那时候在我心目中，北京已是很遥远了。他说："可能还要远。" 支部书记接着解释，我国将选送一批专业人员出国学习，因为经过多年与外界隔绝，我国在科学和工程技术方面与国际先进水平的差距是显而易见的。为了能在较短的时间内提高我们的水平，将选送一批专业人员出国进修。领导决定送我公费出国进修，为期两年，对象国是西方发达国家，由我提议拟前往进修的学校，再经领导批准。他要我准备参加一次为期三天的校内考试，科目包括英语、基础课和专业课。我对此毫无思想准备，对中央准备公费派送专业人员留学之事事先也毫不知情。

（1）

这是一次我完全没有意料到的谈话，因而思想开始剧烈波动。当然留学是我多年来的梦想，但也可以说是不敢想的事，只不过是梦想罢了。我于1953年进入华东化工学院，历经本科和研究生学习，于1962年毕业，分配到北京化工学院（今北京化工大学）工作，1973年又奉调回到母校。我在这求学与工作的20余年间经历过不少运动和多次下乡劳动，受到的批评和批判也不计其数，多数都是"白专"、资产阶级思想之类。1973年我有幸回到母校工作并与家人团聚，感到不胜幸运。所以我只打算谨小慎微地教教书，不犯大错，少受批判，平安地了此一生，这样已属万幸，又怎敢想去西方国家留学？当时有被派往同属社会主义阵营的朝鲜或阿尔巴尼亚等国家的，但必须经过严格的政治审查；而到西方国家，实在不敢奢望，这种好运怎么可能落到我这样一直被批"白专"，家庭背景又十分不好的人身上？

我思想斗争十分剧烈，考虑再三，又与家人商量，决定假装牙痛（那时我常犯牙痛病）不去参加校内那三天的考试。我想的是，考得好，政审不合格，必会丢脸；考得不好，当然也会以另一种方式丢脸，因而以不去参加考试为上策。三天后我去上班，系主任琚定一教授问我，你是真牙痛还是假牙痛，我谎称当然是真牙痛，他说，那好，你就去补考一次。琚先生是我尊敬的老师，1953年我作为新生进入华东化工学院时，他就是我们的系主任。对他讲了不诚实的话，我内心是愧疚的。我无言以对，只能从命。

我通过了学校的考试，后来又通过了一次全国性的英语考试，成了被教育部正式认定为在改革开放后第一批出国的留学人员。那时上面规定可以去英语国家，但不能去美国，因美国与中国台湾方面关系密切。当我正在考虑到英国还是加拿大去进修时，又说可以去美国了，唯独不能去麻省理工学院，原因也差不多。再后来，这一禁令也被解除，也就是说，任何国家任何机构都可以去，只要对方肯接受。

对麻省理工学院，我仰慕已久，十分崇敬。凑巧的是，"文化大革命"结束之初的 1977 年年末，当时麻省理工学院化工系主任韦潜光（James Wei）教授到我校访问并讲学，我是主要接待人员之一，与韦先生有过不少接触。韦先生出生在上海，1949 年从交大去了美国，随后就在那里学习和工作。韦先生的研究方向是化学反应工程，与我的兴趣一致。他成就卓著，是美国国家工程院院士。他离开上海时我代表学校陪同他去机场为他送行，握手告别之际他可能是出于客套，说了一句"欢迎你到麻省理工来合作研究"。当时听到这句话，我也完全明白这只不过是礼节性的，随便说说的话，但不料不久似乎见到了可能的曙光。

不久我接到了麻省理工关于去做两年合作研究的邀请。各种手续都在按部就班地办理，似乎一切顺利，但是我还是觉得这事太顺利了，似乎没有那么好，那么理想。我得承认，我生来就是一个悲观主义者，任何好事，在成为现实之前，我总是在想失败的一面，总是认为事情不会那么顺利。我听过不少解放初期留苏学生因家庭问题最后在火车到达边境城市满洲里以后被"劝回"的事。所以当时我总是认为不会有这样的好事，后来也证明"好事"的确多磨：数次通知去北京，说即将从北京出国，去了以后却因各种手续或机票等方面尚需等待而返回上海，直到 1979 年 8 月一个炎热的夏晚我在首都机场登上了一架去巴黎的波音 707 飞机（当时中美还未通航），转道去美国，才使我消除了最后的疑虑：出国成了现实。

（2）

我们现在已看不到波音 707 那样的飞机了。狭小的机舱，紧挨着的座位，再加上我们这群人因担心托运行李超重而不得不随身携带的包括冬大衣在内的手提物品，使人透不过气来。飞机在巴基斯坦的卡拉奇短暂停留后继续西飞。我坐在那狭窄的座位上，身体几乎不能动弹。几个月来，受出国或出不了国的困惑，心情一直处于兴奋与躁动之中，在机舱里虽然极度疲劳中的躯体可以静坐不动，但却无法入睡。一种特别强烈的前所未有的思绪袭来。几个月来，一心想着出国，生怕"好事"不成，压根儿没有去想可能存在的种种问题，种种困难。但一旦出国成为现实，我突然感觉到空虚和彷徨：我出去后能做什么，特别是我能适应麻省理工那样的高水平和高要求么？如果不能，那岂不是既丢脸，又浪费钱，又造成不良影响？我掂量我自己的"分量"。化学工程的专业知识，虽然经过多年与外界隔绝，特别是十年动乱期间的倒退，但我的基础尚好，"文化大革命"后也抓紧时间看了不少文献。我从事的化学工程方面的研究工作，虽在国内同龄人中还算不错，但又怎能和国际高水平相比。语言方面，我一点没有把握。虽然我在上海一所教会中学就读了六年，但主要时间是在解放以后，英语教学已不如前；出国前虽然自己"恶补"了一阵，但丝毫没有经过"实战"考验，效果难说。我最担心的是计算机能力。我们在"文化大革命"后只是被"科普"了一下，但计算编程等能力几乎为零，而当时国际上数值计算已相当普遍。我虽然还不知道我到麻省理工后具体会从事哪方面的研究工作，但毫无疑问，我这种几乎只有文盲水平的计算机知识，必然会使研究工作困难重重。

在准备出国阶段，一心想的只是顺利出国而别节外生枝，却没有去想出国后怎么办。但是一旦登上飞机，离开国境，顿时涌现出今后要面对的种种问题，十分彷徨。我甚至感到此去凶吉难卜，不知如何是好。但这一步既然已经跨出，已是覆水难收了。

第一次出国，什么都不懂。随着大流在巴黎转机，又在纽约转机，最后来到了华盛顿，在建立还不到一年的大使馆的招待所里待了几天。记得在一个绝对隔音的会议室里，使馆的领导给我们讲了几点。

最使我不能忘怀的是，他说我们即将分赴各个大学和研究机构，国家对我们完全信任，没有什么两人同行，事事汇报之类的规定。可参加什么活动，可接触什么人，完全可由我们自己判断决定，不作任何规定和限制。经过十年动乱，我们已习惯于极"左"思潮的影响，思维方法与今天的完全不同，我听了这些，感到受宠若惊，既无比兴奋又充满憧憬。的确，既体会到巨大信任，也感觉到重担在身。三天后我只身飞往波士顿，开始了在麻省理工两年多的研究工作。

麻省理工真是一个考验人的地方：人的意志，人的精神状态，甚至人的体力。但当然也是一个很好的学习的场所。这里不断有国际一流学者前来访问交流。这里有一种压力，一种气氛，迫使人去上进，去出成果。经受过这种压力和意志的考验，相信在别的地方大体也能承受其他不同形式的压力和考验。我在这种压力前曾经动摇过，犹豫过，也曾经想知难而退，换一个轻松些的地方，但经过痛苦的思想斗争，也出于惰性，最终总算坚持下来了。这种坚持给我的启示是，在困难面前，千万不能退却，如一时想不出办法克服困难，也必须从意志上坚持住，再想办法，直至解决困难。这一点我在"麻省理工学院的磨炼"一文中另有详述。我有一个很好的学生，后来我推荐他到麻省理工化工系攻读博士学位。他在通过了博士资格考试后回国来看我，对我说了他的心情。他说："你推荐我去麻省理工，我非常感激。但如果现在再要我重新开始的话，我是绝对不会再想要去那里了，因为实在太苦了。"他说的苦，我能理解，因为我多少也尝到过这种苦的滋味，虽然没有他那么"苦"。这大体上也可说明不少麻省理工人有过的心情。

（3）

麻省理工学院位于马萨诸塞州坎布里奇市（Cambridge），后者是波士顿的一个卫星城，属大波士顿地区。坎布里奇与波士顿仅一河（查尔斯河）之隔，犹如上海的浦东与浦西，两市之间有地铁与公交车相通，如同一个市的两个区。

麻省理工学院紧挨着查尔斯河。走出我办公室所在的化工系大楼，穿过学院内的一片草地，几分钟就到了校外，再跨过一条马路就是查尔斯河。我常常会在晴朗的下午时分到河畔小坐或漫步，稍事休息，消除一些疲劳，同时也考虑一些问题：人生的，研究的，反正是天马行空，什么都可以想。然后再回办公室继续我的研究工作。当时正值能源危机，石油供应发生了问题，美国非常重视煤的开发。我做的是美国能源部的一个课题：煤气化反应器的计算机模拟和优化。

暂时放下沉重的心情，放下繁冗的计算程序。我漫步在查尔斯河畔，看清澈的河水，片片涟漪，点点白帆，偶有海鸥掠过河面，在河边栏杆上憩息。河面开阔，却只有游艇而没有运输船。远眺可见对岸波士顿的河畔车道及各色建筑，十分宜人。大凡世上诸多著名大城市，多有一条河流流过，如伦敦的泰晤士河，巴黎的塞纳河，纽约的赫德森河，对我来说最亲切的是上海的黄浦江。在我离开上海时，黄浦江水发黑混浊腥臭，江上经过的船舶多为破旧的运输船，船老大们时而会把脏物随便倾倒到江中。我感触万千，寻思这两条河流的差别也许正反映出中美两国的经济发展水平的差异。与我差不多同时到达波士顿的，还有一个来访的中国化工代表团。韦先生请代表团到他家做客，同时邀请了比我早几天到达的另一位访问学者——化工部的杨友麒教授和我。这是我第一次到一个美国人家里做客。看到韦先生家中的宽敞与典雅，我有一种眩目之感。席间在言谈中随便说到中国何时能达到美国当时的水平。在座的几位众口一致地认为永远不可能。

中美两国的差距是如此之大，他们科技先进，资源丰富，工农业基础雄厚稳固，又有合理的人口结构，以及多年的发展经济的经验，我们正处在百废待兴之际，我们怎能和他们比？我确实感到气馁。但另一方面，直至 1980 年， 在美国的中国访问学者也仅区区数百人，我作为其中一员，有感于重任在身，决不能懈怠。那一年我 45 岁，或说正年奔半百，自问还能有多少作为？但我既已身在美国，总该充分利用这一机会好好学习美国的先进科学技术，好好了解这个国家，使所学到的，所了解到的，多少能为我们所用。这个问题也许是我当时除研究工作以外想得最多的。研究工作初期，困难重重，我从内心深处不想给中国人丢脸，但我这样的研究基础，又谈何容易，因而我确实感到茶饭无心。但对一些学术性活动，我强迫着自己放下研究工作，逢会必到。 如系里每周一次的系报告会，邀请的多是校外知名专家，虽然我不能全听懂，有的只能听懂很少，我还是坚持去听，尽量去理解他们的主要思想和方法。一些学术会议，也尽可能去参加，以便多了解信息，并与更多专业人士相识多交朋友。凡有参观活动，如参观一些高科技公司，有的虽与我的专业相差很远，也常会去参加以开阔视野。这些活动后来被证明都是非常有益的。只是当时在麻省理工的来自中国大陆的不过区区十几个人，却成了当地人兴趣所在，因而各类邀请不断。为了有更多时间做研究，我谢绝了多数邀请，更不用说旅游观光了。后来我们几个大陆来客在闲谈中讲起，借口因时间紧迫而少与美国人来往也不是一个好办法，因为这样会使我们虽身在美国，但对美国却知之甚少，必有悖于我们出国的目的之一。应该多与人接触，多交朋友，既了解人家，也让人家了解我们，成为"平民使者"。

　　渐渐地，我的研究工作有了进展，也有了很好的结果，气壮了一些，时间也宽裕了一些。我参加了在美国国内外的几次重要学术会议，在会上作了报告，有了与人交流的实质内容。由于我的英语困难不大，我可以对研究工作的前沿有更多认识。我交了不少朋友，有的成为长期交往的好友。1981 年的暑假，是我回国前的一个暑假，我经韦先生推荐，作为麻省理工学院的成员，进行了一次从西部到中部，再回到东部的广泛旅行：既有学术，又有观光（请参见"一次横贯美国的旅行"）。我在美国几所大学和几个知名的工业公司访问并作了学术报告，交结了朋友，反应相当好。我了解了他们在做什么，也让他们了解我们在做什么，包括国内的研究结果，确实起到了学术交流的效果。借此机会，我去了美国的几个著名旅游景点，也看望了我在西部的亲戚。我回到麻省理工时，已到了接近回国的时间。与韦先生谈起我的中西部之行，他说你在外面做了那么多报告，为什么不在这里做一个呢？我应他的安排，在正式的系报告会上做了一个报告。考虑到我在麻省理工做的研究，他们中有些人是知道的，包括韦先生。所以我讲的是我在国内课题组的工作及所得到的最近的结果。系里的教授差不多都来听了，当然更多的是博士生们，由韦先生亲自主持我的报告会，应该说报告的效果还是相当不错的。

1981年10月底，我结束了在美国的研究工作，回到国内，当初我出国的目的非常简单和功利：镀镀金，开开眼界。现在看来，这两年零两月的留学生活使我初步形成了国际视野，了解了什么是高水平的研究，应该如何对待研究，应该怎样做研究。很惭愧这些都是我出国以前所不敢想，或不会去想的。回国以后我很快就被委以重任。我被破格提升，被任命为一个研究所的所长，开始了紧张忙碌但是愉快的工作与生活，这也是我原来不敢奢望的。最使我感到高兴的是，通过我的同事和学生的长期不懈努力，我们的研究所已发展成为一个在国内外有相当知名度的研究机构（请参见"叩开国际学术界核心之门"），并由此促成了化学工程国家重点实验室的诞生。对于我个人来说（事实确实如此），是改革开放的大形势造成了我个人人生的转折，把我从一个人到中年，胸无大志的普通教师，一步步推向了研究工作的前沿。

麻省理工学院的磨炼

在麻省理工学院的学生活动中心的墙上挂有一面旗帜，有近一米宽，上书"麻省理工学院是地狱"（"Tech is Hell"，Tech是师生们对麻省理工的简称）。这面旗帜现已移至校园博物馆，我们现在仍可以通过因特网看到它。

这句话听起来有些刺耳，但却也道出了实情。麻省理工的师生们都会感到一种无形的压力，推动人们时刻不忘他们的工作和学习。校园里遇见熟人，通常不会停下来寒暄说话，而是"嗨"一下擦肩而过。我一到麻省理工，就感受到空气中弥漫着这种紧张和无形的压力。

（1）

我到达波士顿罗根国际机场是 1979 年 8 月一个星期五的下午，快到下班时分。我没有看到原来说好来接我的杨友麒先生（老杨在化工部研究总院工作，比我早三天到达美国）。我连住在哪里都没有着落，十分着急，只得拖着行李，找了一个投币电话，打电话给韦潜光（请参见"人生转折，从一次谈话开始"）先生的秘书Kathy求救。我问她我住哪里，她说她也不知道。正在无可奈何之际，我看到老杨与一位中年先生来了，原来他们是因堵车迟了一些时候。总算是虚惊一场。这是我生平第一次与一位洋人打电话，却也都讲得出，都听得懂，算是对自己的英语能力有了一点信心。

与老杨同来的于先生，是一位美籍华人，从台湾移居美国已有多年。去台湾以前他一直住在北京，所以讲一口非常动听的"京片子"。于先生和他的夫人非常热情好客，待我们犹如亲人，我们也不与他们见外，逢要用车要帮忙等都找他，他每次都有求必应，还照顾我们的衣食住行，甚至帮我们搬行李，扛家具等，这是后话。

于先生开车把我送到麻省理工的学生宿舍暂住，说好只能住三天，三天后学生开学回校，我必须搬走。学生宿舍一切设备齐全，非常干净，但我还是忐忑不安，不知三天后住到何处，何况这三天恰好是一个周末，无人可问。老杨正暂住于先生家，他居住的问题没有我突出。

到了星期一，我们去到麻省理工化工系，落实好了办公室，老杨和我每人都独占了一个大办公室，非常舒适自在，直到过了很久因办公室不够用，才有人与我们合用办公室。Kathy 知道我们居住的困境就主动表示可以先住她处，再慢慢找合适的公寓。所以这事可以暂缓一口气。

初到麻省理工学院，与曾任肯尼迪总统科学顾问、
时任该校校长的 Wiesner 博士（左）合影。
1979 年，美国波士顿

落实了办公室和暂住处，我就与韦先生（韦潜光，James Wei，教授，当时任麻省理工化工系主任，是我在那里做研究的导师）谈工作。他给我安排了一个煤的气化反应器的计算机模拟及优化的课题。这是美国能源部研究项目的一个内容。当时正值石油危机，美国能源部对煤的利用非常重视，这类项目于是就应运而生。这是一个大项目，实验工作是在别的实验室进行的。我所做的部分主要是计算机工作，包括模型化，参数分析和敏感性，计算机模拟以及优化。我的结果必须与实验结果比较，并进行修正。我们的主要研究对象是美国的两个典型煤种：怀俄明煤和伊利诺煤。我以往从未接触过煤的研究，但是化学反应的原理及研究方法是共同的，这项工作和我的研究方向完全一致。

在工作进行了一阵以后，我就感到这一研究对于我来说十分棘手，简直是困难重重。煤的化学反应影响因素很多，而且相互交联，表现出很强的非线性性质。列出的数学模型是一组非线性常微分方程，看似简单，实际上十分复杂。通过几次与实验方的交流，他们在很多方面期待着我们的进展，要求很迫切。我的工作与整个项目的进度有关，我当然感到很大的压力。由于我在计算机模拟计算方面的基础太差，只能边学习边编程，进展很慢。在今天已有了多种商业化软件以后，这些工作显然是很容易完成的，但是限于当时的条件，有时真有无从下手，无所适从之感。

实际情况是，在麻省理工，大家的研究工作虽各有不同，但有一点差不多是共同的，那就是手头的工作一般都十分困难，几乎没有什么研究是可以轻轻松松地顺利进行的。因此熟人相见，彼此流露的可能常是心事重重，心不在焉的样子，笑得也有些牵强。只有当工作有了进展，脸上才会露出难得的笑容，但过了几天难免新的困难又接踵而来，需要你去解决，笑容又会消失。

我们的情况又有些与众不同。我们是经过了几十年闭关锁国以后第一批来自中国大陆的访问学者，人数很少，人们对我们不了解，因而既使人好奇，又引人注目。教授对我们也了解不多，他们要通过我们的工作来了解我们。所以研究工作是衡量我们表现的关键。

我感到压力是理所当然的。通常的做法是当我们的工作有进展后就自己小结一下，写成提纲，去向教授汇报一次，听取教授的意见，讨论下一步如何进行，每一两周一次。我遇到困难，唯一的途径是自己设法解决，至多是与人讨论，受到一些启发，然后自己去解决，而不可能去请教教授。比如我计算机编程有错误，我只能自己去查错，我不可能去请教授帮我查错。只有在你有了进展以后去与教授约谈，教授才对你的工作作出评价、判断和提出建议。美国人常说，教授只说"yes"或者"no"，他是不问细节的。"yes"表示他同意你的进展，可以继续做下去，"no"表示不同意，你应该换一个方法另起炉灶再做。

我的工作没有进展，我无从向教授汇报，因而我有几个月没有与韦先生约谈。每次在电梯里偶尔遇见他，也只是简单地打一个招呼，十分难堪。韦先生冷漠的神情似乎是在无声地询问，你是否还能继续在麻省理工待得下去。事实上我也认真地考虑过这个问题。我觉得这个课题对我太过困难，很可能完成不了。我曾想过要求换一所学校，找一个理由，到另一所美国大学从事研究，这在当时是可能的，也确有一些访问学者是这么做的。

曾经有几天时间，我有过十分剧烈的思想斗争：考虑是不是要转校。转校，意味着在困难面前退却，离开麻省理工，找一条好走些的路，顺利地完成在美国的进修任务，也好交账。还有一条艰难的路，就是坚持走下去，依靠自己的努力，克服困难，最终完成任务。我检讨自己一生，深知我从小生性怯懦，患得患失，害怕困难，逃避艰苦，这样走过了40多年的人生之路（当时我

44 岁），这路虽然有些坎坷，但总算走过来了。但是在这44 年中，我没有多少专业生涯可言。我走过的路除了学习外，大多是在思想批判、运动和劳动中度过的。这多半是由别人安排好的，不做也得做，自己没有多少主动权。改革开放以后我有机会到美国进修，以后的路要靠我自己。如果再怕困难，再退缩，那就必然一退再退，永远退下去，在我一生余下的岁月，必无所作为。当前的研究有困难，没有进展，但如坚持住，下决心不退缩，总会有获得进展的一天。这好比逆水行舟，不进则退，如能坚持住，再设法获得进展，应是改变我自己处世哲学的具体一步，也应是决定我后半生的关键。

这是很艰苦的几天。白天工作，但思想斗争仍在继续，晚上躺在床上，辗转反侧，夜不能眠。最后我总算作出了"决定"，要坚持下来，在麻省理工，再艰苦也要做好这项研究。这也是对自己的一个考验，希望通过这个考验使自己的意志坚强一些。

排除了"杂念"，一心做研究。我每天拿着一大叠穿孔卡片（那时计算机程序需要在卡片上穿孔），带着作为午餐的三明治前往计算中心，直到很晚才回办公室。按那时的心情，很想再做下去，但因为担心太晚了回家的路上不安全，只能适可而止。就这样几乎天天如此。回住处吃完简单的晚餐后还要再继续工作，直至深夜。那段时间，每天上床睡觉的时间几乎总在午夜之后，有时要熬到凌晨两点左右。对于社交和朋友的邀请，也是尽量谢绝，以便留有更多的时间。最后我完成了这项工作。我与韦先生约时间向他汇报，他了解了我做的结果也非常满意，他认为这项工作是相当出色的。我写成了长达近百页的报告交给韦先生送能源部，作为这一部分工作的总结。对于我个人来说，更重要的是，通过这项研究，我战胜了存在于我身上的害怕困难、知难而退的懦弱素质，体会到"坚持"的好处。这一点对我以后的事业也非常珍贵。

　　我应该提到在这段对我来说很困难的日子里，陈聿美女士对我的帮助起了很大的作用。她原在中科院上海植物生理研究所工作，后来到麻省理工生物系进修。她父亲陈騊声先生是生物工程界的前辈，人们都很尊敬他，他也与我们学校有较多联系。聿美来美国之初，住在 Kathy 家，住在老杨和我曾住过的房间，这是韦先生特意为她安排的。聿美的胞兄陈迺远（N.Y.Chen）先生与韦先生同年在麻省理工获得博士学位，后来又同在飞马（莫比尔）油公司工作，可算是同窗好友。聿美刚到美国时，Kathy 对我说，聿美也是从上海来的，你以后应多关心她。

　　不久，聿美与我成了很好的朋友。我们都来自上海，有不少共同的话题。我每天去麻省理工的计算中心工作，都会从我所在化工系的 66 号楼 5 楼的办公室向计算中心走去，必会经过聿美在紧挨着的生物系的 56 号楼 5 楼的实验室（麻省理工学院的各个楼是连接并相通的）。我会与她简单打一个招呼，她也会说，希望看到我这一天工作能有进展。每天傍晚时分，我带着失望的心情往回走，再次经过她的实验室回我办公室时，她问我进展如何，我会失望地摇摇头，心情沉重。聿美通常会邀请我到她家一起吃一顿简单的晚餐，然后再回家，这样也可以调节一下工作一天后疲劳的身心。那时她已搬离了 Kathy 家，自己找公寓住了。在途中和在晚餐时，我们常常谈起自己的工作，今后的打算等。聿美似乎也看到我性格上怯懦的一面。因此总是鼓励我，要想到事物好的一面。她的专业是分子生物学，与我的专业风马牛不相及，但她的生活态度及对我生活上的关心还是给予我很大的支持和帮助。从她家出来回家，心情似乎轻松了一些。远在异国，能与朋友讲讲上海话，也是一件乐事。我回家后再开始我晚上的工作似乎也不是那么情绪沮丧了。通常我晚上是做一些不需要计算机的工作，如阅读资料、推导数学方程，当然也包括一些简单的计算和验证。

一次聚会。左起：陈聿美、袁渭康、林家翘、杨友麒、韦潜光。
1979 年，美国波士顿

（2）

　　我完成了这项工作，在美国进修的"交账"是没有问题了，剩下的时间应该比较自由。但我在做这项研究的同时感到我的工作还仅限于数值分析和计算，从学术水平上说是不够的。但是由于数学模型是非线性的，用解析法求解几乎不可能。我想到了或许可以通过一些简化，寻找近似的解析解。这样会十分有利于煤气化过程的优化，大大便利优化搜索过程，学术上也有更高水平。我把这个想法与韦先生讨论后，韦先生认为这样做过于困难，未必能成功。但最后他说那你就试试吧。

　　这是一个数学问题，我苦苦思索了几个星期而不得要领。我想到了应用数学大师，麻省理工的林家翘（C. C. Lin）教授。林先生是国际知名的应用数学专家，美国国家科学院院士。我们到美国后，他对我们这些国内去的访问学者十分关心，过些日子会邀请我们到他家做客，他也数次与我讨论过国内高校的情况。后来陈聿美到了美国，林先生是聿美的表舅，周末请聿美去做客，也会请我一起去，所以与林先生慢慢熟悉起来。当时我想向林先生请教，但又怕他太忙，影响他的工作。后来我拨通了他的电话，他立即与我约了讨论的时间。讨论时我列出了我的数学模型方程，想请教林先生有没有好的近似方法。不料林先生却说你先不要与我讲方程，你先把你的化学反应过程给我简单介绍一下。我本想林先生是数学家，他必对化工过程没有兴趣。但事实正好相反，林先生要我从头讲起，使他能够对整个问题的性质更加了解。我想林先生真不愧是一位大师，他对我这个小人物的贸然求见如此认真对待，这使我十分感动。直到现在，我还常用我这亲身经历的例子来教育我的学生，真正做学问该是如此的严谨和认真。

林先生听了我的介绍，他说他一时也想不出什么好的近似解析方法。我谢过了林先生并向他告辞。回到办公室我有些心灰意懒。我想林先生那样的大数学家都说没有办法，我又能有什么作为？但又意料不到的是，林先生是多么认真对待我的问题。大概过了一个星期，他主动要他的助手，一位从北京大学周培源先生课题组去的访问学者来约我再谈一次。我当然非常高兴，按时去见林先生。在这次谈话中林先生给了我非常有益的指导，他建议我用相空间分析法试一试。林先生在他与 Segel 合著的专著《自然科学中确定性问题的数学》中曾有一章专门讨论相空间分析。我怀着十分兴奋的心情向林先生告辞，回到办公室开始研读起有关书籍和文献来，特别是林先生写的那本书，初步掌握了相分析的概念和方法，再结合我的具体问题，寻求既简便可行，又足够准确的方法。与前一阶段的模拟工作不同的是，我要寻求一个近似的解析解。

除了白天在办公室，在计算中心工作，我买了一个当时刚刚面市的可编程序计算器。这个小小的计算器虽无法和今天的笔记本计算机相比，但在当时算是十分先进的。它的体积比一般的计算器大得不多，但可以编写、修改和运行较短的计算机程序，这就可以使我回到住处以后在晚上工作。当时它成了我的一个得力朋友，帮了我极大的忙。又经过一段时间的工作，我成功地解决了这个近似解析解问题，结果很好。据我所知，我当时大概算是首次用这样的方法解决一类微分方程近似解析问题的第一人。我分别向韦先生和林先生汇报后，他们都非常满意。

大概就在这项工作接近完成的时候，威斯康星（Wisconsin）大学化工系 Hughes 教授到麻省理工短期访问。偶尔在走廊里碰到我闲谈了几句，我简单提到了我的这项工作。他表示出极大的兴趣，随后就到我的办公室小坐，我向他介绍了我的主要思路和方法，他表示十分赞赏。他谈到对于工程研究，不一定追求普适方法，而是应该针对一个特定问题寻求某种特定而有效的方法的观点，这是自然科学研究和工程科学研究的不同之处。我也很同意他的看法。随后我们又约见了一次，就化学工程的研究方法进行了比较深入的讨论。那时是 1980 年下半年，他担任美国化学工程师学会（AIChE）副主席，并将在 1981 年自动成为主席。他建议我申请加入美国化学工程师学会，他可作为推荐人之一。后来我由他和韦先生共同推荐加入了美国化学工程师学会，至今我还是该学会的资深会员。由这一项研究引起的讨论，使 Hughes 教授与我成了很好的朋友（他比我年长很多，因此也可以说是忘年交），后来有一次我在芝加哥开会，会后就近去威斯康星大学看望我校在威斯康星进修的戴干策教授，Hughes 教授知道后坚持要开车到大学所在地的曼迪森市车站接我，并送我到戴先生住处。根据他的建议，我将这项研究的结果在加拿大召开的一次国际会议上作了报告，Hughes 教授赶来听了我的报告，并向我表示祝贺。我们一直保持联系，直到他后来不幸谢世。这也算是有关这项研究的一段小小的插曲。

如今回想，这项工作的成功，得益于林先生的指导，我特别要感谢林先生那种严谨、认真、细致的工作作风，令人肃然起敬，也给我们树立了一个极好的学习榜样。

（3）

上面我只是大略写了我做过的两项研究的经过，当然无法描述我在麻省理工的两年零两个月所经受的一切。总的说来，我感受了那旗帜上说的"地狱"般的滋味，特别是在麻省理工的前期，当然我相信我的感受还是相当初步的。这是一种无形的压力，这种压力来自于高的要求和目标与自身能力之间的差距，而麻省理工的方针就是要保持这种差距：对学生，对教师都是如此。这里所说的教师，主要是指那些正为终身教职努力的教师（Tenure-track），已有终身教职的教师压力会小一些，那就要看每人对自己的要求了。我曾与一位博士生同住一套公寓，目睹他的学习生活。他们在修课时疲于应付各门课的习题、测验、考试，每天要学习到深夜一两点钟，在各门课通过后接着是博士生的资格考试（或综合考试），这是有一定淘汰率的考试，而且两次不通过就只能离开学校另谋出路。在通过资格考试后接着是为毕业论文而做研究工作，又是多少个不眠之夜。整个学习期间除了假期适当放松以外，就是艰苦学习。人们为节约时间吃得很简单，脸上难得露出笑容。对年轻教师，情况有些类似。他们一方面教学生，保持对学生的压力，但他们自身也必须去对付加在他们自己身上的压力，因为在一定的年限得不到终身教职，也只能另谋出路。于是，每个人想做的就是通过自己的努力去提高自己的能力以便缩小这种目标与能力之间的差距。也就是这种压力，维持了美国一些高校的高水平。经受过这种压力，人们也会勇于面对未来工作中的各种挑战。慢慢地，我悟出一个道理，在学校里所受的训练，除了获得知识外，本质上是一种心理素质的训练，使学生（包括教师）在面对未来的各种挑战时有足够良好的心理素质。你不可能指望学生们在将来工作时做的都是他们的博士论文的延续。可以设想他们在工作中碰到的问题，很可能是在他们所学过的课程中没有提到过的，甚至可能是基于一种在他们求学期间尚未研究过的原理，也很可能是他们的博士论文研究课题没有涉及过的，或者可能是与他们以往的研究不同的另一个领域。这就需要他们依靠良好的心理素质和基础知识，不惧怕任何困难去学习，去钻研，去创造。有人说，麻省理工的精神是要把不可能变为可能。这样说似乎有些夸大，但我相信，经过麻省理工的磨炼，人们应该具备一种素质，那就是他们会勇于面对工作中的困难并有能力去克服这些困难。

（4）

在麻省理工的两年多的时间，论收获，最主要的当然是了解了什么是现代的研究工作，以及应该如何来对待这样的研究工作。这种认识的提高，主要是通过自己参加研究工作的实践获得的；另外，很重要的也是通过参观访问，通过与人们的交谈、讨论，通过各种报告会，各种学术会议，潜移默化地熏陶而来的。我非常重视人们充满睿智的谈话，有时言者无心，听者有意，往往可以从一席话中得到很多从书本上得不到的东西。

记得1980年初我国一个代表团来访问韦先生时我也在场。韦先生谈了化学工程学科的前途，这是我又一次意识到化学工程的内涵正在演变和充实。从传统的观点看，化学工程的主流是以过程为导向，即用一个接一个的过程高效低耗地生产大宗化工产品，如化肥、硫酸、乙烯等，这些产品多被用作化工原料，生产出多种多样的工业和民用产品。韦先生指出在大宗产品的生产技术已经比较完备时，必须考虑已有的产品的升级换代及更多新产品的出现，也就是必须设计一些新产品，使其性能优越独特，成本可被接受。化学工程学科也应从"过程"导向，逐步过渡为"产品"导向。我听到这一论点深受启发，并且印象深刻，以至于至今已时隔30余年，我还清楚地记得那是傍晚坐在他办公室沙发上的那一次谈话。此情此景，仿佛就在眼前。这种论点当然是教科书上所没有的，甚至在论文中也未见提及。记得在国际学术会议上第一次正式提到有关的概念是1996年的第5届世界化学工程大会，受人尊敬的Villermeaux教授作大会报告，他说化学工程正以过程导向向产品导向过渡。他建议学术界必须注意这个动向。他的这个报告载入大会论文集。只可惜Villermeaux教授在这次大会后不久便离开了人间。

我访问了多个工业公司及多所学校。有些公司与我的领域相差较远，当然只是去开开眼界，长长知识。有一些专业对口访问，非常重要的一点是在访问过程中与他们讨论交流，听他们的论点，讲自己的看法，做到互有收获。这样做的一个重要方面体现在访问并不是一个单向过程，而是双向的。不但了解人家，也让人家了解你。国际上一般认为你越是善于提问，越是善于发表自己的见解，就越是得到尊重。事实也证明，我在当时及以后的多次访问，也为促成我们后来的国际合作与交流打好了基础。

1981年初夏，我在麻省理工的访问（应在8月结束）已近尾声，但我打算参加10月在加拿大的一次国际会议并报告我的研究结果。我打算利用剩余的在美国的时间作一次旅行访问，以便更好地了解美国。韦先生得知我的计划，主动建议可以作为麻省理工的成员出访，并可以得到经费支持。我的计划很快得到有关公司和学校的响应，他们都表示欢迎我去并作报告。在旧金山和洛杉矶我分别访问了Bechtel集团和TRW公司，在圣路易斯访问了孟山都公司，在那里见到了老友钱宏业博士。他出生于上海，也是在改革开放后最早访华的华裔学者之一。另外也访问了在石油化工领域著名的UOP公司等。我除访问实验室外，共计作了 8 次学术报告（4 次在工业公司，4 次在大学）。根据对方意向，有的报告是我在麻省理工的工作，有的报告我在国内的工作（请参见"一次横贯美国的旅行"）。

我回到麻省理工，与韦先生谈起我做了几个报告的事。他说，你在外面做了那么多报告，为什么不在麻省理工做一个？

我虽然答应韦先生做一个报告，但却非常紧张。毕竟麻省理工的水平不同，而且这是每周五下午系报告会上的正式报告，要求博士生们都来听，抽得出时间的教授也多会来听。报告一般请校外知名专家来做，讲 45 分钟后提问讨论 15 分钟。

我想我在本校的工作大家多少都有些了解，于是我选择了一个在国内做的研究作为我的报告内容。由于这是正式报告，所以要在校刊《Tech Talk》上公布题目及报告人名字及称谓。没有料到的是韦先生要他的秘书 Kathy 打电话来问我，说韦先生的意见是在我的名字前加上 Prof.（"教授"）的称呼，问我是否同意。这是由于我那时是讲师，我的称呼只能是"先生"（Mr.）。我明白韦先生他们的好意，但我要请示国内时间上已不允许，只能斗胆表示同意，所以在报告会公布时最终是以教授的称谓出现的。

我在 10 月参加完第二届世界化工大会后回国。不久，华东化工学院主管学术的副校长苏元复院士收到了韦先生寄来的长达两页纸的一封信，信中对我在麻省理工访问期间的表现作了全面评价。韦先生对我的研究工作能力，我的人品，以及我的英语交流能力等各个方面作了充分肯定，并表示非常欢迎能选送像我这样的人去做合作研究，并且最后说"他树立的标准是其他访问学者难以达到的"。这封信完全在我的意料之外，我当然感到高兴，也使我十分惭愧，因为我只是努力去做，只求"交账"便是，从未想到韦先生会对我如此肯定。了解他的人都知道他为人直率，铁面无私，不留情面，也不仅是对中国大陆去的人，对台湾去的，香港去的，对美国人都是如此。还有一件事似乎可以说明一些问

上篇　半生行悟——亲历与随想

题，我刚到麻省理工时他只说英语，逐渐地他开始说中国话，后来他除了讨论专业时说英语外，其他尽量用中文（尽管他的中文不是很熟练）。多年来我注意到他越来越多地用中文，最近在一些国际会议等场合见到他，我们出于礼貌与他讲英语，他却只讲中文。这当然是反映了我国国际地位在提高，似乎也说明了他对我们更讲究礼貌和尊重。

1981 年 10 月下旬我启程回国。大使馆给我买好机票。与 1979 年来美国的时候不同，1981 年中美已经通航。我一早从波士顿起飞，到纽约肯尼迪国际机场转机，却不料在肯尼迪机场我们被告知飞机延误 12 小时。那时归心似箭，很想尽早回到亲人身边。两年多来，我总算经受了麻省理工的磨炼和考验，我所做的至少应该说是过得去的，回国见领导、同事、亲人也可以说是不负众望，我又怎能没有迫切回家的心情呢？

当然美国有很多地方吸引我。但那时我一心想的是这次出国访问只要交得了差，自己就满足了。记得有的朋友同我说回国后要好好大干一场，我还泼他冷水，说我们已年近半百，还能干什么呢？总之，还是无所作为的观念。当时我一直认为，这次赴美将会是我一生中唯一的一次出国机会，以后也不会再次走出国门了。于是，决定利用飞机误点的时间，再去一次曼哈顿看看，算是与纽约、与美国告别。我把随身行李交给一起等机的朋友，乘车去曼哈顿，逛了一会儿街，吃了一餐饭，再看了一次大都会博物馆，买了一些纪念品再回机场。当时我万万没有想到，我国改革开放的步子是那么坚定迅速。我回国以后，出于对我的期望，我被赋予重任，以后会多次出入这个国际机场，为开展学术交流、开展科研合作而忙碌。

总算等来了飞机，那是一架中国民航的波音 747 大型机，与来美国时转道巴黎的波音 707 不能同日而语，似乎也在表明社会进步的飞速。我此刻的兴奋心情，真是难于言表的。

初识美国：人与事

我们这些在 1979 年改革开放后第一批赴美的访问学者，对美国可以说是一无所知。我们只能在到了美国以后通过我们的自身感受逐步了解。

我最初接触到的美国人主要是两类人，一类是学校的教授和在一些会议及小型聚会上认识的工业公司的专业人员，基本上是学术界和工业界的，大体属于美国的中产阶级；另一类是一些在校研究生和美国中国人民友好协会（简称"美中友协"）的朋友们。研究生们出于好奇，与我们交友，其中包括一些来自港台地区的留学生。由于可以用汉语交谈，并且有共同的文化背景，我们的交往比较多。

美中友协是一个对我国非常友好的社会团体，分会遍于美国各地。美中友协的成员多是从事底层工作的知识分子，如秘书、一般职员等，以及一些在读博士生，也有一些早年就定居美国的华裔人士。当然那时他们对我国的了解也非常有限，他们的友好多少带有一些盲目性。但美中友协对我们这些初到美国，在各方面有巨大落差的人来说，有着莫大的帮助。

（1）

与我同一批去美国，又同在麻省理工学院化工系的还有化工部研究总院的杨友麒教授。虽说同一批，由于他是从北京出发，赶上了前一班飞机，所以比我早几天到了波士顿，住在一个华人于先生家。于先生为人非常热情友好，我孤身一人到达波士顿，就是老杨和于先生到机场接我的。他们帮助我把行李搬到麻省理工的学生宿舍暂住几天，然后就到于先生家吃晚饭。于先生的夫人准备了丰盛的菜肴，只可惜我因宿舍只能住几天，也不知接下来如何办，有些心神不定，因而胃口不佳。

老杨与我原来就认识，但不很熟悉。到达麻省理工以后我们同在化工系，又合租一套公寓房，很快成了好朋友。他为人诚恳，乐于助人，在美国的两年多时间里，我们基本上是朝夕相处的。

刚到波士顿时，对公交系统很不熟悉，又为了能省些交通费，所以常常带一张地图安步当车。记得有一次老杨与我外出，步行时感到内急，附近又没有公厕，正好路过一个警察局办公场所（有些类似于我们的派出所），情急之下我们便推门而入，当在岗的警察问我们能帮助我们做些什么时，我们说想用一下洗手间。他很友善地取下了一把钥匙，开了洗手间的门让我们用。后来当我们离开前谢谢他时，他客客气气地反而谢谢我们。这是一件我初到美国后给我留下印象的事。

初到麻省理工，在学校旁的查尔斯河畔。1979 年，美国波士顿

另一件事也发生在刚到波士顿时。一天天气晴好，老杨和我得知清华大学有几位访问学者比我们早些日子到，住在一位华人的出租公寓里。老杨打听到了他们的住址，我们也是步行去他们的住处。正走在人行道上，两辆小汽车鱼贯行驶到我们身旁先后停下。车内一位中年女士打开车窗用中文问我们："你们从哪里来？"我们答："北京"。然后我们作了简单交谈。她说她姓廖，人称她廖大姐。我们曾在华盛顿我国驻美使馆听说过波士顿地区有一位廖大姐十分友好，于是放下心来。当她听说我们要去找清华大学几位访问学者时，她说你们不用去了，我打电话要他们一起来吃晚饭，你们就在饭店见面就是了。原来清华几位访问学者租住的就是她的出租房。她所经营的 Joyce Chen 饭店是当地很有名的中国饭店。Chen（陈）是她先生的姓，婚后她改用先生姓，Joyce 是她的名字。她曾在电视台做过节目，教做中国菜，因此在当地很有名。

廖大姐要老杨和我上了她和她儿子开的车，因时间充裕，还带我们去看了一场电影，然后再去她的饭店与清华的朋友们见面。异国他乡，我们一见如故，谈得十分高兴。临别时廖大姐还关照饭店主管，以后我们任何时候去吃饭一律免费。当然后来我们从未不经邀请去吃过"白食"，但旅美华人廖大姐的热情好客，使我们感动不已。事实上廖大姐在我们在美国期间的确像一位大姐那样关心和照顾我们，直到我们回国。令人悲痛的是，在我们回国几年后，廖大姐因病离世，而她留下的 Joyce Chen 饭店，由她的儿子 Steve 成功地继续经营。

上面两件事，发生在我最初到达波士顿后的两三天中，给我的一个初步印象是普通美国人是十分热情友好的。这个印象一直持续下去，并且在以后的生活与工作中有无数事例来充实这种印象。

在美国人中有一个俚语，"朋友的朋友是朋友"，意思是，如果我有一个朋友，而我的朋友有一个朋友，那他的朋友也就是我的朋友。一般说，如果有人请你去做客，你完全可以带你的朋友一起去，当然最好事先告知一下主人，主人只会感到高兴，而不会不高兴，尽管他事先从未与你的朋友见过面。

老杨在美国有很多亲友。我玩笑地说老杨是"名门之后"，所以海外亲友特别多。老杨是杨度先生之孙，他的夫人是梁启超先生的外孙女，双方可以说都是出自名门了。有时一起出差，每到一处多有他的亲友，他必会带我一起去做客。特别值得一提的是一位我们称之为裘伯母的老太太。裘伯母的丈夫裘先生是哈佛燕京图书馆的倡始人及首任馆长，早已故世。老杨的岳母在国外学图书馆学时与裘伯母是同学。因这个关系老杨带我去拜访裘伯母，她独自一人住在哈佛大学附近的一幢大房子里，渐渐裘伯母与我成了忘年交。我怕她寂寞，逢节日也常去陪她，有时也带着我的研究工作去在她家做，以利用时间。她一直对我们关怀备至。也许有人会说，美国人好客，是因为他们的条件太好了，特别是住房条件好。这话有一定道理，但也不尽然。性格乐观开放，乐于助人，是他们的传统。回顾当年第一批欧洲移民来到美洲，就是在当地土著居民的帮助下生存繁殖的。他们对此心存感激之情，北美的感恩节也是由此产生的。

（2）

"美中友协"在我两年多的留美生涯中是一个重要的角色，因为我的许多美国好朋友都是通过"美中友协"认识的，我到各地开会出差，也多次由当地的美中友协安排接待。

上面说到，美中友协的成员很多是美国社会中较为底层的知识分子和学生，他们有的是一些理想主义者，有的参加过20世纪六七十年代的校园运动，思想比较激进，多数人对贫富差距非常反感，因此向往我国这个当时似乎并没有什么贫富差别的国家。他们的一个共同点是，待人接物纯朴真诚，理解我们这些经过多年封闭后初到美国的人在适应中美两国巨大差异方面有不少困难，因而很乐意、也很热情地愿意帮助我们。

美中友协给我们这些初到美国的中国人每人分配一位 buddy，在中国话里可以称作"哥们"，即好朋友的意思，以便在各方面帮助我们，特别是在语言方面。我的"哥们"叫 Ralph，是哈佛比较文学系的博士生，长得人高马大，强壮有力。他待人热情真诚，请他帮什么忙，他绝无二话。

老杨的"哥们"是一位名为 Elizabeth 的女士，为人也同样善良热情，恨不得能多帮我们做些事。由于我与老杨住在同一套公寓里，因而她后来与我也成了好朋友。离开波士顿 7 年以后的 1988年我出差经过波士顿停留了一两天，Ralph 已不在波士顿。我给 Elizabeth 打了电话，七年没有联系，她先前也并不知道我去了美国，但拿起听筒我问了一句你猜我是谁，她居然会在电话的那头大声叫"渭康"。

我们在 1979 年到达波士顿以后，不久就迎来了 11 月的感恩节。感恩节是美国的一个重要节日，重要性大概仅略逊于圣诞节。廖大姐说感恩节是她的饭店一年中唯一不对外营业的日子，她将请我们这些中国留学人员到她的饭店包饺子等玩一天，也请美中友协的美国朋友们来，大家欢聚一堂，"你们尽可以发发疯"，她说。

到了感恩节，中国留学人员都去了，也来了很多美国人，大家动手包饺子。我笨手笨脚，不大会包饺子，正好有些美国朋友也不会，其中有一位美中友协的成员 Kathleen 讲话很快。我的中国朋友就对我说，你就别包饺子了，你去对付那位美国人，与她谈谈。这样我就一直与 Kathleen 谈天。在这以后，我们交往很多，她虽然不算是分配给我的"哥们"，但她也可以说是我在美期间最好的美国朋友之一。她是哈佛教育系的博士生，1981 年她获得博士学位，那时我还在波士顿。我应邀与她的母亲一起出席了她的毕业典礼，那也是我一生中参加过的唯一一次哈佛毕业典礼，只是我那天略感不适，因而没有陪伴她们母女俩一起参加校方的招待午餐，有些遗憾，那是后话。

感恩节的聚会，使我们这些中国的留学人员有机会欢聚一堂，大家把研究工作暂时放在一边，与美中友协的美国友人共度佳节。聚会中英语汉语并用，从上午到晚上，中国吃法和美国吃法兼备：有自己包的大小不一、形状怪异的饺子，有北京烤鸭，当然也少不了美国人感恩节非吃不可的火鸡。欢声笑语，不绝于耳，有的访问学者演唱了意大利的艺术歌曲，又引起美国友人的惊奇。他们问，你们还会唱这些东西？聚会从上午直到深夜，人们才意犹未尽地留下联系电话，依依惜别。

这一类的聚会在美国有很多，有的参加的人很多，像这次感恩节的聚会就有上百人参加，有的人数很少，大家边喝边吃，边进行交流，我个人觉得这种聚会是很有好处的：交了朋友，增进了感情，交换了信息，甚至讨论了课题。记得在那次感恩节的聚会上我还就我在研究工作中碰到的一个数学问题向哈佛一位中国访问学者请教。找不到纸，我们就拿了一张饭店里的餐巾纸，在上面写写划划。

感恩节聚会对我来说，一大收获就是与我国在波士顿地区的访问学者从不相识到相识，从相识到比较熟悉，有的后来成为很好的朋友。由于当时我国的经济还比较困难，访问学者们都没有家属陪同，基本上都是孤身一人，成天忙于自己的研究工作，生活十分枯燥。在异国他乡有一个机会与自己的同胞相聚并交谈，确是无上的乐趣。

另一个收获就是交了不少美国朋友，了解了不少美国的文化和生活方式，特别是使我与美中友协的关系更加密切。美中友协波士顿分会的办公室有四五个工作人员，他们多是兼职，个别的是全职，都不取报酬，可以说是十分有诚意的志愿者。他们中有的人是大学毕业后工作了几年，有了一些积蓄，就到美中友协办公室来做全职或兼职的志愿者，过了些日子，生活难以为继，就再去工作。他们为中美友好所作的努力，实在令人感动。时隔 30 余年，回忆起美中友协这些纯朴善良的美国友人，仍十分怀念。在离开波士顿多年以后，有一次我去美国出差，路过波士顿，还特地去了在马萨诸塞大街上的美中友协办公室，虽然我认识的那些美国朋友都已不在，而是换上了新的志愿者，但我还是想去看一看那些对我们真诚友好的人们，看一眼那虽不讲究，但却令人难忘的办公室。不巧那天办公室没有人，我也只能作罢。我能理解，一般美中友好的活动多在晚间，白天很可能没有人值班。

（3）

我与美中友协的很多成员交往密切，他们几乎无一例外地纯朴善良，对中国非常友好。他们中的多数人经济并不宽裕，但他们完全出于自愿来办公室作为志愿者，甚至全职。我在波士顿时，友协办公室的 Jean 就是一位自愿辞职后来工作的志愿者。原来我并不知道她的背景，直到 1981 年初，一次她对我说，"我必须与你们告别了，是为了生活。但我非常舍不得走。我已经在新墨西哥州找到了一份工作，你一定要来看我。"我答应她，我一定会去看她。当时我可能有一些敷衍，但后来我实现了我的诺言。

我的"哥们"Ralph 很豪爽，他除了写他的博士论文外，还兼了一个类似我们班导师的工作，叫做 tutor。他住在一栋花园洋房似的学生宿舍里，他就在生活上、思想上关心那些年轻学生。一次他开玩笑地说，他的主要工作是劝学生们不要自杀。他为了让我有机会接触哈佛的学生，可能也为了让他的学生们有机会接触中国访问学者，就与我约好，每星期去一次哈佛，并在那里吃一顿午餐，他也约了他的一些学生来一起吃饭。我乐于那样做，因为这是了解美国社会的一个好机会。于是每星期有一天上午我先去他们的宿舍，宿舍有一个公用的大客厅，我与 Ralph 就坐在客厅里聊一会，他非要我喝一些雪莉酒，说那是聊天所必需的。然后我们同去在另一个楼里的餐厅，自己取食，坐在一个可以容纳十来人的长方桌旁，学生们围坐拢来，他们大概是第一次看见中国人，开始时有些腼腆，后来就问长问短，话就多了。Ralph 饭量很大，吃得很多，我记得每次餐后，他的前面总会放上 5 个空牛奶杯，5 个空橙汁杯，排成一排，蔚为壮观。他每天只吃一餐饭，说这样既省钱又省时间。我说这样对健康不利，应该每天三餐。他坚持不改，还对人说，渭康老是劝我一天要吃三餐饭。

Ralph 和 Kathleen 都是美中友协会员，又都来自芝加哥。他们本来不很熟悉，还是因为我的关系经常见面而熟悉起来。一次闲谈中我说起他们两人都来自芝加哥，Ralph 不以为然地说，我和她不一样，我是来自市区，她是来自郊区。意思是 Kathleen 是从富人住的郊区来的，他则是来自平民住的市区。那时他们的思想有些激进，以出身平凡为荣。的确 Kathleen 家比较富有，他们在密执安湖旁有很大的别墅，逢节日就全家去湖边度假，Kathleen 数次邀请我一起去度假，她说风景优美，有的是住的地方等，但我因为忙于工作最后还是谢绝了。

美中友协的朋友也关心我出差的问题，希望有人照顾我。一次我去休斯敦，他们与休斯敦分会联系，在机场有一位女士来接我。她不认识我，反正看见长中国脸孔的就是我。她是一位法官。到了她家，安排我住下，然后她说如果我第二天上午没有什么其他安排，她想带我去看看美国法院开庭。我心想我连中国的法庭都没有去过，还去什么美国法庭，但当然我还是顺从了她的好意而表示欣然同意。第二天她带我去了法院，并把我一一介绍给她的同事。她的同事们对我这个不速之客，既表示欢迎又表示好奇。法院开庭了，我坐在一旁听，说实话，我听懂的很少，但总算出席了一次美国法院的开庭。

另一次我去旧金山，也是由美中友协波士顿分会与旧金山分会联系好的。因为飞机误点，我到机场时已很晚，一位友协的成员Betty耐心地等着接我。Betty是一位银行职员，第二天还要上班，而我对Bechtel集团的访问是安排在下午。她建议我上午自由活动，中午她在旧金山的中国城请我吃饭，然后开车送我去Bechtel集团总部后她再去上班。早上分手以后，我独自在金门大桥附近走走看看，然后去中国城那约定的饭店与Betty见面。她已订了座在那里等我。见了我如同见了一个亲人似的站起来拥抱我，说她担心我走错了地方。于是我们吃饭、谈天，像已熟悉多时的老朋友似的。几天以后我离开旧金山去洛杉矶，在机场告别时Betty拭着泪说希望我把她当成老朋友看待，以后到旧金山就住在她家。我知道她是真诚的，我答应她并谢谢她，但很不该的是，我后来几次经过旧金山时却食言了，没有再去看她。

这类真诚友好的事例不胜枚举。我在这里不厌其烦地写出这些，无非只是通过这些看似微不足道的日常小事来说说普通美国人的真诚与友好。

说起普通的美国人，我们接触到的美中友协的朋友们，正如我上面说到的，多是底层知识分子，中产人士不多。我也曾经认为，这些美中友协的朋友，也许在美国并不典型。但后来我的朋友中有了不少在大学工作的教授，以及在大公司工作的工程技术人员和研究人员，也还有一些"高管"。他们多有博士学位，工作也很稳定，属于典型的中产人士。他们一般在近郊有宽敞的住宅，生活比较富裕安定，但他们的价值观似乎也与我所熟悉的美中友协的朋友们差不多。我认识一个大公司的全球副总裁Jack，住在离波士顿大约有一小时车程一个名为科德角（Cape Cod）的多是富人居住的小城。

他的儿子在当地一所中学求学，正好学校的教师中有一位是美中友协成员 Duncan。一次学校活动，Duncan 请了一些中国留学人员分别去学生的家里作客，以便他的学生可以有一些与中国人接触的机会。"粥少僧多"，我们这些中国人还很吃香，还分不过来。我被分配到那位副总裁家。他本人正好出差，他的夫人及孩子十分热情友好地接待了我并共进晚餐。事后我想这事大概就算完了。不料过了几天那位尚未见过面的副总裁出差回来来电话非要我再去他家玩，他自己开车来接我。到他家又聊天吃饭又到附近观光。不知怎么说起高尔夫，听说我从未打过高尔夫，他兴奋得大叫一声："走，打高尔夫去"，就这样非得教我打高尔夫。一次他来电约我，我说我正好要到朋友家搬些旧家具，他说正好他来可以帮我。一下车，父子俩穿着汗衫短裤，挥汗如雨地帮我把旧家具搬上车，又帮我在家里安放好，然后再去他家。这样一来，连原来说好帮我搬东西的朋友都无事可做了。

　　我问了 Jack，是否特别喜欢结交中国朋友，帮助中国人。他迟疑了一下，说这倒也不是，因为他从小就受到这样的教育，待人要真诚，要乐于助人。后来他认为这是对的，所以他总是这样去做。多么直截了当的道理！

在肯尼迪号航空母舰上。1981 年，美国波士顿

参观约翰逊航天中心。1981 年，美国休斯敦

（4）

1981 年我离美回国前，美国朋友与我告别，依依不舍之情十分感人。有的朋友紧紧拥抱，有的转过身去拭泪。对于我来说，我更认为这不是再见，而是永别。因为我并不认为我今后还会再次出国，我也并不认为，他们会有机会到中国访问。毕竟 1981 年开放的形势与现在差别太大，中美两国之间的交流在当时还是非常有限的。

我告诉我的美国朋友，两年多在美国的访问，最使我难忘的，不是美国经济的发达，社会的富裕，不是高楼大厦之多和商品之丰富，而是普通美国人的善良、真诚和友好。当时中美两国的发展水平差距是如此之大，我想必会有人认为我在说漂亮话，但这确是我发自内心的感受。

本文所写下的，无非是在说普通美国人的价值观以及他们如何体现他们的价值观。我认为他们的一个共同点是比较"真"，也就是怎么认识，就怎么说，怎么做。他们不同意的，就会与你争辩，想通了，才去做。公认的道德标准，公共的道德观，如果他们认同，他们就尊重并付诸行动。后来我去过诸多的西方发达国家，他们大体上也有类似的价值观。比如说，工作要认真，学术不造假，他们中的大多数是这么去做的。当然也有偷懒的，不认真的，也有造假的，但相对地为数很少。全社会已形成的这种价值观，和对这种价值观的自觉履行，是社会发展的无形动力。

回观我们社会，浮躁和双重的价值观标准似已成为一种无处不在而又无法回避的行为准则。说的和认识的是一套，做的又是另一套。谁都知道做事要认真，不能浮躁，要实事求是，学术不能造假，写材料不能包装，不能无原则地把成绩"拔高"，但是在实践中所做的往往与所认识到的背道而驰。譬如，不耐心排队而去插队，在不该抽烟的场合抽烟等，都是认识的和做的不一致的表现。说一个并不恰当的比喻，小偷也认识到不应该去偷人家的东西，但是在实际中他还是去偷了。这是一种极端的认识与实践的背离，是明显的背离。但是我们的浮躁是一种晦涩的，有时是似是而非的背离，这就在极大程度上影响了社会的诚信度及社会的进步。

距初到美国已近 40 载。今日写来，此情此景，犹历历在目。社会的发展，除了一些"硬"的东西外，还有一些"软"的东西，那就是公德：公共道德，公认道德，公众道德。这些东西，虽不写在文本上（写了不做也没有用），是"软"的东西，但却是至关重要的，是推动社会进步和发展的。

一次横贯美国的旅行

按原计划我应在 1981 年 8 月离开麻省理工回国。由于我计划参加同年 10 月在加拿大蒙特利尔举行的一次国际化学工程大会并在会上报告我的工作，我决定把回国时间推迟到我参加大会以后的10月底。这样1981年的暑假我会在美国度过。

与我合租一套公寓的杨友麒先生打算利用暑假期间出去旅行一次。他的性格比较外向好动，而且在美国有很多亲友，每到一处差不多都能找到一些熟人。我比较内向，没有什么"闯"劲。我原也没有什么外出的打算，但受到了老杨的鼓动，他说我们在美国机会不多，应该好好利用，出去看看。

于是我重新设计了我的暑假计划，最后实施了一次在美国从东到西，又从西到东的旅行。这次旅行既有学术活动，又有探亲访友，还有旅行观光。

当我与韦潜光先生提到我有意利用暑假出外旅行一次的想法后，他非常支持。他告诉我麻省理工有一个"工业联络项目"，是由各大工业公司资助的，鼓励麻省理工的教师在方便时去访问并介绍他们自己的研究工作，与公司方面作交流讨论，以增进双方了解。韦先生热心地建议我申请这个"工业联络项目"的资助，所访问的公司可以由我自己选定。

我根据"项目"办公室提供的信息，选择了位于旧金山的Bechtel工程公司和位于洛杉矶的TRW公司。前者当时是世界最大的工程公司，涉及的专业领域非常广泛，也包括煤矿和煤化工项目。后者是关于国防高科技及能源的一个大公司。我选这两个去处的考虑是，我那时还未去过美国西部，很想去看一看西部风光。旧金山四季如春，又有著名的海湾，洛杉矶有我的妻舅，他们也一直希望我回国前能去一次。另外，那里有著名的好莱坞和迪士尼乐园。我的计划很快得到麻省理工"工业联络项目"办公室的批准和资助，并也收到对方公司表示欢迎的信函。

从在美国东部的波士顿，到西部的旧金山和洛杉矶，几乎是美国的东西两端。我定了这两个端点，然后再来计划中间的访问。我想去看看美中友协的好朋友 Jean，她那时正好在新墨西哥州立大学地理系任秘书。我给该校化工系主任寄去了我的简历，很快收到了邀请，请我去访问该校化工系并作一个学术报告。我与肯色斯州立大学化工系主任范良政（L. T. Fan）教授曾有过不少交往，与他联系后他也表示欢迎我去访问，并应邀作两个学术报告。范良政教授来自台湾，他在化学工程领域从事了广泛的研究。我收到我的老朋友钱宏业博士的邀请，请我访问在圣路易市的孟山都公司总部并作一个学术报告。钱博士是在我国改革开放后最早访华的人士之一。他出生在上海，后到台湾，然后再去美国留学和工作。一位我尚未见过面，但有过通信联系的张学嘉（H. C. Chang）教授请我访问加州大学圣巴布拉分校化工系并作一个报告。张教授来自中国台湾，在数学模型方面做了出色的工作，他知道我也对数学模型方面的工作有兴趣，希望我能去作一个学术报告，并就我们双方都有兴趣的问题进行一些讨论。林光华博士那时已结束在圣母大学的博士后研究，参加了在芝加哥的联合油品公司（UOP），他也邀请我去访问并作一个学术报告。

当我把这个初步计划告知我在美中友协（请参见"初识美国：人与事"）的朋友们时，他们十分热心地又替我出了很好的主意。他们说在旧金山可以住在友协旧金山分会的一位会员家，并由她接待我。当知道我在回程中要在圣路易市停留并访问孟山都公司以后，他们十分兴奋。友协办公室的一位工作人员 Dianne 说她那段时间正好要回到在圣路易市的家，希望我去在那里见面并住在她家，然而我已与钱宏业博士说好住在他家，最后只能协商在他们两家各住几天。

圣路易市是密苏里州的州会，地处中部。当年最早开发的是美国东部，西部还是蛮荒之地，圣路易市便成了东西部的分界。过了圣路易市就进入西部的待开发地区了。美中友协的朋友们对我将去圣路易市十分高兴，不仅 Dianne 会在那里，Kathleen 也将专程从她所住的城市驱车约三小时来圣路易市与我们相聚，到时必有一番热闹。说到这里，友协的朋友们唱起了在美国曾经非常流行的一首歌——"相会在圣路易市"（Meet you in St.Louis）。这原本是多年前在圣路易市举办的一次世博会的主题歌，但因为旋律优美抒情，在那次世博会后的相当时间内还在美国流行。我原来并不知道这首歌，但当他们唱起这首歌，并解释了这歌的由来后，却也被那些美国朋友的盛情所感动。

正当我为我这次横贯美国，历时月余的旅行作准备时，妻却在上海为我十分担心。她从我的信中读到我计划独自去那么多地方，到的时候很多都是由从未谋面的人来接，她担心我的安全，因为她在媒体和电影中看到美国虽说不至于盗贼遍地，却也是坏人不少，特别是我每到一处，都是人地两疏，给人骗了怎么办？我虽通过书信告诉她不必担心，但她却一直等到我平安回到波士顿后才放下心来。

在异国他乡独自旅行，要去七八个城市，历时一个多月，这无疑也会是一种难得的经验。我自己打电话订机票，不但要找便宜的，还要顾及接机者接机的方便，到达时间不能太晚。访问日程及报告、交流的时间也都要预先约定。待旅行结束，回顾一下我整个的行程，几乎完全按我预先计划分毫不差地进行。

（2）

1981 年 8 月初的一天，我从波士顿启程飞往我第一个访问的地点新墨西哥州的 Alberquerque，那是新墨西哥大学所在地。我到机场时已近午夜，我一眼就看见一位穿红衣的女士在向我挥手，那是我在美中友协的好友 Jean，我们约定她穿红衣来接我，以便辨认。

当晚到她为我安排的住处休息。次日上午我就去访问新墨西哥大学化工系，下午作了报告。与多位教授交谈的感觉是这所位于美国中西部的大学，教授们似乎更为朴实谦逊，待人温和有礼。这是我第一次访问一个中西部大学。随后我又有机会访问了几所中部大学，所获得的印象大致也是如此。我想这情况似乎与我国的有些类似。Alberquerque 已距科罗拉多大峡谷不远，那是我很想去观光的地方。我对 Jean 说我想去一次科罗拉多大峡谷。她说她也没有去过，也想去一次。于是我们就兴高采烈地开车上路。中午出发，傍晚到达亚利桑那州的 Flagstaff，找了一个露营地露宿。据说去大峡谷的人一般都是在 Flagstaff 过夜，第二天一早上山。露营地人山人海，挤满了准备第二天上山的游客。正好 Jean 不久后就要去阿拉斯加工作，她已把被子等放在车的行李箱里，所以就很方便地取出被褥铺在地上露宿过夜。第二天一早我们上山，游览了大名鼎鼎的大峡谷，也旁听了有些带旅游团的导游的介绍。大峡谷的奇景除了它的陡峭险隘以外，最会使人惊奇的是其满山赭红，似乎岩石都刚被火焰烤过似的，令人久久难忘。然后我们又一路驱车数百公里，于次日凌晨回到 Alberquerque。

过几天我与 Jean 在机场告别的时候，我们都依依不舍地相互承诺以后还要见面，但是遗憾的是从此以后我再没有机会见到这么一位好友。

我飞往旧金山买的折扣机票，加上飞机误点，抵达的时候已近午夜，美中友协的一位从未谋面的成员 Betty 在机场接我。这段往事我在"初识美国：人与事"中已有简要记述。同样遗憾的是我以后再没有机会见她。

我对 Bechtel 集团的访问是我第一次独自一人到一个公司访问。我报告了我在煤的气化器的模拟计算方面的工作，他们也很有兴趣地提出了一些问题。接着的讨论中他们介绍了他们公司在煤资源利用方面的工作，他们也问及了很多关于我国高校教学和研究工作的问题。当时我国开放不久，外界对我们的情况十分好奇。对于我来说，我更感兴趣的是美国能源利用工程化方面的实际执行情况。总的来说，就相互感兴趣的问题作一些交流还是很有好处的。虽然他们并没有从事多少煤加工方面的业务，但他们还是很有兴趣了解更多，提到的一些问题有的还是很有深度的。

我离开 Bechtel 的大楼时已是下班时分，夕阳西下，旧金山市显得分外艳丽多彩。由于市区的地面也崎岖不平，形成了一种并不多见的景色。斜坡之下，就是一片蔚蓝色的大海，那就是太平洋了。独特的电缆车在街道上缓慢地蜿蜒驶过，人们可以悠闲地自由上下车。我登上电缆车回到 Betty 家，已是华灯初上，看到 Betty 正在准备晚餐。晚餐虽然简单，仅生菜色拉和三明治而已，但却温馨。为了欢迎我这个远方来客，她点上了蜡烛，取出葡萄酒杯，我们边吃边聊，相聚甚欢，直至深夜。在旧金山的几天，我独自各处走走看看，自由自在，倒也有趣。我还随旅行团去了一次优赛美地（Yousemite）国家公园。随后我就飞赴洛杉矶，到时也是一个深夜，我的妻兄（妻子的二哥）接我去他家。他家在一个富有人士集居的住宅区，面临大海，可以听到海浪击拍声。到他家以后，虽然时间已经很晚，但他还是打开酒吧邀我喝一杯，我谢绝了。他只能一面独酌，一面与我聊天。妻兄虽有严重糖尿病，但他在饮食上似不够约束自己：烟照抽，酒照喝。几年前他因糖尿病在洛杉矶家中病逝。

与妻兄聊的话题无非是一些家中事，我去他那里前不久，他曾到波士顿来看过我一次，那是我与他第一次在美国见面。他是一个生意人，在这方面我们共同的话题不多，但是海阔天空，当然还是有不少话题的。我们一直谈到清晨两三点钟。的确，家里的事说起来也没有个完，特别是谈到十年动乱更是话题不断。

妻兄胡法中（右）到麻省理工我办公室看我，小坐叙旧。
1981年，美国波士顿

（3）

　　第二天下午法中把我送到我计划中访问的 TRW 集团。这家公司的主要业务涉及国防，在传统能源方面的业务不很多，而且主要是在采矿方面。我的研究是在煤炭加工领域，但他们还是很有兴趣地听了我的报告，并且在随后的讨论中提出的问题似也十分懂行。我好奇地提到了我的疑问：怎么会对一个基本没有业务的领域产生兴趣并要求了解。他们的回答是，他们会关心和了解所有有关的领域，因为这些可能对公司未来的发展有用。我想这对于专业人员来说是一种正确的态度。我在以后访问各个工业公司时曾多次碰到类似的情形，他们对一些尚未开展业务的相关领域表现出兴趣并要求了解。譬如在若干年后的 1989 年，我们在维生素 C 前驱体生物合成方面有了进展，所用的是固定化细胞合成的方法。当时瑞士的罗氏集团邀请我去讲一讲，我寻思罗氏是当时世界上最大的维生素 C 生产商，但他们用的是化学合成法，这与我们的生物合成完全是两条路，从原料到工艺都完全不同。但他们很希望了解生物合成方面的情况。在我的报告以后的讨论中，他们甚至非正式地提到购买这个菌种和专利技术的可能性。我问，他们今后是否会考虑用生物方法生产维生素 C，他们的回答是不会。随即我又问他们为什么对生物合成方法发生兴趣，他们的回答是，他们虽不会用生物合成方法，但对各种有可能生产维生素 C 的方法都希望深入了解。

在 Bechtel 和 TRW 的访问给我的一个感觉是，他们并没有在煤炭加工方面更多开展业务，但却对此产生如此的兴趣，并似乎迫切希望了解。但当时还不过是一个感觉。在我这次访问的最后一站芝加哥近郊的联合油品公司（UOP），有一位高层管理人员（时隔很久，我已记不得他的姓名和具体职位，有可能是负责研发的副总裁）单独约见了我并就煤加工的问题作了比较深入的讨论。联合油品公司是一个全球闻名的石油化工技术研发公司，我国的石化企业曾引进了多项他们的技术。他们的主要业务集中在石油化工领域，但他们却关心煤的加工。

类似事情我遇到不少，而且是越到高层，越对新技术感兴趣。在我写本文的时候，不免略有感触。几年前我的一位优秀学生在美国工作时利用业余时间掌握了一门技术，他不想把这项技术在美国转让，因此回国时与我谈起此事，并希望我了解一下他的技术，有便时向有关方面推荐一下。我虽然并不很内行，但仔细了解了他的介绍，我的总的印象是技术上确实比较先进，且很有市场竞争力。我把此事向一位熟悉的大型国企老总提及。我的最初想法是，作为进入《财富》500 强且列名居前的大型企业集团，财大气粗，特别是大家都看到产业结构的升级转型是如此重要，也许会对一些新的有生命力的技术感兴趣。但是我所得到的答复是，他们只对本行业的技术感兴趣。我提出是否可以向他们作一次简要介绍，答复是同样的：他们很忙，抽不出时间来听。于是只能作罢。我只不过想说一说对邻近领域技术的不同态度而已。

我在洛杉矶的停留期间还去了迪士尼乐园和环球电影公司的摄影基地。其实说穿了，这些地方对吾辈而言也没有多大意思，只是它们名气太大，不去似不尽兴而已。值得一提的是在洛杉矶时去了加州大学圣巴巴拉分校，那是与张学嘉教授约定的。在这以前我从未与张教授见过面，我已记不起当初是如何与他开始联系的。可能是我们互相都看过对方的论文，都有见面认识一下的愿望。张教授来自台湾，在美获得博士学位的时间还不长，那时还只是助理教授，但他的研究工作做得很好，用了很不寻常的高深数学方法来研究化学工程问题。我开玩笑说，与其说你是一位化工专家，还不如说你是一个数学家。

我搭乘"灰狗"车前往圣巴巴拉。车行约一小时，到时张教授已在车站等候接我。以前虽未曾见过面，但都是中国人，一眼就认得出来。正值午饭时分，他就先请我到附近一家中国饭店吃饭。一见面，就三句不离本行，谈起了共同感兴趣的数学模型。起初是在餐巾纸上写写划划，到后来是向侍者要了几张纸，把点菜这件事都忘了。张教授对学问的投入使我自愧不如。我注意到侍者在一旁静候多时等我们点菜，不得不打断他的谈兴。我说我们饭后再继续谈吧，免得他们等了。他才恍然大悟，连声说对不起。

饭后我们去他家放好行李，因为他建议我在他家留宿。那时他的夫人不在身边，他一人居住，下午他开车带我在校园里走了一圈。加州大学圣巴巴拉分校校园略显狭长，沿海而建，绿草如茵，繁花似锦，非常漂亮。但他又与我谈起了数学模型，我也无法欣赏这校园美景，我想张教授真是个研究机器。他的数学根底太好了，我实在穷于应付。这样投入的研究态度，使他在我们见面认识后不太久，就获得了美国总统奖，这也是很自然的事。这种总统奖是专门授予青年科学家，以致鼓励的，足见他成果的突出。

回到他家，他早早备好简单晚餐，并说他的习惯是晚餐后就上床睡几个小时，然后起来工作，快到天明时，再休息几个小时去上班。他对这种不寻常的生活习惯向我表示歉意，并希望我谅解。这种作息时间有些古怪，但也许能够高效利用时间。

第二天上午我访问了化学工程系，作了一个报告，然后与张教授道别。后来我们成了很好的朋友，他和夫人也曾应邀访问过我们研究所。虽然我们见面次数不多，但与他的交往可以说是一种"君子之交"，不讲客套，直来直去，真可谓是"淡如水"似的。

我回到洛杉矶，几天后我告别了妻兄一家，前往堪萨斯州的曼哈顿市。

（4）

这个曼哈顿市与纽约繁华的曼哈顿区完全是两回事，是一个很安静的小城，是读书和做研究的好去处。我到达时，范良政教授夫妇以及我国浙江大学的访问学者戎顺熙先生着正装到机场接我。天气炎热，两位男士西装领带，而我却只是便装，显得有些欠礼。接下来在堪萨斯州立大学的访问包括作两场学术报告，参观实验室，与教授们交流，并且应邀在范良政教授家边喝咖啡边就一些有兴趣的问题深入讨论了两次。范良政教授十分健谈，我访问他的时候，他正带领学生开发一个化工过程的模拟软件，他还表演给我看他的软件的性能。范教授出生在台湾，讲的话有很重的口音，不很容易懂，有时我们不得不借助英语。我访问他时范良政先生担任系主任已有多年，而且后来还继续担任。有一次他到上海访问，我问他是不是还担任系主任，他说是的。我说有人说你是一个独裁者，看来真有点像，他听了后大笑说，他喜欢独裁者这个名字。

在堪萨斯州立大学的访问结束后，我前往圣路易市。那是一个后来数次访问的城市，原因是著名的孟山都化学公司总部在那里，华盛顿大学也在那里，我曾应邀去那两处访问和作学术报告。圣路易市的华盛顿大学是私立的，很容易与位于西雅图的华盛顿州立大学混淆。这个华盛顿大学有一个很有名的化学反应工程实验室，我们后来的来往也比较多。

Dianne 和她的妹妹如约在圣路易市机场接我，同去她家，见过她父母，一家对我这个稀有的中国来客表示热烈欢迎。过了一会，Kathleen 也来到她家，更是欢声笑语不绝于耳。我们海阔天空，闲聊的话题非常广泛和有趣。

夜已深了，一家人都走向卧室。Kathleen 却去开了冰箱，拿了两听啤酒对我说，如果我不是十分疲惫，她还想单独与我在花园里再坐一会儿。她进一步与我谈了她工作后的情况，颇有一些不如意处，并首次表示了她有意到中国教一两年英语的意向。

次日起身后，我们几个人就到了圣路易市著名的大穹门，乘电梯登上穹门顶端的观光层，可以俯视全市风光。在简单的午饭以后，Dianne 和她妹妹就送我去钱宏业博士家，宏业及夫人盛情欢迎客人，并备了茶点招待我们。他与 Dianne 互换了地址电话，以便日后联系。

宏业与我同年出生在上海，家住延安中路铜仁路口，离我家很近，实际上我上中学时几乎每天都步行经过他家门口。解放前夕他随同父母去了台湾，随后又到美国留学和工作。我认识他时，他已在孟山都公司居于高位。那是在改革开放以后，他是很早就到中国大陆访问的美籍华裔人士。他在我们学校讲学了两个星期，深受师生们的欢迎。当时国门刚开，来校访问的外国来宾还很少，对于难得来访的客人，师生门听讲听得如饥似渴。作为主要接待者之一，每天活动结束，我陪送他回家后，再回自己家，这样我们成了很好的朋友。我到麻省理工后，他也曾到波士顿来看过我一次，我到孟山都公司的访问完全是由他安排的。后来我也曾由他提议到华盛顿大学的化学工程实验室访问交流。

我访问了孟山都公司并作了一个报告。在圣路易市的其余时间除了略作观光外，不少是在与宏业讨论科研合作的可能性。他长期在工业界工作，在系统处理方面很有经验，并且他在米尼苏达大学化工系获得博士学位，他的导师 Aris 教授是著名的应用数学家，所以宏业得到了很好的数学训练，并在工作中用于解决一些工业实际问题。我自己也比较喜欢用数学方法来解决化学工程问题。因此我们谈得比较投机，初步达成了科研合作的意向。但是合作的结果还是在几年以后的事。我们的论文发表在《美国化学工程师学会会志》上。

告别了宏业夫妇，我乘坐"灰狗"在去芝加哥途中访问了 Kathleen 在 Fort Wayne 的家。她带我去参观了她工作的印第安纳大学的校园。应该说我觉得那学校还很不错，但她还是不满意她的工作，这可能也就是她为什么要离开这个苦苦找到的工作，在我回国的第二年来到北京外国语大学教两年英语的主要原因。正好我回国后那几年去北京出差非常频繁，而且多半是在海淀区的中关村和清华大学一带，所以我就常常去她在友谊宾馆的住处看她，这样也在一定程度上丰富了我在北京的出差生活。

从 Fort Wayne 离开后我很快就来到芝加哥。那已是一个晚上，我在车站见到了来接我的林光华博士。他也是出生在台湾，后来到美国留学的，他那一口"国语"实在不敢恭维。我们曾在不少场合交谈过。他从一个搞化学工程理论的博士后转到环球油品公司（UOP），做了一些工程实际的工作。他接了我到他家，并邀请我暂住，我当然表示感谢。次日我参观了他们的研发实验室。我看到一些石油化工研究设备都被闲置着。问及此事时，他们的回答是因为石油危机，石油化工方面的研发工作被停止了。我又问石油危机过去以后没人来做研究怎么办。他们的回答也很干脆：那就再招聘吧。在我作了报告后，大家讨论了一会，随后我又应一位该公司高管之约与他单独讨论关于煤加工的问题，已如前述。

林光华博士一再向我表示歉意，说由于确定我作报告的时间比较仓促，因此未及审批一些报告酬劳，只能以他个人名义送我一些礼物。我感谢他的好意，也表示我访问他们公司已是很有收获，请他再也不必提酬劳的事。他送的礼物中有一个玩具狗，很好玩，但体积很大，我不便把这个玩具狗携带回国。回到波士顿后我把这个好玩的玩具狗送给了陈聿美，以答谢她对我的照顾和关心。

芝加哥是我这次旅行的最后一站。从芝加哥我飞回波士顿，结束了我历时月余的旅行。当我打开住处的房门时，一阵疲惫之感突然袭来，然而我也确实认为此行收获颇丰：除了学术上的交流，见到了和结识了一些旧朋新友，也亲历了美国中西部的大好风光。

从贵族学校走出的平民青年

我生于上海一个属于平民阶层的家庭中。从小学到中学，我学习成绩一般，没有得到过名师的启蒙和指导，也没有什么说得上喜爱的课程。就读的小学和中学，却是比较"洋气"的教会学校，特别是六年中学教育，是在上海有名的"贵族学校"圣芳济中学完成的。在进入大学时，我可以说是一个从贵族学校走出的平民青年。

（1）

青少年时代会对一个人的一生产生至关重要的影响。不少科学家在青少年时期受到名师引导走上了热爱科学的道路。不少音乐家、艺术家，多也从小受到家庭、师长，或是社会的熏陶而倾其一生努力最终成名。

我没有如此幸运。我没有兄弟姐妹，因而家里也没有年龄相仿的孩子同我嬉笑打闹，造成了我看似文静，实却怯懦的性格。我父母受教育程度不高，虽然殷切期望我好好读书成材，但也无从对我的成长作任何具体和有益的指导，只是与大多数父母一样，希望我能多学点本领，过好一点的生活。父亲是一个普通的银行职员，解放前夕还曾失业在家；母亲是家庭妇女，在上海解放后才通过考试成为一名公务员。由于继承了祖上的一些遗产，我们家在生活上还算过得去。我自小体弱多病，数次几乎因病丧命。说起我所受的教育，小学是在一所学费较贵的教会学校，离我家不远。父母那时只求上学安全，学校环境好，就可以了。至于中学，他们坚持要我上贵族化的圣芳济中学。那是一所在上海有点名气的教会学校，只招男生，以校规严格，学费昂贵，重视英语教学出名，甚至还对调皮学生实施体罚。父母认为，有了好的英语训练，将来找个事容易。我自己当时并不愿意去上圣芳济，因为怕适应不了那里的英语课程，也怕因学业不好而受罚。最后由于父母的坚持我还是在 1947 年进了圣芳济，在那里学习了六年。

圣芳济已有很长的历史，校友中有不少当时的政界商界名人，如宋子文、吴国桢等。学生中也颇多一些政界要人和其他知名人士的子弟，如我初一时的邻座就是当时上海市市长吴国桢的儿子。学校由外国教会管理，校长和一部分教师由外国传教士担任。英语教学的确很重，教师也很有经验。英语会话考试是由外国教师一对一进行的。我老老实实交作业，上课也不调皮，总算过了初中一、二年级。记得那时我们每天要练英文书写，就像在一般中学练毛笔字似的。我们也有"楷"，也有专门练字的蘸水笔尖。这种笔尖模拟古代的鹅毛笔，很软，是一种传统的练字笔。这些东西都自英国进口，在学校小卖部出售。我每天规规矩矩地练，所以现在还能写一手很漂亮的英文连体行书。我到美国后，美国人看我写字还赞叹不已，说他们现在都不会写连体字了。这所学校，解放前以培养"洋奴"出了名。1949 年 5 月上海解放，情况大变：学校处于无政府状态，外国教士纷纷西行返国，原先严格的校规当然无法执行，传统的英

上篇　半生行悟——亲历与随想

053

语教学也难以为继。学生们从原先的高压下"反弹"了出来，课堂纪律松解，甚至混乱，学生在课堂上大声喧闹，一些富家子弟在课堂上谈吃谈喝谈玩，甚至谈女学生，本想好好听课的学生也受到很大干扰。这样的情况一直延续到我毕业。那时学校虽已被教育局接管，但情况也未见有多少好转。再加上我那时学习并不自觉主动，所以在1953年参加高考时，我的学习基础很差，数理化基础也不好。英语虽然在初一初二打下较好基础，但一方面是自己不重视，另一方面当时的大环境也并不有利于外语学习，后来也就放任自流了。然而在数十年后出国留学时，我在英语方面的困难似乎比我同龄人小了一些，回想可能与中学所受的英语训练多少有些关系。

（2）

高考时我填的第一志愿是清华大学的无线电工程，结果当然是无缘名校的热门专业。我不想读专修科，所以第二志愿填的是华东化工学院（现华东理工大学）的化工机械专业，该专业当时只招本科生。我被录取了。没有能进入名校，失望是有一些的，但我也有自知之明，自知我数理化基础薄弱，取在第二志愿，又是本科，可谓比上不足，比下有余了。我家久住上海南京西路陕西北路一带，即所谓"十里洋场"者，再加上教会中学同学们和亲友们的潜移默化，久而久之，我身上表现出或多或少的"洋气"，也有一些不自觉的优越感，并且好高骛远，不求甚解。另一方面，一遇困难我又会止步不前甚至会退缩。这是我在日长时久逐渐正视自己缺点以后对自己的认识。在懵懵懂懂中走出了中学校门，我自己也并没有十分迫切的进大学深造的愿望，应该说是解放初期工业建设的大潮把我推上了学工的道路，而且在我周围的人也似乎给人一种观念：进大学是无需争议的唯一的选择。我就这样从中学跨入了大学之门。

大学学习与中学完全不同，课堂上除教师讲课外鸦雀无声。多数同学对这一点非常习惯，因为他们在中学阶段有良好的课堂纪律，而我由于来自一个纪律混乱的学习环境，所以必须习惯于在课堂上专心听课。这一点很快就做到了，因为我也颇为反感我中学里那些同学的不良风气。大约半个学期过去，我总是感到我的学习存在很大问题，很不对头。大学学习讲基本概念，讲基础理论，这些都是我在中学中闻所未闻的。我只是代代公式，非常机械地学习，没有体会掌握"基本概念"是怎么回事。这一情况特别表现在数学课上，我始终摸不到数学学习的要领。直到有一次听同学们说另一个班级的一位中年数学老师讲课讲得很好，上课讲概念，讲方法，他们打算去旁听那老师晚上的辅导课。我也去听了。老师提了一些问题问同学，然后分析同学回答的问题及错误所在。我虽未被提问，但同学回答问题的错误思路多半也是我所犯的。老师指出的针对我们学习中的概念性错误，真是一语中的，非常切题。这次听辅导课使我震动。我花几天时间反复思考着我的学习方法的问题所在，感到大学的学习方法确实不同于中学学习。记得在一次课外活动时间我独自坐在操场一旁看高年级同学的篮球比赛（那时我很喜欢看篮球比赛），但我一直在思考着我的学习方法问题，直到比赛终了，我发现比赛根本没有给自己留下任何印象，而只是一心在想自己的事。说来也巧，在我看篮球赛并陷于冥思以后，教学楼里一个实验室用的氯气瓶突然倒下，氯气溢出，正在自修学习的同学们纷纷逃出大楼，倒地后被急送医院救治的同学达百余人，而我却因为在操场上看篮球比赛而逃过这一劫。

这是我对人生、对学习的一次感悟。我逐步改变了我的学习方法，努力去掌握基本原理和基本概念，并养成举一反三的能力。我把握了学习的主动权，习惯于用最基本的原理来理解各种问题。我的学习成绩也很好，以至于我不大怕考试。有些同学为了准备考试要开夜车，晚上宿舍房间熄灯，他们就搬了小桌子到不熄灯的走廊等处复习备考，我可以按时上床睡觉。那时我们的考试是笔试加口试。对多数课程，我都可以做到在进考场前就有把握考一个"优秀"，也就是5分。在毕业时，我获得了四年里全部主课为优秀的成绩，并受到了学校的表扬。

（3）

毕业时统一分配，我被分配去考本校的化学工程专业的研究生（当时报考研究生也属于统一分配的范围）。在准备了一学期去应试后，我被录取了。那时研究生制度刚刚试行，人数很少，我们化学工程专业只有我一人，也没有什么教学计划，并且因为时值1958年"大跃进"，课程学习只能以自学为主，过一阵请教授答疑。随着"大跃进"的深入，后来连答疑都被取消了，我只能与几个志同道合的青年教师一起讨论讨论。后来我的体会是，自学的习惯，自学的能力是极其有帮助的。回忆起当时认真自学的几本经典著作，如Schilichting的《边界层理论》，Prandtl的《流体力学要义》，Jacob的《传热学》等，虽然有一些不能全懂，但我掌握的概念十分牢固，多年以后仍使我获益。

值得一提的是，那时我幸运地能与化工原理教研组的青年教师陈敏恒先生一起自学和做研究。老陈比我大两岁，他极其聪明，看问题既深刻又敏锐，后来成为华东理工大学的校长。我在大学学习成绩很好，不免自以为了不起，所以开始时不识深浅，相当自负。老陈与我一起自学数学及其他课程，并一起讨论。经过几次讨论，我发现陈敏恒的见解总是在我之上，而且比我高出很多，这使我猛醒过来，真可谓是天外有天，人外有人。我认识到我只不过是个井底之蛙，没有什么值得骄傲的，这样我开始认真地向他学习，特别是他思考问题的方法。后来我们一起做流态化方面的研究确也是夜以继日，非常投入。我们还仔细地研究文献，然后讨论，各抒己见，我们各自还会发现和指出对方见解中的错误论点，还会在后来的交谈中相互善意地开开玩笑。华东化工学院图书馆藏有非常齐全的国际化工期刊，有几篇经典论文还因为我们多次阅读而显得陈旧发黄。那时正值三年经济困难时期，我们在食堂吃了极其艰苦的晚饭，饭后到实验室，用现在看来非常简陋甚至是原始的设备做实验，观察现象，分析数据，直到东方出现鱼肚色，我们才离开实验室直接去食堂用早餐。在三年困难时间的后期，国家实行部分副食品的高价政策，老陈和我也常会过些日子就到市中心的一个高级饭店吃一顿饭，换一个环境，也改善一下伙食，每次吃饭差不多都会花费我们半个月的工资。那个饭店物贵人稀，环境很好，我们会在那里坐上两三个小时，一面吃饭一面讨论我们的研究工作，把带去的纸写满了数学符号，事实是我们的很多想法也确是在那里萌生的，当时上海的《文汇报》和《解放日报》也都报道过我们这些趣事。

我们在研究工作中碰到一个数学问题，具体来说是一个随机过程问题。我们请教了学校里的数学教授，也无法得到满意的解决方法。我于是想到了比我高一级的一位学长，他是复旦大学苏步青先生的公子，请他介绍给苏先生。我到复旦拜访了苏先生，苏先生这么著名的学者，非常平易近人。他亲自接待了我，听了我的汇报。他说他不是研究这一方面数学问题的，就介绍了与我几乎同年龄的吴立德先生来帮助我们，临别时苏先生还亲自送我到他办公室的楼梯口，使我非常感动。我找了吴立德，讲了我们的问题，他也来到我们的实验室，大体了解我们的实验，双方逐步有了共同的语言。我们的合作很有成效，我们在《中国科学》和《科学通报》上发表了我们的工作，老吴也从数学的角度在《数学学报》上发表了他的论文。这是我第一次与数学家合作做研究。我们的研究是基于实验，但是用了数学工具，做了当时国内外都还做得不多的用数学模型来描述化工过程，效果很好，也很有学术水平。《解放日报》和《文汇报》也都专文报道了我们的合作研究。

顺便说说，老陈和我除了谈研究，谈工作外，我们还会谈些别的东西来放松一下，换换脑子。我们都比较喜欢文学和音乐，特别是文学。我们原本都有看文学名著的习惯，但重点有所不同。我看了不少法国小说，老陈爱看俄国小说，他俄文好，可以看原著。于是我介绍他看雨果和巴尔扎克的一些作品，他看我有时没有耐性看托尔斯泰和屠格涅夫，就建议我看普希金，有时也看一些莱蒙托夫的书。我们会约定共同看一本书，然后再来议论这本书。我们只认定几个译者的译本看。这些译者修养高，文笔好，我感到收益良多。我们看了后还会抽空讨论这些文学作品，发表各自的感受和见解。我相信，后来我能在写作学术论文方面有比较好的逻辑和文笔，与那个阶段的阅读有很大关系。有时我们还会模仿普希金，学写一些十四行诗，当然这些都是见不得人的。

我于1962年初通过研究生论文答辩，分配到北京化工学院（现北京化工大学）工作，结束了将近九年在华东化工学院的学习。回想起在这九年间，前半阶段的本科学习我解决了学习方法问题，后半阶段的研究生学习，我初步尝试了自学与独立进行研究工作。

（4）

在北京化工学院，我以教本科生"化工原理"课为主。我也希望能做一些研究工作。北京化工学院当时成立不久，科研开展不多，多承蒙领导支持，我建立了简单的条件，带两个本科毕业班的学生，做起了实验研究。以前我做的是多层气固系统，这次我想做多层气液系统，看看有什么共性。虽说做了一些工作，但是由于大环境的原因，未能继续下去。没过多久，十年动乱开始，我和全国知识分子的命运都差不多，也经受了多次批判，写了多次检查，去了河南"五七"干校。1970年，因为"复课闹革命"后一个固体流态化方面的科研项目的需要，才把我调回北京参加这项科研工作。

在长期脱离专业工作以后，能再次参加一项研究我当然非常兴奋。我全力投入这项工作中。实验是在离北京化工学院不远的北京化工研究院进行的，因为那里的条件相对较好。我们研究了流态化条件下的固体输送，并发现了锥形管的特殊作用。这在理论上也是讲得通的。那时我的一个有利条件是可以常向我的姨父郭慕孙先生请教。郭先生是中国科学院院士，国际知名的化学工程专家和流态化专家。我通常会在星期天骑上一辆借来的自行车到他在中关村的家中，向他汇报我们的实验工作。那时他尚在被"审查"期间，但他还是会根据我的描述认真考虑后提出很多有益的指导意见。姨妈做饭给我们吃，并对其他人说，渭康来了，他们就老是说他们那些行话。后来我们的研究获得了一些好的结果。那是在 1971 年，"文化大革命"已从最激烈的阶段有所回落，国内也开始有了一些技术性会议。我去参加在陕西咸阳召开的"化学工程技术交流会"并报告我们的工作。这可能是我们的领域在"文化大革命"开展以来第一个技术性的会议，由于不敢称为"学术会议"，就以"技术交流会"代之。在会上我见到了母校华东化工学院来的代表，这也是我在"文化大革命"以后第一次见到他们。闲谈之中，我说起我和我妻子正在设法调在一地，因为上海和北京都进不了人，我们曾考虑了山东、安徽、江西等需要人的地方。她也毕业于华东化工学院，从事化工方面的技术工作，我们离开大城市，调在同一个单位应该还是有可能的。母校的教师问我，你愿意到那些地方，为什么不考虑上海，回华东化工学院。我说这样当然理想，但在当时的历史条件下几乎是不可能的。他们表示回去后向领导（工军宣队）汇报。不久来信说，领导有兴趣调我，但因户口进不了上海，正好有一位教师要求调北京，可以与我"对调"。于是我终于在 1973 年年中调回华东化工学院。

11 年的分居生活终于结束，可以与家人团聚了，我当然非常兴奋。我被分配在化工原理教研组，而我自己在经历了多次运动和批判后也已从毕业时的踌躇满志，变得谨小慎微了。我只想少受些批判和冲击，安安稳稳教教书，过些太平日子，了此一生，也没有再做科研之类的愿望。情况也确是如此。我已到了不惑之年，客观形势又是如此，还能有什么可为呢？

从意气风发到无可奈何

1981年岁末我完成了在美国两年多时间的进修回到学校，翌年春开始，我为化学工程类专业的研究生开设"反应工程分析"课程。这门课是化学工程类专业学生的主修课之一，也是相关专业的辅修课，当时选课的学生很多。我在美国麻省理工学院进修时，就计划回国后开这门课，因为课程内容与我的研究方向完全一致，虽然我以往没有开过化学反应工程方面的课，但我自认为我在这方面还有一些心得，应该可以把这门课讲得很好。

（1）

麻省理工没有相同的课，但我去听了一些研究生课程，主要是借鉴他们的教学思想。我也收集了一些资料，包括西方国家其他一些学校的教师有关课程的讲课提纲，特别是例题和习题，如加州伯克利和剑桥等，他们当时还有一些相关的反应工程课程。总的教学思想从原则上说和我们的也大同小异，如讲课着重启发，看重讲概念、方法、基础理论等，当然在深度把握上有所不同。学生需花相当的精力去复习与自学，查文献，相互讨论来理解课程内容。明显的差异表现在培养独立能力上，具体体现在例题和习题方面。每个例题引导学生巩固一方面的知识及举一反三的能力，最大的不同则是在习题和作业的难度上。为了完成布置的作业，学生需付出十分艰苦的努力，当然在这个过程中他们也学到了很多。他们不得不冥思苦想，看参考书，讨论，最后自己独立地去完成。这个过程是对学生的能力和意志的考验，也使学生有机会去尝试创新。教师布置的作业一般要求在下周上课时上交，学生可以利用一周时间去完成。交了作业，新的作业题便接踵而来。这种艰苦的训练，最重要的是磨炼了学生去解决难题的意志力。后者正是在尔后的工作中最为必需的。

使我印象最深刻的是习题的难度。完成习题绝不是光靠套套现成理论，代代已有公式就可交差的。有些习题初一看可说是根本无从入手，但经过艰苦努力，即使不能获得完美的答案，学生也会有很大收获。例题的作用也很明显。一个例题说明了一个方面的问题。有的学校（如哈佛大学）非常重视案例教学，其宗旨也在于此。

我认识到决不应把例题和习题看做对所讲授理论的浅显说明和简单的练习。这样做的作用事实上是十分有限的。例题和习题是对学生创新能力和举一反三能力极好的训练。教师安排的习题有时似乎难得有些"过分"，例如教师可能会复印一篇数月前才发表的学术论文给学生，要求他用不同于文献的方法来重新推导这个结论。以我们的眼光看，把这种做法说成是"以学生为敌"毫不过分，但事实并非如此。他们的师生关系相当融洽，学生对教师直呼其名，讨论时也毫不顾忌，各自说出自己的观点。遇到聚会，更是没大没小，端一杯饮料论学术，谈家常，开玩笑，什么话都可以说。学生绝不会因为教师在课程上的严格要求而心怀不满，相反，他们所关心的只是能从这门课中学到多少真本事，他们明白，这才是他们今后工作时的本钱。学生绝不会用"超学时""影响健康"之类的话去为难教师。

于是我对从 1982 年春开始的"反应工程分析"课作了改革的

打算。这是一门新开的课程，内容着重前沿，讲理论时注意分析，重视系统性及深度，也重视理论的应用。我很重视例题和习题，为此也花了不少时间。我布置的习题有相当难度，每堂课布置习题，并要求学生们在下周同一时间上课时交来。我的考试相当特殊。我发下考题，规定可以在两周后交。学生可以去查书，看文献，讨论，做什么都行。通过做考题能学到知识，也不失是一种学习的渠道。我也知道，这些考题学生一般是不可能全对的，有的甚至没有什么标准的答案。我要看的是学生的思路。

我意气风发地上了讲台，心想我的改革必会使学生有异常的收获，因而得到一些好评，也必会得到学生的拥护。但是事实却适得其反。我要求他们做的作业（习题）在我下周上课时几乎没有人交来。我问学生，你们为什么不做作业，他们的回答非常直截了当："不会做"。我简直是无所适从。另一方面，学生的反应也很强烈，"超学时""影响健康""影响其他课程学习""听不懂"等是最常见的。更大的矛盾来自考试。约有1/4～1/3学生不及格，需要在下学期开学前补考。实际上我已经按"国情"放得很松了。在期末学生为教师打分时我得了四十几分，远不及格，而多数教师得了九十几分。我所受压力之大是可想而知的。我也注意到一些教师，上课时照本宣科，考试时皆大欢喜，在校园里与学生勾肩搭背，明显地讨好学生，而不是真正地关心学生的学习和成长，但他们评分却奇高，而且每每受到表扬。我的一位好友施力田教授，他介绍他的外甥施源成为我的硕士生，并在后来成了我的博士生。施源因为我朋友的关系，与我来往较多，有时也讲些知心话，他私下对我讲了真话。他说如果你在考试时放人一马，人家是会给你九十多分的。我们的系主任知道了这个评分结果，出于对我"面子"的顾全，决定在学期末不公布学生评分结果。我感谢他的好意，但却奉劝他大可不必如此。我相信学生们不会认为我水平不够，或不负责任的，他们只会暗笑这个不识时务的"堂·吉诃德"落荒而去的结局。

我当然明白这个道理，而且也曾经事先想到过这些，然而还是不识时务，天真地认为我是为学生们好，希望他们将来在工作中更有竞争力，他们大致不会给我这么一个"下马威"。我感到十分沮丧。连续几年，情况大同小异。难道要提高教学质量的努力只能得到如此的下场？

（2）

后来我在 1990 年应邀到美国弗吉尼亚大学为研究生讲一门课，课程内容由我自定，我就选择了我在华东化工学院为研究生开设的课程"反应工程分析"，带上我的讲稿和习题集，去美国上课了，课程为 3 学分，即每周三节课，共 18 周，与我们的完全相同，仅有的差别是我用英语授课。

我的美国学生在大学本科学习时没有学过反应工程课，但我也没有刻意为他们补一些基础，而是按照我在国内讲课的进度和深度讲授，告知他们有不懂的地方自己去补。我的习题分量很重，也比较难，反正是参照美国那一套办。开始时他们困难不少，因为本科阶段没有学过这方面的基础知识，但他们学习十分刻苦，有问题多半自己设法解决，一般不找教师。在美国的大学授课教师通常每周有一次与学生见面答疑时间（office hour），学生可以来到教授办公室答疑，或提出他们自己认为有兴趣的问题，与教授讨论。我的答疑时间没有多少学生来答疑，有时来找我也是提一些他们对某一问题有什么见解或看法，来与我讨论，听取意见的。每周布置的作业会在下周上课时按时交来。交来的作业当然有很多错，而且错误五花八门，表明他们虽有过讨论，但很少抄袭。他们一般不问某一道题怎么做，某一个式子如何推导之类的简单问题，因为他们都知道这些问题应该自己解决或与同学讨论后解决，不应该来问教授。

经过一个学期的教学，从我与他们的交谈及从他们的期终考试中可以了解到，虽然他们在本科学习阶段没有经过反应工程方面的训练，但经过本门研究生课程学习后他们的平均水平已超过了我们的同期学生（本科学习已有过这方面训练）。这状况雄辩地说明了不愿主动刻苦地学习和乐于刻苦学习的差别是如何显著。我也寻思着我的处境：是违背我自己的意愿，去迁就学生们（实际上20世纪80年代的学生的学风与今天的相比相对来说还是不错的），还是顶住压力，坚持我的课程严格要求，坚持课程的改革？

　　思想斗争的结果是，我决定知难而退，不再上课，专做研究（当然包括指导博士与硕士论文）。这种借口也是说得过去的：当时我担任研究所的所长和国家重点实验室的主任，科研任务繁重。至于真实的原因，当然还是上面所说到的，因为我十分明白，任何得罪学生的做法是绝对得不到支持的。这是大环境之所然，领导一定会站在"大势"的一边，希望局面稳定。我深信的"没有教好，只有学好"的理念，也就是学生应该主动学习好，而不是靠教授网开一面就算学好，这恐怕是不可能得到理解的。离开我热爱的讲台，是我唯一无可奈何的选择。

　　就这样，在弗吉尼亚大学的讲课就成了我一生中最后一次系统讲课，按现在流行的说法，叫做"绝唱"。以后我只做个别的"讲座"，再也没有系统讲过课了。我把我的活动范围限制在我们的研究所和我的课题组，那里只有做论文的博士生和硕士生，我可以严格要求，坚持创新，只让"愿者"上钩了。谁让你来投考我的博士生呢？

（3）

　　回想意气风发，满怀"豪情"地去上课，去改革，却落得如此下场，真可说是无可奈何。然而我也庆幸，我多多少少还能算是一个"识时务者"，如果不识时务地硬着头皮去撞这堵墙，毫无疑问必会粉身碎骨。想来也确实如此，在全社会浮躁之风没有得到遏止之时，个人能做的只能是顺着大流做一些小动作，如同我们在流体力学中所说的主流中还存在一些小的漩涡，作一些小的改革，这些小漩涡的流动方向有时会有些逆主体流动方向而动，但这些与主流的方向有些背离的小动作，也不甚令人注目。显然我的做法只是无能者，而非无畏者之所为，但对于世上多数人来说，恐怕也只能做无能者，而不敢做无畏者了。

艰苦的创业，艰苦的80年代

20世纪80年代初的1981年，我结束了在美国麻省理工学院两年余的访问研究后回到学校，我自己并没有太多做出一番事业的打算，是改革开放的形势把我推了出来，赋予我重任。回国不久，我就被任命为华东化工学院化学工程系主任。华东化工的化学工程在国内还有些名气，我一生又从未做过什么领导，三位副主任资历都很高，我的确是感到工作起来如履薄冰，生怕做错了什么。好在我会老老实实承认自己没有经验，经常向几位副主任请教商量，向相关同事们请教商量，勉强做了一段时间的系主任。

1983年中国石油化工总公司成立。在成立公司以前，主管研发的副总裁张万欣先生就与我们讨论，他表示公司需要研究与开发方面的技术支持，而公司在成立之初还没有形成自己的研发力量，他希望能有几个高校的研究力量支撑他们。他提出的第一个议题就是化学反应工程，因为这通常是化工类工业公司技术的核心。最后商定由浙江大学与华东化工学院成立研究所与中石化合作。

我们完全能理解张总的意图，也十分赞同他的想法。经各方协商，就在中国石油化工总公司成立的同一年1983年，成立了由浙大、华东化工及中国石化联合组建的化学反应工程研究所，当时定名为联合化学反应工程研究所，在两校设分所。当时的条件是很差的，但我们得到了中石化的支持，逐步改善了条件。更重要的是，中石化给我们提供了应用背景明确的研究项目，以及相当数量的经费支持。

（1）

1984年我被任命为华东化工分所的所长。一方面为了集中精力做科研，另一方面我不是很在行教学改革，怕做不好，所以我辞去了系主任之职，以便工作单纯一些。最初，研究所由陈敏恒教授主持，他很有远见地提出有了中石化的支持，筹建一个大型冷模实验室很有必要的思路，因为对大型反应器来说，了解其中的流体流动情况很有必要，而流动情况只有通过冷模试验装置才能被弄清楚。

国际上高等学校的研究工作多着眼于基础性研究，因为他们少有应用开发任务。我们搞应用开发，正是针对中国实际的，但是总的来说，大型冷模实验室在国内外都属非常罕见。在人才方面我们请了流体力学专家到实验室工作，他们的专业才能发挥了重要的作用。当然研究所的主要力量还是投放在反应规律研究方面，那是在真刀真枪条件下研究反应，相对于冷模而言，我们简称为"热"模。于是"冷""热"模呼应，可为反应器大型化提供技术。

与中石化合作的第一个项目是燕山石化的万吨级丁烯氧化脱氢反应器的开发，虽然这一工艺路线现已基本不用。万吨级的反应器，直径估计为3米上下，但我们的实验是在一个直径为2.5

厘米（1 英寸）的反应器中进行的。我们试图在 1 英寸反应器中充分揭示这个反应的特征，以便根据所揭示的特征，进行反应器的工程放大。

大概是从这时开始，我贯彻了应用与基础并重的做法。我在从事一项开发工作时，不忘平行地进行基础性研究，并且使这两者之间形成互补的关系。实验结果应能从理论上予以解释，否则我总是不放心，理论研究的结果也必须得到实验验证，否则我总对理论的正确与否持有怀疑。这种习惯的形成可能与我在麻省理工所做的工作有关，那时的工作也体现了模拟计算与实验研究相呼应的理念。

所谓应用与基础并重的做法，决不意味着两者是对立的。有时（甚至在很多情况下）是在人的大脑中既存在有应用的目的，又不忘基础的原理。应用和基础的结合是在人的大脑中完成的。事实表明，这种做法也有利于既出应用性成果，也出基础性研究的成果。

我们的研究所所研究的丁烯氧化脱氢反应器似乎正好说明了这个问题。与我们在实验室中进行小型的直径为 2.5 厘米即 1 英寸反应器实验的同时，北京的燕山石化正在做一个中型（直径为 20 厘米，即 8 英寸）的反应器试验。我们的小型反应器实验发现了"多态"现象，虽然催化剂和操作条件完全相同，但在燕山石化的中型试验却没有这种现象。双方经多次重复试验，都表明了两者的差异。我们思考再三，也查阅了文献资料都不能解释形成这种差异的原因。迫切需要解决的是，2.5 厘米和 20 厘米已有这样的差异，进一步放大到 3 米左右直径的反应器不知会发生什么情况。最后想到的是，小反应器和中型反应器的器壁截面积不同，器壁导热的贡献也不同：小反应器壁导热大，中型反应器壁导热相对较小。

为此我带着学生建立了数学模型，模拟了这两种大小不同的反应器，结果和实验完全吻合。知道了影响的原因，我们放心地进行了工业反应器的放大，工厂方面也十分满意。我们把壁导热可引起反应器"多态"的结果写成了论文，于 1984 年在爱丁堡举办的国际化学反应工程讨论会（ISCRE）上发表（请参见"叩开国际学术界的核心之门"）。据了解，这大概是国际上首次报道了这个结果。这篇论文成了我们叩开 ISCRE 大门的第一块敲门砖。

在这以后，我们的研究就逐步形成了自己的特色：应用背景十分明确，在解决应用开发的同时，凝练出基础性研究的课题，并最后获得应用和基础两方面的成果。另外，为了工业应用通常有一个时间的紧迫性问题，我们发展了所谓"工业反应过程开发方法论"，其核心是通过简易可行的方法研究反应过程的特征，但避免系统性的研究，就可满足工业应用的短周期、高质量的要求。

（2）

这一段时间的生活是紧张的，但也充满乐趣。我正值 50 岁上下，精力还比较好，每天挤一个小时公交车上班，一个小时下班。回到家后，吃了晚饭，就要准备晚上的工作。那时住房小，我要等家人上床休息后把一块木板铺在抽水马桶上做书桌，我坐在马桶前一个小板凳上，伏"案"看文献，做计算，写论文，直至深夜。后来我向学校申请了一个单身宿舍，这样可以在实验室的大桌子上工作，然后回宿舍休息，同时也可省去来回挤公交车的时间和精力。直到1988 年我搬到学校的教师宿舍居住，生活才比较安定。

整个 80 年代，对我来说是一个创业时期。我的主要工作是要把研究所办好，要使研究所有更好的工作条件和实验条件，既出更多的应用成果，也要提高基础性研究的水平。基础性研究是一个现代研究所不可缺少的，也是国际交流所必需的。我们不可能把应用性成果去和人家交流，一方面是从商业机密方面考虑，另一方面也是应用性成果往往缺乏理论深度和学科前沿性。我作为研究所的负责人更感到有责任使所的工作条件和实验条件进一步现代化。但这一点做起来非常困难，因为除了经费的限制外，还有来自人们习惯看法的阻力。记得我当时为了国际交流想花几千元买一个可修改的打字机，因为投出去的论文稿必须一字不差（当时尚无计算机文字处理系统）以供照相制版，但却遭到有些人的反对，说所里有几个人会要用这种打字机，何必去买这些东西讨好外国人等。虽然最后我还是坚持买了，但有一段时间还惶惶不安，生怕再遭批判。

在80年代还有一个问题使我日夜不安。化学工程（化学反应工程是一个分支学科）是一门传统学科，它是为传统工业服务的，如化学工业，石油化工等，它的作用主要是实现大宗产品的大型工业生产。但是从文献中已可以看到十分清晰的动向，也就是国际学术界已把注意力转向传统以外的研究领域，有时我们称之为"前沿领域"，也许研究成果一时还得不到应用，但却为学科发展和未来的应用创造条件。我在国际交流中也看到同样的动向。有些实验室所从事的研究，从传统眼光看，似乎不属于化学工程的范围，可能涉及医学、材料学、生物学，甚至航天等领域。当然化学工程的原理还是被应用的。这一趋势在美国的大学中表现得尤为明显，特别是在一些"名牌大学"中更是如此。与其相比，欧洲的大学还比较注重"传统"的研究领域，与我们在做的还比较接近，虽然他们所用的方法要先进得多。

大学的研究是不是要研究前沿，还是按照"传统"的理念做下去，这个问题有些类似于我们今天常在讲的制造业结构是否需要"升级更新"。当然我们今天的看法都十分明确和一致，但在当时，对于研究经费十分紧张的中国高校应如何决策，却是一个大问题。我认真考虑了这一国际倾向，也考虑了我们的现状，当然如果是为了求太平，就不要考虑什么"前沿"了，但如果老是跟着工业走，它要你做什么你就做什么，它不要你做什么就不做什么，那就成了没有自己研究方向的研究所，当然也谈不上什么高水平了，若干年后，也许会悔之晚矣。我最后下了决心，要用我们所能动用的物力和人力，试探几个新的研究领域，这也有些"摸着石头过河"的意思。当然当时有不少人反对这样做，"赶时髦""脱离实际"等说法也时有耳闻。但是我最后还是用了我能动用的资源，加上我自己的博士生，开始了探索。我深知虽然在传统的化学工程领域我已有了不少积累，但在这些新兴领域我基本上是门外汉。我的任务是向有关的行家学习，甚至向我的学生学习。我把这些传统以外的研究方向用一个名词概括：非传统化学反应工程。

在生物工程领域尝试是一个例子。我们请生物化工系的教师给我们讲课，我听得云里雾里，再拼命看书，还是似懂非懂。当时还没有生物化工博士点，我用我们的化学工程博士点来培养学生，只不过是研究方向转向生物化学工程。我特别注意向校外专家学习。1985年我设法与中科院生物化学研究所（今生物化学与细胞生物学研究所）的李载平院士请教，请他与我联合指导一名博士生施源，李先生欣然同意，并为施源到生化所做实验提供了条件，让他进行基因重组酵母的动力学及优化研究。施源是一个工作能力很强的年轻人，他原是化学工程专业的学生，有很好的化学工程基础，实验动手能力也很强。他从头开始，很快他就在这个研究项目上取得进展，李先生对他也很满意，直至今日我们在开会时见面，李先生还常问起施源。施源在获得化学工程专业的博士学位后，在美国加州大学戴维斯分校做了两年博士后，就一直在美国从事分子生物方面的工作。1986年我请中科院微生物所的袁中一教授和我一起指导另一名博士生魏东芝。魏东芝是学生物化工的，在硕士学习阶段他选择了化学工程专业，因此他有一定的生物化工基础知识。他的研究方向是关于用固定化活细胞制备维生素 C 的前驱体，用的是袁先生他们筛选所得的菌种。他的研究也获得了一些好的结果，1989 年我还应瑞士罗氏集团之邀去做了一个讲座，讲了魏东芝的主要研究结果。

1988 年和 1989 年这两位博士生毕业，我面临着是否继续生物化学反应工程方面的探索的问题。尽管他们两人都做出了很好成绩，我最后还是决定放弃在生物工程方向上的探索，理由是在尝试了一下以后充分体会到我们在人力和物力方面，以及在知识水平上都差得太远，在这方面的工作必然难以为继，还是及早收兵为好（请参见"学术休假在欧美"）。

我们在其他方面也进行了探索。在与材料结合的领域，我请我的博士生丁平用化学气相淀积（CVD）方法在硬质合金上淀积上一层极薄的氮化钛以提高表面硬度及耐磨性能。这个方法本质上也是一种化学反应过程，但有不少特殊性，如易燃易爆的金属有机化合物的反应等。1988 年丁平获博士学位后我请另一位博士生许文林继续这项工作，丁平和许文林开始工作后不久提出了他们的看法，他们认为可以用电化学合成的方法试一试。我考虑后同意了他的看法，后来经几届博士生的努力，其发展成为有机电化学反应的研究方向，这个方向上的工作现在尚在进行。我想说明的是我们开始了一些探索性工作，有的考虑了种种因素后没有坚持下去，但从另一些探索中凝练出新的研究方向，这些方向是由我的博士生们和我共同探索获得的。

我想提的另一件事是我们对超临界技术的探索已形成了一个很好的研究方向。通俗地说，超临界表示物质在高温高压下的一种状态，它不同于液相态，也有别于气相态，却表现出两者之间的某些性质。由于要求高温高压，实验条件比较苛刻，人们对它的了解还不多。我设想在这个条件下的化学反应应有不少特殊方面尚不被人们所认识和利用。但高温高压的实验条件是相当昂贵的，而且还有一些安全因素要考虑。我当时设想用超临界技术进行污水处理，以氧化掉一些在寻常条件下难以处理的物质。在 20 世纪 90 年代，我们的研究条件已有了相当的改善，超临界研究已不是远不可及了。

正当在我考虑这个问题的时候，我在几次国际会议上结识了德国慕尼黑工业大学的 Tischer 教授，Tischer 教授是国际知名的超临界技术权威。当我与他谈到我也有意进行超临界技术方面的探索，如超临界水处理，但苦于没有经验，也缺乏必要的设备向他请教时，他非常中肯地提出了他的建议。首先，他建议我，至少是在研究的起始期千万不要去碰超临界水处理，因为这会就牵涉到高压下的氧化过程，高压且有氧存在下设备的腐蚀会是一个十分棘手的问题，一上手就必然处处滴漏，使实验无法进行，不应该选择一个一上手就有可能产生严重枝节问题的过程。其次，最简捷的途径是买一根现成的高压液相色谱管作为反应器，这样既便宜，又安全，试剂用量又小，非常适合于早期研究。他的建议应该说是推心置腹的，浓缩了他多年从事超临界研究的经验，帮助我少走了很多弯路。Tischer 从未访问过我国。1997 年我与清华大学的费维扬院士一起访问过他的实验室，先进的装备令我们十分赞赏，那时他的年龄并不大，看来身体很健康，但第二年我去瑞士参加国际高压技术会议，没有见到 Tischer 教授，问询之下，才知道他已病故，这一噩耗，令我唏嘘不已。我后来常把 Tischer 教授友好坦诚的人格介绍给我的学生，实际上我确是为 Tischer 教授真诚的帮助所感动，并且认为他是我在国际交流中对我们最有帮助的友人之一。每当我们的超临界组做出了一些好的结果，我还是会不忘在最初对我提出中肯意见的 Tischer 教授。正也有巧事，几年前，慕尼黑工业大学的一位副校长来我们学校访问，由周兴贵教授（见"学生们"）陪同她参观我们实验室。无意中兴贵向她提及我经常说起 Tischer 教授对我们的帮助，正巧那位副校长曾是 Tischer 教授的博士生，她对于远在千里之外的几个中国人多年后还在怀念她的导师而颇感意外和欣慰。

（3）

在 20 世纪 90 年代我做成的另一件事是为化学工程联合国家重点实验室的成立作了一些努力。

那时候经常去北京，或争取研究项目，或汇报研究结果。一次去国家科委（今国家科技部）联系工作，我与负责基础研究的陈景源先生谈起申请一个研究项目的可能性，他说你不必申请项目了，不久要启动国家重点实验室计划，那时可申请一个化学工程方面的国家重点实验室，可以安排一些研究方向。他并且谈到，化学工程是一个涉及面较宽的学科，不大可能由一个学校包打天下，可以联合几个学校，实行"强强"联合。

我了解了这个信息，立即去向清华大学的汪家鼎院士汇报。汪先生知道了也很高兴。汪先生是我崇敬的师长，他的人格和学问都使我十分敬佩。我完全明白要成立国家重点实验室必须有像汪先生那样德高望重的学者来主持。确实如此，化学工程国家重点实验室不可能由哪一个学校或机构来承担，因为化学工程领域很广，哪一家都不可能包揽，因此必须是体现强强联合的。清华是一个当然的参加单位，又地处北京，由清华来负责组织工作当然十分合适。

汪先生安排我去作一些准备工作，如申请材料的起草，向国家计委（今国家发改委）和国家教委（今国家教育部）的汇报工作等。在汪先生的领导下，拟定了化学工程联合国家重点实验室的结构：由国内在化学工程学术界得到高度认可的四校集中优秀力量构成：清华大学、天津大学、华东化工学院和浙江大学。由汪先生任主任，由南京化工学院（今南京工业大学）时钧院士任学术委员会主任。北方两校（清华、天大）以分离工程为主要方向，南方两校（华东、浙大)以反应工程为主要方向。分离工程和反应工程已覆盖了化学工程的主要领域。

争取成立实验室的过程是漫长和颇费周折的。写材料、论证、汇报等等，不一而足，最后总算在 1987 年得到了筹建的批准书。又历经了建设、验收等环节，于 1991 年正式建成开放。我任华东化工学院分室主任。21 世纪初换届时，我任实验室学术委员会主任。对于我们来说，实验室的建成使我们得到了一笔建设经费，每年也可获得一定数量的运行费用。更重要的是，我们也可以理直气壮地选择方向进行基础研究了。当时环境和今天有很大不同，因为当时对基础研究多少还有一些遗留的"看法"。

就这样我们有了化学反应工程研究所和化学工程联合国家重点实验室，前者着重应用，后者着重基础，结构上相当完整。在其后的 20 年里，随着我国经济上的成就，我们获得了国家和上海市的大力支持，研究条件不断改善，实验室面积也不断扩大。记得 20 世纪八九十年代我出国访问看到人家实验室的装备会羡慕不已，而现在我们接待国际访客时他们也会不停地赞叹我们选题的意义和设备的先进。

从 20 世纪 80 年代开始的创业，到今天思想活跃，人才辈出，装置先进，成果斐然，我们的研究集体已具有一定的国际影响，我记得 2000 年初在荷兰阿姆斯特丹参加一次国际会议，我应邀做了大会报告。在后来的论文报告中，由我的一位博士生李永祥作研究报告。会议主席德国的小霍夫曼教授（参见"学术休假在欧美"）却在介绍李永祥时只说了一句："李博士，来自袁教授的实验室"（Dr. Li, from Prof. Yuan's laboratory）了事。他没有多说，按常规，会议主席应介绍报告人所在学校及系的比较详细的情况，但这简单的一句话，似乎表明大家想必都已了解，已不必多说了，这却使我听出了他对我们研究集体学术声誉的肯定。这种肯定，是我在 80 年代初梦寐以求的，而得到却是在二三十年的艰苦创业以后。

2004 年我请辞了研究所所长，但仍与我的同事和学生一起，参加研究，指导学生。我更注意的是，向他们学习，因为他们的知识结构新，掌握的计算方法和实验手段新。我也许可以提供一些对他们有益的意见，更多的是评价、判断、经验和思想方法。从事多年研究，我的重要体会就是在研究工作中的"预研究"。这包含有大的方面也有小的方面。举例来说，大的方面是指在立题时先设想研究的成功或失败，如成功了该如何做，失败了又该如何做。千万不能失败了再去想如何办。做实验也是如此：出现正的结果下一步该如何，是负的结果下一步又该如何，不要等实验结果出来后再去想。可以预先做很多工作，例如可以与实验平行地做计算以发现参变量选择的合理性等。小的方面，比如做实验时要考虑哪一个部件最容易坏，那就及早订货或加工，待坏了可以立即补上而不是等待。估计药品用多久，就及早订货，以便可以及时接得上。这些事情看起来很小，只能算是雕虫小技，但却可能影响整个工作进度。

叩开国际学术界核心之门

今天在写这一章的时候，我还是按捺不住我略有激动的心情。

1981 年底，我完成了在麻省理工学院的进修回到国内时，在我所从事的化学反应工程领域，我国在国际上可以说是没有起码的地位。1983 年华东化工学院成立了化学反应工程研究所，不久我出任所长，我不得不考虑我该做些什么。

当时我并没有什么既定的目标和方针。一个原始的想法就是要提高研究水平，拓宽研究领域，目标就是和我国的同行一起，把研究工作提高到国际先进水平。我相信，经过 30 年的努力，我们已初步实现了这个目标。

（1）

我所从事的研究工作属于化学工程学科。化学工程学科的两大分支是化工分离工程和化学反应工程。前者发展较早，大约始于 19 世纪末叶，后者大体是在 20 世纪五六十年代才开始发展的。我在就读研究生时选的研究课题也已触及这个领域，但当时自己并没有意识到罢了。

虽然起步不算晚，但一方面由于"文化大革命"停顿，另一方面也是从事这方面研究的人数太少，不足以形成影响，所以在国际学术界没有人看得起我国的有关研究。

我在麻省理工进修之时，耳闻目睹化学反应工程的发展异常迅速，我自己又在从事这方面的研究，当然会注意有关的学术活动。比较注意的是国际上有一个重要学术活动——国际化学反应工程讨论会，简称 ISCRE。这是一个系列会议，每两年举办一届，第一届会议是 1957 年在荷兰首都阿姆斯特丹举办的，当时还只称作欧洲化学反应工程讨论会（ESCRE），当然也有美国代表参加。第一届会议有几个开创性的大会报告，水平很高，指明了化学反应工程的发展方向，几位报告人都是极有远见卓识的反应工程开创者。逐步地欧洲化学反应工程讨论会就拓展成一个国际性的会议 ISCRE，分别每两年在欧美国家之间轮流举办。ISCRE 继承了它最初的宗旨，会议论文筛选以严格著称，入选论文除在会议上报告外，还在化学工程领域最有影响的刊物之一《化学工程科学》（Chem. Eng. Sci.）上全文刊登，因而化学反应工程的研究人员以能在 ISCRE 上发表论文为荣。后来 ISCRE 的选拔标准有所降低，入选论文也并不是全刊登在《化学工程科学》上，而是要再次经过审稿，然后再确定是否发表。欧洲和美国分别设有一个相当于 ISCRE 委员（理事）会（名称可不同）的组织，各由十余人组成。这些人被认为是化学反应工程界公认的最有影响的人物或"权威"，分别来自大学、研究机构和工业界。ISCRE 的大事，如下届会议在何处举办，主题是什么等，都必须由这两个委员会决定。

最初我心目中的 ISCRE 是一个高不可攀的目标，但是我知道，它是一个必须跨过的门槛。回国以后我被任命为化学反应工程研究所所长，同事多了，条件有所改善，特别是我招收的研究生也多了，我可以系统深入地作一些研究。于是我将我的一位硕士生张琪宏的工作写成论文寄到 1984 年在苏格兰爱丁堡举办的 ISCRE，结果是一举中的。我原先没有想到，我居然从美国进修回来后还会再次出国，虽然时间很短，只是开会和访问四所学校。记得参加同一个 ISCRE 的还有中科院过程所的陈家镛院士，我们是同机从北京出发去伦敦的。据我所知，我们两人似乎是中国大陆学者首次在 ISCRE 上发表自己的工作。这是我第一次去试探 ISCRE。在会议上我有意识地去结识了更多与会同行，其中一些人后来成为我很好的朋友。我在这次会上初次见到了余宝乐（P. L. Yue）教授，他后来与我合作经过艰苦努力，争取到于 2002 年在中国香港主办欧美以外的首次 ISCRE。余先生当时还在英国巴斯（Bath）大学任教，20 世纪 90 年代起才出任香港科技大学化工系的首任主任。在 ISCRE 会上我必须主动去参加提问讨论，会下边喝咖啡边主动与人交谈，介绍自己的工作，听别人的工作介绍，当然也包括寒暄、聊天等，总之，要与人交朋友。人家对你的了解是通过你思维是否敏捷，对答是否恰当，对学术前沿是否了然于胸来得到的。坦率地说，这并不是一个很愉快的过程：

要讲不很熟练的英语，甚至要讲究衣着谈吐，要表现出对对方工作有浓厚兴趣并全神贯注的样子。但这是我强迫我自己去做的事，以便逐步使人对我留下印象，这也是我在留美期间参加会议及各种活动迫使自己形成的风格。如果不是这样，只是"听会"，听过后就回国，没有给人留下任何印象，那参加国际会议的作用就和不参加相差无几了。

后来我又参加了 1986 年和 1988 年的 ISCRE，认识与了解我的人越来越多，也有不少人请我在方便时访问他们的实验室，也有的提出了作报告的邀请，其中也包括化学反应工程界的知名人士。当然这些是以我们自己的工作为后盾的。去人家那里作报告，你总得说出些什么：新的方法，新的结果，新的观点，不然人家就会后悔请你去作报告，认为听你的报告是浪费时间，这样必会使你的形象大为受损。访问时，人家安排一位教授接着一位教授地与你谈，介绍他们的工作；你必须与他们讨论，并介绍自己的工作。参观实验室时，一般是与做工作介绍的学生交流和讨论，不过你也得提出问题，讲一些自己的看法，一般说来，越深入越好。那时教授很可能在旁陪同，他也在观察你。这样一天下来，思想高度集中，又要作报告，一般会感到非常疲劳，但却可学到不少东西。通常他们请你去访问，就会和盘托出，不会有什么保留（特别需要保留的部分当然除外），因为他们也需要展示自己。我也邀请他们来访问我们的研究所。我们在建所之初就重视研究成果的工业应用，所以建有一个大型冷模实验室，这是国外的大学中相当罕见的。国外同行也非常乐于来看一看以往不大听说的中国化学反应工程界的现状，其中包括一些国际上最知名的本领域专家。我逐步产生了一个想法，就是要提高我们研究所的国际影响力，除了做好研究，在国际著名杂志发表更多更好的论文外，还要使一些国际知名学者感性地留下印象，特别是欧美两个 ISCRE 委员会的成员。

（2）

　　1990 年在我学术休假期间，我在美国的弗吉尼亚大学教一门研究生课，学期快结束时的四月下旬，我接到韦潜光教授的一个电话，他告诉我他将于 5 月下旬访问上海及其他一些地方。他问我那时能否回国，他有事与我商量。

　　我算了一下时间，我的课程可在 5 月初结束，到时我就会回去。于是我就告诉韦先生我一定能回去。

　　韦先生按期前来访问。他与我作了长谈，他提到近年来我国在化学反应工程领域的研究已有很明显进步，已有条件快步提高自己的国际影响。他也认为 ISCRE 既称作"国际"，而实际上是由欧美诸国把持，这是不合适和不公平的，而且事实上亚太地区的发展也很快，不能长久地被排除在外。他的想法正合我意，但是我一直认为现在还不到时候，还需要我们一段时间的努力。韦先生却说，中国的研究有其特色，就是密切联系工业应用，这是欧美纯学术性研究所所缺少的。他坚持让我务必参加当年（1990 年）9 月在加拿大多伦多的一次 ISCRE，那次会议他任主席，会议期间欧美两个 ISCRE 委员会的成员将在一起开会，可能会讨论下届会议的地点。他认为我是代表中国参加 ISCRE 委员会的最合适人选。实际上我原来并没有参加 1990 年 ISCRE 的打算，但他一再说明了他的观点，最后我决定去一次，看看情况。

　　这是我第一次参加 ISCRE 委员会的会议。另一位应邀参加的非委员会成员的是 Doraiswamy 教授，他原籍印度，但已定居美国，他们希望他还是能代表印度参加讨论。会前我曾与 Doraiswamy 教授谈起主办 ISCRE 可能碰到的问题，其中之一便是经费问题。因为我被告知主办方应该替 6 ～ 8 位大会报告人付他们来回的头等舱的国际机票及四天左右五星级宾馆的食宿，并给予一定报告报酬。对于这一点我没有把握。我问 Doraiswamy 教授，如印度主办，印方会不会有经费困难，他说毫无困难，他们曾经请过一百余位专家同时到印度开会，支付了全部的机票和食宿费。为此我还特意打电话给姨父郭慕孙院士，想问问以他的地位和声望，能不能筹到这笔今天看来也不算太大的经费。我们在电话里商议了差不多 40 分钟，最后以无法筹得而告终。打完电话，我感到无所适从。郭先生和我还可算是我国化工界有些影响的人，居然对区区几万美元的费用束手无策。与印度相比，虽然他们远比我们更欠发达，但在学术活动方面却显得相当财大气粗，以致一位已定居美国的印籍学者却还是可以代表印方拍板的。

我怀着忐忑不安的心情去参加了委员会会议。我虽然与一些工业公司有较密切的关系，但筹款之类的事我从未做过，也不懂其中规矩。多亏那天因其他事多，结果没有讨论下次 ISCRE 的主办方的问题，不然我也不知如何表态呢。但后来我逐步明白过来，要主办 ISCRE，路还很长，障碍还很多，尚需大量的工作。

（3）

1991 年化学工程联合国家重点实验室建成开放，化学反应工程部分是建在我校的。我们的研究条件逐渐有所改善。1988 年，我与杜邦公司的马歇尔实验室签订了一个合作研究协议，我方参加的有六位教授，其中包括胡英院士，这项研究几年来进展良好。根据协议，我每年访美一次，杜邦的专家每年访问我校两次，交换和检查项目进展情况。每次访美，我除了访问马歇尔实验室外还利用访美之际访问不少公司和大学。我也利用去欧洲的机会，扩大我们实验室和研究所在欧洲的影响。我的工作离不开做研究，下工厂，写论文，准备报告，这样的循环。妻子问我，老是做这些，老是搞到深夜，不感到枯燥？当然研究工作出了一些新的结果是令人兴奋的，但坦率地说，如果说这样的生活不枯燥，那也是不真实的。这种心态，就像我们常调侃自己时用当时一部很受欢迎的电影《红菱艳》所描绘的，我好比是一个芭蕾舞演员，一旦穿上舞鞋，就得一直跳下去，永远不可能停息，直到生命的终了，最后才能脱下舞鞋来。

1992 年我去意大利北部城市都灵（Torino）参加每两年一次的 ISCRE，郭慕孙先生那时正好也在那里参加另一个会议，我与他商量好请他在都灵多留一天，并在欧洲的 ISCRE 委员会上表示一下我们希望能主办一次 ISCRE 的意向。由于开委员会的时间正好与我的报告时间相冲突，因而我未能参加委员会会议，郭先生去参加了并发了言。会上有的委员支持由中国办一次 ISCRE，也有的委员表示不同意。郭先生后来说支持的多是访问过中国并比较了解中国的，如德国的 Hofmann（即大霍夫曼）教授，比利时的 Froment 教授，丹麦的 Villadsen 教授等，而不同意的多是没有来中国访问过的。他的观察很有道理，因为没有来过中国的并不了解中国人在做什么，怎样做，条件怎样。其实这也是很容易理解的，在这种场合，了解胜过一切。

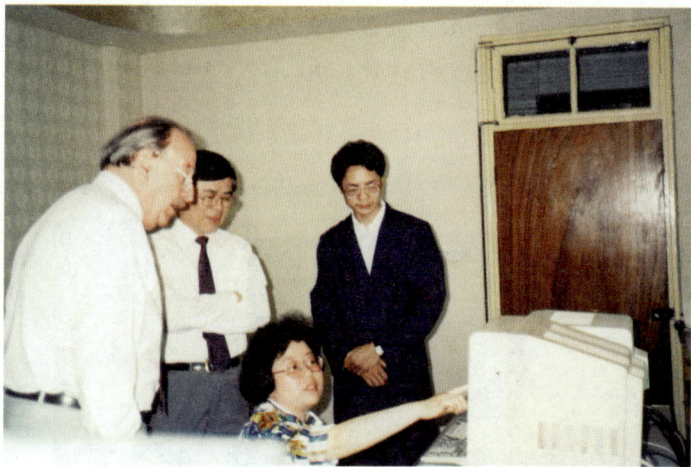

德国埃拉根大学 Hofmann 教授访问实验室，右为程振民教授。
90 年代，中国上海

袁渭康自传

陪同德国埃拉根大学 Hofmann 教授参观豫园。90 年代，中国上海

瑞士苏黎世国立高工 Reh 教授访问我校，背景中还显示出了
改造前的校园旧建筑。90 年代，中国上海

欢迎美国好友，美国国家工程院院士 Hudson 教授做客我家。
21 世纪初，中国上海

参加国际多功能反应器会议期间，与学生李永祥博士（左）在一起。
2000 年，荷兰阿姆斯特丹

郭先生第二天就因其他事物飞往美国，我独自留在都灵参加 ISCRE。当然，主办一次 ISCRE 并不是我们的唯一目标，我们更在乎的是通过国际学术交流使我们了解国际学术界的动向，并有助于我们逐步跻身于国际学术强国之林，但主办一次 ISCRE 毕竟还是很有意义的，因为这表示了国际学术界对我们在一定程度上的认可。

我必须在这条路上走下去。由于我是从大陆去参加那次会议的唯一参会者，我只得在会下与韦潜光教授讨论了一下形势，并告诉他昨日委员会会议上的情况（他未参加欧洲的 ISCRE 委员会会议）。我们一致的意见是，欧美各有一个 ISCRE 委员会，而其他地区没有，所以很难和他们平起平坐。如果能成立一个相应的亚太地区的化学反应工程组织，那情况就会有所不同。我当仁不让地可以作为成立这个组织的倡议者，并利用我的影响得到亚太地区学术界的响应。我们拟定了一张名单，其中有一些人正在参加这次 ISCRE。我与日本、韩国、印度、澳大利亚、以色列、中国台湾、中国香港的有关人士交换了意见，得到了他们的积极响应。于是在回国以后我就以这次会议期间的交流活动为基础准备成立亚太地区化学反应工程（APCRE）理事会，这一理事会也就理所当然地起着亚太地区ISCRE理事会的作用。由于郭慕孙先生在国际上的声望，我请他任主席，我任副主席。理事名单报各国（地区）理事通过。在组建之初，仅我国有两名理事即郭先生和我，其余均暂为一国一名。有一个亚洲国家因未安排担任理事而提出过异议，后来是通过先安排列席，然后再增补理事而得到解决的。几年后郭先生因年事已高，不再担任理事，而是由中国科学院李静海副院长继任。目前理事会中，中国方面仍只有静海和我两人，静海在国际学术界很有声望，除中科院院士外，已被选为多国科学院的外籍院士。我们在理事会中合作十分默契。

APCRE理事会于1995年正式成立，并于1996年在北京举办了第一届APCRE讨论会，我任主席，会议开得很成功，部分论文在美国的《工业与工程化学研究》（IECR）上发表，1999年我们在香港举办了第二届APCRE讨论会，由已从英国到香港工作，已出任香港科技大学化工系首任主任的余宝乐教授任主席，影响逐步扩大。这样我们逐步形成了一个与欧洲和美国两个委员会相应的地区性中心，余先生虽为英国籍，但他和我紧密合作，在为我国争取2002年ISCRE主办权过程中所作出的努力在我国同行中是尽人皆知的。

（4）

应该说，这是一个漫长的过程。争取ISCRE主办权和提高我国在国际化学反应工程界的地位，两者是一致的，但又有些不同。ISCRE原来只是在欧美之间轮换举办，每两年一次。一般说来，欧洲学者比较倾向于保守，他们认为，ISCRE的前身是欧洲化学反应工程讨论会，只在欧洲举办，美国只是参加国，后来美国挤了进来，成为在欧美两地轮流举办的国际化学反应工程讨论会 ISCRE，但是以美国的研究水平和研究规模，他们也无法拒绝。现在又要挤进一个亚太，他们从感情上难以接受，于是我们只能通过自己的努力，让他们认识到我们快速提高的水平和规模。我除了参加每届 ISCRE 以外，更是通过访问、学术报告等方式使他们了解我们，比如我应邀参加 Froment 教授 65 寿辰的活动，应邀到 Eigenberger 教授家做客等，至于他们访华，我们也尽可能展示我们自己的工作，让他们更好地了解我们。经过 10 余年的不懈努力，我们已与世界上化学反应工程领域最有影响的学者几乎都建立了不同程度的联系，有的甚至成了好朋友，他们对我们的工作也有了更多了解。我在国际上的知名度也明显提高。以前开会时，我常会主动去结识一些"名人"，到 20 世纪 90 年代末，在会上是更多的人主动来结识我，这也可以看出事物的一些转变。

2000 年在波兰克拉科夫的一次 ISCRE 上，余宝乐先生和我参加了一次 ISCRE 委员会会议，欧美的理事都参加了，会上正式确定了下届 ISCRE 在 2002 年由中国主办，地点为中国香港。这样，ISCRE 就从由原来欧美两地轮流举办转变为欧美和亚太三地轮转。但欧美方面还不放心，他们表示 2002 年的 ISCRE 在欧美以外的亚太地区举行只是"试办"，今后如何，还要看"试办"的结果。

会议结束，余先生和我走出会场，我把这一消息告诉了也在参加会议的我的同事和学生，他们都非常兴奋。

（5）

2002 年 9 月，ISCRE 在香港会议展览中心举办，余先生和我同任主席，郭先生为名誉主席，会议开得十分成功。除了报告和墙报外，有不少第一次踏上中国土地的外国学者还看到了诸如舞狮那样的中国传统表演。从此以后，在亚太举办 ISCRE 已不再是"试办"，亚太已成为正式主办地了，ISCRE 也从欧美两地轮转成为欧美和亚太三地轮转。事实证明，亚太各国完全有能力办好ISCRE。2008 年在日本京都举办的 ISCRE 也非常成功。

我们终于叩开了国际化学反应工程界的核心之门。我们终于在国际化学反应工程界有了一些发言权。

在 ISCRE-17 闭幕式上，把标志下次会议主办权的标牌交给下届会议（ISCRE-18）主席，美国普渡大学的 Varma 教授（左）。2002 年，中国香港

十三次访法

法兰西是我从小就十分向往的国家。我看了不少法国小说，特别是到了大学，我选看小说时很重视译者，也就是挑选著名译者的译作。他们译风严谨，文字优美，很引人入胜。最初是向往法兰西

的浪漫，虽然那时对浪漫的真正含义并不很了解，只是人云亦云而已。后来把小说与音乐联系了起来，感受就深了一些，如小仲马的《茶花女》和同名歌剧。

我小时候在十岁前家住在上海巨鹿路上，属于旧日的"法租界"，出入于梧桐树成荫的街道，就自命风雅地起了一些遐想。夏日炎炎，偶尔会从沿街敞开看的窗口传出一阵阵稚嫩却真情的钢琴声，更是使我流连驻足，浮想联翩。

后来家搬到南京西路陕西路一带，那里属于旧日的"公共租界"，繁华有余，总感到雅致不足。随着年龄增长，从小说到绘画、雕塑，我逐步地领略了法兰西的文化。在学数学时，我领略了法国数学家的出色成就，如傅里叶和拉格朗日，心想这个浪漫的国度居然还能出这样严谨的逻辑思维。

再后来去了法国，又被那些建筑所感动。看了圣母院，我抬着不大灵活的膝盖吃力地爬到钟楼上，想的却是雨果的那本著名的同名小说，这使圣母院多了另一种韵味。

去看看法国，这是童年的梦，但也是自知不可能实现的梦。没有想到的是，我在中年之后却会先后十三次去法国出差。法国成了除美国外我去得最多的国家。主要的原因是，中方与法方的学术界有一个化学工程方面的"大协作"，而我是中方负责人。

（1）

那是在 1991 年，我们的国家重点实验室刚刚建成开放，我们几个分实验室的主任就计划出去看看，以获得更多科技先进国家在基地建设和研究方向方面的信息。清华大学的费维扬院士建议去看看三年一次在德国法兰克福举办的国际上最大的化工展览及报告会，顺访德法几所大学和研究院所。我们都同意他的建议，决定取道先去法国，再去德国，并分头与德法两国的熟人联系访问事宜。

我与法国石油研究院的 Trambouze 博士有过多次交流。他是化学反应工程领域颇有声望的专家，也是欧洲的 ISCRE（见"叩开国际学术界核心之门"）理事会成员，他也曾数次邀请过我去访问他的著名的研究院。另外我的不很熟悉的朋友 Angilino 教授刚出任法国图卢兹大学校长，他也欢迎我们去访问。

当时要得到法国签证很不容易，人们心目中认为法国人比较傲慢，特别是那时我国的国际地位远不如今天这样。我们第一次去法国，对法方接待我们的态度和礼仪很在意。与我们预先的设想不同的是，法方的接待非常热情友好。第一天我们访问图卢兹大学化工系，教授们详细讲解，中午提供了丰盛的午宴。午宴后 Angilino 校长亲自开车到位于市郊的化学工程实验室来接我们去他在市中心一座古堡式建筑内的校长办公室小坐畅谈，并送了我们一些该大学的纪念品。然后我们飞往里昂。第二天在法国石油研究院 Trambouze 博士的实验室，我们看到了成排的大型的涓流床实验设备，十分壮观，无疑在这样的大型装置中所做的实验更接近工业实际。Trambouze 博士亲自讲解，使我们有机会深入了解法国工业界那些应用背景很强的研究基地的规划及研究工作。在与他的讨论中，有一些各自观念的交流，对后来我们改建我们的大型冷模实验室甚有帮助。告别时 Trambouze 博士还特地将他新出版的一本反应工程著作亲笔题词后送给我。第三天我们走马观花似的看了一下巴黎的美景，但来去匆匆，次日一早我们就飞往柏林了。

第一次访法，短暂的法国逗留使我感到法国人，至少是学术界人士，态度热情真诚，丝毫没有看到我们先前想象的那种傲慢。至于说在商店餐厅等处的服务员不愿讲英语之类的传言，我们访问时间不长，也没有什么亲身体验。

随后我们到了柏林。那时柏林墙被推倒时间还不长，东西柏林的差距还十分明显。德国朋友带我们去看了东部柏林，与西部柏林相比似乎是两个发展水平相差很大的城市。我们在柏林墙的遗址附近参观，感叹当年的统治者有违民意，勉强而为的事到头来还是以失败告终。在我国十年的动乱似乎也是如此，真所谓历史趋势，中外趋同。德国朋友还买了一块柏林墙被推倒后的碎片送给我，上盖了"真品"章。这碎片其貌不扬，但我却作为纪念品保存着。凑巧的是，我的好友，美国弗吉尼亚大学的 Hudson 教授作为洪堡学者那时也正在柏林访问。他到我住处与我外出，再吃晚饭，畅谈很久，同叙别情，一餐饭从晚 10 时吃到凌晨 1 时许，他才送我回到住处后离去。

次日我们访问了著名的柏林工业大学化工系，然后飞往法兰克福参加化工展览及报告会，愉快地结束了我们的德法之行。第一次访法，总的印象是很好的，收获也很丰富，特别是初步扭转了我们对法国人高傲的印象。

（2）

在此之后有一些零星的访法，如参加一些会议等，但与法国的实质性合作关系的建立还是在若干年之后。

在另文"叩开国际学术界核心之门"中我曾提到 1995 年在我们的倡议之下成立了亚太化学反应工程（APCRE）理事会，首任主席是郭慕孙院士和我。APCRE 的第一次大型学术活动是 1996 年在北京举办的第一届亚太化学反应工程讨论会，或称 APCRE′96。这次会议参加者甚众，除亚太外，还有不少来自欧美国家的代表。在会上我首次见到了法国洛林工业大学来参加会议的 Tondeur 教授和罗灵爱（L. Luo）博士。洛林工业大学的化学工程实验室非常有名。在法国科学中心（CNRS）每五年一次的对全法化学工程实验室研究工作评估中，历年洛林工业大学的化学工程实验室几乎每次都名列第一。实验室虽位于洛林工大，但由法国科学中心直接领导，有些我们所说的"双重领导"的意思。Tondeur 教授和罗灵爱博士在会后也到我们学校访问，彼此交流甚欢。此后又有过一些接触。1997 年 Tondeur 教授和罗博士在一次访华期间前来看我，正式谈到了合作问题。

Tondeur 教授那时是化学工程实验室的主任，并且受聘于法国科学中心，虽然他曾一度兼任洛林工业大学副校长。他说法国科学中心对于与中国的科研合作颇有兴趣，但不想"小合作"，而是希望"大合作"。我问大合作是什么意思，他说大合作是指双方都挑选不少于五个最好的实验室，在科学研究的一些重大问题上进行长期的合作研究。他说这是他代表法国科学中心表明的正式态度，希望能够了解我们的反应。

我很赞同这种"大合作"的理念。以前我们也与国外公司或学校有过"小合作"，双方签个约，互访一两次，然后发表几篇论文就了事，双方都没有多少得益。我们商定以可持续发展的化学与环境工程为主要方向。我那时已担任化学工程联合国家重点实验室学术委员会主任。这个联合国家重点实验室包括清华大学、天津大学、浙江大学和我校化学工程方面的精华部分，也经过多次评估，应该可算得上是国内比较强的四个实验室，这样我们就有了四个实验室。再加上我的两位好友，中科院大连化学物理研究所袁权院士的实验室，中科院过程工程研究所李静海院士的实验室，他们两人的团队毫无疑问是我国公认最有水平的。我相信他们应该也会同意这个所谓"大合作"的成员的。这样中国方面就有了六个实验室。

我当即向 Tondeur 教授和罗灵爱博士表示，我认为大合作是一个好的概念，我个人表示赞同。我心目中已有了这六个候选实验室，从研究水平说，应该是毫无问题的，当然我还要正式地征求各实验室的意见。他们也提到了与他们有较长期合作关系的两个中方实验室，希望能吸收那些实验室加入我们中法合作的中方实验室中来，我同意了他们提出的华中科技大学的煤燃烧国家重点实验室参加，但没有同意他们提议的另一个实验室。他们表示尊重我的意见。对于他们提出的法方名单，除了上面提到过的图卢兹大学的化学工程实验室外，我承认我不大了解另外几所法国大学的实验室。我表示我将尊重他们的意见。我分别向中方各实验室的负责人传达了这样的合作设想，很快我得到了各实验室负责人的积极响应。

在有了初步意向以后，有必要增进相互了解。他们曾访问过我所建议的所有实验室，而我则先去访问了位于法国东部的南希（Nancy）的洛林工业大学化学工程实验室，并作了一个学术报告，让他们了解我们。Tondeur 教授和罗灵爱博士盛情接待了妻和我。除学术活动外，他们还十分友好地陪同我们去看了不远的阿尔萨斯－洛林地区的特殊风貌，因为妻无意中提到了我们小时候都读过的收在小学语文教科书中的法国作家都德的著名短篇《最后一课》。那一带正是《最后一课》故事的源生地。后来，我也由罗灵爱博士陪同考察了其余几所他们建议的大学的实验室。

与妻俊中在凡尔赛宫的花园内。
1997 年，法国凡尔赛

经过了这些准备工作，我们于 1998 年签订了成立"中法可持续发展化学与环境工程联合实验室"的协议。我是中方负责人，法方由 Tondeur 教授和罗灵爱博士签字并负责。罗灵爱博士原籍中国，她精通中法两国语言，对于沟通两国学者的合作十分有利。协议规定合作双方对对方开放实验室，交换教授和学生，共同研究并联合申请专利和发表论文等细则，并规定每年举行一次年会，分别在中法两国举行，年会期间组织访问对方的实验室，访问的对象视科研合作的进展而定。

第一次年会于 1999 年在法国巴黎举行。法国主办方借法国化学会大楼作为会议地址。我国驻法使馆的科技参赞等及法国科学中心的官员前来祝贺。我国科技部基础研究司的邵立勤副司长及国家自然科学基金委化学部的王老师也专程前往表示支持。两国的参会者中有的早已互相认识，有的是初次见面，但大家还是交流热烈，相聚甚欢。会议由 Tondeur 教授和我主持，我们向与会两国人士报告了"中法可持续发展化学与环境工程联合实验室"的宗旨和筹备经过。邵立勤副司长也讲话表示祝贺和支持。邵副司长曾留学法国并获得物理学博士学位，但那天他还是用相当流利的英语致词。随后是学术报告。实际上学术报告的内容多还是各自陈述各自的研究工作，因为合作刚刚开始，几乎还没有什么共同工作的内容。我冷静地观察，这是一个好的开始，因为双方人员都表露出合作的愿望，特别是法方人员似乎对这一合作表示了更高的热情，这使我深为感动。

第一天会议结束已是华灯初上时分，我们走出会场，安步当车地去到晚宴所在地，只见香榭丽舍大街两侧挂满了中法两国国旗，因为那天正值江泽民主席来访法国，似乎也给我们的中法合作添加了一些欢乐气氛。为了表示友好，法方在一家中国饭店设宴，我们虽对菜肴的口味不敢恭维，但也甚为感谢那些法国朋友的好意和盛情。从此以后我曾多次领略法国式宴会热烈的气氛，法国朋友似乎从不感到疲劳。微醉之后的他们十分健谈，相比中国人（个别人除外）的矜持体现了西方人的开放。他们聊天，唱歌，讲笑话，甚至跳舞，一般至少三个小时。开始时大家讲英语，到后来，他们讲法语，我们讲中文，大家图个省力。但是不管怎样，气氛异常热烈。

第一次中法合作项目年会后，走在香榭丽舍大街。左为法方负责人之一的罗灵爱博士。1999年，法国巴黎

我们双方在化学与环境工程领域的合作研究一直延续到2007年。这样的科研合作虽然是比较松散的，但是双方都表示出真诚和对对方的信任，因此合作过程非常愉快。双方人员频繁互访，联合培养博士生，共享资源，一起发表论文，特别是建立了良好的个人关系。2006年前后，由于能源形势的发展需要，经过协商，双方同意，把重点放在能源研究方面，合作单位也作了一些补充和调整，在原中法化学与环境工程合作的基础上成立了"中法可持续发展能源联合实验室"，中法双方分别由大连化学物理研究所所长张涛院士和

Savoy 大学能源实验室主任罗灵爱教授负责。

　　这样开始的中法科技合作至今仍在进行，当然主题和参加者有了一些不同。也是从这个合作开始，我也有时参加法国驻上海领事馆组织的活动，如应邀出席每年一次的法国国庆招待会等，包括参加了一些"场面"上的活动，如今年奥朗德总统来上海时的招待会等，与法方人士有了更多的接触。

与法国驻华科技参赞 Gusty 博士一起主持中法合作项目年会。
2001 年，中国上海

临近圣诞，应里昂一大化工系主任 Lieto 教授（右）之邀，扮成圣诞老人，
为系里教职工及家属分发礼品。21 世纪初，法国里昂

中法合作项目年会期间的晚宴上，法国人的活跃。
21 世纪初，法国南部某地

（3）

　　我们的中法联合实验室赋予我更多了解法国，了解法国人的机会。我访法的次数多了，但更多的是他们来访。逐渐地，我除了对他们的文学和艺术有兴趣以外，也想更多了解他们的思想方法。这里想补记一件事，那还是在我们的中法联合实验室成立之前的 1995 年，我在法国南部城市图卢兹（Toulouze）参加一个会议。我们的会在一个星期三傍晚结束，但我正好还要去参加下个星期一在另一个南部沿海城市尼斯的国际会议，期间有三四天可以自由支配的时间。法国南部地中海沿岸一带又被称作"蓝色海岸"，是闻名于世的风景度假区。这是我第一次去地中海沿岸，我首先想到的是去马赛。马赛是一个大城市，自身没有什么景色可言，比较杂乱，治安也有些问题,但我还是想去，目的是去看看伊夫岛（Ile d'if）及岛上的古堡及古监狱。说起伊夫岛给我留下深刻印象，是有原因的。那是在十年动乱的年代，我从一个大学同学处"秘密"地借到了香港出版的大仲马的《基度山恩仇记》，共三册，同学限我两三天内归还，因为他也是从别处"秘密"地借来的，那时能借到此书实属不易，借书者和被借者都冒着风险。我的同学那时有朝鲜国籍（后回韩国改入韩籍）。因为是外籍居民，可以不参加"文化大革命"，因而敢于借书给我。我家四人（父母、妻和我）于是就如饥似渴地读起来。只有三册，必须有一人轮空，也有人必须没头没尾地从中册或下册看起。我们如此废寝忘食，看完了全书。大仲马的书，往往故事性很强， 或许在内涵的深度和文字的优美方面略逊于其他的大文豪的作品，但他的书，历史背景厚重真实，故事情节引人入胜，颇使人一上手就放不下，特别是在那个年代读到这本书，犹如久渴之人，恰逢甘泉。故事内容写的是男主角爱德蒙遭人诬告，在一个月黑风高之夜，被人从马赛他的新婚庆典上逮捕并随后押送到伊夫岛。他在押送他的船上看到黑夜中渐近的古堡庞大狰狞的身影，他意识到他几乎已没有生还的希望。但在他被关押十余年之后另一犯人的死使他有机会把自己与那犯人的尸体对换。在狱卒将"尸体"从古堡顶上抛向大海实行"海葬"后，他得以挣脱掉装尸袋后逃生，并就此开始了他的复仇之路。这个故事十分曲折动人，对我来说，我对古建筑历来有浓厚的兴趣，书中的情节写得又是如此逼真。作为读者我宁愿相信故事的描述是真的，所以我一直想有机会去看一看伊夫岛。

到了马赛，到已经订好的旅馆放好行李，我就到旅馆服务台去打听去伊夫岛的交通。他们告诉我要到马赛港的某一地点搭乘渡船去，那渡船定时开往港口外的几个小岛，但遇风浪天气，渡船停开。第二天一早我就去到他们指点的地点，那时离第一班船开船还早，我只得独自在码头边上溜达。天气阴沉，风浪似乎不小，我也暗自嘀咕不知是否会开船。幸而船来了，第一班船的乘客并不多。开船后果然风浪不小，远处的伊夫岛越来越近，那巨大的古堡孤独地耸立在小岛上，阴沉狰狞， 如果是在风浪之夜，那场景一定是相当可怖的。在船上我与一位法国小伙子搭讪，原来他就是古堡（也就是古时的监狱）的管理员，他负责古堡的看管及出售门票。他每天第一班船去岛上，最后一班回马赛。如因天气原因渡船停开，他也就可以不去上班。

到了伊夫岛，下船的乘客就是他和我两人，其余乘客多为附近渔夫，继续他们的行程去其他小岛。岛上无人居住，因此上岛的必为游客无疑。我们两人举步登上古老的石阶，他拿出一串钥匙，开启一道道厚重的古堡的门，我买了票，独自在里面参观。我看到一个牢房门口写着大仲马书中那男主角爱德蒙的名字，相邻的牢房写着另一位犯人，也就是被换尸体者法利亚长老的名字，两房之间还挖了一个洞，以模拟小说所描绘的当时的情景。这当然是为了满足旅游者的想象而为之的。

我独自徘徊，浮想联翩，总希望能在这个山石峥嵘，古墙陡峭之地找到一处能由两名壮汉把一具尸体抛入大海的位置。但找遍古堡顶部却发现，与大海多少还有些距离，不论那两名狱卒如何孔武有力，也未必能将一具尸体抛入大海。于是我又回到小伙子管理员处，与他讨论抛尸的地点。他说他们也曾多方观察寻找，也未能发现有这种抛尸的合理去处。后来来到古堡的游客多了，他们多操美式英语，他们也在嘀咕着怎么找不到抛尸处呢？看来游客都有共同的心情：故事太动人了，因而总想亲身感受一下这几百年前发生在这里的悲壮而又浪漫的场景。

我怀着略感失望的心情登上回程的渡船，回到马赛去喝那著名的鱼汤。鱼汤咸而腥，远非吾辈之所能欣赏者，但伊夫岛之行却发人深省。

为什么大仲马的书会如此催人遐想，居然会有像我这样的"痴情者"不远万里去找伊夫岛？另一本法国小说，雨果的《巴黎圣母院》似乎同样，或更使人信以为真。每年有为数众多的游客想到圣母院去寻找那用拉丁文刻下的"命运"一词。这一个相当普通的词汇，却也使人萌发如此多的，诸如忧伤、痛苦、绝望之类的联想。一个重要原因可能是存在这么一个看得见的实体，像圣母院和伊夫岛古堡那样，然后由作家发挥其文学艺术才能和想象力，把故事写得既离奇曲折，又发人深省，两者一结合，再加上游客"宁可信其有"的心理状态，就产生了一种巨大的吸引力。从功利的角度来说，可以带动旅游业，带动 GDP 增长，这也许是早已谢世的文学大师们所始料未及的。

这些作品有一个特点，就是每本书都有一两个或几个关键的地点节点，引领着全书的主要情节的展开，如圣母院和伊夫岛古堡内发生的故事就是如此，于是这些节点给人们留下了深刻的印象，有机会时人们总想去亲自感受一下。雨果和大仲马已逝世多年，且说前几年红极一时的丹·布朗的小说《达·芬奇密码》又何尝不是如此。巴黎的几家旅行社早已设计了仿照《达·芬奇密码》所描绘那些故事发生地的旅游路线，供人观光游览，据说参与者甚众。再看我们，名声在外的旅游"实体"也并不少见，如故宫和长城，但就我之管见，似乎还没有看见到有哪一本小说以这些实体作为"节点"使之更为动人的。我们是否可以说好的文学作品有助于提升一个民族，或一个国家的软实力，甚至它的 GDP ？我也深信，法国给人的影响主要体现在它的历史、文化、科学和艺术，这些是远远胜过它的服装和化妆品的。

（4）

每次访法，巴黎是一个必经之地。从上海直飞，先到巴黎，再到其他城市；回程也是如此，先到巴黎，再飞回上海。一般我会在巴黎小住一两天再继续后面的旅程。也曾经有过几次，有美国朋友有事与我商量，他们懒得到中国来，我也懒得到美国去，就利用我去法国的机会，在巴黎谋面商量。从美国东部飞巴黎只需五六个小时，航班又多，而飞中国，如果从美国东部飞，则实足需要十六七个小时，还不算转机等机的时间，又何况他们是乐于到巴黎这个浪漫之都去出差的。因此我在巴黎停留的时间比较多，观察法国主要也在巴黎。

记得有一次我独自在一个饭店吃晚饭。饭店的套餐除主菜外还有一小瓶红葡萄酒。我对喝酒不大在行，但与法国人打交道多了，也应景喝一点，主要是红酒。酒来了，我喝了一口，是常温的，于是我问服务员，怎么没有给我冷藏的，他说我如果要冷藏的，他可以给我换，我说那就不必了。过一会邻桌的一位女士与我搭话，她说一口好英语。她说："先生，如果你允许，我想向你介绍一下法国人喝葡萄酒的习惯。"邻桌坐的是一位女士和一位先生，他们在用非常纯正的英语交谈。从他们的谈话中我已了解到那位先生是英国人，是在周末从伦敦来看看他的法国朋友的。女士后来说法国人喝白葡萄酒时通常需冷藏的，而红葡萄酒一般在室温就可，因此那位服务员没有错。

桌子很小，也靠得很近，并不妨碍我们交谈。当我说到我是中国人以后，那女士（她是一名中学教师，教法语和英语）问我，她一直想到中国去教法语，但目前不能去，因为她母亲病重，需要她的照顾。她希望能在她的母亲病故后去，问我有没有这种可能。我说，我想可能性总是有的。接着我问她为什么想去中国。她说她从未去过中国，也不想只去旅行。她家里在20世纪30年代曾有过一位中国房客，是一名留学生，后因国内战争缘故回国了。她当然没有见过那房客，但听老一辈人讲，那中国青年很好，又勤奋，又谦和，也很诚实，后来和他们好像一家人似的，那青年回国时双方都好似家人似的依依不舍。后来在他们家庭闲谈中也常会提到那中国青年，因此她对中国朦胧中有一个好印象。

这样在萍水相逢的陌生人之间的话匣子似乎就打开了。我说确实如此，当时是有好多中国人到法国留学，包括不少我们的国家领导人。我也提到了我的岳父曾在巴黎的索邦大学留学两年。后来话题转到中国近年来经济的飞速发展，当然他们都只是通过媒体知道的，没有亲自见到过。他们见到的只是大量的中国商品，特别是玩具、各种装饰品、服装等，他们也购买过很多。这时那位先生说，如果中国货的质量像日本货那样好就好了，价钱再贵一倍他也愿意买。接着他又说，听说以前日本货的质量也很差，后来才好起来的。我说是呀，第二次大战前，上海人管日本商品称作"东洋货"，当时成了低劣商品的代名词。二战后日本商品质量才变得很好。那女士说，她想去中国，但有两件事使她有些担心，一是食品安全和空气质量，一是医疗条件。她说她的一位英国朋友在中国事业很成功，很富有。但他一发牙病就要飞回伦敦看牙齿，因为不放心中国的医疗服务。

我不得不承认，她的担心是有缘由的，当然我只能说相信慢慢会好起来的。从他们的态度，特别是从他们的眼神中，我感到他们对中国还是怀有友好感情的，一些负面的意见也并不属于刻意挖苦之类。但就是这些负面意见，却十分有损于我国的形象。商品质量本身也许算不上是一件大事，但在质量背后人家看到的是社会的诚信，国家的信誉，这关系到"软实力"，就是大事了。我真是不明白为什么我们有些官员不能大刀阔斧地抓一下产品质量。当然如果大家都不在乎质量，唯独你我在乎也没有用，就如同高校的培养质量也是如此。

我们各自付了账，告别分手，那位女士还邀我到她家作客，我当然未便冒昧。这次意料之外的谈话使我想到另一次经历。同样是在巴黎，一次我工作之余去看一场演出。观众围着一个个小桌子就座，以便放一些饮料之类。与我一桌的另两位是一对英国中年夫妇，演出前我们做了一些简单交谈。演出中有两个小丑插科打诨，后来其中一个小丑衣服裂开了一条缝，另一个小丑接着说这一定是中国制造的。这是一种并不友好的讽刺。那位英国女士借着这个话题表示了她对中国商品质量的不满，那位先生大概是出于礼貌试图把话题引开，但那女士又回到了商品质量的话题上，后来那位先生用眼色示意，那女士也领会了他的意思，才中止了关于这一问题的讨论。我感谢那位先生的好意，我也明白问题的确存在，谁也回避不了，只不过是提到或不提到罢了。价廉是我们商品的一个有利方面，但当发生质量问题时人家首先想到的也许并不是价廉，而是质量差。逐渐地，无形地使国家形象受损。这种形象的损害深藏于民众之中，不是靠一些官方语言和外交辞令所能够修复的。

（5）

法国人对自己的历史文化非常尊重，也引为自豪。在我们与法方的合作中，每年一次的年会的工作用语，按国际会议的通常做法是用英语，这样双方都能听懂。有一次法方提出，我们两国都有十分优美的本国语言，为什么还要用第三国语言？他们提出，宁可多花些时间，各自用自己的语言，请人翻译。罗灵爱教授及另外几位留法多年的教授，他们既熟悉中法两国语言，又是本领域的专家，可由他们充当翻译。

我认为这一建议有其积极的一面，也就是双方都尊重自己的文化。后来，这一建议被采纳试行，但实践证明很难行得通，因为遇到很专门的专业问题，专家们也难以准确表达报告人的思想。最后我们还是不得不恢复到用英语交流。

这个建议最终未能实施，但其本身则是体现了对母语的喜爱，其初衷是值得赞许的。我也注意到，当我们在交谈中表现出对法国文化的喜爱与尊重时，他们就会由衷高兴甚至兴奋，过后他们会一脸诚恳地表示感谢。对比我们的感受，当一位外国友人表现出对中国文化的兴趣时，至少就我自己来说，并没有感到如此兴奋。这可能是我自小在教会学校接受"洋化"教育，后来接触到的西方文化又比较多的缘故。然而，我看周围的人，似乎也并没有比我表现出更多的对中国文化的热爱，甚至有人还以能操几句"洋泾浜"英语为自豪。

对文化的继承应是从学校、家庭、社会多方面获得的，当然个人的因素也很有关系。法国文化的核心就是自由与平等，从卢梭、伏尔泰到法国大革命，其间没有间断过；其中自由主要是指思想的自由。法国人的思想自由是表现得非常彻底的，这从他们的文学艺术作品中可以比较充分地得到例证。我认真地考虑了科学与文化艺术的关系，也体会到其间关系非常密切，并非人们常认为的这是完全无关的两大领域（请参见"从艺术中感悟"）。科学上的思想自由就给创新提供了动力，而这种思想自由却是由文化继承以及家庭、学校、社会各方面的影响潜移默化而来的。

一般认为法国民众生活得比较自在，甚至懒散。他们假期很多，他们每天喝咖啡的时间和聊天的时间很长，工作时间很短。最初几次访问，我没看见多少工厂，田野里也没有看到有多少人在耕作，然而法国人的人均 GDP 却排在世界前列。

有人可能认为法国的 GDP 都是靠卖酒，卖化妆品得来的，事实并非如此。法国的科学水平和工业水平还是相当高的，其中包含了相当多的创新。我认为这些创新很大程度上得益于他们的思想自由的传统和习惯。他们的思想方法往往是天马行空并广为联系的。表现在艺术上，是新奇古怪，我们不一定能欣赏，但不得不承认有些新意。在研究工作中，新的思想频出。我曾去访问位于北部的冈比涅大学，这个大学的化工系是很有名的。一位年轻研究工作者向我介绍了一种脱除空气中有毒物质二口恶英的方法，简便可行，而且集各种学科的方法于其中。我觉得很有新意，但也不像只限于化学工程的知识范围，就好奇地问那位年轻人他是学什么的，他说他没有什么专业，就是学些数理化之类，获得博士学位的时间也不长，就创造了这种方法。当然他没有告诉我他研究中的一项关键技术。陪同我的系主任在旁解释，法国是有少数博士生他们就是学各种基础知识和方法，但创新的潜力不小。这个例子给我的提示是，有时有了扎实基础，再加上思维活跃，确能有所创新。

我们现在十分强调创新。一个科研项目结题，要提出几点"国际水平"或"国际领先"的创新点。每篇博士论文，要有几个创新点，不然就不能毕业。如果真是如此，那岂不是成了创新水平极高的国家？靠领导号召创新，靠媒体宣传创新，其作用必是有限的，反而会形成一些有充沛水分的"创新点"。重要的是创新成为习惯，成为传统，这样不用号召，真正的创新自会源源不断。

（6）

上面说到思想自由和科技创新，绝不是说可以放任自流、百无禁忌。在人类社会中，随着社会的进步，必然会形成一种公共的道德观，这种公共道德观无形地约束着人们，不要在自己的一些言行上"无法无天"。至于这些公共道德观从哪里来，不外乎是从家庭、教育、社会上感受而来。我们现在常常在媒体上看到有些人在公共场合大声喧哗，在千年古迹上刻字涂鸦，甚至还有白天在墙角处公然解手之类的，不一而足，真可谓是天马行空，没有什么约束和禁忌，也真可谓极大地发挥了"思想自由"，当然这种自由并不可称道。

法国人的思想自由，可谓历史久长，早已深入人心。但是一些公德观却也根深蒂固。记得有一次我到法国南希市（Nancy）的化学工程实验室出差，罗灵爱博士和她先生与我一起在一家饭店吃晚饭，在座的还有他们正读小学的儿子。吃完晚饭已近午夜，路上人车皆稀，罗、她的先生以及我就大摇大摆，似乎理所当然地越过马路到对面停车场取车上路，唯有他们的儿子独自一人走到人行横道线上过马路。过了马路，和我们一起上了车，还在轻声用法语嘟囔

着，抱怨我们这种（今天称作"中国式"）过马路是不对的。他老
师说过一定要走横道线等等。

罗灵爱的儿子出生在中国，幼年即被带到法国，在他父母身边
长大，当然受的是"法国式"的学校教育。相信这小家伙还没有完
全继承他父母从小养成的习惯。那时他没有完全按照法国式的"自
由"行事，而是按照应有的社会公德去做。

事情过去了已有十余年，但我偶尔还会想起那多少有些令人脸
红的一幕。那些法国孩子从小受的是这样遵守公德的教育，但绝对
不会与他们的思想自由和长大后的科技创新相抵触。这两者是完全
不同的：思想的自由和人们的公德（公民道德，或公众道德，或公
认道德）。一般来说，一个国家和一个民族的软实力，既会表现在
科技创新方面，也会表现在自觉遵守公共道德观方面。

与法国人的思想自由形成明显反差的是，他们对传统的尊重。
在我第一次访问巴黎之前，我不知从哪里得到了一个巴黎街景的印
象，也许是从一些旧照片中或旧电影中获得的印象，也就是并不宽
敞的街道，两旁的梧桐，传统的灰色或灰黄色墙体，黑色屋顶的
五六层楼的公寓房，底层的店铺。不料去了以后，看到的也就是与
我想象中的巴黎大体相同的场景，只不过这些公寓房，有的非常讲
究，有的略显陈旧简朴罢了，但外形大同小异。它们大多是19世
纪后期奥斯曼（Haussman）男爵奉拿破仑三世皇帝之命改造巴黎时
留下的，距今已一二百余年。虽说这些五六层或六七层的公寓房也
并不特别好看，但排在一起，却也独具一格。我个人非常喜欢这种
公寓楼。这可能是由于我对法国文学小说一直抱有好感，而小说故
事的起源地，又多在这样的公寓房中。据好事者考证，小仲马挚爱
的女友，确有其人，也就是《茶花女》的主角的原型，就住在玛德
琳教堂附近的一幢公寓楼里。现在的巴黎，即使老楼要拆建，新建
筑也必须保持外观维持原状，尽管内部可以十分现代化。

法国人不是不懂现代建筑。我国的现代建筑，不少是请法国建

筑师设计的，如上海的浦东机场及大剧场等，但他们坚持维持巴黎的传统外观不变，却把新城建在地铁可达的近郊。不然，如果把昔日的巴黎推倒重建，相信今天就不会有如此众多的游客了。与北京推倒四合院，上海推倒弄堂房相比，我们会看到法国人即使思想再自由，但对传统文化的尊重和热爱却是无法动摇的。

在近代和现代历史上，法兰西民族以它的科技、艺术、文学、哲学等等给予全人类的文明和发展施加了极重要的影响。它的历史无数次述说着或悲壮惨烈，或凄美动人的故事。在人类近代史上，诞生着这么多故事的民族和国家似乎还不很多。应该说，这个民族也经历了不少苦难，并不是始终是由鲜花和美酒陪伴的。且不说两次世界大战中遭受的一切，就以 18 世纪的法国大革命和 19 世纪的巴黎公社来说，就充满了民主和专制，自由与强权的冲突。"启蒙"的思想，自由的观念，也是在艰难中产生的。

很多位我们国家的早期领导人，如周恩来、邓小平、陈毅、聂荣臻等都曾在法国留学，很多也是在法国接受了自由和民主的思想。据记载陈毅元帅曾细心阅读了一些法国"启蒙"运动思想家的作品，如卢梭的《忏悔录》等。他于 1962 年任外交部部长期间重访日内瓦时，在莱蒙湖上写下了"忏悔一书我细读，争为天下鸣不平"这样的豪迈诗句。我们从这些领导人身上看到的光明磊落，为国为民的高尚情操，想必与他们在法国的经历不无关系。

由于对法国的近代史稍许有一些了解并产生了一些兴趣，在巴黎我总想去看一看在近代史上占有一席之地的场所，譬如在协和广场上当年摆放那残忍的"断头台"的地方，在塞纳河畔专门关押政治犯并从那里把他们送上断头台的古监狱等。在参观古监狱时，我不禁联想万千，那巨大的石砌的屯兵室，坚硬冰冷，那关押玛丽亚·安东尼特王后的囚室，阴暗凄凉，她就是从那里祷告后直接被送上断头台的。参观后走出古监狱，真有恍如隔世之感。回头看塞纳河上游轮如织，协和广场华灯初上，方感觉又回到了人间。感谢我们的改革开放政策，感谢我们的科研政策，使我们能在国际上得到尊重，能与法国同行平等交流，能亲历此情此景，亲身体验法国人民如何既尊重历史传统，又倡导思想自由。他们在这个问题上是处理得比较好的。

从表面上看，法国人偏爱一些传统的形式。譬如他们要保存城市的市容风貌。深入一步分析，有一些表面上看不见的东西，一些传统，是必须坚持不能动摇的。1804年的《拿破仑法典》共2881条，是资产阶级社会的一部治国大纲。后来虽然经过几次小的修订，但基本的内容如旧，如自由与平等，财产与土地所有制权等，还是现今法国社会的根本大法，并且是英国和其他西方国家制定民法所参考的基本依据，甚至一些拉美发展中国家也以拿破仑法典作为他们制定民法的主要参考依据。据报道，我国在制定《土地法》和《物权法》时也曾认真参考了拿破仑法典。法律界人士甚至说，有一些争论不休的问题，却是在拿破仑法典中已有了令人信服的诠释。有一些东西是必须继承不能动摇的。习近平主席引用到《道德经》中"治大国若烹小鲜"，是非常形象地表明一个国家不能今天这样，明天那样，今天一个口号，明天一个运动那样的搞法，这是非常明智的认识和理解。

还记得几年前有人提出要修改国歌，说我们现在已非国歌中唱的"中华民族到了最危险的时候"这样的年代了，国歌的歌词已不再适合国情。这种提议，貌似爱国进步，我想，再过一阵，他们或许还会提出要把我国的GDP总量已达到世界第二之类的话放入国歌歌词中去。我们只能认为这是一种对历史的无知，也是一种非理性的内心躁动的表现。多亏我国的高层领导人早就认为这种建议不妥。1804年写成的"马赛曲"至今还是法国国歌，其中颇多诸如"那暴政对着我们，升起了染血的军旗"之类的话，却从未有人会提出要修改它。

我们常说当今社会上的道德滑坡，其根源恐怕还是过于市场化而无视传统。我国的传统道德是一种无价之宝。看来摆正传统与创新的正确位置，是国强民富的必由之路。

学术休假在欧美

1988 岁末，校长陈敏恒教授与我谈话时说（大意）："你回国已七年。国际上有一种学术休假制度，即教授可以每隔七年左右享有一年的学术休假，你也可以安排好工作，再出去一年，以便及时了解国际上的学术动态。"我说近年来我曾多次出国开会及短期访问，他的意思是短期和长期毕竟不同，他希望我能在一个单位待一段时间，这样才能深入。至于去到哪里，可由我自己决定。

我接受了陈校长的建议，准备出国作学术休假。所谓学术休假就是离开自己的工作，到某一学校或研究所，作学术交流，了解人家，也让人家了解自己。由于是"休假"，所以时间的安排有一定自由，除了承担一定的教学科研任务外，可以有充裕的时间访问有关实验室，与人交流，阅读文献，最重要的是获得信息，以便开拓思路，对今后的工作有所裨益。

那时我已与国际学术界有较多的来往，有不少国际同行对我们研究所的工作和我自己的工作开始有所了解，具备了可出国学术休假并由对方提供资助的条件。当然从研究水平看，美国是首选，但由于我在 1979～1981 年间曾在美国工作与学习，对美国的情况比较了解，而欧洲只是后来有几次短期访问，所以我决定将休假分为两部分：一学期在欧洲，一学期在美国。

中国工程院院士传记

袁渭康自传

1989 年初，我已联系好在美国的一学期休假，我将于 1990 年上半年去弗吉尼亚（Virginia）大学为研究生讲一门课，54 学时，这是我的好朋友 Hudson 教授好意安排的。我把那门课定名为"化学反应工程分析"。这是我在华东理工大学为研究生上的课，在讲课内容上没有大的补充，只是准备了较多的例题和习题。弗吉尼亚大学虽非顶级名校，但在大学排名中也相当靠前，总体上看，也相当不错。该校的创建者是美国的第三任总统杰弗逊，他是一位建筑师，当年规划了很美的校园，至今还是美国最漂亮的校园之一。另外一个原因是我的学生汪颖在那里攻读博士学位，她是我最好的学生之一，她也十分希望我能去，以便在生活上照顾我。再一个原因是弗吉尼亚大学位于美国东部，离华盛顿不远，也与东部的几所名校如普林斯顿、哥伦比亚、麻省理工等来往交通方便，与我们有长期合作关系的杜邦公司马歇尔实验室位于费城，也不过几小时的车程。

1989 年初，我的朋友，美国威斯康星大学（麦迪逊）化工系的 Harmon Ray 教授来访。他是一位卓有成就的化学工程专家，美国国家工程院院士，我在美国时与他熟悉，也常常见面交流。他长得很高大，性格开朗直爽，是一位比较典型的美国人。

威斯康星大学 Harmon Ray 教授访问我校。左起蒋慰孙教授、Ray 教授、袁渭康教授、Ray 教授夫人、张素贞教授。1989 年，中国上海

当我无意中提及我将有一年学术休假，计划将有一学期在美国，一学期在欧洲时，他说欢迎你到威斯康星来。我说你们的门槛太高，我水平一般，不宜来（威斯康星化工系的全美排名一直在前五名之内，也曾数次名列第一第二）。他说你在麻省理工待过，还怕什么。他接着还说可惜他现在已不当系主任了，不然他现在就可以与我敲定。我感谢他的好意，但当时我的私心是不想去那些压力太大的地方，还是到弗吉尼亚教一门课比较轻松，何况那时我已接到弗吉尼亚副校长签署的邀请函。

说到在欧洲的一学期，他的建议是在德国、丹麦、荷兰或瑞士中选一处。他说不要考虑英法，因为人不够友好。他的意见是这些欧洲国家学校的水平都比较高，所以要去一定要选老百姓比较友好的国家。由于我当时对欧洲的情况不很了解，我就非常看重 Harmon 的意见，就与我在这些国家的朋友联系。很快，我得到了几位友人的积极回音，表示欢迎我去，并提供资助。最后我决定去丹麦技术大学 Villadsen 教授处。Villadsen 教授当时担任化学与生物工程学院院长。他在学术上很有成就。他创导的用于微分方程数值分析的正交配置法，几乎被所有从事数值分析的人们所熟知，我们自己也多次应用。在我考虑去丹麦时，他的研究工作已转向生物工程。另外，我还和德国斯图加特大学的 Eigenberger 教授联系，打算在他们的化学工程实验室短期工作一个月。我的一位博士生廖建平正在那里接受联合培养，在 Eigenberger 教授指导下攻读博士学位，按常规中方导师也应有不少于一个月的时间前去作联合指导。斯图加特大学的化学工程实验室赫赫有名，实验室主任 Eigenberger 教授是我的一位朋友，也正是这个关系，我们商定联合培养博士生廖建平。在作了这些安排后，我就等待着 1989 年秋季学期开学时前往欧洲，而后在 1990 年春季学期开学前从欧洲前往美国。但是没有料到的是 1989 年夏在北京发生了那场政治风波，很多出国计划暂停了，出国人员也因这场风波而受到严格控制。好在我还是及时获得了教育部的批准，顺利出国。当9月初我登上前往巴黎的一架波音747飞机时，我发现偌大的飞机上大概只有二十来名乘客，大家都可以倒下睡觉。这是我一生中乘坐过空位最多的飞机。

（2）

在巴黎稍事停留后，转机前往哥本哈根。在飞机上我正纳闷，我到了哥本哈根，如何去位于Lyngby的丹麦技术大学，我将住在哪里，Lyngby在丹麦什么位置，我都一无所知。

我下了飞机，在海关口外一眼就看到亲自来接我的Villadsen教授。他除了欢迎我以外，第一句话就是说，在见到我以前真还不知道能不能接到我。这是因为六月份那场政治风波的影响之大，国际上都知道我国不少出国计划被暂停，不少人员的出国计划被限制。又何况当时的通讯远不如今天这样快捷方便，如果我不能被允许出国，也难以及时通知他。

与Villadsen教授见面，我们两人都非常高兴。他把我的行李放在车上就上路了。他说已为我在一个宾馆订了一星期的客房，以便从容寻找住处。丹麦技术大学所在地Lyngby实际上是哥本哈根的一个卫星城，有郊区火车可以直达，十分方便。

在丹麦技术大学化学工程楼前。1989年，丹麦Lyngby

没有料到的是 Villadsen 并没有送我去下榻的宾馆。他开车径直向海边驶去，而且到了一处随便停了车，招呼我下了车，也不锁车门（那时的车还不能自动锁门），就一直向海边走去。我有些不放心那没有上锁的车门，因为我的行李还在车内，但他却说没有问题，非常安全，没有人会偷。原来他是要带我先去看海边的"美人鱼"雕塑，因为他觉得外国客人到丹麦后首先应该看的是丹麦文化，是安徒生的童话。

过了一个周末，我去学校报到。关于我在丹麦期间的住处有两个选择，一是可以住学校的国际访客公寓，一是住在一位他们已经为我联系好的当地居民家里。我为了就近，就选住在国际访客公寓。确定了住处，我由校方人员陪同去一个机构（似乎类似于我们的街道办事处）登记，办一个有些像我们的临时户口那样的手续。我同时得到了一张卡，是临时居住人员的社会保险卡，这张卡在丹麦住满六周后自动生效，有效期两年。卡上有我的名字和两位医生的姓名电话，以及签发日期，凡感病痛就可直接找他们处理，一切免费。卡上的说明明确提到，凡持卡人在欧洲各国旅行，此卡即作为疾病保险证件，如有疾病需要治疗，连同诊断的费用账单将由丹麦方面立即支付。

我事先不了解丹麦等北欧国家的社会福利是如此之好，即使对于一位外来暂住者也有这么好的照顾。这是我国和我以前待过的美国所无法比拟的。当然他们的税很重。系里一位副教授告诉我他的税后收入与一位出租车驾驶员的相比差之有限。这样的收入差别保证了高福利，但也引发了一些问题。有一些高学历的年轻人向往到美国等地去工作，然后再回到丹麦享受高福利以及养老。所以有人就把丹麦等高福利国家视作天堂，因为那里福利好，安全，环境污染也少，但有一个缺点，就是竞争不力。

根据 Villadsen 教授的建议，在丹麦的一学期中，前半学期在化学工程系，后半学期在生物工程系。我的工作是作几个学术报告：两个反应工程的，两个生物工程的，都是以我的博士生的研究为基础的。我正好在两个系，就分别作了两个报告。教师和研究生们听了后反应还很好，主要是我的报告中有三个应用性较强，另一个学术上比较前沿。Villadsen 兼任生物工程系主任，他的研究已转入生物工程，已经在生物工程方面卓有成就。我们在生物工程方面刚开始探索，正在考虑是否开设一个生物反应工程的新方向。我的两位博士生，主要是因为当时国内还没有生物化工博士点，才来到化学工程学科，正好与我的探索意念相一致。于是我请中科院的两位教授与我共同指导，实际上我是边学习，边指导，两位学生分别在 1988 年和 1989 年获得博士学位，在国际著名刊物上发表了论文。与我共同指导其中一位博士生施源的李载平院士还对他的工作能力赞赏有加。然而始终使我犹豫不决的是，我们是否应在研究所里开设一个生物反应工程的新方向，还是宜于在两位博士生的工作小有成绩之时就知己知彼，以便急流勇退，及早脱离生物化工领域。

凡是研究所在是否开设一个新的研究方向这类问题上都是很慎重的。当时正值生物化工热，国内呼声甚高。我们华东理工大学本已设有生物工程系（现为生物工程学院），我们的研究所虽有很好的反应工程的基础，但也面临学科老化，需要更新的问题，反应工程方面的基础是开展生物反应工程研究的有利条件。然而我们缺乏专家，缺乏必要的硬件条件，更重要的是缺乏相关的知识和经验。于是我们请生物工程系的教师来讲课，自己再看书学习，后来请中科院的专家共同指导了博士生，稍有一些概念，但自己感觉还是没有入门。我去丹麦技术大学 Villadsen 教授所在的系，目的之一就是进一步了解这个学科动态和前沿，以便我们决策。

Villadsen 教授也是化学工程出身，这一点与我相似，但他后来转向生物工程，并且涉猎领域广泛，我很想了解他们的治学理念。到了系里，我与博士生们相处，看了他们的实验室，并与 Villadsen 教授作了几次讨论，经过认真考虑我形成了决定放弃生物反应工程方向的意见。我把这个意见写信告诉我们的几位副所长，他们也都同意我的观点。在与丹麦同事的讨论中，我很多问题不懂，甚至连几个专业词汇都听不懂。在基本设备方面也需要很大投入，这也是我感到最担心的一个问题。后来的发展，似乎证明了我当时的意见是符合实际的。

在丹麦技术大学的学术休假是有收获的，除了上面说到的有助于我们决定是否要设立生物反应工程方向外，我以丹麦为基地，还访问了德国的几所大学和瑞士的罗氏制药集团，了解了欧洲学术界和工业界的一些动向。我与 Villadsen 教授的私人关系也从一般走向知己。他为人非常坦诚直率，从不转弯抹角，使我得益不少。原先他并不了解中国。1992 年，我们邀请他首次访华，在我们所待了几天，访问了实验室，作了报告，与研究生们讨论，他开始在举办 ISCRE 问题上支持中国（请参见"叩开国际学术界的核心之门"）。那时上海浦东开发开始不久，我陪他去看了看浦东。2002 年他参加丹麦一个校长代表团，随同丹麦首相再次前来中国访问。他到了上海后，特意抽出一天时间再来到我们实验室。我又陪他去了浦东陆家嘴，当他站在那个小型展馆看到从同一地点每年拍摄一张的陆家嘴逐年变样的照片，久久驻足，不愿离去，嘴里念念有词："太不可思议了"。最后还是我提醒他，下午还要参观实验室，还要作报告，才在我的催促下离开。随后我请他在去学校途中的一家小饭店吃饭，对他我不讲客套。在小饭店点了三个菜，两瓶啤酒，花了 75 元。他十分兴奋，大概也饿了，把三个家常小菜一扫而空，对在中国所见所闻，称赞备至。路边小店，75 元，接待一个身份很高的国际知名学者这样的事，也在我们所里传为佳话。我的同事开玩笑说，这种事，只有你才做得出来。我也开玩笑说，这才叫"君子之交淡如水"。

我最初注意到 Villadsen 的学术成就是他在数值分析方法方面的贡献。后来他在反应工程方面发表了多篇有重要影响的论文，再后来就是他在生物工程方面的成果。对于后者，我缺乏评价的能力。我认为他在数值分析方法——正交配置法方面的贡献是最重要的。国内学术界有专家评价他是一位天才，对此我们且不作议论。但他涉猎几个不同的重要领域并获得重要结果却是事实。由于我在他所在的学校待了一阵并与他建立了很深的友谊，在此稍作分析。他的外表看似比较粗犷，上班时穿一件半新不旧的毛衣，几乎永远含一个烟斗，不修边幅。他的办公室也是十分凌乱，他的书桌上堆满了文献、杂志和各种资料，他要写一些东西，往往需要走到套间外面使用博士生们的书桌。

他的兴趣极为广泛，据我所知，他在文学、音乐和历史等方面都了解很深。上面说过我到丹麦第一天，还没有放好行李，他就带我去看美人鱼雕塑。当然安徒生是丹麦人引以为荣的，而美人鱼塑像也是丹麦人引为自豪的。到丹麦后才几天，他就请我去他家做客，同时还请了一位奥地利来短期访问的教授同去。他的家离学校有大约一个小时的车程，他请的那奥地利教授开车随着去，以便回程时可以送我。沿途数次停车，总要给我们讲些典故，特别是路过岛北部的卡隆堡（Kronberg）古堡，更是如此。卡隆堡的故事由莎士比亚写成著名的《王子复仇记》，几乎尽人皆知，剧中王子哈姆莱特为主角的同名电影也是在那里取景拍摄的。

Villadsen 教授的家在离卡隆堡不远的一个小镇的海边，海峡对面就是瑞典，看得十分清楚。我们三人加上他的夫人在一家饭馆吃饭后就坐在他的书房内喝茶闲聊。眼看书架上的书多为书脊烫金，十分精美，不少多是一两个世纪前或更早的珍本。Villadsen 和那奥地利教授随便抽出一本，议论了起来。那是一本拉丁文关于宗教的著作，他们谈到后来，直接用拉丁语交谈起来，很是尽兴。我一不懂拉丁文，二不懂宗教史，只能在一旁做一个傻傻的"旁听者"，直到后来他们注意到我的窘态，才恢复用英语交谈。书房壁上挂了一幅油画，是 Villadsen 自己的画作，大家又谈起了画。靠墙有一只提琴盒，后来方知是男主人用品。在后来的多次交谈中，偶尔涉及一些文艺音乐方面的话题，他也很有见解。

我寻思，科学和艺术方面的修养似乎是相辅相成的。他的广泛的兴趣和知识，很可能对他在不同领域的研究工作很有帮助。

（4）

1989 年 9 月我是在丹麦技术大学化学工程系。9 月的最后一天我离开丹麦前往德国。这是因为我租住的国际访客公寓先前已与别人签约，10 月份由他人入住我的房间，从 11 月开始，我又可以住那房间。我正好要访德，就决定利用这段时间。在赴德国斯图加特大学途中，我在纽伦堡停留了几天，去访问埃拉根 Erlangen 大学著名的化学反应工程实验室。已故的霍夫曼（H. Hofmann）教授是实验室主任。另外，我们研究所的戴迎春教授当时正在该实验室从事客座研究，我顺便去看看她。

戴迎春教授工作能力很强，因而我推荐给霍夫曼教授，希望能在国际知名的实验室里进一步提高她的研究水平，并开拓她的国际视野。霍夫曼教授是公认的化学反应工程权威，他的实验室也得到高度评价。我们曾在国际会议上多次见面交谈，但还没有关于对方工作的感性认识。这是我首次访问，不久后霍夫曼教授也应邀访问了我们研究所。

我在那里的几天里，访问了实验室，作了报告，并应霍夫曼教授之约，与他有过几次就化学反应工程的完全是"私人"性质的讨论，在场的只有霍夫曼教授和我两人。我们两人都感到这种交流很有好处，因为只有在这种完全私人性质的场合，才有利于完全敞开地发表意见。我的主要时间是了解戴教授的研究工作并帮助她完成她的工作总结，因为她那时即将结束访问回国。

我离开纽伦堡前往斯图加特，我的博士生廖建平接待了我，并好意地把他租住的公寓房让给我暂住。该大学化学反应工程实验室主任 Eigenberger 教授也是一位学术界的活跃人物，虽然比霍夫曼教授年轻不少，但也已跻身一流学者之列。他的实验室国际化程度很高，各国学者云集，其中有一些现已成为国际上著名的学者。那时正值柏林墙推倒的前夕，真可谓是风雨欲来。他们每天都在实验室情绪激昂地谈论有关柏林的形势，只可惜我不懂德语，只能猜测他们在谈什么。

我在斯图加特的工作也与在其他大学类似：访问实验室，作几个学术报告，了解廖建平的工作，与 Eigenberger 教授和廖建平一起讨论等等。有时候在办公室坐腻了就到外面走走。记得有一次我到斯图加特市的一条步行街漫步，正值午餐时间，我买了热狗面包和一杯饮料，一面逛街，一面咬热狗，忽然听到有人在叫"渭康"，我回头一看是我在美国期间美中友协的朋友 Nancy，在第三国不期而遇旧友，我们的兴奋心情可想而知，我们互诉别情。Nancy 虽不是我最密切的美中友协朋友，但也曾多次见面交谈，也还是比较熟悉的。她告诉我和她一起生活的男友现正在美军驻德部队工作，她随她的男友来到德国。她邀请我在星期天到她家做客，我欣然同意前往。但后来在我与她男友见面并共进晚餐时，我隐约感到她男友似有些"冷漠"，这与一般美国人的待客方式明显不同，后来我体会（希望这只是我的多心），可能是因为同年六月在北京的那场政治风波之后，国际上反华势力明显抬头，她的男友又在部队工作，住的是部队住房，我去做客似不方便。想到这里，我就泰然找了个借口，以后再也没有去过 Nancy 处。

访问斯图加特大学期间，办公室内。1989 年，德国斯图加特

　　我在斯图加特期间还去了一个美德两国联姻的家庭做客。我的美国好友 Kathleen 有一个孪生妹妹 Carolyn，与一位德国工程师结了婚，住在离斯图加特大约有一小时车程的图宾根（Tubingen）市。Kathleen 在电话中把我在斯图加特访问的事告诉了她妹妹，Carolyn 来电话坚持要我去她家做客，并小住一两天。对于从未谋面的 Carolyn 和她的丈夫，我去做客似显唐突，但照美国人的待人之道，这是很正常的。我们说好在一个周五下午我等她先生来接我去他们家。使我感到有趣的是，Kathleen 和 Carolyn 是如此地相像，以至于如果这两位女士站在一起，我绝分不清谁是谁。不但外表像，而且举止、神态、讲话，几乎没有任何差别。Carolyn 讲话也像姐姐一样，吐词非常快速，初听者可能会不习惯。当我说起他们姐妹如此相像时，Carolyn 和她丈夫哈哈大笑说，确是如此，有时连她们妈妈都会搞错。

　　这是一个很温馨的家庭。他们有一对子女，十分活泼可爱，一会儿讲英语，一会儿讲德语，但一家人还是以英语为主（可能是我

117

在场的原因）。对于我这个以往从未见过面的访客，他们热情相待。我们讲了很多多年前在波士顿的趣事，他们对我似并不陌生，说是曾看到过我的照片，并听 Kathleen 讲了不少关于我的情况。

他们原想留我住两天，但我还是托词有事，周六下午就回斯图加特了。Carolyn 的先生开车送我回程，还在著名的图宾根大学绕了一圈。正值夕阳西下，车行之处，遍地黄砖红瓦的各色建筑，美不胜收，也可以说我在那美好的小城度过了一个难忘的周末。

在斯图加特的时间不过一个月，上面说的是两件因美中友协的朋友而延伸的趣事。除了在斯图加特大学的学术活动外，还去了一次瑞士巴塞尔，在罗氏集团的维生素部做了一次报告，访问了他们的研发实验室。应廖建平的建议，我们一起在周末去了一次维也纳。我自幼就比较喜欢古典音乐，因此当他提出去一次这个音乐之都时，我立即表示出浓厚的兴趣。看了维也纳，那里的建筑之美给我留下极深的印象。我想，在那样的环境中不出音乐大师才叫怪事。在众多伟大音乐家的雕塑中，约翰·施特劳斯的像似乎最为夺目。我自己并不对施特劳斯的音乐有特别的好感，因为他的以圆舞曲为主的音乐似乎遵循同一个模式。但是维也纳人，以及奥地利人，似乎特别赞赏施特劳斯的音乐。那是在人民公园中的一个雕像，我站在那里照了一个相。我想，来到维也纳，应该与他们心目中崇拜的大师一起，留一个纪念。殊不知，这张相片，却留下了一个小小的插曲。

在维也纳，我去了皇宫以及当时一个非常有名的电影《茜茜公主》拍摄的背景所在地美泉宫等处。日落时分，荡漾在维也纳旧城，确能使人联想翩翩。但与这些景色相比使我叹为观止的是维也纳的国家图书馆。图书馆是对公众开放的。图书馆的建筑美得令人窒息，又与大量珍贵的图书融合在一起，使人感到圣洁、高雅、宁静，犹如置身于知识和艺术的海洋之中。多年后，我读到冯骥才先生所写访问这个图书馆后的感受的文章，我自思我的拙笔无法像冯先生那样去描绘该图书馆之美伦美奂，我只能无数次在脑海中重温维也纳国家图书馆那无可比拟的风采。

在维也纳停留不过一个周末。星期天下午我们就返回斯图加特。归途中，我默默打算，我一定还要再来一次。在时隔15年后的2004年，实现了我多年的愿望，我与妻同游了维也纳，而且有比较充裕的时间。当我与妻来到人民公园再次瞻仰诸位音乐大师的雕塑时，妻突然对我说，怎么施特劳斯的像变成金色的了。我自持记忆力好，争辩说它原来就是金色的。妻说不是，1989年你站在它脚下的照片中，它是黑色的。我们两人就在大师脚下争论不休。最后商定，我们再照一张相，回国后与15年前我的旧照片做一对比，看是谁记错了。回国以后，我找出旧照，果然如妻所说的施特劳斯的像是黑色的。我认输了。我们两人异口同声地说，黑色的比金色的好看。黑色的大师像，在白色大理石背景的衬托下，显得高贵、神圣，不像那闪闪发光的金色，似乎多少带有一些市侩气，就像国人多喜欢把自己崇尚的偶像如佛像涂成金色似的，似乎显得至高无上。记忆中我所见过的佛像，似乎都是金色的。难怪改革开放以后，那些欣赏水平低下，但却敛财有方的人们，热衷于带着粗粗的金项链或金腕链，不知他们是为了显示财富，还是为了美化自己。

与约翰·施特劳斯雕像合影。后来曾与妻子在此有过一番争论，
因为大师像变了颜色。1989 年，奥地利维也纳

约翰·施特劳斯的像的确变了颜色。2004 年，奥地利维也纳

施特劳斯雕像颜色的变化，给了我一个教训：凡事不能自以为是。我历来认为我记忆力比较强，但这件事正好证明了自以为是是要不得的。

（5）

11 月初我结束了在斯图加特的访问，即将返回丹麦。我与 Villadsen 教授约定，9 月及 10 月我会在化学工程系，而 11 月及 12 月我将在他所在的生物工程系。当然实际上 10 月及 11 月初我是在德国度过的。由于这是学术休假，时间上比较自由。我在化学工程系作了两个学术报告，与学生们讨论了几次，这是 9 月份的事。回丹麦以后我将在生物工程系作两个关于生物工程的报告，并对他们的博士生工作提一些建议。

当我决定回丹麦的日程以后，我接到小霍夫曼（U. Hoffmann）教授的一个电话，他嘱咐我在回丹麦途中在布伦瑞克（Braunschweig）作一天停留并在他所在的布伦瑞克大学访问并作一个报告。小霍夫曼教授是我的一位德国好友，他曾是我上面说到的霍夫曼（H. Hofmann）教授的博士生。他们两人的姓只有很小的差别：前者比后者多了一个 f，很容易搞错，他们的专业又都是化学工程学科的同一个分支——化学反应工程，这也是我的专业，国内学术界为了方便管这两位称为大霍夫曼和小霍夫曼。小霍夫曼与我相熟是因为我们年龄相仿，讲话比较随便，不像我们对大霍夫曼，他是大权威，我们更多的是尊敬。

我盛情难却，又何况小霍夫曼是我很不错的朋友，布伦瑞克又差不多是在我回丹麦的铁路线上，所以我就提前一天离开斯图加特，在汉诺威换了一次车，就到了布伦瑞克。次日上午我访问了实验室，作了报告。中午小霍夫曼请我在一家饭馆吃中午饭。他问我回丹麦的车什么时候开，我告诉他我的车在傍晚开车的时间。他突然一拍大腿，说"走"，我问到哪里去，他说去看看克劳斯特大学。小霍夫曼原来在克劳斯特大学当教授，到布伦瑞克大学的时间不长，他在克劳斯特还保留了自己的实验室，还带学生在那里做研究。我说这样时间太局促了吧。他说来得及，把你的行李放在我车上，一会儿直接送你上车。

就这样他开车去克劳斯特，那是一个小小的山城，我现在已不大有印象，我只记得大学差不多是建在一个小高地上。我们匆匆参观了实验室，我十分着急，因为怕误了火车，但人家的好意我也无法推辞。后来他开车直驶车站，差不多就把车停到站台边，帮我把行李搬上火车，这时火车已快要开了。

我回到 Lyngby，去丹麦技术大学上班，Villadsen 教授见到我的第一句话是"你总算回来了"。我不知他是对我出外太久有意见，还是庆幸我在外没有出事。或许是两者皆有吧。

回到丹麦技术大学已近 11 月上旬。我从化学工程系来到 Villadsen 教授兼任系主任的生物工程系。我的工作是作了两个关于我们在生物工程方面研究工作的学术报告，并就博士生的研究工作与他们讨论，提一些我仅有的粗浅意见，主要是数学模型化方面的意见，因为我们在这方面的基础还比较好。

在这段时间我与 Villadsen 教授谈得很多。已近圣诞，师生们筹划着如何过节，气氛有一些松懈，Villadsen 教授也正准备到地中海一个小岛去过一些暖和些的日子。他有空时就与我闲聊，海阔天空，无所不谈。我们有一些共同的兴趣，因而轻松的话题不少。在丹麦，由于纬度偏北，下午三四点钟天色已开始变暗，停在楼前的汽车已覆盖上一层白霜。我一路踏霜回到国际访客公寓时似乎有大雪压顶之感，当然实际上并没有下雪，仅是感觉罢了。我寻思，这也许就是圣诞气氛。然而真正的圣诞气氛似应在哥本哈根感受。看了安徒生的塑像，再走几步就是著名的步行街。出售日用工艺品的商店被圣诞饰品装饰得分外诱人，再伴以低回的圣诞歌曲，节日气氛十分浓厚。这里说到的日用工艺品，是指日用品，如杯子、灯饰、餐具等，但设计和加工却独具匠心，犹如工艺品。丹麦生产的这类东西是很独特的，举世闻名的"丹麦设计"多是指这些日用品。

12月中旬起师生们多已纷纷出外度假，我也就决定提前去美国，在美国纽约过一个美国式的圣诞。

（6）

为了买稍微廉价些的机票，我搭乘的班机是从哥本哈根起飞，在伦敦转机，前往纽约的。可能因为在圣诞前夕，旅客很多而且混乱异常，因此在到达纽约时，在肯尼迪机场的行李领取处找不到我的行李。我不得不排长长的队伍登记遗失的行李的有关信息，希望最终能够找到。

我担心来接我的朋友顾自强久等见我不出海关出口而会失望而归，那我就人地两疏，处境尴尬了。我想让海关关员通融一下能不能在出口处与自强遥遥打一个招呼，说明我已到了，但遭到严词拒绝。我想说明一下我的处境，刚说了"but"，但那关员一脸愠色，说"no but"。我想这大概就是美国公务员的特色，只得识趣地回到我的队伍中。

好在在我登记好，步出海关出口时，第一眼惊喜地看到了还在等待我的自强。他已在出口处耐心地等了一个多小时。我十分感激地紧握他的手，总算可以有一个安全的落脚处，但找不到我的行李，里面有我所有的学术报告和授课材料，使我十分不安。

住在自强在新泽西州的住处，虽然简单，但却温馨。室外大雪纷飞，室内温暖如春，他是我在上海时熟悉的年轻朋友，那时还是一位在读博士生，住处当然比较简朴，除了在墙角处所放的一棵小圣诞树孤零零地注视我们以外，没有什么其他饰物，但对一个尚在求学的单身汉来说也不过如此了。他把他的卧室让给我，自己住起居室。由于我大部分冬衣还在我尚未找到的行李箱中，次日一早他就陪我出去买了一件大衣。出乎我意外的是，当我们回到他的住处时，门卫处已安放着我的行李，原来是后来的航班带到后由机场工作人员送达的。

这样看来是一切顺利的。剩余的在纽约的日子我就轻松地与自强和他的朋友们一起度过。自强应邀去一个朋友家过圣诞夜，我也毫不推辞地与他一同前往。主人也是从上海出来的，客人也多半是上海人，于是席间大家就讲起了上海话，却也倍感亲切。话匣子一开，自然讲个没完，很快就谈到了午夜，有人提议到教堂听听颂歌，但因为大家都已吃饱了肚子，懒洋洋地不想动了，直到凌晨两三点钟才尽兴而归。

过了圣诞节我就启程去弗吉尼亚大学所在地夏洛茨维尔（Charottesville）。我的学生汪颖正师从 Hudson 教授攻读博士学位，她已为我找好了住处，那是离她居住的公寓不到百米距离的一处住房，这样她可以照顾我的饮食起居。我的房东 David 是一位善良的中年人，尚未结婚，但交友甚广。这样我一到夏城就有了安身之所，每天基本上也就在汪颖那里吃一些简单的中西合并的晚餐再回住处。

元旦前夕，有一些华人社区的活动。有一次庆祝元旦的晚餐聚会，汪颖邀我同去参加。在排队选取自助餐的时候，排在后面的一位年轻人对我注视良久后问我是从哪里来的，我答上海。他又朝我注视了一会，不相信地又问"真从上海来的吗？"我说当然是真的。我想他也许觉得我会回答是从台湾或香港来的，可能是因为我的穿着比较讲究西服之故。当时在国外是比较容易辨别我国大陆来客与港台或当地人士的。接着又过来几个年轻人，似乎对我这个陌生来客有些兴趣。于是问长问短，我如实相告，说我是来给学生授一学期课的。他们还是半信半疑。

后来取了食物，同桌坐下吃饭。其中有一位说，中国教授来作一个报告之类是有的，但从没有听说美国的大学会出了工资请一位中国教授来系统地上一门课的。汪颖也端着盘子过来了，他们认得她，并从她那里证实了我并没有在瞎编，才放心地认为中国确实是与以往不同了。

过了新年不久就开学了。我到系里报到，看到我的相片已与系里其他教授的相片一起陈列在系的入口处。我的办公室也相当宽敞舒服。在正式上课以前的一周，系主任先请我作两个报告。那天一个大教室坐满了教授和学生，我连着两天作了报告。后来汪颖说这是对新来者"掂掂分量"的意思，幸亏我准备得较充分，讲得也不错，内容也有新意，开场还算顺利。我的课是给研究生上的"反应工程分析"，共计18周，每周或两节课，或四节课，单双周交错。为了方便，我把课改为每周三节课，周一上课。这样我就可以在周一上课后外出访问，只要在周日下午赶回来以便准备周一上课就可以了。期中有两次小测验，期末一次考试。

在弗吉尼亚大学任教期间，办公室内。
1990 年，美国弗吉尼亚州夏洛茨维尔

在弗吉尼亚大学首任校长、美国第三任总统杰弗逊的雕像旁。
1990 年，美国弗吉尼亚州夏洛茨维尔

（7）

　　我的讲课内容（讲稿）基本上是我在上海时已准备好并已用过的，习题和例题也积累成自己的"库"，我只要在其中选出一些就可。那时我虽然已经有了不少应邀在国外大学和工业公司作学术报告的经验，英语已比较熟练，在洋人面前已不会再局促不安，因为我自信在这个领域内我的水平已不算低，但是学术报告和系统地上一门课毕竟还有很大不同。学术报告是专注于自己的研究工作，听者一般都是行家，我讲的如果他们不理解也不会在意，再者学术报告也不需要人人都懂，而且学术报告的主动权在演讲者手中，没有太多约束。而授课是面对学生，有知识传授的问题，必须有系统性和可掌握性。美国的学生虽不像我国的学生那样，有困难时总怪教师，不怪自己，但毕竟要使他们学有所得，特别是让他们对课程的学习方法有所体会。此外，授课是课堂上既要使他们懂一些，但课后又要有深入的空间，也就是说要懂一些但不全懂，要把握好这个分寸，必要时要根据学生们课堂现场的反应，如眼神等现场决定对策。经过了最初几个星期，我认为我基本已掌握了在美国上课的规律。

　　我的学生人数不多，大约 20 余人，有的是第一年的研究生，也有已准备博士资格考试的学生，程度参差不齐，但他们在大学本科阶段的学习中都没有学过化学反应工程，这与我们的学生不同。我的讲课内容是针对已具备化学反应工程本科知识的学生的。正像我在"从意气风发到无可奈何"中所写到的，我并不为他们补什么基本知识，而只是介绍一两本稍浅显的书本，让他们自己去看。我所用的主要教学参考书（或称教材）是 Froment 和 Bishop 两位教授编写的书（1990 年版），这书在我到美国后刚刚出版，但我在上海时曾用过它的旧本，对内容还比较了解，我相信学生自学应还不

中国工程院院士传记

袁渭康自传

126

至于有很大困难。每周一上课时发下讲课提纲和习题，习题在下周一上课时交，同时新的习题也接踵而来。我知道这些习题对他们是比较难的。但是他们自学、复习、看参考书、讨论，硬是自己设法去弄懂。在我有限的答疑时间里（office hour）基本上没有学生来问习题如何做之类的问题的。他们来时轻轻地敲门，然后提出他们对一些课程有关内容的自己的看法，以便与教师讨论。在前文中我也提到，在学期终了期末考试中可以看出，他们通过一个学期的学习进步明显，多数已超过了我们学生的水平，虽然我们的学生都在大学期间学过这门课。

　　我的学术休假的后半段，即1990年春季学期的工作比较轻松，也有比较充裕的时间。我可以有时间看书，看文献，也看一些我感兴趣的非专业书籍和报刊杂志。大学图书馆的收藏出人意料的丰富，包括相当数量的中文书籍报刊。我也数次离开夏城出外访问旅行，如去费城访问杜邦公司的马歇尔实验室，那时我们正与他们开展合作研究。那是年度的交流，如我不在美国，我也要专程来交流一次。我应我的老朋友古启宇先生的盛情邀请，在他家小住了几天。古先生和夫人还陪我去参观了离他们家不算太远的全球闻名的西点军校。我从未去过西点军校，但久闻大名。原来听传说在西点军校教室里还贴有雷锋语录，去了后才知道这只是不实的传说。只见校园广阔，有一些区域是禁入的。看到来往人员，军容整肃，却相当有礼，看到我们这些不速之客，有的微笑示意，也有的举手敬礼，给人留下良好印象。我应老朋友罗德城先生之邀，在他家住了几天并访问他工作的罗氏集团在新泽西州的基地。罗先生带我去一个高楼上，并说是所看到之处全属罗氏集团，可见规模之大。巧的是，在1989年秋我应邀访问罗氏集团时在瑞士巴塞尔总部接待我的Suter博士，这时已调任美国新泽西州罗氏生产基地的一名高管。他很高兴地欢迎我，并开玩笑说："看来到世界上任何地方都能遇到你。"

　　四月下旬，我接到韦潜光先生的一个电话，他说他将于五月下旬访问我校，并问我那时能否回去，他有事与我商量，是关于ISCRE的事。我说我那时一定已经回去。另外，我已经离开学校八九个月，也时刻想到所里的工作，所以我决定待到考试结束，改完试卷，就动身回国。途中在纽约稍作停留，再看一看这个大城市。每次我经过纽约，我总会默默地想，这必是我最后一次在纽约停留了。但是似乎每一次我都错了，直到1998年，自那次以后我再也没有去过纽约。

逝去的大师

　　2012年11月20日上午八时许，我正在前往市区开会的途中，接到妻的电话。她说刚刚接到北京亲戚的来电，姨夫郭慕孙院士在当天凌晨突然逝世。这一噩耗，使我十分震惊。不多天以前我还与郭先生通过电话，电话里听来他很好，而且一如既往，还与我谈了有关研究工作方面的事情。

　　过了大约两个月，又得知林家翘先生在北京因病逝世。我曾在麻省理工学院得到过林先生的指导（请参见"麻省理工学院的磨炼"），并完成了一个研究课题，也曾有幸与他有过多次交谈，深感获益匪浅。

　　在我一生中，我有幸与多位科学大师有过接触，有的只见过一次，有的有长期密切的联系，他们给我的共同印象是严谨、朴实、平易近人。他们这种寓于日常工作与谈吐之中平凡但却高贵的品质，使我终生受益。

（1）

郭慕孙先生是我的姨父。他是化学工程领域具有国际声望的学者，中国科学院院士。他早年留学美国，后来又在美国工作，直至1956年回国。回国后他一直在中国科学院过程工程研究所（原化工冶金研究所）工作，从最初的三室（流态化室）主任到所长、名誉所长，在过程工程的基础研究和应用研究方面都做出了重要贡献。他一生努力工作，作风极为严谨，这是化学工程界尽人皆知的。他是我的长辈，又是研究工作中的同行，因此我长期得到他的指导，有了问题我总是向他请教。每次会议，他总是认真准备，因此他的发言总是言之有物，能给人启示和帮助。在他的晚年，我们每次见面或通话，他总是感叹，由于年龄关系，他的精力已不如前。有一次，他不无遗憾地对我说："我以前每天可以工作到11点，现在只能工作到10点了。"他就是这样的投身于工作中，直到故世前一天的下午他还在家接待媒体的采访，谈了很多。在记者告辞以后，他感到不适，就在次日凌晨他告别了亲人和研究工作，与世长辞了。

我得知郭先生逝世的消息，立即给姨妈打电话，但电话一直占线，估计是慰问电话太多了。回家后妻说她打通了姨妈的电话。我给郭先生的高足——中科院的李静海副院长打电话，问了一下情况。静海说几天前他还去看望过郭先生，郭先生看来一切都很好，并兴致勃勃地与他讨论了工作。大家都没有想到郭先生会突然离世。我表示我会去一次北京，向郭先生告别，也看看姨妈。考虑到我的年龄和健康情况，静海在电话里千叮万嘱，要我千万别去北京，不然他也会担心。妻由于健康原因不能同去。我们的国家重点实验室主任周兴贵主动要陪我去北京，向郭先生告别。化学工程界的同仁都对郭先生十分尊敬，包括周兴贵，他多次聆听郭先生的教益，虽然他的工作很忙，但还坚持陪我去北京。

到了北京，我们从机场直接去过程工程研究所的同事们匆匆布置起来的灵堂，在郭先生的遗像前肃立致哀，看了关于他的生平事迹的幻灯片。然后我们去他家看望姨妈，那时三个表弟妹已从美国赶来。我们看姨妈情绪还算稳定，也就比较放心。第二天一早，我们就赶回了上海。

那几天我一直在回忆与郭先生相处的情景。他走得太快，太突然，而他的待人接物又是那么真诚，使人无法不感到悲痛。他留下的不仅仅是他的多项研究成果，更重要的是他的治学作风和人格魅力，使人由衷地怀念。

我的研究生论文与流态化有关，郭先生是流态化专家。流态化是一种重要的技术，在化工、冶金、石油等多种工业中有广泛应用。他于 1948 年在美国《化学工程进展》杂志上发表的论文《固体颗粒的流态化》被公认为是流态化研究的经典文献，几乎所有的关于流态化的书籍和论文都会引用到他 1948 年的论文。在那篇论文中他提出了"散式"和"聚式"两种不同的流态化，将多种多样的流态化现象作了清晰的归纳，并且指明了可以用弗洛特数 Fr（研究流体力学和传热学的一个无因次数群）来判断究竟属于哪一种流态化。

几年前美国化学工程师学会庆祝学会建立 100 周年，在全球范围内评出了一百位对化学工程有杰出贡献的科学家（前期 50 位，后期 50 位），郭先生被评为百人中前期 50 位专家之一，也是中国大陆唯一一位被评为百位之一的科学家。

1962 年我到北京化工学院工作，这样向郭先生请教的机会就多了。我参加了两次由他主持的全国流态化会议，虽然那时我已不做流态化方面的研究工作，但还是对流态化很有兴趣。不久迎来了十年动乱。由于众所周知的原因，郭先生和姨妈都受到冲击，我去他家的次数少了，有一段时间根本不敢去，因为我自己也在受批判。后来我去了在河南驻马店的"五七"干校，更无法去拜访他们。1970年由于燕山石化一个与流态化有关的课题，我被调回北京，并参加一个流态化床细粉回收的课题组。我很高兴又可以做一些研究了。记得有一次课题组有一个问题要向专家请教，开始想回避开郭先生，但最后不得不还是去拜访在这一领域最有声誉的专家郭先生。他那时正还在由于什么"权威"而在劳动。记得我们凭介绍信通过工宣队与他见面时，他与我还非常默契地表现出互不相识的样子，现在想想真是可悲可笑。

那时郭先生虽被迫脱离了研究工作，但他还是十分认真地考虑了我们提出的问题，给了我们很多有益的建议。同去的课题组人员虽不会对他说什么好话，但大家都意识到即使他还在"戴罪"阶段，却对我们的问题提出了中肯的意见和建议。

又过了些日子，"文化大革命"的形势逐渐宽松，我也敢于不时就去看望郭先生及姨妈。他们原来的公寓被压缩到住了三四户人家。郭先生一家就挤在两间不大的房间里。条件虽差，但是我去了后，大家还是谈得很高兴，也还是离不开做实验、做研究。我们那时在实验中发现了一种锥形管中细粉流动的现象，似乎没有见到过报道，我就向郭先生汇报，请他指导。他的分析很有深度，对我们的实验也很有帮助，我还在"文化大革命"后第一次全国性的化学工程会议上报告了我们的结果。就在那次会议上，我见到了来自我的母校华东化工学院的老同事。他问起我的工作去向，我表示我当然很愿意回母校工作，他说回去后可以向工宣队汇报我的情况。后来我果然在他的帮助下于1973年调回华东化工学院。

我于1972年下半年就因健康原因先回到上海，等待调动。我正在做的实验也在此前告一段落。没有想到的是，"文化大革命"结束后郭先生恢复了研究工作，他还没有忘记我们早期做的一些实验所提示的现象，他带领一些年轻人做了深入的研究，得到了很好的结果。1979年这项成果获得国家发明三等奖，郭先生坚持把我列入发明人之一，这是我完全没有想到的。当郭先生于1980年到麻省理工学院访问，告知我获奖时，我真是又惊又喜，感受到郭先生的大度和细致。实际上我对他的课题没有什么贡献，我只是把我们当初的初步实验结果向他汇报过几次，请他指导而已。

实行改革开放政策后，我被确定为第一批出国人员，并决定去美国。那时郭先生已出任所长，工作十分繁忙，也经常出差。由于我对美国的情况一无所知，就向郭先生请教。郭先生总是耐心地向我提供有关信息，并向麻省理工学院化工系主任韦潜光教授写推荐信。郭先生和姨妈曾长期在美国生活和工作，他们提供的信息对我无疑是十分宝贵的。

1981年岁末我回到上海，以后经常到北京出差，差不多平均每两星期就要去北京一次。出差时住在郭先生家，除生活上得到他们的照顾外，还可以经常向郭先生请教。郭先生总是在十分繁忙的工作之余，对我的工作给予多方面的指导，这对我的成长起了至关重要作用。我特别受益于他的是他严谨的工作作风。每次会议和学术报告他总是认真听讲，还总是认真地把别人的发言仔细记录下来。他对课题组和研究所的工作的指导，也必会写成详细材料（意见），供人阅读。中科院过程工程研究所之所以成果卓著，人才辈出，我相信是与他们继承和发展了郭先生严谨的工作作风有密切关系。

每当我的研究工作也有了进展，郭先生总是由衷的高兴并给我鼓励。我的国际交流越来越多，并开始与国际学术界有了越来越多的交往。我当时正争取国际化学反应讨论会（ISCRE）的主办权。由于ISCRE的眼界甚高，历来只在欧美发达国家之间轮换举办，就连日本和澳大利亚这样的非欧美发达国家都无权主办，因此要把ISCRE的主办权转移到中国和亚太地区，十分不易。为此我请郭先生与我一起争取ISCRE的主办权。郭先生对我的工作给予了充分的理解与支持（请参见"叩开国际学术界核心之门"）。尽管那时他年事已高，但还是与我一起担任了亚太反应工程（APCRE）理事会的首任主席，为主办ISCRE打下了基础。1996年APCRE在北京举办首届学术讨论会，郭先生亲自出席并主持会议。当我们成功地争取到 ISCRE 主办权以后，他高兴地同意出任 2002 年 ISCRE 的名誉主席，开会之日，他亲自飞往香港出席会议并讲话。

郭先生的高尚人格还表现在他的谦虚和对别人的尊重。虽然他在学术上早已是国际知名，但他总是虚心待人，对自己则是严格要求，在生活上也是尽量简朴。记得 1980 年他到麻省理工学院访问，要我代为订一个普通点的旅馆客房。我到机场接他时发现他还带了两位年轻助手同来。我有些纳闷，心想只订了一个房间，恐怕不够。不料郭先生为了节省当时非常宝贵的外汇，有意少订了一间房间。他要服务员加一个床，而且坚持自己睡那不很宽敞舒服的加床，让那两位年轻助手睡旅馆的床。这类事例，与郭先生有过接触的人可以举出很多。

就我自己而言，除了在研究工作上得到他的指导外，最大的收获是从他那里学习了什么叫严谨的作风，虽然学得还很不够。

（2）

曾任复旦大学校长的谢希德院士是我们尊敬的长辈。她是我们姨妈（郭慕孙先生的夫人）的好友。姨妈到上海，带我们去拜访了谢先生，后来我们就称呼谢先生为谢阿姨，称她的先生曹天钦院士为曹伯伯。

谢阿姨与姨妈早在上海沪江大学时就是好朋友。后来她们相继赴美留学，谢阿姨在麻省理工学院，姨妈在波士顿大学，都在波士顿地区。20 世纪 50 年代她们先后回国，谢阿姨先在北大，后来一直在复旦大学工作。姨妈于 1956 年回国后在北京，虽然与谢阿姨分处京沪两地，但来往十分密切。因为姨妈的关系，我们也时而去看看谢阿姨。后来考虑到她工作繁忙，未便过于打扰，但每值逢年过节，我们总会登门问候。谢阿姨与曹伯伯两人的学问人格，都使我们十分崇敬，也的确是我们学习的榜样。他们都善良正直，工作尽心尽力，谢阿姨虽身患癌症，但对工作一直是任劳任怨。在"文化大革命"中他们都受到冲击，与我们的来往也少了。但是谢阿姨对我们还是十分关心。她有时要她儿子晚上来看看我们，待"文化大革命"的高潮略有消退，她自己就带着病体来看望我们。

"文化大革命"以后，我国实行改革开放政策，谢阿姨的工作十分繁忙，特别是后来她担任复旦副校长、校长，又担任上海市政协主席，再加上她自己的研究工作，各种学术活动、外事活动和社会活动使她更是忙上加忙，但她得知我要去麻省理工学院进修，就主动为我写推荐信给当时的麻省理工学院院长维斯纳（Wiesner）博士。我们担心她的身体，每次见面，总表示希望她能少一些工作负担，但是她总是安慰我们，说她身体还好，要我们不必担心。特别是1987年当时任中科院生物化学研究所所长的曹伯伯在出国公务时意外受伤，四肢运动及语言皆有困难，接回国后只能住院卧床接受治疗。谢阿姨只要人在上海，不管多忙每天都会抽时间去看望曹伯伯，帮助曹伯伯恢复。可以想象，谢阿姨自己身患癌症，工作又忙，她以她的意志克服了重重困难，处处为别人着想，处处为工作考虑，确实做到了任劳任怨。今天见到复旦上了些年岁的人，对谢阿姨的人格和工作，无不有口皆碑。

在百忙之中，她绝不忘了对别人的关心。1992年初我因马尾神经肿瘤在华山医院手术。一天午后，陪伴我的妻在我耳边说"谢阿姨来看你了"。我定神一看，谢阿姨正站在床边，她是听说我手术，专门来看我的。我在惊喜中又十分感动，也实在是用语言难以表示我的感激之情。因为我了解她的病情，了解她工作的繁忙。妻送走她后，回病房时发现医院的各级领导都来看我。原因据说是医院里有人认出了谢阿姨，因为她那时是市政协主席，又是中央委员，常在电视上露面。汇报上去，医院领导觉得也应该表示一下对病人的关心。这大概也是中国特色的一种表现吧。

谢阿姨的病情逐渐加重，每次我们到医院去看她，她还是如同以往一样，带着乐观的语调，要我们不必担心。2000年谢阿姨逝世，我们怀着沉痛的心情去参加追悼会，会场大厅外人山人海，妻与我实在无法挤到里面，因为大厅主要接待高官名人。我们在会场外见到的很多人都自发地前来，想见谢阿姨最后一面而未能如愿。其中有些人与复旦毫无关系，只是钦佩她的人格学问，才自发赶来想见她一面。与我们同去的学校的一位副校长劝我们，我们心中怀念她比见一面更重要，我们也只得怀着无比的惆怅，在大厅外向她默默地告别。

（3）

今年2月，见到网上的一条消息，说林家翘教授不久前在北京家中谢世。

与林先生在麻省理工学院一别已逾30年。前几年听清华大学的朋友说林先生已定居清华，我说我很想再见一次林先生，清华的朋友说他们可以替我安排。然而后来毕竟林先生年事已高，而且我每次去京也总是行色匆匆，所以一直没有机会与林先生见面。

1979年我到麻省理工，不久就见到林先生。北大有访问学者在林先生的指导下工作，那时大陆出去的人还不多，林先生请北大的访问学者去他家作客，也请我们同去。

我久仰林先生的大名。我作为研究生时自学了流体力学，就学过林先生关于湍流稳定性的理论，那时我绝没有想到此生还能见到林先生。后来我的好友陈聿美女士来到麻省理工，林先生是她的表舅。聿美在周末到林先生家做客，也常带我们一起去，渐渐就与林先生熟悉起来。林太太做家常菜招待我们，十分亲切自然。

林先生曾担任过美国应用数学学会会长，是国际知名的应用数学家，美国国家科学院院士。他一生所获各种荣誉无数。但是见了他以后，绝看不到一位大科学家的架子。他十分平易近人，讲一口标准的"京片子"。我们与他谈话，就像与一位北京老人谈话那样亲切自然，也似乎正身在北京，而不是在美国。

逐渐林先生与我谈得比较多。记得有几次在走廊上见到他，打了招呼。我想他必然很忙，看来他似乎是刚下课，就没有多说。不料他却停下脚步，把公文包放在地上，就与我交谈起来，学生们在我们身后匆匆走动，看来是在换教室上课。他谈的事多是与我国的高等教育有关的。林先生能与我讨论问题，我当然感到很荣幸，就用心聆听他的看法，也请教他一些问题。他是一位非常重视应用的教授。他的名衔是"应用数学教授"。一次他刚访问完中国大陆回来，对我说邓小平副总理（邓小平当时是副总理）请吃饭，左面坐的是他，右面是丁肇中，他给邓副总理建议，下次他应邀请一位科学家坐在他一侧，而另一侧应是一位工程师，他说中国现在更需要的是工程师。我请教他，我看过徐迟先生写的"哥德巴赫猜想"一文，有一些我不理解，认为徐先生这篇文章虽然写得很好，写了陈景润先生如何废寝忘食，刻苦钻研，忘我投入的精神，但是说到哥德巴赫猜想是"皇冠上的明珠"，在工程、航天、材料等行业都有应用，我说我不敢苟同这种说法，我认为这是严重地夸大了事实，想请教林先生这类纯数学研究有什么用。他说他也看过这篇文章，他同意我不认为哥德巴赫猜想有什么用的看法。"至少我不知道有什么用"，他说。然后我们谈到这样的长文在国内最有影响的报纸上发表，再加上国内媒体扩大化的宣传，容易引导一些年轻人走极端，甚至脱离实际，走上钻牛角尖的道路，也容易造成年轻人重理轻工。我们在对这些问题的看法上谈得非常投机。实际上重视实际是林先生的一贯思想，特别是对于当时刚刚实行改革开放的我国而言，发展才是首要的，是硬道理。我从与林先生的谈话中深感他虽已入美国籍多年，但还是多方面为祖国的发展操心。我也想顺便说一句，奉劝我们的媒体朋友们，不了解的或不很了解的还是少说为妙。写文章首要的是内容可靠真实，而不应追求语出惊人。

从一个小例子可以看出林先生治学的严谨。1980 年我完成了一个煤气化反应器计算机模拟的研究，写完了报告并向韦潜光先生汇报，作为对这个课题作的一个总结（请参见"麻省理工学院的磨炼"）。但是我当时对单纯靠计算机模拟研究煤气化反应器还不甚满意，因为计算机模拟对了解各参数的影响，对反应器的优化还很不够。在与韦先生的讨论中我提到我考虑研究一个可对那组非线性微分方程求近似解析解的方法。韦先生表示这样做太难，怕不成功。我说我想试试，他最后也同意了。

对一组非线性微分方程求近似解析解应是一个数学问题。我看了一些书，又看了文献，想不出什么方法。我想去请教林先生，他是应用数学大师，应可以对我的工作给予有益的指导。但我又犹豫不决，心想林先生工作那么忙，我去打扰他恐有不便，但最后我还是给林先生打了电话，林先生听了马上与我约定时间，要我去找他。我在约定的时间到了林先生办公室，向林先生请教，这一组方程有没有可能的近似解析解。林先生说："你先别给我讲方程，你先把你研究的煤的气化过程给我讲一下。"我原来想林先生是数学家，他不了解化工，他必对具体的化工过程没有兴趣，因而绝没有想到他竟然表示先要了解我的问题的物理背景和工程背景。于是我向林先生介绍了我们所研究的煤气化过程，这个过程可以用这组方程来描述。林先生又几次提问，看来是要把我的问题了解得更清楚些。他考虑了一会，表示他一时也想不出什么方法。

我怀着失望的心情向林先生告辞，回到我自己的办公室，心想林先生都觉得没有什么办法，那我又有何能？我的原始想法看来是无法实现了。但不料大约过了一星期，林先生请他的助手来找我，说林先生还要约我再谈一次。我兴奋异常地再次去到林先生的办公室。林先生说，他后来又考虑了一下，建议我用相空间分析法试试看。我十分高兴地谢过林先生，回到办公室就开始学习，渐渐掌握了相空间分析法的主要思想，并且最终得到了近似解析解。

我向林先生和韦先生分别汇报这个结果，他们当然都为我高兴。在这里我想说的是，林先生真不愧是一位大师。他的治学是多么严谨，他作为数学家，首先要了解的居然是具体的化工过程，而后才回到描述这过程的模型方程上来。他对我这个无名小卒的就见并提出的一个问题，明显地不会与他的研究工作有什么关系，虽然一时想不出好方法，但过后还在为这个问题想方设法。这种严谨认真，一丝不苟的治学风格使我终生难忘。直到现在，虽然30余年已经过去，但我还是经常以林先生的治学风格来教育我的学生。

（4）

2009年7月的一天，我突然接到清华大学一位朋友的电话，说汪家鼎院士在几个小时前逝世。

这一噩耗使我不胜悲痛。我知道汪先生年事已高，身体也不很好，但每逢我们所在的化学工程联合国家重点实验室的学术委员会，他总会来参加，而且每次参加会议，他总会发表独特见解，使我们受益匪浅。

汪先生是我们实验室的首任主任，在筹建阶段和建成开放之初的那段日子，他为实验室付出了巨大的精力。当时我协助他筹建实验室，了解其中甘苦。我作为他的助手，深感他细致忘我的工作作风和处处为我国学科发展及为年轻一代成长考虑的高风亮节。

得知汪先生离世的消息后，我第一个反应就是我应该亲自去北京一次向汪先生告别。原来我想，考虑到当时我的健康情况，我专程去一次北京的想法必会遭到家人的反对。然而当我在饭桌上小心翼翼地提出这一想法后，家人不仅不反对，而且赞同我去。他们从我日常谈话中意识到汪先生的人格学问，使我深为崇敬，也了解到汪先生对我，也如同对他自己的学生一样的关心备至。在我正做去北京的准备时，校领导找我谈话并一再劝说，根据我当时的健康情况，不去为好，说这个场面（指告别仪式等）对我绝无好处，并说汪先生地下有知，必会谅解。

最终我接受了领导的意见，并电告清华的朋友在我送的花篮上必须书写我亲自拟文的挽词，以表我对汪先生的敬意。另外，我还在《化工学报》上写了一篇短文悼念汪先生。

在 1979 年去美国以前我已久仰汪先生的大名，但与他个人不熟。刚到麻省理工学院那几天，正好汪先生参加的一个我国的化工代表团也在麻省理工学院访问，这样就有了一些了解。当时的感觉是汪先生讲话直爽，平易近人。他是麻省理工的校友，作为研究生，第二次世界大战期间曾在麻省理工化工系求学，对学校情况比较熟悉。

1980 年我的研究工作已有了进展。一次汪先生再度访问麻省理工学院，一天下午他有些空，就到我办公室来小坐，向我了解一些化工系及学校的情况，我也向他汇报了我的研究工作。我们谈得很多，我最突出的感受是汪先生对我国化学工程学科发展的关心及对年轻一代教师成长的关心。他告诫我，千万不能看到我们与美国科学水平的差距而畏缩不前。那时汪先生是已过花甲之年的长者，我看到他面色红润，声音宏亮，情绪乐观，给我们这些相对年轻的人是极大的鼓励。

我回到国内，开始参与到科研计划的制订等一些国内学术界的活动中，就与汪先生有了更多的接触，我尊他为师，他也把我当做他自己的学生看待，有什么事我能做的，他就直截了当地吩咐，特别是在筹建化学工程联合国家重点实验室的过程中，他对我的指导就更多了（请参见"艰苦的创业，艰苦的 80 年代"），我也乐于去做，因为我从他身上感受到了一种精神，一种向上的精神，也感受到了一种感情，一种关心下一代成长的真挚感情。对我个人的成长，汪先生是真诚关心的，这一点我切身感受，也就不在此赘述了。

（5）

　　妻在原中央大学附属小学和附属中学求学时有一位要好的同学顾慰文，她是原中央大学校长顾毓琇教授的女儿。我岳父胡焕庸教授当年也在原中央大学任教，与顾先生相熟。1979 年我去麻省理工学院前，妻与我讲起顾慰文，说她在顾教授的学校宾夕弗尼亚大学进修，妻说我有机会可打听一下，如方便，也可见一个面谈谈。她是妻的好朋友，但"文化大革命"后就失去联系。妻也关心她的近况。

　　说起顾毓琇教授我早就知道。顾先生是一位知名学者，早年在麻省理工获得博士学位，后来曾在国内几所名校执教，也在美国工作过。我对顾先生的了解还来自我在华东化工当研究生时的教研组主任顾毓珍教授，我们称之为"大顾先生"，以区别于另一位教研组内也姓顾的"小顾先生"。大顾先生称顾毓琇教授为"老兄"，他说他的"老兄"多才多艺，不但学问好，而且会做诗，会写剧本，懂音乐，做过上海音乐学院前身的首任院长。大顾先生早年也在麻省理工得到博士学位，但学的是化工，不幸他在"文化大革命"中被迫害致死。

　　1980 年我到费城开会，当然想见见顾慰文。我在电话上查到了顾毓琇先生的电话。电话接通后我自报家门，说我是胡焕庸先生的女婿，我妻子要我打听一下顾慰文的联系方式。不料顾先生立即就说，你什么时候过来，我请你吃饭，也要慰文一起来。

　　我喜出望外，在约定的时间去顾先生办公室，也见到了顾慰文。他们两人与我都是首次见面，那时正值"文化大革命"后不久，话题少不得涉及一些"文化大革命"的事，以及顾慰文与妻多年前的交情。我原来有些担心，因为"大顾先生"是顾先生的胞弟，我是来自"大顾先生"同一学校同一个教研组的教师，他被迫致死的悲惨一幕无可避免地会引起老人的不快。不料顾先生只是很快把话题引向别处了。他只是说，希望一切都能好起来。他也问了我岳父的情况，我也如实相告。

他请我在宾夕弗尼亚大学的教授俱乐部吃饭，慰文作陪。美国大学的教授俱乐部一般都很讲究。虽是初次见面，但我们的谈话逐渐变得无拘束起来。我总的感觉是顾先生是一位阅历十分丰富，学术声誉很高（譬如他提到杨振宁李政道先生的诺贝尔奖是他参与提名的），非常和蔼可亲的长者，他反复说的，就是现在一切都好了，你们应该好好学习这样的意思。

饭后我向顾先生告辞，慰文陪我走了一段，送我到地铁站。她说这是她第一次进教授俱乐部。这又使我吃惊。顾慰文是1979年4月来到宾夕弗尼亚大学的，屈指算来，她到达已一年多。她说顾先生说她到美国，应好好学习，没有什么缘由，就不必去那些讲究的地方吃饭。从这件小事上，我看到顾先生一家的生活十分简朴。这与我们一般理解的名教授的讲究排场之类完全格格不入。

我写完了我与这五位学术大师的或长期的，或短暂的交往，我为他们的人格魅力所折服。他们似乎这样无声地引导我们：正直，严谨，谦虚，质朴和平实。

学 生 们

改革开放后我开始招收硕士生，1984年我被评为博士生导师，随即开始招收博士生。近年来我只招收博士生和硕博连读生。我的整个科研生涯，离不开学生。我与学生的关系，完全是教学相长的关系。这不是套话，也不是客气语，而是实实在在的真话。我尽我的可能帮助他们，他们努力工作，出了科研成果，有的着重基础，有的有工业应用，也有的两者兼备。我自知我的知识结构已经老化，而学生们正在学科前沿从事研究，他们时刻面对着困难，时刻思考着如何去创新。我理解他们的艰辛，因此我对他们非常尊重。他们的工作有了进展，我充分肯定他们。我也尽可能地帮助他们，我有不懂的知识，就会诚恳地向他们请教，形成相互尊重的关系。

1995 年我当选为中国工程院院士。我明白我能被选为院士，并不是因为我比别人有多少高明之处，是我的同事们和学生们的工作衬托了我。特别是我的学生们，他们与我在一个团队中成年累月地工作，我的成果无疑融合了他们的心血。

（1）

我的学生很少有来自上海的。这可能是因为上海过于浓重的商业气息和很多的就业机会，使本科学生们在大学毕业后就去工作或留学了。因而我的学生绝大多数来自外地，不少来自贫困地区。他们为人淳朴，学习努力，但可能有些（照上海人的说法）不够"活络"，见的世面不够多，不够大。但到了我们研究所，在研究生学习阶段，他们主动或被动地接触到学科前沿和先进实验手段与计算手段，接触到国内外访客，有机会多听学术报告，参加会议，在求学期间就有机会出国参加会议。他们也有机会去科技先进国家的大学待上一段较长时间，进行联合培养。

我与学生们一起做研究，讨论问题，一起解决困难，有时师生关系会逐步进展为朋友关系。在培养学生方面，经过了多年的实践和思考，我逐步形成了一些如何使学生成长的理念，并按照我的理念去帮助他们成长。近年来，我请几位年轻教授（他们多是我以往的博士生）协助我给予更多具体指导，我定期或不定期地与他们讨论，这样起到了集体指导和集思广益的作用，效果似乎更好。

一般说来，我培养学生的理念首先是出难题，也就是论文题目要有相当难度。这个所谓的难题，指的是研究的课题或属于学科前沿，需要学生去探索，在探索过程中必然会遇到不少困难，解决这些困难问题是对学生最好的培养，而且他们的研究成果多多少少会有一些新意；或属于论文涉及一些基础性的问题，而这些基础性问题的解决有助于一些应用性研究的深入，这种看似基础理论，实则与实践联系紧密的题目对培养学生也十分有利。我提出的论文课题还有一些是探索性的，也就是对一些准备试探的领域做一些尝试性的研究，有一些在大部队行动之前先派侦察兵探探路的意思。

接着便是指导。通常在技术性问题上我不给予学生什么指导，例如他们碰到数值计算方法，或实验测试方法方面的问题，这应该由他们自己想方设法找文献资料，或求教于他们能找到的其他老师或同学朋友去解决，说实话，我也不怎么在行这些计算方法。要知道去找人讨论，怎样找对人，这也是一种本领，怎样找书，找怎样的书，同样也是一种本领。我给予的指导，一般是指出某一种方法的前景，可能的困难及可能的解决途径，对一些结果的判断等等，是比较宏观的，或者说是比较"战略"上的。用"战略"这个词也许有一些抬高身价之嫌。我这里指的只是在一个研究课题意义上的方向把握。

最后便是研究结果的分析，包括判断、意义、下一步的工作等。结果分析能力可能是学生们最为缺乏的。他们可以熟悉数值计算方法，有很好的计算能力，但可能并不很了解他们的结果有多少含义，甚至结果中有可能包含谬误。我们作为导师，经验较多，阅历较广，而且掌握着比较多的资源和信息，这些都可以与学生共享。

三十年指导学生最重要的体会是，为了对学生负责，使他们在工作中有足够的能力储备，最重要的是培养他们具备克服困难的心理素质。这种素质只有通过他们自己在研究工作中既经历过"山穷水尽"之日，然后又步入"柳暗花明"之时来造就。我相信，要使学生有摘树上果子的本领。要让他们跳起来摘，不能让他们站着，甚至坐着或躺着摘。跳起来摘一个果子，跳得高些摘更高的果子，一定要他们有本领跳得更高，有决心跳得更高，直至能摘到很高的果子。至于是什么样的果子，也许还是次要的，重要的是跳得更高的本领和决心。

你很难想象，学生做博士学位论文时的课题正好与他在未来工作性质相一致。可以说现代科技的进步往往使博士们更有可能从事与他们在学校里经受的训练相去甚远或更前沿的工作。他们可以胜任这些工作的原因是他们经受了科研方法的训练，以及他们已具备了能千方百计解决困难问题的心理素质。这种例子多得不胜枚举。我的一个学生，他的博士论文是关于超临界条件下的化学反应，但他毕业后就到英特尔（Intel）公司从事芯片开发方面的工作，另一位学生的博士论文是关于反应器的优化控制，而他后来却成了LED照明的专家。

由于对学生的论文有比较高的要求，要求他们的论文或多或少要有一些新意，也就是每位学生的论文都应达到在公认的本专业内水平较高的国际杂志发表的要求，因此总感到研究尚需要深入，时间不够用。教育部规定博士生在学时间为三年，而我的博士生往往要延长半年，甚至一年。时间久了，"名声"在外，学生们发现延长不是特例，而是惯例，有人就会感到不值得，但也有人甘愿如此，我也就我行我素，坚持我理解的标准。至于学生愿不愿来报考，那只能由他们自己衡量，让"愿者上钩"罢了。

（2）

带学生，说来话长，也非常有意思。

我的第一个学生（硕士生）张琪宏，是一个在"文化大革命"时期上学的"工农兵学员"。改革开放后，他为了"淡化"这个所谓"学员"的经历，考上了我的硕士生。当时我对这个"学员"经历也有些偏见，但由于招生时我尚在美国，是别人代我录取的，我当然也就接受了。

我回国后确定他的论文题目。从几次谈话中，我了解了他的学习情况，并且通过他的应答，觉得他的思维比较敏捷，专业基础很好，给我的印象不错。我们当时正在进行一个反应器开发课题，从中发现了一些问题，无法解释。虽然想到了一种解释，但因从未见过相关报道，因而希望借助于基础性研究予以支持。这项工作就作为张琪宏的硕士论文的题目。

对张琪宏来说，困难是相当大的。他必须自学反应工程，自学数值计算方法，自学计算机编程，要阅读大量英文文献，我只能尽可能帮助他。好在他很努力，也很聪明，因此很快就能进入角色，提出一些看法，是很值得称赞的。那时还没有现在这些学生们都已能熟练应用的商业化计算软件，但他很快掌握了基本的微分方程的数值计算方法，在编程方面的进展也很好。特别是，他提出了对于我们这种反应器，微分方程组求解的边界条件不能沿用文献广为报道的 20 世纪 50 年代由一位英国权威学者提出的边界条件，而需根据我们反应的实际情况加以修正。这后来被证明是一个正确的观点。他的工作很快得到我们实验工作的支持，得到了很好的结果，证实了一个文献未报道过的现象。用他的研究写成论文很快被国际化学反应工程讨论会（ISCRE）所接受。1984 年我前往英国参加 ISCRE 并宣读了这篇论文。这是我们第一次在 ISCRE 上发表论文（见"叩开国际学术界核心之门"）。在这以前，我们对 ISCRE 总抱着一种敬而远之之情，因为当时的 ISCRE 审稿严格，录用率低，国内似乎还没有论文在 ISCRE 上发表。经过近 30 年的努力，目前我国参加每一次 ISCRE 的人数已相当多，一方面是我国科研水平迅速提高，另一方面也体现了我国经济的高速发展。

当时我的学生少，因此可以为张琪宏花较多的时间。事实上从他的工作中我也学到了不少。我们约定一起看几篇重要的文献，并认真讨论。特别重要的是，虽然是做计算，但几乎每天都去看实验，分析实验结果并与计算比较。张琪宏顺利通过论文答辩，获得了高度的评价。张琪宏后来留学英国，在帝国理工学院获得博士学位，并在英国工作，成了一位计算流体力学方面的专家。每次他回国来看我，或在国外见面，他都会回忆在完成硕士论文期间那种艰辛的，但却如饥似渴的求知过程。他多次表示，那一阶段的学习，对他的成长起了关键性的作用。特别是，那段时间的工作使他习惯把理论尽可能与实验现象联系在一起。我的体会是，如果当时不是安排一个比较困难的课题作为他的论文题目，他也未必有如此的收获。

（3）

关于学生的研究课题的选题，还有不少话可说，有的事情，说起来还很有趣。我这里举的是另一个例子。

我的学生周兴贵，1992 年入学，入学时，他的基础一般，虽然他已获得了硕士学位，但在他完成他的硕士论文过程中，也没有接触过多少计算机模拟，他来到我们所，感到环境有些不适应。我们这里有一种既讲理论，又讲实验和应用的氛围，一般来说，光靠做做实验得出一些规律是不够的。

对于他的博士论文选题，似也有些巧遇。我在一个偶然的场合，现已记不大清，可能是听了哪位来访教授的报告中提到了一种称作Karhunen-Loeve 展开（K-L 展开）的方法，我直觉感到这种展开法可能会在反应器动态研究中有用。我们当时正准备开展反应器动态特性方面的研究，还在探索方法。我回来查了文献，虽然不十分懂，但还是进一步判断可以使用 K-L 展开法来做一些探索。我把这一问题作为周兴贵的博士论文题。当时他感到束手无策。我也非常理解他，说实话，也十分同情他，因为我了解他的数学基础并不好，做这种题目，确有困难。在实验方面，好在我们刚进口了一台昂贵的动态检测设备，但尽管有这样的仪器，实验工作中也还需要解决不少动态测定方面的技术问题。

周兴贵十分苦闷，他几次来找我，要求是不是可以改变一点原来设想的立题初衷，是否可以用其他方法而不用 K-L 展开，或是否可以用 K-L 展开，但不做反应器动态特性研究。他的提议都被我拒绝。我坚持必须做动态，必须用 K-L 展开。其实，我自己也没有多大把握用 K-L 展开后会有好的结果。

周兴贵的心情可以理解。他不得不啃硬骨头，硬是把文献弄懂，提出方案，编写计算机程序，设计实验方案等等，在这过程中，我能提供的指导很少，主要靠他自己独立完成。后来我了解到我的好友美国弗吉尼亚大学的 Hudson 教授也曾用过 K-L 展开，当然是在其他领域。我与 Hudson 教授商定，周兴贵最后到弗吉尼亚大学化工系工作一学期，由 Hudson 教授参与指导完成他的论文。为了让 Hudson 教授可以看得懂，周兴贵的论文最后是用英文写成的。他于 1996 年通过论文答辩，得到很高评价。

以他的博士论文为基础，在英国出版的《化学工程科学》等国际一流杂志上发表了多篇论文。1999 年开始我国在全国范围内征集优秀论文，每年评选出一百篇优秀博士论文，并予以奖励。学校决定推选周兴贵的论文参加评选。结果周兴贵的论文被评为我国第一届百篇优秀博士论文之一。

说来有趣，多年以后在一次会上，中国工程院电子与信息工程学部的孙优贤院士说起，当时在评周兴贵优秀博士论文时，化工等学科组成的专家组认为他的论文很好，可以评为优秀博士论文，但还需一位过程控制专家最后审定。最后论文送到了孙优贤院士手里。孙院士阅后充分肯定了这篇论文的水平与价值，这样才作了最后决定。另一个小插曲便是，论文回到化工等学科的专家组，又有院士提出，论文是用英文写成的，是否能参评？这时另一位院士发言说，规定中没有说参评论文不能用英语书写这一条。这样总算最后被评为全国优秀博士论文。对周兴贵本人来说，被评上优秀博士论文也是他人生中的一件大事。我在写本文时为了帮助我核对一些细节，周兴贵还回忆起从最初山重水复的苦闷到后来柳暗花明的喜悦。

周兴贵毕业后在本所工作。在国外，为了避免近亲繁殖，一般是不留用本校的学生任职的。如果学生在另一个学校或一个工业公司工作一阶段，再回母校工作，那是常有的事。我们的国情有些不同。为了更有把握，我们常常留住一些我们已了解的优秀学生。当然他们留校后出国深造或短期出差的机会很多，周兴贵就曾在法国同行那里进行过博士后研究。他后来被提升为教授，被任命为博士生导师，现在担任我们的化学工程联合国家重点实验室（华东理工大学）主任。有人说他是我的接班人。问及此事，我总是微笑而不置可否。

首先，我并不认为我做得很好，好到需要别人继续做下去；其次，后来者，应该由他们自己通过工作和竞争形成自己的影响，并不一定是继前人做了所长，做了实验室主任，就是接班人了；再次，接班者，有门户之见，似乎必须是"嫡系"，我毫无此意。

与博士生（右）讨论工作。90年代，中国上海

与学生汪颖博士（右）在白宫前。1990 年，美国华盛顿

（4）

我的周围聚集着一批年轻学生，在我眼里，他们每个人都有特点，都有可爱之处，我经常会去发掘他们的特点。

周兴贵有一位师弟刘良宏，比他晚一年获博士学位，做的也是反应器动态特性方面的研究。最后一学期刘良宏也是在弗吉尼亚大学化工系度过的，同样接受过 Hudson 教授的指导。他的论文虽没有被评为全国优秀博士论文，但我认为也很不错。他后来移居美国，但在国内也有他的事业。

刘良宏的基础非常扎实，特别是数学基础。他为人豁达，思维敏捷，爱交朋友，爱开玩笑。从性格上看他与周兴贵似乎截然不同，但这也并没有妨碍他们两人成为莫逆之交。

在同学中周兴贵年龄偏大，是师兄，刘良宏就开玩笑称呼周兴贵为"老大"。"老大"于是就成了周兴贵的一个雅号，甚至我们的一位副校长也玩笑地称呼周为"老大"。刘良宏还有他所称的人生三大乐事：打球，洗澡，吃小炒（南方人称炒菜为小炒）。当他们还是学生时，空闲时间喜欢打球，打完一场球一身大汗，去洗一个热水淋浴，然后到食堂的现炒部请厨师炒一两个菜，大吃一顿，接着当然是回实验室做研究，或是去宿舍睡大觉。这生动地记述了他们的学生生活，也可说这对于当时的博士生已是相当奢侈了。他的这三大乐事，现在还流传在部分博士生中。

丁平是在 1989 年获得博士学位的。在攻读博士学位以前她曾经工作过几年，她为人善良，但性格倔强。她的博士论文题目是关于气相化学淀积方面的研究。这也是一个探索性的课题，在她留校工作以后，她参与了建立电化学合成的研究方向以及相应的课题组，直到她离开学校去英国伯明翰大学工作。在工作中我们争辩，甚至争吵，当她觉得有理时，她必会坚持。有几次她来我家，我批评她很严厉，她数次流泪，事后我家人都说我不该如此。然而丁平与我们的关系十分密切和亲切，不久以前我与妻路过英国伦敦停留了几天，她特地请了假每天乘火车从伯明翰到伦敦来陪伴我们。

与学生丁平博士（右）共用下午茶，中为妻子俊中。
2004 年，英国伦敦

22 次国际化学反应器会议（CR-22）期间摄于会场外，除周兴贵教授（左二）外，还有两位博士生（左一及右一）。2016 年。英国伦敦

学生们都很努力，平时除了研究也不大出门，周末和节假日也是如此。我常常劝告他们，你们年轻人，不要老待在实验室，也要出去玩玩，但是他们往往还是"自觉"地分秒必争。我的一个学生蒋正兴从西北大学毕业，报考我的博士生。他专业基础并不是很好，但为人憨厚坦诚，十分努力。有一次媒体记者采访我，并且要找几个学生谈谈，正好找到了蒋正兴。记者问，你们有没有空出去玩。蒋正兴的回答是没有什么空。没有人逼我们做这做那，但我们还是很抓紧时间。有时有外地同学来，陪他们出去了半天，回来总感到像欠了债似的，总要设法把时间补上。记者又问，你们有没有在研究工作中遇到什么困难，蒋正兴的回答是，困难太多了，以至于今后再遇到什么困难也不怕了。

程振民 1995 获得博士学位后继续在所里工作（见"签证处里的丑剧"一文）。他专业基础很好，工作十分专注，是一位很少见的科研人员，但是他喜欢独来独往，不善于与人打交道。人们通常会很在乎的收入多少，对他来说似乎也无所谓。同事们开玩笑，说

他像个"外星人"，不大关心周围事物，一心只想着研究。前一时期同事们热衷买房，我听说他也已买了房，就问他所买房屋的情况，他说他也不知道，他忙于研究抽不出时间，因而没有去看过，是他妻子看了后买下的。迁入新居后，正好我的另一位同事住在他对面。我那同事说，星期天下午看见他坐在窗前专心看书，过些时候，看看他还在看书，再过些时候，看见他还在看书，似乎连姿势都没有怎么变，足见他多么专心。

这就是我周围那一群可爱的年轻人。与他们一起工作、讨论，有时也谈谈天，充实了我的生活。

（5）

对学生，我既严格要求，又充分放手。一般说，我坚持较高的标准，也就是要求他们的论文一定要有新意。所谓新意，并不一定指什么重要的创新，而是指在思路、方法、结果等方面要有自己的独到之处，有自己的观点和见解。学生定期报告他们的工作时，我最常问的一个问题是，你的工作（或方法，或理论，或结论，……）有哪些是新的，是洋人没有报道过的。学生写论文，常会犯一些常见的错误，如破题不当，主题不明确，论证缺乏逻辑等。虽然他们学过多年英语，在用英语写作时也还常会犯很多语法或习惯用法上的错误，或过于枯燥单调，我会一字一句地修改，有时他们甚至自己也会提出需要重写。如此一遍遍的修改，使他们很快提高了英语写作水平，后来他们逐渐可以指导他们自己的学生更好地书写论文。在论文报告方面，也通过模拟训练，帮助他们提高制作幻灯片的技巧，以及掌握在国际会议上作论文报告的要领。他们中有些后来已要求自己的课题组在组内讨论时必须全部用英语，以提高他们学生进行国际学术交流的能力。

另外，我也相当放手。一般我从不管头管尾，而是主要掌握研究工作的标准和进度。我鼓励学生们要劳逸结合，不要成天埋头在工作中。但在我们的团队中的每一个人，会感到一种压力，这是一种无形的力量，促使每一个人不敢懈怠。我以前在麻省理工学院做客座研究时感受过一种类似的力量，他们的压力来自传统和氛围，当然我不敢把我们与麻省理工学院相比，但或许这是一种有些类同的氛围：没有人来管你，但你却把自己管得很严。他们中的每一个人都会去进取，去珍惜时间，去创新，去争取成绩。

从艺术中感悟

在 1997 年美国的《工业与工程化学研究》杂志上，我发表了一篇题为《反应器工程：科学、技术与艺术》的论文。这是以我在 1996 年首届"亚太地区化学反应工程讨论会"（APCRE Symposium）上所作的同名大会报告为基础写成的，旨在说明在我们所研究的反应器领域，解决工程问题除了用科学的原理和实验的技术外，还可根据研究者的专业素养、整体素质、观察力、智慧和经验加以凝练和提升而形成的综合能力，称之为"艺术"。这是一种不同于单纯的定律和公式定量关联，或实验探索的结果，而是更多依赖于联想、灵感、判断和推理的工作方法。

这篇论文发表后，有些朋友和同事问我，反应器工程是化学反应工程学科的一个重要方向，它的科学与技术，自然是容易理解的、但是"艺术"，又如何与反应器工程联系起来？

我理解他们的疑问，是有道理的。但是光靠那篇论文表述艺术与科学的联系，显然非常不够。

153

媒体的报道常常把科学与艺术联系在一起，并试图说明这两者之间的关系是如何密切。在上海，每年都举办一次国际科学与艺术博览会，请科学家来作画，或请画家来为科学家画肖像画，我自己就曾被一位画家画过肖像。有一年还展览了李政道先生的画作。媒体也报道某位科学家业余时间拉拉小提琴，以此来描述科学与艺术的结合。我承认，这些报道都是很有意思的，因为他们向读者展示了科学家多彩的生活和高尚的修养，但是我总感到科学与艺术的融合应有更为深刻的内容。

记得年前在一次会议休息期间与徐匡迪院士闲谈。他谈到一个观点，大意是，他并不怎么认为管理是一门科学，而更多的是一种艺术。他说他在任上海市市长时运用的管理思维，假如他当另外一个市的市长，是决不能搬来照用的。言下之意，管理难以因循固有的规律，难以定量，而是应该综合各市的实情，形成创新的管理理念，因而难说是一门科学。我非常赞同他的观点。但说到艺术，如果有人问我你究竟懂多少，我必会无颜以对。

（1）

这里所说的艺术，包含了文学、音乐、绘画、雕塑等多种内容，艺术只是一个总称，或简称。

我从小就对文学艺术有一些兴趣，但是没有人引导，也没有合适的环境，所谓兴趣，也无非就是找来一些自己能找到的东西，自我欣赏，自我陶醉一下罢了。我读了一些文学名著，听了一些古典音乐，也欣赏过一些著名的绘画雕塑作品，自以为我在看了听了后还有些心灵的感受，但我却无法表达我的这种感受，因为我没有这种能力。我自问我在文学艺术方面的悟性似乎还高过我对所从事的化学工程研究的感悟能力。慢慢地，我渐渐悟出了科学与艺术也许存在着一些思维理念方面的共同点。另外我对艺术可以说是一个地道的门外汉，而我似乎从中感悟到了一些东西，而这些却又是我这支拙笔难以描绘的。我曾经多次想写一篇关于科学与艺术的文章，几次提笔，又几次放下，最后还是未能成文。

显然我在本文中不会再去写科学家拉小提琴，画家给科学家画肖像之类的科学与艺术的结合。我试图写的是作为一名工程技术的研究人员如何从艺术中吸取养料，为自己的研究工作所用的感受。我要写的只是两个字：融合，以有别于结合。

（2）

艺术蕴藏着一种力量。我作为门外汉，虽能体会到一些，也许体会不深。从功利的角度，艺术还能提升 GDP（一笑）。

上面说到我从小就对艺术有些兴趣，虽没有经过任何训练，但我自认为对文学艺术多少还能感受些什么，也就是不完全属于那种无动于衷的人。后来经历多了，逐渐有了更多的切身体会。我国实行改革开放政策以后，有了出国机会，能够把看过的文学作品与现实存在的艺术联系起来，体会就更深了。

我个人非常浅显的理解是，艺术家和门外汉都能从周围世界的事物产生灵感，所不同的是，个人的素质、教育、经历不同，使每个人所产生的灵感有深浅不同之处。一位艺术家至少应该有两方面的能力：（对周围世界的）感悟能力和（对内心感情的）表述能力。感悟者，系感受和领悟之综合。对画家是感受了景色或人物，并由他进行提炼和抽象，凝练成在他内心的图像，然后再用画笔表达出来；对作曲家则是在环境的影响下形成的自己的"心曲"，再用音符表达出来。经过专业训练的艺术家当然可以用他自己已掌握的艺术技巧来表述内心深处的图像和旋律。不管是谁，在感和悟的过程中必然加入了艺术家自身的加工和凝练，以及不同程度的抽象，也就是必然掺入了个性的因素。对于不懂艺术表述的人，即使他的感

155

情如何汹涌澎湃，如何思绪万千，但也无法表述其情操之万一，那显然也只能到此止步了。

我们虽然不会像有些艺术家那样"浪漫"，例如不会像一些印象派艺术家那样，过于强调表述内心世界的存在。但整体来说，他们的融合、凝练和提升的思维方式，颇值得我们借鉴。

上面说到的灵感存在于人们的心灵深处。在一定的条件（需要、共鸣、情绪等）下，这种灵感会以不同的方式得到了抒发。例如文学家以文学作品的方式，作曲家以曲调旋律的方式抒发和表现。越是训练有素的艺术家，他的灵感就越丰富，就越深刻，而他用于表现他内心世界的情感和灵感的手段（或技巧）也就越成熟，越得心应手，如演奏家的演奏，可能更会"未成曲调先有情"。对于一个门外汉，他再有情感，即使如何"心潮起伏"，但是没有掌握表现他内心世界的手段，没有熟练使用画笔、乐器、音符的能力，他也无法表现他内心世界活动的一分一毫。我自问我从本质上是属于感情型的人，对外界事物的感受是有的，也会联想，会共鸣，有时还会萌生相当强烈的感情，但我没有能力来表现这种感情，这就是门外汉与艺术家最大的区别。作为门外汉，我们感受艺术，感受艺术家在作品中表述的感情。成功的艺术家会通过作品把自己想要表述的感情正确无误地通过不同的艺术形式传递到门外汉的心中。

举几个例子来说。每次听到我们的国歌，也就是《义勇军进行曲》，它的旋律，坚强激奋，它的歌词，同仇敌忾。相信如果一名战士，在冲锋的时候，默诵着义勇军进行曲的旋律，他必会更加奋不顾身地冲向敌人。我也相信作曲家，包括词作者，当时要传达的就是他们心胸中的这种感情。与此类似，法国的《马赛曲》的曲词作者是同一人。他几次写歌都没有成功，但有朝一日，他心胸积累的对患难中祖国和民族的激情使他一气呵成地写下了《马赛曲》的词曲，后来成了法国国歌。我们作为外国人，即使在两百多年后的今天听到《马赛曲》时也能感受到那份激情，当然可以想象那时马赛的志愿军唱着歌开往巴黎去声援那里的革命者时，沿途群众会自发地参加到志愿军队伍中去。

除音乐以外，各种艺术都有其自身的感染力。我看过17世纪荷兰伟大画家伦勃朗的一幅肖像画，画的是一位老者。我已记不清是在哪里看到这幅画了，大体上是在欧洲的某处一个不大的博物馆里。当我独自参观时，展厅里空无一人。我参观完一个展厅，进入另一个展厅时一下子就看到了下一个展厅里伦勃朗的画，我当时就被那一对眼睛所震惊了。那对眼睛集苦难、哀怨和沧桑感于一身，简直是难以用语言来描绘。我站立良久，心想画家如何能画出这样的肖像，实在是不可思议。那画中的老者，那对眼睛，是任何擅长写实的现代照相术作品所无法比拟的。不知道我的感受是不是伦勃朗当年作画时试图留给世人的内心的思想感情，但从此以后我对伦勃朗总是充满了敬慕之意。

后来我有机会去访问意大利的佛罗伦萨，那是当年欧洲文艺复兴的主要发源地，曾产生了众多的让人无法忘怀的艺术大师。我试图按我自己的方式去寻找是什么使佛罗伦萨在经历了漫长的且黑暗的中世纪以后会喷发出这样灿烂的文艺复兴之花。我踱步在那些中世纪遗留下来的石砌的小道，古老的建筑，外墙上当年拴马的铁环，渐渐我的想象力告诉我可能是人们积累的千年的智慧，手工艺匠人的技法，宗教的传承等等，使人们日积月累构筑起来的感情等待迸发之际。这有一些像我们在研究非线性科学时的分枝现象，有某一个触发因素，可以使社会走上另一个分枝，这个因素很可能就是那有名的美第奇（Medici）家族的财富及其对艺术倾全力的支持。关于美第奇家族支持一批天才艺术家创作的史实，因离本书写作宗旨太远，恕不详述。如果美第奇家族不在佛罗伦萨，或佛罗伦萨根本就没有一个美第奇家族，那么文艺复兴很可能会在另一个时间，在另一个地方发生。

从艺术的力量，我想应该回到创造这种力量的人——艺术家。

是什么造就了这些伟大的艺术家，才有了伟大的艺术作品。

（3）

艺术家应是一个创新的群体，除了画家临摹作品以外，一般艺术家的作品都有一定程度的创新（抄袭之类不属讨论范围）。

艺术家是如何创新的？他们的创新思维是从何而来的？

妻告诉我，她曾在某个场合看到一位著名电影演员倚在一个墙角，观察来往行人，一看一个多小时。我理解这位演员。我相信他是在观察每一个人的表情、动作、衣着，甚至言语（如有可能的话），以体验人们的内心活动及内心世界。

事实上，艺术家是从多种渠道，以多种方式接受灵感以丰富自己的。一位画家肯定可以从音乐、文学作品等一切艺术形式中吸取养料以丰富自己的内心世界，当然更不用说从别人的画作中去充实自己了。平时看来与艺术格格不入的科学，也可为艺术家提供养料，如达·芬奇和米开朗基罗，通过解剖尸体以追求他们作人体画的真实感，伦勃朗研究光线的效应并在他作画时运用光线的技巧等。我理解艺术家获取各种各样的养料后，经过他们自己消化吸收，充实自身，变为他们自己的思想感情，然后通过他们的作品予以释放。他们吸取的养料与自己的内心活动不是机械的混合，而是把各样养料嚼烂，经过消化吸收，形成了他们自己的整体素质。他们的作品表现为一种整体感情的释放。或者，更通俗地说，这些养料经过消化，充实到骨骼和肌肉之中，会在而后的力量释放中体现。

我之所以这样说，是对比我们的工作。我们在解决某一个问题时往往会说用物理的方法，或化学的方法。这就意味着是机械地运用知识。我常告诫我的学生们，如果对知识的掌握已到了炉火纯青的地步，解决问题的方法应该是融合了所有的知识，而不分彼此，说不上是物理的还是化学的。我鼓励他们这样去做。创新也应该建筑在这样的知识、信息和经验完全和充分融合的基础之上。谁能说一位音乐家的作品，哪一小节是源自美术，又哪一小节是来自某文学作品给予的灵感？

在我看来，一位训练有素的专家在解决一个科学问题时必然是运用了他的综合知识和智慧，他已不会再去分清他使用的是哪一门学科的知识，因为各种知识在他的脑海中已融为一体，不分彼此了。

我们在家里听音乐，有时边听边与妻议论音乐。她年轻时学过一些钢琴，学过一些绘画，也比较喜欢这类东西。她议论说柴可夫斯基的多数作品比较轻柔，不像贝多芬的那样厚重，或如现在的说法，前者有一些"小资"情调，但有的作品则不然。她提到了柴可夫斯基的降 b 小调第一钢琴协奏曲就十分雄伟、豪放，她说乐曲的有些片段，琴键"似乎就敲在我的心坎上"。这都取决于作曲家当时的内心活动及情感世界和演奏家对作品的诠释能力。我同意她的看法。然后我们还谈到无标题音乐就是这样，人们不能仅从乐曲的名称上看出作曲家想表达什么，也能从乐曲中体会出作曲家在那一时刻的胸怀，他的思想感情。他们无法抄袭，每一件作品都应该是当时他们内心世界情感的表达，所不同的仅仅是表达水平的差异而已。就像柴可夫斯基，经过无数艺术熏陶和他自己的理解诠释，他已形成了自己独创的艺术修养和见解，因此他可以出神入化地用音符表达他在不同阶段的思想感情与内心世界。

剖析艺术家的创造性劳动时，我似乎悟出了一个道理。艺术家将各种艺术养料经过他自己的咀嚼、消化、加工和理解，综合地形成了他自己的艺术修养和风格，并不是孤立的某一种形式艺术的复制。我们接受和吸取了科学知识、方法、信息，我们应该把这些融合在一起，咀嚼、消化、加工和理解，成为自己的综合能力，这样才有利于我在工作中的创造性劳动的能力。从另一个视角看，艺术家的工作往往不是定量的。他不可能通过一个方程式计算出用什么音符，用什么色彩来。能力不一定是必须定量的。这也就是本文开始时提到的那篇论文《反应器工程：科学、技术与艺术》这一题名的由来。根据科学原理可以定量地获得结果。技术包括各种技巧和方法，如计算技术、测试技术等。艺术是调动了人的综合知识和经验的能力，直觉的或逻辑的，经验的或推理的，所获取的方法或结论。当然这不全是定量的，然而却属于高级思维的范围。以上所写的都没有提到一个因素：个性的因素。个人的性格、喜好、修养以及思维方式，对艺术也好，对科学技术也好，都有着不可忽视的影响，当然对艺术的影响尤为明显。

（4）

我们常在说要加强学科交叉，立意是十分清楚的，也就是甲为乙用，乙为甲用，其一是相互借鉴，其二也许是更重要的，是用两门（或数门）学科的知识去开拓已存在的但尚未被人认识的新领域。这些当然十分重要。相信艺术家所做的已绝不限于学科的交叉，而更进一步提升为各种有形和无形事物的融合，凝练和升华。他们可能最后是用画笔笔触或音乐乐符表现了这种融合，但是这种从感悟到表述的过程无疑体现了大量思维的甚至情感的融合和凝练活动。这种融合和凝练无疑要比我们理解的简单的学科交叉还要深刻得多。做一个不很恰当的比喻，人的进食，细嚼慢咽，充分品味，固然重要，但总比不上完全消化，以便使食品的营养为人所用。这似乎涉及一种思维方法和思维习惯的问题，特别对于强调科技创新的今天尤为重要。

我们学理工的，主要的研究对象是客观存在的事物。就这一点而论我也常常在思考，科学和艺术这两者究竟存在怎样的依赖关系，具体来说对我们这些做研究的人而言，就是艺术对我们做研究有多少帮助，逐渐我悟出了一些自以为是的道理。我想，这也许难以一概而论，恐怕是因人而异的，有一些天马行空的意思，关键是你怎样去感悟。

（5）

人们在讨论科学与艺术时，多会说这两者关系密切，互相助长等等。但是如果深问一句科学如何帮助艺术，艺术又如何支持科学，恐怕就不那么说得清楚了。也许有人会提到，计算机软件使动漫艺术大为改观，电影特技创造了很多惊险镜头之类，但我们在这里显然不是讨论这些具体的技术性进步，而是在这些有形的进步后面更为深刻的含义。也有人可能会提到伦勃朗对光影的应用，毕加索对透视的应用等。但我武断地推测他们可能并没有学过光学和透视学。他们也只是通过实践悟出如何通过光影和透视来帮助艺术创作的。

在写本文的过程中，我一直有一种词不达意之感，这使我深为苦恼。我几次想搁笔止步，但又舍不得我对艺术的一些感悟，似乎觉得可能有些读者会有兴趣。又看了一遍，更感到意犹未尽。但我已黔驴技穷，无计可施了。还是舍不得放弃，最后还是留下了，就请读者读后自己去理解（如尚有可取之处）或批判（如一无可取）吧。

那条路，那群人

在 20 世纪 80 年代，我经常去北京出差，几乎平均每月会去两次。上海是我工作和居住的城市，北京是我出差去得最多的城市。

这里所称的"那条路"，是指北京的机场路。"那群人"，指经常可以在教育部或科技部见到的各校派到北京出差的那些当时的所谓业务骨干。由于基本上是同一批人，久而久之，就互相搭话，互相交往了。

北京的机场路，数易其容，修得越来越平坦宽敞，路两侧绿树成荫，真是今非昔比。而出差经常碰到的那群人，因各种原因而逐渐退出了当年活跃的舞台，有的已经退休，也有的甚至已经离世。为数不多像我这样还在工作的人，出差次数也少得多了。那条路的变化，标志着我国经济的迅速发展。那群人的变化，是自然的规律，也体现了新一代的崛起。这两者都是值得称颂的。

（1）

北京的机场路是从市区到首都机场的必由之路。我也不知道为什么我不去写从上海市区通往机场的路，而是写北京的机场路，可能是由于每次去北京总是带着任务，踏上机场路总会念叨着能不能完成任务。离开北京，去首都机场搭机，如任务完成得好，就心情轻松，不然就有些沉重。然而最可能的原因是地处北京，与部机关近，也与本文题名的后半段"那群人"联系在一起。机场路，常使我回忆起二三十年前的忙碌年代，即使是在近几年我去北京的次数已大大减少，但一踏上机场路，此情此景还是历历在目。

最初经过机场路，还在默记着这是第几次走这条机场路了。后来，已记不清次数，也就不记了。我是熟知机场路和首都机场的演变的。从20世纪70年代首都机场简陋的候机楼，零落的几架飞机到如今现代化的候机楼和一架架接连起飞降落的客机，也反映着我国经济的飞速发展。至于机场路，从窄到宽，到路两侧绿树成荫，到几年前又一条机场路和快速线的通车，更是令人感叹。

从20世纪80年代频繁出差北京，到近年来出差减少，体现了另一种变化。80年代出差北京，多是为了科研规划，论证科研项目争取立项，论证国家重点实验室项目等，当然还参加一些学术会议。我通常住在中关村和清华大学一带，也常住郭慕孙院士家（请参阅"逝去的大师"）。那时我还在中科院化工冶金研究所（今中科院过程工程研究所）兼职，住中关村比较方便。到教育部、科技部等处办事则通常要到市区。至于会议，去参加教育部召开的各种会议较多。那时是在改革开放之初，各种科研规划都在制订，各校都希望能在有限的科研资源中多争取一些。于是各校都设法派出一些所谓"拿得出"的"科研骨干"去北京，这就是为什么派来派去也就是这么一些人的原因。至于学校，都是教育部直属学校，即我们今天所谓的"名校"，如南京大学、复旦大学、上海交大、武汉大学等。那群人，大体上与我的经历差不多，年龄也差不多在50上下，这个年龄可以说是年富力强，也可以说是已近黄昏。他们多是在20世纪五六十年代"文化大革命"前大学毕业，经过一段时间的工作实践，属于业务"尖子"，改革开放后很早就被派出国留学。那时回国不久，正是意气风发的时候。相近的年龄，相仿的经历，相似的在各校中的地位，使我们很容易接近。大家在交谈中涉及的话题也很广，有交流各自学校情况，有交流与政府部门打交道的经验，当然也会谈到自己在各校的工资待遇之类的个人世俗话题。说来也有趣，在与那群人的交谈中可以得到的信息还真不少。

（2）

说起出差北京，除了办事、开会，有时还得抽时间与洋人打交道。由于归国时间不长，与美国人来往比较多，并且我国开放的时间也还不长，有不少外国公司涌入北京，想与中国做生意。我的美国朋友们到了中国，有的要去看看他们公司的驻京办事处或办事人员，如果我正好在京，就约了我一起去见面。他们出于好意，想介绍我多认识一些人，我也天真地认为多交些朋友可能对我们的工作有益。那些大公司的驻京代表很多原是中国台湾人，偶尔也有从大陆出去的在美国留学后在美国工作的，为了赚钱，公司派他们来中国，很重要的是他们有语言优势。他们在那些豪华宾馆请我们吃饭，表面客气，但言谈之间总似有一种居高临下之势。显然那时我国的经济实力确实还很有限，言谈中我们也感到底气不足，但是同是黄皮肤的原来的同胞，一旦拿了绿卡或蓝色的美国护照，由美国公司指派到中国来工作，似乎就高人一等。我当然对这种做派不齿，后来就和他们疏远了。

当时在北京还有另外一些土生土长的美国人，这些人却与上面说到的那些人很不相同。我的美国好友Kathleen（请参见"初识美国：人与事"）在哈佛得了博士学位，也找到了印第安纳州立大学的一个教职，但出于对中国的友好，可能也出于好奇，她于1982年受聘到北京外语学院（现北京外国语大学）教英语，为期两年。学校给她在友谊宾馆长租了一个套间公寓。友谊宾馆离中关村和清华大学等我常住的地方很近，因而我也常去她的住处看她，有时在市内办完事回住处途中会中途下车到她那里小坐，认识了那批也是住在友谊宾馆的美国人，他们也是所谓的"外国专家"。与他们交往，就要舒服很多。记得有一次过感恩节，Kathleen还特地订了一只火鸡，请了一些美国人，正好我在北京，也请我一起在她的房间过感恩节。席中只有我不是美国人，我们吃了很多，也谈了很多，直到深夜。这些白皮肤的，偶尔也有黑皮肤的美国人，却很诚恳友好，我也乐于和他们交往。至于Kathleen，那当然是更不必说，一如既往地喜欢中国和中国人。

（3）

Kathleen刚到中国时，对什么都感到新奇。寒假时她到上海玩几天，到我家做客。她对我说，她看见偌大的首都机场只停着两三架飞机，她在别处从未见过。她对于在街上只看见很少的汽车，却只见拥挤的人群，当然也很感兴趣。这是一个美国人看到刚开始改革开放不久的中国时差不多都会有的印象。

经过了30年，现在到中国访问的美国人会惊异于中国在硬件方面的突飞猛进。他们不会再感到机场上飞机少和大街上汽车少，但他们会感到另外一些20世纪80年代没有的感觉，那就是世俗气息、环境污染、道德沦丧等方面的问题。他们可能也不大会明白，西方媒体报道过很多的中国富人及贪官大量转移财产到海外，以及他们如何千方百计地要把子女送出国留学，然后再想方设法地留下来工作和生活。中国的条件越来越好，但是想移民的人却越来越多，这又是为了什么？

就像北京的机场路那样，我们在这30年里花了大力气，付出了极大的环境、资源和人力的代价，把道路修得十分现代化，甚至比美国的还好。我们博得了洋人的赞赏。我们的奥运会，我们的世博会，更是使洋人惊艳。但是人人都知道一个事实，就是我们的人均GDP还排在全球百名上下。如果我们的奥运会和世博会使人赞叹，也不过一时而已。我深信，一定会有一些人在看了奥运和世博以后在那里暗笑：看看北京和上海，看看沿海地区，你们是那么富有，那就必有相当地区，相当一些人是十分贫困的。据报载，有的专家估计我国的基尼系数已到了0.5（见《光明日报》2013年3月29日Ⅱ版"理论•经济学"），远超过国际公认的警戒线0.4，实际上，炫富是没有任何意义的。我们每年用掉世界总产量一半以上的钢，用掉世界总产量一半以上的水泥，而GDP总量还徘徊在世界总量的10%上下。我们建了公路和铁路，造了机场和桥梁，又发展了大量高耗能、高资源消耗、高污染的工业，这样的经济发展模式能持续么？GDP的结构不合理，贫富不断分化，我国的经济发展是不能用这种模式的，因为这种模式不可能是可持续的。我们的经济发展主要是依靠出口，也依靠投资，属于投资依赖型。这样既保证了GDP的高速增长，又有利于就业，可促进社会稳定。由于缺少自己的核心技术，投资还多限于基建、房地产、高污染高消耗产业，这样的投资是最省心、最少动脑的。地方官员们为了显示自己的"政绩"想方设法争项目、争投资，在位期间脸上光彩，至于这些项目和投资的效益，且留给后人吧，到时他们会换一个地方做更大的官，又何必在意呢？

至于项目和投资，更多的是投在"铁公基"（"铁公基"者，多指铁路、公路、基本建设，也有人说是铁路、公路、机场建设，反正是政府主导的大型投资项目）上。至于这些大型投资项目，是否有效益，有多少效益，多长时间见效，就都不在话下了。当然这些投资带来的必是GDP的增长，数据上是很好看的。

经济专家在描绘没有效益的GDP增长时会举一个例子：一个人挖了一个洞，贡献了GDP，又去把洞填平，又贡献了GDP，但是这一挖一填促成的GDP增长，但对后来的经济发展却是完全无效的。当然这是一个极端的例子。我了解到有一些地区在公路建设方面投入很大，但建成后却没有多少车辆上路。这些公路建造就有一些嫌疑：主要是为了拉动GDP，减少失业而为之。然而如果查一查在立项时的论证材料，就必会发现理由是如此冠冕堂皇，好似没有这一条公路老百姓就没法过日子似的。

如果我们所建的公路都像北京的机场路那样繁忙，那就好了。基建是必须与整体的经济发展水平相适应的。尚不具备经济发展的条件和基础，要靠建路去发展经济，本身就是不现实的。所以这么看来，"要致富，先修路"这类口号，也应看具体条件。国人已经从历史上无数次的拔苗助长中吃了不知多少亏，应该懂一些什么叫水到渠成了。

说到投资的效益，我查了查统计数据，20世纪80年代初，经济学上标志货币投放与流转的称作广义货币的M2与GDP之比约在

0.4，也就是说 0.4 元的广义货币可以产生 1 元的 GDP。历年来这一比例几乎是呈直线上升的，近来的统计是广义货币与 GDP 之比已达 1.9，也有报道说已达到 2，已是全球最高，或者是从一个侧面说明我们的投资效率是多么低。

美日等工业发达国家的这一比例大约在 0.5 和 0.6 上下。我们也许可以说这些国家经济发展多年，经济结构比较合理。我又查了一下如"金砖五国"中的印俄等国，他们的这一比例大体也是 0.5～0.7 这一范围。

为了促进 GDP 增加，是否应该再增加投资，再增加银行贷款？要使 GDP 增加，增加投入，不管投在什么地方，不管效果如何，后果如何，这无疑是最简单的做法。建造一个钢铁企业，投资巨大，如果没有技术上的创新，建成后却是增加了一份已经过剩的产能和一份可能的亏损，当然还有增加了资源和环境等方面的负担。即使这样，据媒体报道，某市的市长却因获得了一个钢铁项目的批准，喜极而吻了那份项目批准书。对他来说，政绩有了，自然是喜事。为保 GDP，以后的事，就再说吧。

在改革开放的早期，我们为了求得在百废待兴状态下经济的高速发展，为了迅速提高人民的生活水平，这类粗放型的经济发展模式或许是可取的。但是到了一定的发展水平，更重要的是考虑发展的可持续性，应当在数量和质量，速度和效率上好好衡量，特别是绝不能再允许那些在项目审批程序上的 "潜规则"作祟。

（4）

现在我每次踏上北京的机场路，往日情景甚难忘怀。从某种意义上来说，我还有些怀念那时的路和那时的人。那时的路，虽不宽敞平坦，却给人振奋之感。那时的人，正当中年，意气风发，似乎总想努力为自己的科研，为自己的"单位"做些什么。那时我们出了机场，等到机场巴士，买了票，上了车，去到中关村或西单民航大楼。我们乘不起出租车，事实上也并没有那么多出租车，不像今天，多数是有人派小车接，偶尔是排队等出租车。我们当时出差，安排的住宿通常是两三人一间的招待所，被褥上还可隐约闻到前一位客人留下的体味。那时路不宽，人不富，但比起今天，少了些世故，少了些"包装"，却坦荡自在，精神振奋。我虽不完全了解现在中年人和青年人的思想意境，但从与他们的交谈中，多少还能知道一些。

前几天与我的两位同事讨论工作，他们是现任的研究所所长和国家重点实验室主任，他们是我以前的学生，现在已都是在学术界很有影响的教授，都已人到中年，就如同我在改革开放初期的年龄。讨论到研究成果，就离不开奖和论文。有一位提到世风日下的问题，说现在要申请评一个奖，就会有人"明码开价"，如满足这个数，就保证能评上。

这事我闻所未闻，新奇得很。我正想问一问究竟，另一位就暗示说话的那位不要涉及这个话题，不要把这些事告诉我，并说："袁先生，这种事你还是不知道为好。"

这两位教授与我通常是无话不谈的，他们的工作和为人，我也非常了解，都是认真努力，作风正派的。在这个问题上希望把我"隔离"在"现实"之外，当然这是出于他们的好意，他们希望把我置于一个超脱红尘的地位。他们不肯讲，我也未便追问。但是我感到更多的不祥，虽然我至今还对那种说法的真实性存有怀疑，但总的感觉是评奖中的问题越来越多，科研成果的不实之处越来越多，这样下去，如何了得？

但愿我只是杞人忧天，也许这是我们这一代人的思想境界。说起评奖，我历来对此存有疑虑。有些人，人戏称是"获奖专业户"，意思是说他们获奖频率非常高，而且多是重要奖项。这话当然是有着贬义的，也隐含着怀疑和无可奈何。有了奖，一切也就接踵而来，甚至包括两院院士的称谓。我无法仔细去推敲与我谈话的两位同事，处在今天的社会中，他们的真实思想究竟是什么，是随大流，顺从"潜规则"，还是坚持自己的操守，去做应该做的事，后者应该是相当困难的。

又回到 20 世纪 80 年代常常遇到的那群人。说起评奖，我常想起的是重庆大学已故的黄尚廉教授。他是我上面提到的"那群人"中的一员，但当初我们并不熟悉，仅在教育部或科技部门前等候被接见时见过一两次，打个招呼而已。1995 年黄教授和我同期当选为中国工程院院士，当时院士人数少，见面交谈的机会就多了。后来我注意到在每年年初的全国"两会"上，作为全国政协委员的他，每年都提出议案和发言，主张改革评奖制度，甚至停止现行评奖制度的意见。他的意见与我的观点不谋而合。后来我们见面时有空就议论起评奖制度来。他表现出对学术上弄虚作假的深恶痛绝之情，我们都认为只有事事走货真价实之路才是我们国家和民族的出路，这样我们从一面之缘逐渐成了很谈得来的朋友，有机会见面总会感叹于当前的科研风气，但我们又能做什么呢？就我所知，黄院士还是每年都提关于评奖的意见，直到他不幸过早离去。他的坚持，令我肃然起敬。与他相比，我更是无能。眼看周围的人和事，唯有沉默和惆怅。

北京的机场路永远繁忙，每天在首都机场起降的航班飞机数不胜数。我们的中青年人，他们走这条路走得更加勤快，更"有效率"。我斗胆猜度，除了各校书记校长，公务是他们的职责外，其他一些现今事业蒸蒸日上的中青年精英们，他们走这条路多半是为了自己，或是为了他们自己的课题组，很少是为了比课题组大一些的"单位"的，这就是不同点。

此类种种，促我写下本文，无非是借"那条路，那群人"来抒发几句不知该到哪里去说的话而已。

废墟的启示

  1992 年六月我在意大利北部的工业城市都灵（Torino）参加完 ISCRE 已是一个星期三的傍晚，我计划应荷兰特温特大学 Westerterp 教授之邀去访问他的实验室，时间定在下个星期一。其间有几天时间没有安排，我就利用这难得的空闲时间去一次从未去过的罗马。

  那时我对罗马的了解有限，除了知道它是意大利首都外几乎可以说是一无所知，事前忙于研究工作和会议资料的准备，也没有看过多少介绍罗马的导游之类的书籍。但到了罗马，有了一些感性的认识，给了我一个绝大的震撼，并由此读了一些书，引发了很多思考和联想，使我感悟良多。

（1）

  会议结束的次日，我一早独自搭乘飞机去罗马。事前我听人说罗马小偷不少，被窃者甚众，要特别小心。同机邻座的一位意大利女士非常热心，机上闲聊了几句，她听我说到我是第一次去罗马，也对我提出同样的警告，并嘱我在下机后与她同行，以便照顾。飞机降落在刚启用不久的罗马新机场，要乘郊区小火车去市里，这又是我那些可怜的阅读材料里所没有的。那位女士成了我的临时向导。走出罗马中央火车站，几个皮肤黝黑的孩子拥上前来，要求赐舍，又亏得同行的女士喝退。她解释道这些孩子极有可能就是小偷。我已经订了在罗马的旅馆，女士看了地址后说不远，步行就可到，然后她就陪送我到那旅馆附近，直到看得见旅馆招牌才与我道别，然后独自离去。萍水相逢的异国女士竟如此悉心相助，使我久久难忘。

　　放好行李，吃了简单的午餐，我就搭公交车去威尼斯广场，转一个弯就到了帝国大道。看了第一眼，没有任何思想准备的我就被眼前的景象强烈地震撼了。之所以受到如此强烈的震动，可能是因为事前我对罗马是怎么回事一无所知。事情来得太突然，使我的思维似乎出现了断层，出现了停顿。在这以前我没有想到世上竟有这样的场景，它给人们留下了保存两千年的雄伟建筑的遗址，或可以说是废墟。虽是废墟，但可以设想那些建筑在当年是多么高大挺拔，气势是多么宏伟。建筑倾倒了，但给人们留下的是无限想象的空间，站在那些废墟前，每一个人都会"发思古之幽情"，当然每个人所具备的历史知识各有不同，个人的情感世界有所不同，对两千年前发生在这里的情景的遐想也会各有不同。残存的三根高大的石柱挺拔地耸立着，承载着柱顶已由它们支撑了两千年的沉重的楣构而不倒。已倒颓的大厦已不能见到，但从宽阔气派的台阶仍可以轻而易举地想象当年整个大厦是何等雄伟。已断裂的石柱遍地皆是，但还是保持着倒下时的原样，零乱但却在向游人述说着历史的真实。市政工人在用吹扫机吹扫着落叶，但小心翼翼地不去碰那些遗址的分毫。在路的尽头是那著名的角斗场，那座略显椭圆形的可容纳五万名观众观看残酷的人兽搏斗或人相互搏斗的场所。罗马的统治者建造这样的角斗场的初衷当然必须受到谴责，但后人又不得不钦佩建筑本身的宏伟和设计者考虑的认真与周到。我在角斗场徘徊参观了一会，也进去看了它的内部结构，包括将人兽分别从地下结构中上升到地面进行决斗的升降装置。我似乎感受到脚下的砂土中还渗杂着当年受难者的鲜血，因而也不愿久留。

　　看了这些废墟，思绪万千。那些千年不倒的建筑遗址，那些即使已经断裂倒下的残存物，都在向后人陈述着当年罗马是多么的雄伟气派和繁荣，照现在的说法，体现了一种"大手笔"。

在罗马的三四天中，我除了看一些在罗马的遗址，和去了一次被罗马市区包围的小国梵蒂冈那著名的圣彼得大教堂，再去了一次帝国大道以外，把其余时间多花在书店里。书店里的一些古罗马的复原画册印刷精美，编撰出色，一幅幅现今看到的废墟的照片上每一页都覆盖一页半透明的画页，整体地复原了当年罗马的繁华情景。翻过那半透明页，现今的废墟重现。当年罗马的街景显示了多姿多彩的大小房屋，高低互现，水道纵横，可见市民生活已经比较富足和方便。我寻思，规划者必是有相当远见的人，不然不会有如此规模；设计者也定是十分认真细致有经验的人，不然也不会使市容和建筑如此美观和牢固。至于建造者，多是战争中俘获的奴隶，他们夜以继日，年复一年的艰苦劳动创造了不朽的罗马。"不朽"是西方人对罗马比较广泛认同的评价。后来我读到我国一位文人写到他对罗马的看法。他说如果可以把典雅的，美丽的，浪漫的等词汇用来形容世界上多个著名城市的话，还剩下"伟大的"这一形容词是其他城市所无法承受，而非罗马莫属的。不论是用"不朽的"或是"伟大的"来形容罗马，我想它是"唯一的"至今还能以它的未倒下的或已倒下的古代遗址引发人们诸多联想的城市。

我想买一些书店里的罗马复原书籍和画册，但一方面是太贵，一方面是太重，最后还是没有买成。但我充分地利用了在罗马的时间"欣赏"了并尽量"吸收"了这些书籍中的画面，让它们给我留下了尽可能不易褪色的记忆，以便在以后的日子里有更多想象的空间。

多年后我在国内听到有人评论他们的欧洲之旅。人们富裕了，更多的人走出国门，他们的首选是去欧洲。谈到罗马时，有一位先生既夸夸其谈又不屑一顾地说："真没有去头，破破烂烂的。"我想这位先生大概是想表现他的见多识广，情趣高雅。他们出国旅行时有兴趣的，也许只是一些摩登装饰，时装潮流，或许还有一些折扣商品店之类的东西，当然出国也许还可以给他们增添一些回来后吹嘘的资本。他们对文化传承，对历史韵味，必是既无修养，又无兴趣的一群。

我怀着对这些废墟无比崇敬的心情飞往阿姆斯特丹，然后转车前去特温特（Twente）大学拜访 Westerterp 教授。下面我还要写到访问实验室时的感受。Westerterp 教授一见到我后问我"你在罗马有没有被偷过？"我说"没有"，他说那是你运气好。我从内心为罗马的这个不雅的名声叫屈。事实上除了先前记载的刚出车站那一幕外，我再也没有见到过类似小偷的人。希望这座不朽的城市，能逐渐洗刷掉这个虽无伤大雅但也并不光彩的"恶名"。

（2）

罗马的废墟给我的印象太深了。回国以后我想补一补对罗马的知识。我买了并借了《罗马史》《建筑史》《欧洲史》之类的书籍，甚至也借了《宗教史》来翻阅，也看了一些探索频道上播送的关于古罗马的 DVD 片。渐渐地，我的注意力集中到裘力斯·凯撒身上。他为古罗马立下的丰功伟绩是举世皆知的，特别是战功，说他纵横万里，累建奇功，是毫不为过的。他的名字，后来演变成了英语的七月，他的姓，成了对帝王的尊称，虽然他从未称帝称王，足见他在人类历史上的影响。他被刺之前写下了《高卢战记》七卷，后人又补写了一卷，因而共计八卷。

我找了《高卢战记》来看。《高卢战记》篇幅不算多，但文字异常优雅简练，叙述十分平实流畅，以一位统帅之尊，以第三人称称呼自己，客观地记述了这场战役无数，战况惨烈的征战，看后真令人有举重若轻之感。

对于凯撒如何写这《高卢战记》，后人有两种说法，一是说凯撒日复一日经常性地写，是逐步写成的；另一种说法是他在凯旋之际为了向元老院汇报战事而一气写成的。我宁愿相信前者，因为要一口气写成这七卷《高卢战记》倒也并不太容易。设想凯撒统领大军白天浴血征战夜晚灯下疾书，统帅文武兼备，这是多么气概万千的动人一幕。特别是看了这本书，看到他那恬淡叙事却流畅清晰的笔调，没有华丽辞藻作为修饰，没有刻意的自我夸大，这又是怎样的一种素质？其实这完全可以这样解释：凯撒是一个聪明人，丰功伟绩是明摆着的，人人都看得见，你又何必去吹嘘呢？这恐怕可以与我们当今社会中的一些人的所作所为作一些对比。把成绩吹吹大，把缺点压压小，其实人们总是看得见的，不过是迟与早，深与浅之别罢了。写到这里，我不禁又想起当年那种"超英赶美""亩产万斤"等豪言壮语，好在我们现在已告别这些豪迈的言词，但是我们自问，我们在骨子里是不是真正做到淡泊、低调、平实了呢？我想恐怕未必。

以我们科研人员为例，我们做科研工作的人都要写各种各样的项目申请，做完课题要写总结报告，写的过程中有没有整合与包装，大多数或绝大多数科研人员必会说没有。听者虽明知这话并不真实，但也必会做出信以为真，频频点头称是的模样，以求一团和气。因为你不"和气"，下次自己可能倒霉。这种多少可挤出点水分的材料，或可利在自己，但却亏在我们的科研事业。然而大家却都心知肚明，一切尽在不言之中。惭愧的是，我看到了这些，而且内心也并不赞同这些，但有时也会附和着去做，对我们团队中的有些做法，只要不过分，也就默许了。

平实的文风，一方面反映了作者的为人处世风格，另一方面恐怕也会多少反映出当时社会的风气（至少是部分地反映）。如果凯撒生长在一个浮躁之风甚盛的社会中，相信他也会受到影响。史载当时的罗马军队不但骁勇善战，而且作风严谨。当然攻城掠池之后，也会抢劫财物以肥私囊，但这是上峰为了刺激士气所默许的。然而执行命令，却很少打折扣。大军所到之处，安营扎寨，即使第二天就要开拔，但他们还是会认真地在营地周围设置障碍，开火做饭，甚至在营寨内还开设小卖部供士兵消费，以保持士气。这种严谨认真的作风绵延了很久，差不多直至帝国消亡。

西方文明的源头是希腊罗马。希腊的文明为时更早一些，罗马几乎是全面继承了希腊文明并加以发展。对于我们这些历史的门外汉，看到那段大约 2500 年到 2000 年之前的文明，所知道的可能只是局限于维纳斯和胜利女神那样的不朽雕塑，以及存在于雅典罗马的古建筑废墟，但是我们也可以看到认真平实的风格处处有所表现。雕塑也好，古建筑也好，它们用天然石料及火山炭制成，常常是灰、黄等自然界常见材料的颜色，没有刻意修饰，但却能保存恒久。当然当时可能还没有油漆，无法把柱子涂成诸如鲜红色等鲜艳的色彩。但是后来油漆普及后，西方文明的继承者们也没有像我们那样为了赢得人们的目光或人们的尊敬而把貌似坚固的柱子涂成红色，把土雕泥塑的佛像涂成金色，就像我们的一些庙宇那样。其实灰黄那样的自然色才是最容易体现人与自然和谐的颜色，也表现了择色者一种平实的心态。至于雕塑，经过千余年的中世纪的沉寂，到了文艺复兴时期，涌现出大量人类历史上的奇迹和众多堪称艺术大师的人物。他们无疑也继承了希腊罗马的文化传承，而且加以发展。由于年代已近，我们可以读到更多关于他们的艺术创造活动。像达·芬奇和米开朗基罗那样的大师，为了更好地创作，他们研究过解剖学，甚至亲自解剖尸体以便更直接地了解人体结构，创造更逼真的画作和雕塑。几年前我与妻在意大利佛罗伦萨观看米开朗基罗的"大卫"像。塑像很高大，我清楚地看到它手臂微曲，臂上血管凸起，表现出男性的强壮和力量。我试着抬起我可怜的手臂去找相应的血管，确实与它的位置和取向完全一致。妻在一旁则说，我仿佛觉得他（指大卫）在呼吸。

艺术家为了更好地创作而去研究解剖学，这是一种什么样的精神？我个人只能理解为是为自己从事专业的认真态度和执著专注精神。有了这种态度和精神，不出大师才是一件怪事。

再回到废墟。说古建筑永恒，实际上有些夸大。建筑总有颓化的一天，只不过维持的时间长短不同，更何况有天灾（如地震、洪水等）人祸（如战争、内乱、取材等）。罗马的古建筑受到这些天灾人祸破坏后尚有如今人们看到的壮观程度，已是非常不简单，说明它们在建设时的质量。可以想象在大约两千年前以当时的工具、材料和技术水平，如果不是设计人员和施工人员高度认真的态度，绝不可能有今天我们看到的那样的废墟。别的不说，只说那些大直径柱子（如记功柱），是以多段圆柱形花岗岩连接而成的，构成挺立的柱子的花岗岩短柱的两个端面必须平行，不然柱子就不直。我们从事工程研究的人都知道,这一点即使以今天的技术都不易做到，但当年的罗马人却做到了。

在罗马的短暂停留，引发了我的思考，其结果使我认识到"认真"和"平实"这四个字的意义，对于像我这样身世的人，似乎是特别可贵的。记得我为上海的中学生做过一个报告，题为"认真做事，平实做人"，却也成了我后半生的座右铭。我想这个座右铭还是对的。我这个报告的录像曾于 2006 年在上海东方卫视播出过。认真和平实看来也不是什么高要求，似乎人人都应做到，实际上并非如此。

（3）

去罗马以后在 Westerterp 教授的实验室访问了一天。他的研究工作专注于高压过程，他的实验室特色是高压设备多，因而有几部机床，由实验室技工自行加工设备，这一点与我们的实验室颇为相似。我们一早去，等完成了一天的访问离开实验室时，技工们都已下班，就只有教授陪着我们两人最后离开。我注意到加工场地和机床等收拾得干干净净，工作台几乎是一尘不染，给我留下了深刻的印象，也可以说有些吃惊。因为我们的技工，他们的工作场地永远是乱的、脏的。当我任所长时，我说过几次，没有用，后来我辞去所长，当然也就不说了。当然，我也无法去考证乱和脏是否必会影响加工零件的质量，但这至少反映了一个对本职工作的态度。

我们上一辈（我们的父辈）人的工作态度，认真似乎是不成问题的。有些小职员虽地位不高，收入一般，却也勤勤恳恳，一丝不苟地完成着他们的本职工作。但现在社会在"转轨"中，这样的人少了，现在的人很多希望付出少，得到多，总觉得委屈，认为自己怀才不遇。以店员为例，见到顾客衣着光鲜，就笑脸相迎，如顾客不买他们的东西，马上变脸。见到顾客衣着寒酸，就爱搭不理。顾客有意见，领导就想了一个办法，号召"微笑服务"，也就是说你不想笑也得装笑，于是商店里就多了一些不笑装笑的尴尬面孔，这还算是好的。有的人仍是我行我素，满脸委屈，板起了脸，你也拿他们没有办法。店员想的是，你来买东西，我为什么要为你服务？他觉得委屈，就不好好工作。岂不知，他如要改变现状，首先要从认真做好自己的本职工作做起，才能获赏识，被提拔，或才能积累条件，自己去做老板。

据称有一些国家的老百姓非常"认命"，也就是他们安于现状。处境不好，他们并不怨天尤人，而是认为命中注定。当然这种完全"认命"，不思上进，也未必是好事，但像国人中不少人特别不认命，因不认命而不好好工作，这当然是要不得的。

记得大约 20 余年前，那时市场上刚盛行分体式空调，我们家也买了一个。在请人安装时，那位工人师傅在工作时口叼一支烟。由于烟灰太长，落下时有些烟灰落在连接室内机和室外机的管子中。正好我们看见，请他把烟灰抖出，他还不太愿意，说这些掉进去的灰是没有关系的。我不知有没有关系，我想那位师傅的工作是称不上认真的。与 Westerterp 教授实验室里技工的态度去比较，差别就十分明显了。

认真，是可以带来信誉，带来财富的，对个人，对国家，都是如此。这一点我们可能还体会得不够。我想举瑞士国民的认真作为一个例子。瑞士在历史上是一个十分贫穷的国家，它土地贫瘠，资源缺乏，国土狭小，人口仅数百万。历史上它是一个以输出公民当雇佣军闻名的国家。瑞士兵英勇善战，忠于雇主，即使是在今天，梵蒂冈教廷的教皇卫队都必须是瑞士公民，当然现在能被选为教皇卫队，已经被看做是一种荣誉了。据说，长期的军旅生活和严格的军事训练，是造就瑞士人认真的一个因素。后来瑞士非常重视教育，并建立了实实在在的工业基础，它的产品以高质量著称。

我曾数次到瑞士出差，对它稍有感性认识。除了干净、准时和美景之外，还看到瑞士人的勤劳、守纪律和认真。这个永久中立国，是至今少有的保持全民皆兵的国家。每年一次军训，不管国民地位多高多富，都是必须参加的，而且训练同样严格和不徇私情。虽然每一个瑞士人都相信，没有哪个国家会去侵略它，但它那军训的传统必会持续下去，那是国民素质的训练，是无形的资产。瑞士多山少平地。一次我在瑞士闲时出外观光，看见一个山坡上一块几平方米的坡地，一位老太太用锄头正细心在耕作，那是手扶拖拉机都上不去的地方，这么发达国家的一位老太太，还在用原始的工具利用那块小土地。至今还给我留下深刻印象的是在 1988 年 ISCRE 以后，我们去参观位于巴塞尔的山度士化学公司（后已与汽巴·嘉基公司合并为诺华制药集团）的生产车间。我当时的理解是化工厂的车间是最脏最乱的，但是山度士的车间却给人整齐和一尘不染的印象。我感到好奇，在参观过程中趁人不注意就用手到处去摸，特别是仪表背后、设备底部等最容易被人遗忘的角落，却摸不到脏处，直到参观结束，我的手仍是洁净如初。我看到操作人员对我们这些参观者仿佛视而不见，自顾自地忙碌地来回穿梭于设备和仪表之间（那时还没有集中控制系统）进行各种操作，不坐下（现场不放桌椅），不聊天，十分认真地完成他们的操作任务。

这次参观给我留下的印象是美好的，也使我看到了化工厂的生产车间也可以整洁到如此程度。大约在一年以后的 1989 年秋，那时正值我因学术休假，在德国的斯图加特，离瑞士的北部工业城市巴塞尔不远。我应罗氏集团之邀去报告我们在维生素 C 前驱体研究方面的一项工作（请参见"艰苦的创业，艰苦的 80 年代"）。罗氏是一个著名的制药公司，也位于巴塞尔，我们今天所用的不少药是罗氏的产品。报告之余我顺便参观了他们的生产车间和研发中心。生产车间与山度士的差不多。在研发中心，我虽不懂他们给我介绍的内容，但看到那规模和设施，以及人们一丝不苟、埋头工作的情景，给我留下的唯一印象便是，罗氏的产品是值得信任的。

瑞士仅有两所理工科大学，一所在苏黎世，另一所在洛桑，名称十分低调，都叫国立高等工业学校。苏黎世那所还出过包括爱因斯坦在内的十余名诺贝尔奖获得者。那两所学校我都数度去访问并做过报告，参观过他们的实验室。实验设备技术先进是不言而喻的，并且加工安装都精制细心，一丝不苟，管路横平竖直，看起来似乎有一种工艺品的感觉，体现了每一步都是认真的，相信大概不会是嘴上叼着烟的技工做出来的。

我从罗马的废墟写起，又随着我的联想，写到了荷兰和瑞士。后两者都是欧洲的富裕国家，比起南欧的意大利等国要富裕得多。但是从资源的角度看，荷兰和瑞士却都只能说是"穷"国。荷兰有一些天然气，但也有限。人们熟知的是它的风车，也就是有一些风力资源。瑞士多山，可以用一些水资源来发电。但是靠风靠水能使这两个国家富裕起来么？显然是不可能的。结论是，只能靠教育和科技，靠创新，靠先进的制造业，也就是，要靠高素质的认真做事的人。

有一位跨国企业的老总在报上发表文章，对我们的制造业提出他自己的意见。他在文中说到，我们要把"中国制造"转变成"中国创造"，这很好，但也不是那么容易。他认为，中间应该还有一个台阶，叫做"中国质量"，也就是要提高制造业的水平，先把诸如袜子衬衫之类的产品做好，把质量提升上去，使我们的产品像德国制造和瑞士制造那样让世人信得过，然后再去谈中国创造。我部分地同意他的观点。质量是极其重要的。产品质量高不仅仅可以把产品卖个好价钱，更重要的是，重视质量，代表了一个民族的国民素质。当然绝不是提高了质量以后才去研究"中国创造"问题。我们的人，只要人人都认认真真对待本职工作，我相信一定能使"中国质量"令人信服。

签证处里的丑剧

近年来我很少去美国，这与 20 世纪 90 年代每年至少去一次相比，反差很大。我最后一次去美国是 1998 年参加在洛杉矶的那次 ISCRE，会后又到东部，旧地重游了波士顿地区，去了麻省理工和哈佛，主要为的是带妻去看看我当年的办公室，以及经常散步的查尔斯河畔。后来又去了纽约和华盛顿。虽说城市面貌方面与我在 80 年代初离开美国时相比相差不大，人们也还是那样的坦诚热情，但我似乎感到我与我原本喜爱的美国变得疏远了。20 世纪 90 年代后期起我因合作研究多次去欧洲，主要是科研合作的需要。除工作的原因之外，一方面是我喜欢欧洲的文化和历史，另一方面是一些无形的，却是实实在在地存在着的东西把我从感情上推离了美国。

（1）

那是发生在 2004 年的一件事。1998 年的 ISCRE 在美国召开，

2004 年的另一次 ISCRE 又轮到在美国召开，这两年一次的 ISCRE 原本在欧美之间四年一轮换，后因亚太地区的化学反应工程已逐渐被国际学术界所认同，2002 年在我国香港举办了一次 ISCRE，遂成为在欧美亚太三地每六年一轮换。我与一位我以前的博士生，当时已成为博士生导师的程振民教授都有论文要在 ISCRE 上宣读，所以去申请赴美签证。

我们预约申请签证的面谈时间在 2004 年 4 月 20 日上午 8 时 30 分。我请妻与我同去，是希望她为我保存手机和钥匙之类的金属品，这些东西是不允许带入签证处的。我们到的时候已近 9 时，上海美领馆签证处楼下已排成长蛇阵。我与早已到此排队的程振民打了招呼，就与妻到附近的星巴克咖啡馆喝咖啡闲聊去了。10 时余妻催促我应该去了，我虽觉得还太早，但还是去了，留她一人在咖啡馆里消磨时间。我到了签证处楼下，人虽然少了很多，但还是排了一会队，进了签证处又要排队，等到已近中午时，人少了，可以有座位坐等。我认为程振民申请签证的理由很充分，但他因被拒签而先离开了。我独自坐等面谈，忽然听到一声响亮的掌击声，立即人们骚动起来，面谈窗口被关闭。了解之后我获悉刚才有一对老夫妻因不清楚签证程序排错了队，受到一位中国保安的斥责。旁边一位等待面谈的年轻的中国女士看不过去，就对保安说，你也是中国人，何必这么凶呢？那保安就打了那位女士一个耳光。周围等待面谈的群众当然不平而起哄。那保安被"保护"了起来，美领馆的官员随后扩音宣布，希望大家保持冷静，不要影响面谈。有不平者拿一张纸要求目击者们作为证人留下姓名电话，我当然也留下了，但也有些人拒绝留下姓名电话，可能是他们因为害怕"报复"。大约一刻钟后，窗口重启，我顺利地得到了签证。那位被打耳光的女士也得到了签证，但令人十分为不齿的是，一位在一旁等待面谈的先生居然说了一句：得了签证，挨了耳光，也值得。

我为那位先生感到可耻，也非常同情那位挨了打的女士。已近午后一时，我下了楼，到咖啡馆找到了妻，她还守候在咖啡桌旁。我们找了一个地方随便吃了午餐。一个上午的所见所闻，使我感到不平与不屑。我那时已决定放弃去美国参加这次 ISCRE。谁稀罕非要去美国？

此后几天，我十分注意报纸和新闻网络，想看看美领馆对这一事件的反应。几天过去了，毫无反应。后来我才在一个著名网站上见到一条小消息，说的是记者曾就此事要求采访美领馆有关官员，但美领馆官员拒绝采访。

（2）

这大概就是美国软实力的一种表现。我理解的软实力，是有别于政治、军事、经济等有形实力的一种无形实力。这种软实力使戴上有星条旗臂章的中国保安可以神气活现，狐假虎威。他可能自以为是沾上一些洋大人的边，高中国人半等，但是我相信此人在他的主子面前必会低头哈腰，卑躬屈膝的。

我暗自希望，有朝一日，我们的软实力也会大到这样的程度，那时人们会争相为获得我国的入境签证而想方设法，那时我们的驻外使馆中的外国雇员，也会因为制服臂章上的五星标志而趾高气扬。当然我们决不会鼓励和容忍人们这么去做。这只是我对我们的软实力增长的一种联想罢了。

签证处里的一幕使我感到愤慨和不快。其一是程振民被拒签。他去美国是为了宣读他的研究论文，理由是完全正当的。其二就是那保安打人的事。我寻思，我们申请去美国是为了学术交流，并不是非去不可的。我虽然有了签证，但我决定不去美国。这样还能省下一笔出国费用呢！

对研究人员来说，总希望自己的研究结果能为国际同行所知。不参加 ISCRE，不宣读论文，我们就不具备发表论文的可能性，因为国际会议多规定只有在会上宣读过的论文才有可能再经审查后发表。然而我还是希望我们的论文能够在 ISCRE 所宣读的论文中入选到有影响的国际杂志《化学工程科学》上发表。论文不发表，在 ISCRE 上没有了声音，这将是一个不足。

我给 2004 年 ISCRE 的主席 Varma 教授发了一封电子邮件。我向他陈述了事情的经过及我的一些不满感受，当然我的语气尽量缓和。我说我不来出席会议，但这不是我的过错，为此我要求我的论文还是应该与其他在会上宣读并经过审查合格的论文一起在《化学工程科学》的专辑上发表。

Varma 教授是普渡大学工学院院长，美国国家工程院院士，是我很谈得来的朋友。他虽然没有访问过我国内地，但去香港参加过 2002 年的 ISCRE，也就是在那次会议的闭幕式上，我把象征下一次会议（即 2004 年 ISCRE）主办权的标牌交给了他。他为人正直，待人友好，我们也多次在国外见面，特别是 1995 年在法国南部城市图卢兹（Toulouse）的一次会议期间，Varma 和我每天约定一起步行从宾馆去会场。我们曾多次在一起散步，谈学术，谈研究，也谈生活和爱好。

Varma 教授回复表示对我不去出席会议的理解。不久以后我们的论文在《化学工程科学》上发表了。又过了不久，普渡大学的两位教授来到我们学校的生物工程学院出差，他们受 Varma 教授之托抽中午时间来看我，并转交了 Varma 教授送我的一件小礼物。我完全明白 Varma 教授的心意，也对他表示感谢。

（3）

据报道，目前我国有很多富人已经或正在准备移居国外，报道称这个比例还相当大。

另外，我国目前正采取各种措施，吸引国外的知识精英回国工作，可以是全职回来，也可以部分时间回来。各种鼓励措施名目繁多，不胜枚举。例如中央和地方的"千人计划"就是其中一例。从物质的角度，我国各省市及各单位所提供的待遇已是非常可观，有的甚至已超过美国高校中的教授待遇，但真正的精英之士归国者却寥寥。

我曾多次参加"千人计划"申请人的评审。在我看来，有的申请人的水平与当初规定的入选者的要求相差悬殊。例如"千人计划"要求入选者应是国外知名大学的教授或相当职称，个别可以是副教授。"知名大学"是一个颇为含糊的词汇，结果是凡是国外的大学差不多都成了"知名"大学。至于教授，更是五花八门。有一次上海一所名牌大学要我评阅一位"千人计划"申请人的材料，据其本人所填申请表已是美国一所大学的正教授。我初看了材料以后觉得不十分对头。或许是我多事，我到申请人所在那所大学的网站上去查阅该人，在所有有教职的人员（从助理教授到教授）中没有查到申请人的大名，最后在研究助理的名单中找到了他，也就是，没有担任过一天教职的他想申请一个我国一所名牌大学正教授的职位。明眼人都知道,研究助理之类名目繁多的职位与教职完全是两码事。我想，也许是这些人从我国出去，在国外读了几年书，写了几篇论文，得了个博士学位，又在国外做了几年研究助理，就以教授自居了。他们可能也没有想到国内有这么一个"多事"的评阅人居然还会去查阅网站。他们对国情了如指掌，对我国现状十分了解，知道当今社会不乏弄虚作假之事，大概也了解国内有的人会对在国外大学做过几年事的人肃然起敬而来者不拒,他们于是也想乘虚而入了。

"千人计划"和其他各种名目繁多的计划，本意都是好的，不惜重金，引进人才，但引进真正的高级人才却不多。在评审过程中，几位评审专家坐在一起，一个下午要评二三十人，每人五分钟或十分钟，最后投票了事。引进单位，追求引进数字而多多益善，至于效果，不是他们所关心的，并且要怎么说都行。

一方面大量富人想移居国外（这并不表示不富的人不想移居国

外，只是没有条件而已），另一方面是引进国外真正高级人才收效甚微，与解放初的 20 世纪 50 年代众多高级人才克服各种困难回国形成明显的对比。我国现在各种硬件条件越来越好，对高级人才的薪酬待遇越来越高，普通老百姓的生活也比以前好得多，与 50 年代比更无法同日而语，但考虑移居国外的人却日渐增多，这是为了什么？

老百姓有空时，或在闲聊中可能会触及这个问题，但我认为各级领导，各级官员，应该认真地想想这个问题，而不能简单地归之为"不爱国""向往国外生活方式"等等。领导是领导人的，官员是管人的，当被领导、被管理的人出现了某种问题时，领导人的、管理人的是不是首先应该负责任呢？说起来也很简单，原因无非是社会不公，道德滑坡，贪污腐败，贫富分化，浮躁虚假，缺乏安全感等等，全部是一些所谓"软"的东西。我曾经有意无意地在我见到的一些洋人和涉洋归来的外籍华人中做过一些小小的调研，这些人多在上海生活过一段时间，这与来短期访问，走马观花，只住宾馆，只坐汽车的人认识不同。他们中几乎所有的人都表示，虽然在中国他们能挣更多的钱，住更大的房了，有保姆，有司机，但他们宁愿回到他们的常住国去。他们对有些我们已习以为常的事感到不解：为什么主席台上坐那么多人？为什么一个主席要七八个甚至十来个副主席？虽说大家很忙，为什么总有那么多套话官话要讲？为什么招待吃一餐饭要讲那么多废话，敬那么多酒？为什么老人病倒在街上没有人敢去扶？为什么贪官越来越多？他们对有些现象也有他们自己的解释。为什么学术造假，因为社会上假货泛滥，受不到惩罚，不假反而吃亏，所以学术上也就造假了。食品安全，药品安全，空气质量，饮水质量，都成了他们担心的问题，特别是有子女的，更是担心。我去一个朋友家做客，他们家绿树环绕，芳草如茵，道路宽阔平坦，去以前我真没有想到上海郊区居然还有这么好的去处。我去过他们在美国新泽西州的家。我说这里比你们在美国的家又好又大，又是免费的。他们说这话不假，但是只能待在家里，出了家门就有好多事让他们看不惯。我问什么事,他们说出来的都是小事,但却不得不承认我们可能在相当一段时间内改不了:电梯门开了,外面的人不等里面的人出来就冲进去;过人行横道,转弯的汽车可以不顾一切地冲过来,因为"车里的人比步行的人高贵";对不同的人讲话态度完全不同;人插队,汽车也插队;人们在禁烟的告示牌旁抽烟等等。

看来高楼造得再多、再漂亮,也无法解决软实力的问题。假货充斥,屡禁不止,人们不禁会问,中国这么强的公安力量,会禁不住这些假货?人们的最后解释便是,这也许是当局默许的。如果是默许的,那货可以假,其他的为什么就不能假?严重的是,假货、假药、有害食品之类的存在,还能使人们信任这个社会的诚信么?

我从美领馆签证处理的那幕丑剧写起,不禁写下了一些也许是不该写下的感想。事情的源头在于不少国人对去那个国家趋之若鹜的现状。对此我们应当反思,我们的领导,我们的官员似乎更应当反思。

大学之风

我自 18 岁进入大学学习,后来又在大学工作至今,除相对短暂的"干校"劳动锻炼以外,基本上没有离开过大学(干校也是大学的干校),因而自认为对大学的情况还是有些了解的。再加上因为工作关系,成天接触教师和学生,也一直在思考着大学应该如何办才好。

正面的我看到了，负面的也看到了。有人把大学比作"象牙之塔"，意思是大学与世俗社会之间有一种类似于玻璃帷幕的东西，金钱、物欲等不应该影响大学里的人。大学里的人潜心学问，也不大关心外部世界在发生些什么事。

"象牙之塔"原本是有些贬义的，也就是说大学里的人都是死读书"不闻窗外事"，脱离实际，脱离群众，不了解社会需要的人。脱离实际当然不堪称道，但从另一视角看，如果有一些人，能够漠视物欲横流而洁身自好，一心追求真理，追求知识，又有什么不好？社会上是应该有一些人（或称之为"精英"），他们志趣与众不同，思想境界也与众不同，这些人尽管人数很少，但却可能为推动社会进步作出很大的贡献。

我认为，大学里的师生应是一些追求真理，思想自由，胸怀大志，甘于沉寂的人。很遗憾的是，在我们当今的大学里，这样的人是非常少的。在书写本文的时候，我不得不坦诚地说，虽然我明白孰是孰非，但我也还是不能时时坚守情操，按正确的去做，我不由为此感到愧意。

（1）

前些日子在知识界有一个热门话题，就是如何来回答钱学森先生向国家领导人提出的"为什么我们的高校总是培养不出杰出人才？"这样的问题，或称"钱学森之问"。

我的看法是，在我们的高校教师中，稍有责任感和事业心的，也一直在思考着类似的问题，包括我自己在内，因为身处高校，成天碰到的是学科前沿、研究创新、学生培养之类的事。我的看法是，人人都有一些观点，虽然未必全面，有的甚至也不一定正确，但一般都有在理的一面。至于钱学森先生，他自己就是一位杰出人才，他当然知道怎样才能成才。他会数次提出这样的问题，我认为他并不是不知道答案，而是要提出这个问题引起人们的注意，特别是要引起领导人的注意。我们的高校也并不是完全没有培养出杰出人才，我们也产生了一些杰出人才，但可能比例较低。至于为什么会产生这些杰出人才，有个人的因素，也有环境的因素。有些人可能个人素质非常优秀，又正好受到优良的家庭、师长、学校方面因素的影响，就"冒"了出来。但更多的人抵抗不了世俗社会的影响，看到的只是目前的一些个人小利益，即使有很好的个人素质，结果也没有能成为"杰出人才"。

我国的高校应与世界各地的高校有着共同规律，但又有自己的特殊性。我们回顾 20 世纪前期和抗战时期的高等教育，那时候战乱不断，教学和生活条件极差，但还是出了不少大师，学生中也有不少人后来成了卓有成就的学者。我们多次读到当时西南联大的办学情形的报道，十分感人。简单地想，只要照搬那时的办学模式，加上现在这么好的条件（条件好似乎总不应该有什么坏处），岂不是十分有利于出人才？

至于人才的形成，全世界学术界人士的看法大同小异：除客观条件外，不外乎有理想，勤思考，爱怀疑，好钻研，喜欢创造，勤奋投入等等。说来说去，例子举了很多，但归结起来大体就是如此。本文不想去讨论为什么培养不出杰出人才这类以在报章媒体上讨论得不少的话题，而是从一名大学教师的亲历去说说现今的大学之风。

有一次在我陪同一位美国来访的教授参观校园时，那位美国教授问我，你们的学校都有围墙，这是为什么？是为了防止外面的人进来做坏事，还是防止校内的学生走出去？当时我无言以对。的确，绝大多数西方国家的大学都没有围墙，而我国的大学正好相反，绝大多数都有。我猜想，建造围墙的初衷显然是为了防止外人来做坏事。但现在的围墙已形同虚设，挡不住外人进校，更是无论如何也挡不住社会上的"浮躁"风和"拜金"风侵入校园，这些风已成为大学里最严重的问题。

（2）

大家都会说，浮躁是做学问之大敌。大家也都会说，真正做学问的，一定要货真价实，切忌掺杂任何水分。

先看大学改名。前几年开始的高校改名潮延续至今，虽然还未改成大学的已屈指可数，但改名之风还在延续。在校长们看来，如果在他们的任期内还没有将学校的名字从"学院"改成大学，他们就会留给师生们一世骂名。一旦改为大学，他们便松了一口气，完成了一件任内重要的事，至于是否要把学校建设得名副其实，他们的关心就比较少了。于是，中国的高教界出现了大批名称十分动听的大学。这也不很奇怪，因为国人素来以善取好听的名字著称，取名越来越"伟大"，有的甚至在争以"中国"为他们的××大学冠名，以求独此一家。

说来也怪，当今社会已发展到如此程度，科学已发展到如此程度，居然还有不少人，其中不乏许多高级知识分子，他们还热衷于用伟大的名称来为自己壮胆，似乎有了名就有了实。这种近乎迷信的信徒实非少数。我也始终不明白，他们为什么不去想想人家的麻省理工学院，加州理工学院，苏黎世国立高等工业学校等，为什么至今还保留着当年的学院甚至学校的名称却丝毫无损于人们的尊敬。又何况人家每个学校都出了十余位甚至数十位诺贝尔奖获得者，但仍安于自称学院，毫无愧意。在他们的材料中，在网站上，几乎看不到诺贝尔奖得主的事迹介绍。大概是，这一切都已过去。在他们那里，只有教授和学生，没有别的。

改名风反映的是一种浮躁的思维方式，似乎一旦有其名，则必有其实。职称评审也是如此。高校中教授副教授比比皆是，而讲师十分稀少，助教几乎绝迹。评上个教授，对教师本人而言似乎已是万事大吉，对学校而言也可拥有更多教授，似乎水平更高。这样一来岂不是两全其美。在评审职称时，有的校领导在强调"宁缺毋滥"的同时，也会讲如不把上面所给的名额"用足"就"不合算"之类的话。于是一些对科研教学没有作出过多少实质性贡献，就凭几篇水平一般的论文而当上教授的也大有人在。

我们当然并不是说大学教授都是这样的。确实有一些教授，他们学有所长，工作也很出色，他们当教授是名副其实的。然而浮躁之风无处不在。浮躁的实质是不经过艰苦努力，不需要踏实工作，就可以一夜成名，一天致富。对于一些意志不坚定者，或目光短浅者，他们看到了这条可能走的"捷径"，也许也就会沿着这条捷径走下去，再况且这种风气也会传染。可以想象，缺乏高水平的教师，我们高校的水平怎能提高？

在每次评审职称前，有些人会托人或自己来"打招呼"，我就多次遇到过这种情况。也有人不好意思自己出面，通过我的同事或学生来"打招呼"。我的同事或学生们通常会对他们说，袁渭康这个人是不大会接受"打招呼"的，似乎我比较"僵硬"。但实际情况是，我也慢慢学会了"随大流"。逢人来电或当面打招呼，我常常会说"好的""当然"。但在投票时我还是我行我素，按我的判断行事。时间久了，参加的各种评审多了，上海市的和全国各地的，我也逐渐"圆滑"了起来，当面一般说好，尽量不得罪人。

所谓不得罪人，实际上是有原因的。首先是，当今学术界能完全说真话的人已越来越少，给人一个"僵化"的形象没有好处。其次，我自己以及我的团队以后也要请人评成果，也要申请项目，得罪了别人下次可能自己吃亏，后面一点是主要的。于是我们的学术界就慢慢蜕变为一个只讲关系不讲原则的利益场了。这种情形同样存在于各类成果奖励的评审、研究项目的申报等方面。

在学术界有一个很流行的词汇，叫做"包装"，也有人叫做"整合"，意思就是在申报成果或奖励时把本单位一些凑得上数的成果"捆绑"在一起，形成一个比较大的、引人注目的成果，以便与人

"竞争"。在另一个申报材料中，其中一些成果可能与其他材料捆绑在一起。这样一个成果一物数用，这种情况屡见不鲜。同事们了解这些后，也都沉默不语，因为一怕得罪人，二是为了本单位的利益，可以理解。更可怕的是，有一个公认的说法：大家都在这么做，你不做就吃了亏。这是一种"潜规则"。在研究项目申报时也是如此。为了表明本项目或本单位的实力，把一些不很相干的人拉了进来，当然也包括院士、长江学者、杰出青年基金获得者等等。于是虚假的或被夸大了的信息遍地皆是，使人不辨真伪，难以作出正确的判断。人们不满之余会在背后偷偷议论几句，譬如说××人或××单位很会"包装"，××在申报奖项方面很"在行"。这些话显然是有贬义的，但也只能在最知己的同行中说说罢了，谁也不敢拿到桌面上来说。于是，会"包装"的就成了既得利益者，更有甚者，人们看不见的，但却是更可怕的，可能还会在包装过的文字材料背后给评委们的"公关"行为。

（3）

在学术界除上面所说的包装外，另一种浮躁的表现形式是夸大，或可以美其名曰"拔高"，其实质就是"吹"。

把研究成果的水平夸大，是时下一个很常见的做法。在我们的体制下，一项研究完成时需有一个鉴定，或一个验收，这是需要请一些专家来做的事。

鉴定的初衷也许是好的，即一个研究项目成果和水平，最终需有一些同行专家来评议一下，给出一个鉴定意见。这样，项目的主管部门也可以交账，表示他们的经费拨给研究单位后是有效果的。也就是说，这时主管部门与研究单位的利益就一致起来了。

我曾经多次应邀参加项目鉴定，有一些项目是在我的研究领域之内，或与之有关的，那样邀请我去参加还算是合理的，但有一些项目与我熟悉的领域相去甚远，我未必能发表恰如其分的意见，然而邀请单位似乎不大在乎专业内容。他们可能会说，"你只要宏观地把把关就是了"之类的话。的确，对被鉴定者来说重要的是通过鉴定，鉴定结论写得比较好（即说的好话比较多），鉴定委员们学术地位比较高，就可以了。

鉴定会一般有7～9名委员，半天结束。现场每人发一份鉴定材料，或厚或薄，或印刷精美或略显粗糙（以往为了让委员们有充分时间事先阅读，往往事先寄送，但近年来多为现场分发）。设想鉴定委员们匆匆到会，哪来时间认真阅读那些或厚或薄的材料？会议开始，项目负责人作一个工作报告，而后可能还有项目参加人作一两个补充报告，然后就由委员们提问，由项目参加者回答，再后就是鉴定单位的人员退场，仅留一两位工作人员，由委员们讨论一个鉴定结论。通常被鉴定单位的工作人员会提供一份已起草好的结论草稿供讨论。一般鉴定委员会对鉴定结论作一些修改，最主要的是对草稿中的研究水平的说法作一些修改。当然最后是会给每位评审委员发一些评审费的。

如时间允许，我一般会同意参加我比较熟悉的领域的鉴定，偶尔参加不熟悉领域的鉴定，多是由于情面难却。近年来我对鉴定会一般是能推则推，实在推辞不了的才去参加。主要的原因是我对成果水平的评价往往有难言之隐。被鉴定单位往往希望你把他们的成果评价为国际先进，或甚至国际领先，并写入结论。我对此往往有保留，有的是我能判断这项成果没有达到国际水平，有的是我没有能力判断是否达到了国际水平，难以评论，但这样却与被鉴定者的意愿背道而驰。有一些看法不便直率表示；但如不表示，又有悖于知识分子的良心，使自己陷于痛苦之中，所以到后来我往往尽量避免参加这类鉴定会。

项目鉴定如此，各类奖项的评定也是如此。我国每年所评出的国家二等奖以上的项目就有数百项，再加上各省市、各部委、各协会的奖项，总数何止成千上万，所有的奖项，大概多数（如果不说全部）都有"国际水平"。光说这每年产生成千上万个国际水平的研究项目，我们的科学水平还会与发达国家有如此的差距？建国以来的奖项，如果认真统计一下，"高水平"的成果真是不计其数，但是谁会来实事求是地考证一下，到底有多少才是真正的国际水平，又有多少是被人为地"拔高"了呢？这种"拔高"对我们的科研事业是有利还是不利呢？

有了成果（包括论文），去申请奖，有了奖，就再去申请一些别的，这是一条"名利双收"的康庄大道，只要不做得出格，是没有风险的。于是"拔高"之风就再也煞不住。

再来看一看博士生的培养。在我所在的华东理工大学，要求博士生论文至少有三个创新点，要求博士生们在申请学位的表格上填入至少三个创新点，并经导师签名认可。据了解，别的学校也有一些大体类同的规定。我每次签名时总感到为难：哪来那么多创新？博士阶段主要应是科研能力的训练，有创新当然更好，但必须是货真价实的创新，而不是培养学生一个可以随便"拔高"的作风。如果一时没有创新，也不要勉强，我们所需要的是科研能力和方法的训练。但我又不能不签：不签学生就毕不了业，得不到博士学位，又何况别的导师都是这么做的。但签这个名，是有些违背我的良心的。

从我手头的数据看，我国几年前每年就有约五万名博士生毕业，取得博士学位。我没有现在的数据，但肯定会更多。如果每人至少有三个创新点，那岂不是又是一个成千上万，我们又何必担心创新不够呢？我想只有一种解释，或许我们是把博士生们的工作"拔高"了，或许是把创新的标准降低了，或许两者都有。这样领导的要求满足了，但后果是，学生们在完成博士论文期间就学会了"拔高"的技巧，他们自满地认为他们的工作是如何出色，而且他们以后工作中只要"包装"一下，"拔高"一下，就可以"创新"了。仔细想一想，谁还会真正认为这种浮躁的风气是有好处？

（4）

　　我自己认为我对以上提到的一些问题的认识还是比较清醒和客观的，但我对改变现状，哪怕是一点点，也毫无信心。因为大学绝非象牙之塔，物欲社会的力量无孔不入，而人们的免疫能力又是如此脆弱。社会上的浮躁之风蔓延至今，又怎能指望学术界能够独善其身？

　　有些时候我庆幸自己已到了望八之年，可以不去做这些违心之事了。我已经不必再去包装，去拔高，不必再去研究如何组织材料，去申请一个研究项目，以养活我所在课题组里的同事和同学们，我也不必再去想方设法，打听项目评审专家名单，以便可以去拉拉关系，请他们网开一面了。这些不涉及专业知识的技巧，几乎已成为一门专门的学问，迫使你不得不下工夫去研究。有一些研究人员，不得不花大量的时间和精力来研究这些问题，这又是多么可悲。我相信，如果我年轻30岁，我也必然会像现在的中年人一样，来研究这些"学问"的。我也相信，我们的校长们，在他们制定每个博士生的毕业论文必须至少有三个创新点这类政策的时候，也未必会认为这是合理的，但是他们还会这么去做，原因是不这么做不行。

　　如今再来看"钱学森之问"，也许可以从另一个侧面来做一些解释。有一条捷径可走，通向名利之路，又何必去攀登崎岖峥嵘的科学小道？我们的时代与西南联大的时代差别太大，那时候民族存亡，同仇敌忾；我们的时代又与钱学森先生等老一辈科学家回国的50年代差别太大，那时候百废待兴，万众一心。我真不明白，我们的媒体为什么要宣传那么多的影星模特，体育明星，为什么要宣传那么多炒股炒房，豪房豪车，为什么要宣传那么多出国旅行，挥金如土，这些会给我们的年轻人和中年人，为我们的科研事业带来什么？

"腾笼换鸟"，鸟在何方？

汪洋副总理在任广东省委书记时提出"腾笼换鸟"。我非常赞同汪洋书记的理念。我理解他的原意是，广东经济发达，技术储备也比较厚实，但是如果还是按现有模式发展，前景将是非常有限的。应该利用资金和技术优势，腾出地方来，发展新型产业以取代原有的劳动密集型产业，使产业升级，使产业结构合理，这样才能适应可持续发展的形势要求。

我所在的华东理工大学化学反应工程研究所自20世纪末以来，也一直在考虑自己的研究方向。我们始终认为，产品是最有生命力的。我们要拉动内需，不能单是依靠推动"家电下乡"之类的方法，这是有限度的。除了提高居民的消费能力以外，很重要的是要有不断更新的有竞争力的产品结构，吸引老百姓去消费。

（1）

我们华东理工大学化学反应工程研究所自1983年成立以来，秉承化学工程的传统，背靠大工业，主要是石油化学工业，这在当时显然是正确的。因为实行改革开放政策以后，石油化工产品需要量大，技术主要依靠进口，但有的核心技术进不来，或者人家要价很高，因此国内迫切需要自己的技术。我们主要利用化学工程的技术和方法为国内的石油化学工业开发大型反应器技术，并且获得成功。我们的研究特色是利用简单的实验条件以揭示待开发过程的特殊性，并利用这种特殊性（有别于一般的规律性）实现反应器开发中的省时、省钱和高质量。这是从应用的角度说的。与此相平行的，我们还做了相关的基础性研究。这些基础性研究与应用性研究相辅相成，互补性很强。

进入20世纪90年代，我们体会到形势正在发生变化，而且变化的势头越来越明显。化学反应工程学科经过数十年的发展，它本身的理论体系已经相当完善，所需要做的可能只是比较零星的填补工作，这是从学科的角度说的。从应用的角度，大型反应器开发的理论基础和开发方法也已基本具备。传统意义上化学反应工程的发展已比较有限。这也关系到我们研究所的方向，我们下一步应怎么走，这将是一个问题。

我在"学术休假在欧美"一文中写到，在20世纪80年代后期，我们看到了这一趋势，因而在探索我们所的一些新的研究方向，如生物反应工程、有机电化学反应工程等。在具体工作过程中，确有些"摸着石头过河"的意思。到了90年代，我们更加意识到化学工程学科也正在刷新自己的面貌，正在从"过程导向"向"产品导向"过渡。传统的化学工程学科以研究"过程"为主，也即如何把实验室试验制成某种化学品，通过大型生产过程实现工业化生产而又保持与实验室研究结果相近的质量和能耗水平。化学工程发展的必然趋势是把重点转移到"产品"上来，用化学工程的方法加工产品，使之能满足使用和消费的需要。这是知名的化学工程专家——法国的Villermaux在一次国际会议上阐明的观点。Villermaux教授学术造诣很深，常发表精辟的见解。然而，我对产品导向问题的认识，起源于20世纪80年代初我在麻省理工学院进修时（见"麻省理工学院的磨炼"）。韦潜光教授在几次讨论中都提到了产品多样化和功能化的观点，以及我们作为化学工程研究人员，可能要从传统的只研究过程逐步扩大或转变一些研究取向。当时我并没有十分在意他的观点：做好我眼前的事还来不及，哪里还有心思去想那么多？

20 世纪 80 年代的工作实践给了我一些启示。另外，作为研究所的所长，我也必须考虑研究所的方向和前途。1988 年我去瑞士北部的巴塞尔参加 ISCRE，并在会后访问了著名的山度士（Sandoz）公司，一年以后我应邀访问了同在巴塞尔的罗氏（Roche）制药集团。这两次访问，我看到了它们正在为转变产品结构所作的努力。我同时也注意到 90 年代国际上一些著名的工业公司纷纷在主动转变产品结构，其中包括英国著名的卜内门化学公司（ICI）与一家瑞典公司重组后成立了著名的阿斯利康制药集团。这些工业公司原也都是技术先进，日进万金的大型跨国公司，他们并不是亏损得过不了日子才这么做的，而是看到了将来的市场需求，主动地进行产业结构重组，形成了一些新产品及新技术。其中最令人感到意外是美国杜邦公司居然低价出售了它最赚钱的纺织品部，以很低廉的价格出让给 Koch 公司，成立了 Invista，将获得的资金投向新的生命科学领域。我们都知道杜邦的纤维产品，早在 20 世纪三四十年代就以尼龙织品闻名于世，后来的莱卡、特富隆等生产也是它的自主独特技术，这个纺织品部门为杜邦公司贡献了巨大的利润。按我们的眼光看，这是一个难得的金宝宝，哪能放弃？为何这样的创利部门，会以如此低廉的价格出售？这是因为杜邦的决策者看到了生命科学的前景，他们急于需要资金投入。

　　从杜邦公司出售纺织品部的故事可以看出，这些大公司着眼的不仅是在今天的市场，更在乎明天的和后天的市场。他们急于调整产业结构，不是今天已到了过不了日子的地步，而是为了不但在今天，而是要在明天和后天也保持持续的竞争力。

　　我们经过一些调查，特别是在国际交往中注意到的化学工程学科发展的趋势，再结合我国的及我们研究所的特点，制定了一些新的方向，在我们自己的地盘上实施了渐进式的"腾笼换鸟"。我们的目的也就在于研究所的可持续的发展。我们希望能将以往在过程研究方面的优势，转变为将化学工程的方法用于对一些复杂结构产品的结构调控。当然我们的条件是有限的：经费有限，人员专长结构有限，但我们至少是看到了这一点：笼必须腾，鸟必须换。

（2）

大凡一种产品，都有它的生命周期。也就是自一种产品的诞生之日起，逐渐走向成熟，再经过市场兴旺的阶段，然后会走一段或长或短的下坡路，最后可能被淘汰。

这种例子比比皆是。我们最初用的黑白电视，后来被彩色电视取代，用的是彩色显像管；再后来有了液晶电视，现在据说已买不到显像管式的彩色电视机了。这种电视机的产品结构变化发生在我们自己的生命周期内，我们都看得见。这是指我们的生命周期长于产品的生命周期，我们可以在我们一生中看到某一种产品的更新换代。还有一些产品的升级换代是在我们的生命周期以外的，我们当然无法亲历，但是我们相信，这些升级换代是客观的，必然的，是不可避免的。我们还亲历了很多：半导体取代真空管，手机电话也似乎正在取代固定电话，等等。

这些都是在我们生活中十分明显的事例。有一些稍为隐蔽的产品的更新换代，我们可能比较少感觉到。我们普遍使用的空调和冰箱，是通过一种循环的制冷剂制冷或制热的。在20世纪30年代以前，人们没有合适的制冷剂，曾考虑过用二氧化硫或氨作为制冷剂。这些制冷剂有毒、易燃，这当然阻碍了家用电器如空调和冰箱的普及。30年代发明了含氟的化学品氟利昂作为制冷剂，它安全、制冷效果好，使空调和冰箱的推广成为可能。人们觉得似乎可以一劳永逸地解决制冷剂的问题了，但从20世纪后期开始，人们发现了氟利昂会破坏大气层，破坏环境，所以尽管氟利昂有种种好处，大家还是同意必须在一段时间后把它禁用，而代之以一些新型的、对大气层安全的制冷剂。举这个例子，也是为了说明凡是一种产品，不可避免地都有一个生命周期。过了这个生命周期，就需要有一种新的产品来取代它。

一种产品大体上会经历从诞生到为社会所接受，到被广泛使用，再到遭遇竞争，最后进入衰退这样的过程。这就是产品的生命周期。从产品的生命周期性可以意识到，不要只看到一种产品卖得好，在它卖得好的同时就必须有一种忧患意识：它可能正处在一个黄金时期，接下来很可能会走向衰退。如果不在那段黄金时期准备好下一代产品的核心技术，我们必会陷于被动的境地。至于对核心技术的掌握，是检验一个国家和民族的竞争能力的关键性因素，也应该是考验一个国家高层或企业高管是否有长远目光的标志。

说到产业结构调整，有权的人理应负有更多的责任。这里所说的有权的人，尤指领导经济发展的高级官员和企业的高层管理者。我以前的一名博士生在我们这里获得了博士学位，学了化学工程，后来到美国一所大学获得了博士学位，学了材料科学。应该说他在化学工程和材料科学方面都有很高的知识水平，再加上他后来在美国一家高科技公司工作，他自己又喜欢钻研，把化学工程和材料科学结合得很好，所以掌握了一种半导体方面的技术。他回来后与我谈起，说他认为他是为数不多的对化工和材料都掌握得比较好且能融合起来的人，这项技术十分先进，但他不甘心把这项技术贡献给"老美"，希望能在国内找到一个有权的"伯乐"，既识才，又能支持他采用这项技术。他的初衷显然是很好的。我听他介绍了这项技术，虽然我并不十分内行，但是我初步判断也可意识到这项技术先进，而且思路非常巧妙。我还特地问了我的学生，这项技术是他在美国公司工作时所掌握的，是否会涉及知识产权问题。他的回答是否定的，并请我放心。但我不敢十分相信自己的判断，所以还请教了材料方面的院士，当然我的介绍很可能不专业、不全面。那位院士也认为这项技术是一种独创，是可行的。于是我基本上放心了，就应我的学生的要求，看机会能与"有权的人"谈谈看。

一次与一位熟悉的大型国企的老总谈工作，谈得比较投机，气氛很好，我就想趁这个好气氛谈一下我学生的事。那大型国企的业务范围主要涉及能源，从专业的角度来说也与化工有关。至于规模，在世界500强中排在很前面，日均利润过亿。我向那位老总介绍这是一项很好的技术，请他能否抽不长的时间听一听我的学生的介绍，别无它意。他听了后反应冷淡，表示对与公司主业以外的技术不感兴趣，也没有时间听介绍。他的态度似乎与杜邦高层的态度大相径庭。如果当年杜邦高层也对生命科学抱着冷淡的态度，他们想必也不会去研究生命科学的前景并最后决策把利润最丰厚的纺织品部低价出售给 Koch，以获得发展所需要的资金。

我很难评论我们的那位国企老总和杜邦的高层孰是孰非。这只是一个反映了为眼前考虑还是为长远考虑的例子。影响考虑问题出发点的因素有多种，但可能最主要还是体制的因素和人的因素。所谓体制因素和人的因素当然有着密切的关系：怎样的体制会造就怎样的人的主流意识，怎样的人又反过来影响形成了怎样的体制。但是客观存在的是产品的周期性这个不变的规律，不认识这个规律就会受到这个规律的惩罚。

我在撰写本文的时候，正值媒体广泛报道诺基亚被微软收购这条新闻。在众多的评论中，我在《财富》杂志上看到了这样的一种说法："一个企业如果不及时修理自己，最后不得不被别人修理。"这个话是很有道理的。诺基亚曾是如此风光一时，似乎是一个永不会倒的企业，但是由于没有及时"修理"自己，最后还是在激烈的市场竞争中败下阵来。苹果同样也有过起伏。这一切都说明产品是最有活力的因素。谁掌握了先进的产品生产技术，谁就是赢者。

保持国家或企业的活力，关键在于创新。这一点似乎已被公众认识。我们大概是讲创新讲得最多的国家，这很可能是因为我们在创新方面做得很不够，所以要多讲讲。但实际上靠讲是没有什么用的，创新应该是一种习惯，创新意识和创新能力是要靠社会、家庭、学校等多种渠道长期培育而成。有了这种习惯人们会自发地表现出来不同方面的创新能力。人们不会由于听了领导人的号召，就在一个早晨在办公室坐下后说："今天我要创新了"，于是就开始创新，并且就有了创新的成果。绝不是说要创新就能创新的。有了创新的习惯，你要他不创新，也难。

其实我们国人也绝非没有创新的能力。在作假方面，我们似乎有不少独创的"技术"，如用避孕药喂养鳝鱼，可使鳝鱼增肥，把砷剂加到饲料中去，可使猪吃了后毛皮光滑，可卖个好价钱。这类例子还很多。我不知道这些思路有没有文献报道，但似乎有了利益驱动，人们就可以把道德抛到九霄云外，就有了"歪道"的创新能力了。为什么我们不能回到"正道"上去创新呢？

我们的话题又回到了"创新"。这是一个近年来讲得多得不能再多的话题。如果我们这个十三亿人口的大国是一个"创新型"的国家，我们就不用担心缺乏有竞争力的产品，不用担心缺少自主的先进生产技术，也不用担心找不到汪洋书记所说的"鸟"了。

（3）

我国的 GDP 以大约 7% 的增速在增长，但是人们已经在担心，我们的经济发展放慢了。在我看来，问题根本不在于增速，而在于增长的可持续性，而可持续性的关键是 GDP 的结构。如果我们的GDP 还是保持那种粗放的投资增长型，如同将刺激经济的四万亿的大部分去用在搞基建，造钢铁厂，造越来越贵的房产，我们确实可以把 GDP 维持在一个很好看的数字，但是能不能这么持续下去？我们的投入，是要有效益的。我始终认为，以制造业为代表的实体经济是带动经济发展的火车头。但这种制造业应尽可能多的是先进的制造业，不应一直是粗放型的，劳动密集型的制造业。有人一直在讲我们的服务业比重太低，不如人家美国在 70% 以上云云。岂不知他们的实体经济是多么庞大，结构又是多么合理，在这个基础上服务业自然可以发展起来。

服务业的核心是金融业。要发展金融业，一要有资金进来，二要有人才进来。要资金进来，必须要让他来了后有利可图，不然资金是不会来的。要人才进来，一方面要让他们能赚更多的钱，另一方面也要让他们生活得舒适、安全，不必为空气质量、食品安全之类的事去操心。据伦敦的统计，在伦敦的中心金融城居住的 30 万人中有 14 万是外来人口，几近一半。目前伦敦有时已超过纽约成为排名第一的国际金融中心，并不是靠高楼大厦多，而是靠资金充裕，人才集中，当然也靠欧洲强大的实体经济。至于我们计划在 2020 年以前在上海建成一个国际金融中心，这是国务院办公会议决定的。我相信一个国际金融中心的建成，也应该顺应经济规律，使之水到渠成，而不是靠拔苗助长。我们也许是过于相信人的力量，所谓人定胜天，但事实上一些经济规律，如同一些自然规律一样，是不以人的意志为转移的。我们的强项是造高楼大厦，在这一方面，我们远远走在英国人前面，但这似乎还不足以说明我们在建成国际金融中心方面有足够的基础。

汪洋书记的话点明了我们 GDP 中的结构性问题。GDP 的投入，是应该有效益的，而且不能等待太久。我们造铁路桥梁，如果这些铁路桥梁一时无助于带动经济发展，那就是不必要的，或是暂时不必要的。有人可能会说，若干年后这些铁路会有用，那可以到需要时提前几年再说。如果我们掌握某种先进的制造技术，我们的投资定能收到效益，并且能拉动内需，推动出口，甚至是服务业。至于有些人热衷于房地产，那更是目光短浅。房产不是一种完整意义上的商品。商品必须是可以交换的，而房地产的可交换性很有限：你不能指望将在一些所谓"鬼城"的一幢房屋卖了去买一幢在上海同样质量的房屋。一般的商品，即使是积压在仓库里的，它可能因过时而损耗一部分价值，但不会像房地产那样不可避免地发生自然损耗（日晒、雨淋、雷击等），更不用说会使大量资金是靠银行贷款所取得的。现在经济学界都在讨论房地产的"泡沫"，说一旦"泡沫"破裂，后果是难以设想的。可能有人会说，有些人从房地产中得了不少好处，这是事实，然而我们今天不是讨论个人的得失，至于一些见利就钻的投机取巧之辈，更不在我们讨论之列。

记得十几年前听过朱镕基总理任职期间在一次"两院"院士大会上为院士们作的一次关于经济形势的报告。朱总理说，他不担心财政危机，他担心的是金融危机。很长一段时间我不能理解朱总理这句话的含义，直到几年前从美国引发并波及全球的一次金融危机，影响是如此巨大，我才逐渐体会朱总理这句话的深意。那场危机是从"次贷"开始的，后来的发展表明，全球经济体系中受那次金融危机影响最小的是北欧四国和德国，析其原因，是这些国家在经济结构中的实体经济比重最大，虚拟经济的比重最小，而且它们历来都重视科学技术，都掌握了一些重要的产品生产的核心技术。

我们要的"鸟"，是拥有先进的生产工艺，能生产有竞争力的产品的企业。有竞争力，指的是在质量、功能甚至外形上有独特之处。我们生产世界上最多的钢铁（姑且不说生产中的严重污染），大多质量平平，外销需要量有限，国内自用时，用户还要担心后续的质量问题，并且高质量的钢还需依靠进口，内销则面临剧烈内耗。这样的产品就很难说是有竞争力的。反过来，看前一时期苹果公司的产品，有一些新的功能是其他厂商产品所不能及的，因而在市场上十分受宠。但是在最近，不论是平板电脑还是手机，苹果的竞争者们的产品已完全有竞争的能力。苹果如不采取措施，前途也就很难说。这也从另一方面说明了产品的周期性及创新的必要性。如果细看最初上市的苹果手机和平板电脑，靠的主要是触摸屏技术和丰富的专用软件，使之风光一时，也并没有看到其中有更多的原创性技术，多的是巧妙的技术集成。我们可以从中得到的启发是，技术集成创新是更为现实而且可能是见效更快的一种创新。记得多年前李岚清副总理在一次为"两院"院士作的报告中提到应充分利用信息技术的成果来改造已有产品。譬如，当时他建议可以将信息技术用于动态心电图仪取代传统记录手段，使之更轻巧，以减少病人的不便。实际上，集成创新在产品开发和升级方面，是比原始创新更为现实的途径。我们再看瑞士的机械驱动手表，由于产品的高质量及独特的外表，即使价格远高于走时更准的石英手表，还是不乏购买者，说明只要产品特色鲜明，必会站得住脚。

除产品的品种与质量外，产品生产工艺的先进性是另一个重要因素。先进的生产工艺不仅保证了产品质量以及质量的稳定性，也决定了生产过程的低消耗和低污染。即使是生产一些寻常的产品，生产工艺的先进性仍然是我们考虑"鸟"好坏的重要依据。总之，不论是先进的产品，还是先进的生产工艺，都只有依靠科技，科技的进步必须依靠我们的教育事业培养出为数众多有创新能力的优秀人才。科技也好，教育也好，都需要思维的创新，需要经费投入，也需要时间。因此要培养出一群各色各样的好"鸟"，我们的准备工作开始得越早越好，也就是防患于未然，科技和教育这些看似无形的东西，应是先于一切，重于一切的。有了科技和教育，好"鸟"自来，且来之不尽。

归根结底，我们所说的"鸟"应该隐含这么几个关键词：创新、科技、教育。这些又可归结到一点：高素质的人。

（4）

一个国家的富裕程度主要依靠的是两方面的因素：一是自然资源，另一是人的资源。像沙特阿拉伯和科威特那样的国家，它们主要是依靠石油资源，带动了国家的经济，也提升了发展旅游业的条件。我在美国接触过来自中东国家的留学生，也教过他们，从他们那里了解到他们国家有些领导人头脑十分清醒，他们知道石油资源总有耗尽的一天，因此他们也绝不是今天能过高福利的好日子，先过了再说。他们利用国家的石油收入派出大量留学生，要留学生学好科学技术，要走科学兴国，技术兴国之路，认为这才是长久之计。

我了解有些国家，论自然资源虽不能说没有，却十分贫乏，譬如瑞士。瑞士多山，除了水资源外，其他资源十分有限。显然多山多湖为他们提供了很好的旅游资源，但是如果没有瑞士人倾入了他们的智慧和劳动，再好的旅游资源也不可能装扮得像今天他们所有的那样美丽动人。瑞士是完全靠人使国家富裕的一个例子。数百年前瑞士还是一个贫困的内陆国家，他们的人民不得已而去为别人当雇佣兵，人家也很乐于雇瑞士人来当兵，因为他们作战勇敢。有人说瑞士人十分忠于协议，雇佣兵的协议上写明了要作战至死，他们就忠诚地作战直到战死。可能是这样的传统，久而久之，养成了瑞士人特别坚忍顽强的性格，直至今日。我不知道这个解释是否有依据，但是我看到的瑞士人的认真和一丝不苟确实令人肃然起敬。用这样的精神去做研究，做教育工作，必然是高质量的，就像他们的手表一样。在我印象中似乎"瑞士制造"就等同于高质量。把整个国家做成一个令人信服的品牌，是要经过长期不懈的努力得来的。我天真地想，如果有一天我们的"中国制造"也能像"瑞士制造"那样令人信服该有多好。

我曾数次访问瑞士。除开会外，我也多数访问曾经涌现出十余位诺贝尔奖获得者的苏黎世高等工业学校。一面看他们那些精致得如同艺术品一般的实验装置，一面不禁会联想起一个七百万人口的国家，又缺乏资源，要这么些研究工作做什么？后来我醒悟到他们的目的是培养一流的人才，出一流的科技成果，这样才会使他们的国家立于不败之地。他们根据国土狭小，资源缺乏的特点，早已在实施符合他们"国情"的经济发展模式。就化工产品而言，他们绝不会去发展我们那种付出高污染代价而生产每吨几千元的产品，他们走的是高科技之路，去生产那些污染并不严重，但每吨价值数百万元，甚至价值更高，以至于通常以公斤计价或以克计价的精细化工产品。诺华制药和罗氏制药就是两个例子，它们都是进入《财富》世界 500 强的企业。

欧洲的一些国家，我这里主要是指北欧和西欧，除德法以外，这些国家地域并不大，资源总体上并不丰富，人口也并不多，但他们选择的富国之路似乎不外都是靠高质量的人。我们从事化学工程工作的人，都会对荷兰这个不大的国家的研究工作印象深刻。20 世纪 60 年代初我在完成研究生论文时，看了几位荷兰学者的论文，十分钦佩他们为化学反应工程学科铺下的基石。多年以后我访问了荷兰几所当年我曾经细读过的论文作者成长起来的大学，他们为造就人才不惜工本，精心培育学生的做法使我印象十分深刻。然而最使我印象深刻的还是他们对人的公民素质的重视。我认为这一点正是造就社会富裕的基础。

我们在建国以后的教育是以思想教育为主的，强调觉悟、集体、阶级等概念为重点，我们忽视了公民教育的重要性。公民教育是要求人们正直爱国，遵纪守法，爱护公物，遵守公共秩序与公德等一些最根本的素质。在这些根本素质的基础之上，觉悟高当然更好。但是如果连这些根本的素质都没有牢固建立，又何谈觉悟？如果非要强调阶级、觉悟、集体，带来的不可避免的是虚假和虚伪，而且久而久之，人们竟不以虚假和虚伪为耻，反而认为这些都是适应社会及自我生存所必需的了。

记得朱镕基总理在 2001 年为国家会计学院题词时写下了"不做假账"四个字。学会计的人做真账不做假账本是天经地义的事，但是可能是因为假账太多，朱总理才写下了这看来是人人都应做到，但实际上是不易做到的四个字。我一直对朱总理直言不讳的风格十分钦佩，看到了他"不做假账"的题词，心想一位大国总理，居然不说套话而直截了当到如此程度，一方面是钦佩他的实事求是，另一方面也感到可见虚假的侵袭已到了多么严重的地步。

虚假成风已成为我们社会的公害。虚假的商品质量、虚假的媒体报道、虚假的统计，在无形中残害着我们，残害着我们国家的形象和经济。我深信，如果我们的国家一旦能排除掉一切虚假，那一定会比我们的第二炮兵更能使全球的反华势力战栗。

（5）

说到这里，归结到人的素质。我们为了获得更多的好"鸟"，千方百计引进人才："创新型""创业型"，新创造的词汇众多。至少我们的"创业型"，是为了能创造一些好"鸟"。但是靠高待遇和优厚条件刻意引进,其结果又如何,这里面包含了多少虚假的东西？我总认为，靠这些"花头"，是不会有多少效果的。

关于人的素质，不论是人们的言谈或是媒体的报道，都会讲到国人在外不拘小节、大声喧哗、乱丢垃圾、满嘴粗话之类。于是就呼吁国人多学些文明，多约束一些自己在外的言行，似乎不良习惯在外国不要表现出来，而在国内还可以容忍，这也是一种"内外有别"。但是粗话也好，陋习也好，都是人的素质的外在表现，要改应该还是比较容易的，可以照例"虚假"一下，可以勉强自己在外国时做得"温文有礼"，十年、二十年也许可以改变面貌。但是人素质的内在方面究竟会怎样，就很难说了。如果人们都在想敛财，都在想付出少一些，得到多一些，但"外在"可以表现得非常冠冕堂皇，非常温文尔雅，这种"内外有别"就非常不乐观，也可以说这种"顽疾"是难以治愈的。

我身在大学，成天和学术界打交道，深知即使在人们崇敬的学术界，虚假的东西也的确不少。北大的钱理群教授在刻画内外不一的人群时有一段名言并广为流传。他说我们的大学正在培养一些"精致的利己主义者"："他们高智商，世俗，老到，善于表演，懂得配合，更善于利用体制达到自己的目的。这种人一旦掌握权力，比一般的贪官污吏危害更大。"我个人却认为，这些人智商却未必高，但他们另有一套本事，或说"另有一功"。他们擅长表演，惯于心口不一，善于弄虚作假，过于功利。他们来找你，可以先说上一堆漂亮话，但最后必有他们的功利要求。想象一下，如果他们来告诉你他们获得了一项重要研究成果，其真实性是甚值得怀疑的。在学术界是如此，在其他场合也是如此。这样下去，何来社会诚信？

"诚信"是一种很了不起的软实力。德国和瑞士等国用了几百年时间建立了全球范围内的诚信。反观我们的处境却非常可悲。我一位在交大工作的朋友有一项很有竞争力的技术，国外的公司很想引进。他们在了解了各种细节后，虽然对该项技术很是满意，但还是心存怀疑，接着便是追根刨底，似乎非要挑出一些毛病来。这家公司的一位工程师与我的朋友私交甚好，他私下对我的朋友说，实在是贵国的诚信太差，我们总是不放心，所以才迟迟未能进入下一轮谈判。我们无法抱怨洋人的挑剔，因为他们说的也是实情。

如果人们外在素质的改观需要一二十年，那内在素质的提升，做到"真善美"，做到心口如一，恐怕远不止于此。到那时我们的每一项创新，每一项技术成果，都是实打实的，我们绝不会缺少汪书记"腾笼换鸟"中的好鸟，而且必有好鸟蜂拥而来。

（6）

虚假必会与不认真结伴而生。不认真又可通俗地称作"马虎"，这是一种做事的风格。回想我们的父辈一代，也就是在20世纪初出生成长起来的一些人，他们中不少人没有受过什么高等教育，文化程度也不高，做的也不过是一些职员店员之类的工作，但是待人接物谦逊有礼（有时也被看成谨小慎微），工作恪守岗位，一丝不苟，非常认真负责。我们今天已经很少看到这种甘于沉寂的风格了。

有时我看报，看到报道一位老先生每天记账，记了 40 年。记者就去找他，想从他的日记中发现物价涨跌的规律。坚持数十年记账，从另一侧面反映了那位老先生的认真风格。现在这样的人恐怕不大好找，因为没有人愿意坚持数十年认真做一件对他自己来说不见得有利可图的事。但是我们是否可以想一想，为何非得从民间去找物价涨跌的规律，而不从官方的记录，如统计局或档案馆的档案中去找？是不是统计局也会因这种事无利可图而不屑一记？我们现在能看到更多的是浮躁之风，恨不得一日致富，一夜成名，最好找个少干事，多挣钱的工作。岂不知要成功，必须从脚踏实地，认认真真做好自己的本职工作做起。

记得一位前香港特别行政区政府的高官在他的就职演说中提到他今后的工作时说了一句："做好这份工"。我很喜欢这句朴实的话。他并没有什么豪言壮语。他想表达的意思是老老实实地做好他该做的这份本职工作。如果人人都能认真做好本职工作，做研究的就认真做好研究，做清洁工的就认真做好清洁工，那我们这个世界就会变得更加可爱。瑞士人和德国人就是因为他们不论贵贱，人人从认真地做好他们自己的事开始，从而使他们的国家富裕起来的。这难道还不足以发人深省？浮躁和沉寂，马虎和认真，这是两种截然不同的人生态度，也反映了两种不同的道德观。在物欲横流的世道，浮躁似乎是必然的。要改变这种浮躁的人生观，需要长期艰苦的努力，需要家庭、学校、社会长期的潜移默化。我们要改善这种物欲横流的社会现象，培养公民应有的道德情操，必须认识到这是任重道远的任务，绝不是靠媒体今天咋呼几句崇高理想，明天却又在宣扬金钱万能所能办到的。我暗自解释国人在外的举止不雅，语言低俗的来源。这本非我们中华民族的待人处事之道，但建国以后对正面人物，如工农兵形象的塑造（如电影等）却常常是衣冠不整，胡子拉碴，大声讲话，有时还夹带着几句"国骂"的形象，然而反面人物，却常是文质彬彬，衣冠楚楚，久而久之，这种正反面形象就渐渐深入人心。可想而知道德和情操都是需要长期熏陶去建立的。

从我自己的体会来说，可能是生长环境所致，从小就学会了"谢谢""请""对不起"之类的话而且成了习惯，不料在十年动乱中，讲这类话也成了我受到批判的来由之一，说是根深蒂固的资产阶级思想流毒，以致我后来十分注意，尽量不用这些词汇，并使自己的衣着皱些、脏些，讲话也尽量可能"大众"化些，甚至有时有意识地带几句粗话。改革开放后，我重拣往日习惯，却也得心应手，毫无困难。这是长期熏陶所致，习惯养成难，抛弃也难。然而这只是说言谈举止，至于内心世界的真善美，更不是一日能养成，而且更需要大环境的支持。

我深信，中华民族是极优秀的民族。在告别了虚假事物和过多"市场化"干扰后我们的产业升级，我们的"腾笼换鸟"必会成功，而且那时候的"鸟"，必是不需什么"千人""万人"，而会不请自来的，并且必是万紫千红，百"鸟"争宠的。

常思自身不足，不忘事事认真（代后记）

由于完成本书各篇前后历时良久，有时也会写了后面，忘了前面，断断续续，不成系统，但写下的却都是我亲历的真人真事，以及我的真实感想。这一点是贯穿始终的。完成全书各篇后，回过头来再通读一遍初稿，似乎感觉到我的杂文，虽说时间跨度很大，从改革开放早期到现在，地域跨度很大，从国内到国外，但是我似乎总是在颂扬"真善美"，颂扬真诚和实在，总是在颂扬认真的作风。这样也好，本书算是有了一些主题了。

数十年做人做事，我努力按我认识的处世处事之道去做："认真做事，平实做人"。当然并不是说我已经做得很好，我只是说我是这样认识并努力去做的。

       *   *   *   *

我在前面写到过，我性格上有不少弱点，缺乏信心是其中之一。我常常担心我做错了什么，也常常担心我的某一个决定是否切合实际。我也很相信"人贵有自知之明"这一古训，认为正确认识自己，充分学习别人，对于正确地处世处事十分重要。

在人类社会中，有一些人智力过人，被称作"天才"，但这种人毕竟是极少数。绝大多数人都是比较平凡的人，或可称作凡人。但当然并不是所有的凡人全是一模一样的。每一个凡人也都有属于他自己的特点，每一个人的智力和能力都不相同。

我的性格上的弱点促使我经常客观评价自己，经常想对于我这么一个平凡的人，如何做才能做得好一些。我智力并不出众，但属尚可。我的健康状况也不允许我十分刻苦地工作。通过自己努力去弥补的只能是认真做事。认真，这是一个对待工作，对待事物的态度，是绝大多数人愿意做都可以做到的，但有的人不愿去做。德国人并不比我们中国人聪明，德国的资源也相当贫乏，但德国人对事物一丝不苟的认真作风，是大家公认的。他们今天取得科学技术和经济发展方面的成就，以及德国制造在国际上的诚信与声誉，也多有赖于此。

我深知，如果要在事业上做出一点成绩，我必须事事认真，凡事做到一丝不苟（这绝不是说天才可以不认真，相信天才们多是认真的，不大能想象马马虎虎的天才）。在科研工作中，我对实验的计划往往要反复思考，不放过一个细节。我的脑海中会出现一幅幅画面：根据我们的实验方案实施后的装置正在运行或试运行的情况，实验结果的各种可能性以及处理方法，设备的可能损坏以及预案，甚至各部件的放置位置，操作是否方便等等。这一幅幅画面会反复出现，让我反复琢磨。在研究工作中，每一个论点，每一个实验现象，我都会认真推敲，如属文献未报道过的，也必仔细核对，以求确实可靠。科研结果写成论文，我会构思几种可行的表达方式，予以比较，甚至会试写几个段落，自己或请人试读。我对学生写的论文也会逐字逐句地修改，并向他们讲解可能的语法错误和词汇选择。我早期带的几个学生，他们的论文都经过我逐字逐句的修改，他们认为这对他们非常有帮助。很快他们自己也指导博士生，也会延续我当时对他们的要求。他们甚至还会记住我对他们的批评和建议，如我要求他们用什么词典，查了汉英词典后必须把查到的英语单词在英语词典中核对并了解同义词的微细差别等。然而我必须承认，到后来，研究结果多了，学生多了，我自己也变得懒了，就没有那么认真。这一点至今还深以为愧。

认真应成为一种风格，一种作风，这种风格不仅仅体现在科研工作中，也应在生活的各个方面。譬如答应别人的一件事，就一定要完成，如实在无法完成也要及时向对方说明。开一个会，即使是不很重要的会议，如果没有预先请假，就应准时出席。不该过马路的地方就不乱过马路，不该做的事不做等等。转变目前盛行的浮夸风气，使认真真正成为我们民族的一种风格，这才是强国富民之路。

在大学时代，出于学习顺利，我是很自负的。后来逐步看到了自己的很多不足和别人的很多长处，我在待人接物方面对自己有了一些约束，特别是后来经历了在麻省理工学院两年的磨炼和回国后艰苦的创业，我想得很多。我感到离开真正作出贡献还差得很远，没有什么可以自以为是的。这也许就是人们常说的比较"成熟"了。我发自内心地感受到，我周围的人各有一些长处。在工作中我常常向学生们请教，而且并不是停留在表面上的形式的一套。可能有人会认为我对人谦逊有礼是在装腔作势，但实际上并非如此。1995年我当选为中国工程院院士，我更是警惕自己的待人接物之道。我深信这并不表示我的个人水平和能力就比别人高明多少，而是因为我有一个通力合作的研究集体，再加上机遇促成了我。推演到做人，既要诚恳，也要平实，这是我的由衷体会。

我总结了我的处世处事之道，就如本文题名所称，要常常想到自己的不足，不要忘了对任何事都要认认真真，不要敷衍了事。也就是我曾提及的"认真做事，平实做人"，并以此作为本书的后记。

下 篇
一路行思
——人生与思考

引　子

　　2014 年 6 月，拙作《半生行悟——亲历与随想》由上海人民出版社出版。写那本书的原意是记述我在改革开放以后我的一些亲身经历，以及伴随那些经历及随之产生的联想。

　　那是一本杂文集。最初我是为了谢辞学生们要为我祝寿的好意而为之。那一年正值我虚岁八十，学生们要为我祝寿，我说我必将谢绝赴宴。他们又说要请海内外我的学生共聚一堂，开一个学术研讨会，联系一家学术刊物出一本学术专刊，我更认为这完全是劳民伤财之举，我无保留地反对。于是我想到了写一本上述杂文集，给每一位学生送一本，以答谢他们要为我祝寿的盛情。至于他们看不看，那完全是另一回事，我无权干涉。

　　不料该书出版后反响还不错，我想很可能是缘于我请徐匡迪院士为该书写了"序"，从而使该书增色不少的缘故。后来，冶金工业出版社要为我编辑出版一本《文集》，专为收集刊登我已经发表过的论著，分中英文两部分。我审视了一些我发表过的论著，英文部分没有问题，中文部分我想只收录上述的《半生行悟》。责任编辑同意了，但在冶金工业出版社总编辑最后审稿时认为，应该请作者再写一些，与《半生行悟》合成一本《自传》。我放弃了我原来的方案，因而《文集》中的中文部分是后来另选的。

　　当我获知总编辑的意图后，我提出如果要我写《自传》，我实在不想写那样"记事式"的。我相信读者也未必会对何年何月生，何年何月做什么事之类的记述发生兴趣。读者可能会想知道几个时间节点，然后略加展开，看到了一些展开面。为此我与责任编辑商量，我们成天在讲"创新"，我们是否可以在写《自传》的方式上也来一点点创新，即还是以杂文集的形式，写几个点，然后略作小的展开，让读者看到几个面。责任编辑最后同意了这种写法，但是还是说了一句："尽量往自传方向靠"。这表示，这不是一本传统意义上的《自传》，是勉强"靠"过来的。

我寻思，既称《自传》，"自"的作用是很明显的。别的场合不能以我为主，在《自传》上，总得允许有些"自作主张"之处了吧。于是我斗胆写了这么一本《一路行思——人生与思考》的杂文集，当然，它还是向自传方向"靠"了的，以便与已经公开出版过的《半生行悟——亲历与随想》集合成一本《自传》。至于是不是最后会因为"离经叛逆"而被舍弃，我一点没有把握。走着瞧吧，也算是"一路行思"这"一路"中最后的一步吧。

最后，我要感谢李静海院士为本书作序。静海是我的忘年好友，他学术造诣精深，研究工作十分繁忙。他能抽时间一阅我的手稿并为此作序，使我颇为感动，我也借此向他深表谢意。

重温童年旧梦

为了落笔撰写本文，曾数次动笔，都不满意，不得不数次搁笔。

我找出了德国作曲家舒曼的钢琴套曲"童年情景"唱片，试图从中获得一些灵感，但听了几曲似乎也没有得到什么"启发"。也许我的童年是如此的平淡无奇，如此的易于被淡忘。或许我已经太老了，记不起了。

我到楼下散步，又到附近露天咖啡馆要了一杯咖啡，坐下来看过往行人，使自己的思维逐渐聚集到 20 世纪三四十年代我的童年岁月，渐渐地一幕一幕的场景开始浮现。

（1）

既然称作"传记"，总得从童年写起，虽然我的童年确是平淡无奇。我又不愿写流水账式的文章，写哪年哪月哪日生，生在一个什么样的家庭，哪年哪月做了什么事，等等。我设想读者也未必会对这一类枯燥无味的信息发生兴趣。人家感兴趣的也许只是几个关键节点，一些关键的人和关键的事物。

在很多传记中，我看到被书写的传主往往是从小受到家庭教育、老师引导、亲友指点、社会熏陶等这样的一些描绘使一个人走上科学或艺术之路的。我可能会使读者们失望，我并没有那样的幸运。这可能就是我在落笔写本文时有一定难处的原因：太平淡了。

说起我的家庭，有一点确是有一些特殊。我出生在 1935 年，但是我没有兄弟姐妹（也没有早逝的），我是家中唯一的孩子。有的家庭可能会因为父母的健康原因，我们家也没有这个问题：父母都很健康。有的家庭可能说是生多了"养不起"，我们家也没有这个问题：虽说不上很富裕，但至少也还养得起。小时候我曾经问过我妈妈，为什么她不给我生个弟弟妹妹，人家不是都有兄弟姐妹吗？她的回答很干脆："生小囡（小孩）太痛了"。我相信她的话，这至少是她的理由之一，但是我更相信她是为了更好地相夫教子，才决定不多生育的。在当时那个普遍认为多子多孙多福的社会中这是十分少见的，后来人们在言谈中还多称道我父母有"新思想"。她说不生弟妹，我暗自高兴，因为我也希望他们把爱专注在我一个人身上，当然这个想法多少是有些自私的。

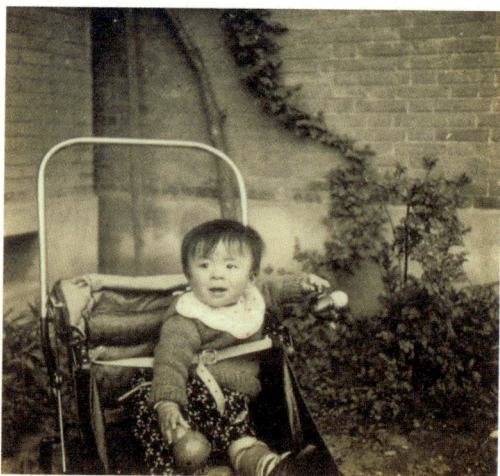

孩提时期。1937 年，中国上海

　　我祖籍浙江宁波，我父母在 20 岁前来到上海，在上海结婚，后来就有了我。我是在上海出生的，所以按国际上的习惯，我也可算是一个上海人。

　　父母家的祖上都比较殷实。我小时候去过一次宁波，住了一阵，从他们两家住房的宽敞可以感受到他们是出身于所谓的"大户"人家，但却是正在走下坡路的"大户"。记得妈妈带我绕着外公家的围墙走了一圈，感到似乎走的路不少。我祖父是一个成功的药商，他不放心外面的教育，认为孩子到外面读书不安全，仗着家里还有几个钱，于是就请了老师到家里给孩子们上课，包括国文、算术、自然等，后来也有英文。这是一种非常保守的做法，这种做法无疑也害了我的父辈。我的祖父认为，只要子女们规规矩矩做人，不做坏事，留给他们的钱就够用一辈子的。但是岂不知，这种想法是完全错误的。其一是造成子女的依赖和无能；其二是虽有些钱，但在新中国成立前国民党政府统治时期货币的疯狂贬值，自己又不会打理，这些积蓄很快就几乎化为乌有了。

　　我父亲到上海后在一个银行当职员，薪水当然有限。我们就靠祖上的一些遗产在上海维持一个还算"体面"的生活。

后来我逐步了解到他们这种做法是当时宁波的一些"大户"人家中比较常见的。我一直认为，那一代的宁波人因为比较富有，所以比较保守，缺乏开拓精神，在一些由亲友组成的小圈子中生活交往，大家的理念都差不多，有了一些钱，就设法"守"住这些钱。不像广东人或江苏人比较开放，很多人如条件许可就送子女出国留

小时与父母合影。
约 1940 年前后，中国上海

母亲年轻时。
约 40 年代，中国上海

孩时的我，两周岁。1937 年，中国上海

221

学，回国后靠自己学到的本领开拓自己的事业。我父母知识水平不高，他们只会泛泛地教育我好好读书，至于具体的引导是谈不上的。

我就在这样的家庭中走上人生之路。由于相信洋人，经济上也还承受得起，我是在上海位于现在延安中路上的原"中德医院"出生的，请德国医生接生。整个童年几乎都是由我母亲的一位陪嫁保姆照顾我的起居。父母对我关心备至，特别是我妈妈以她母性的温柔和细心陪伴我。当然他们更多的是关心我的营养、卫生、安全等生活的各个方面，而品行、情操、兴趣、人生等方面的引导似乎体现在点点滴滴的小事中，这与他们自己的成长环境有关。他们最担心的是我在外面与人吵架打架。一次我的新笔盒被同学弄坏了，回家后告诉妈妈，她说可以再买一个，但叮嘱我千万不要去和同学争吵。记得小时候我爸妈给我买了一辆小汽车，可以一个人坐在里面通过一个曲柄连杆机构蹬着开动。我想开到门外去玩，也炫耀一下我的小汽车，但我家的保姆怕外面不安全，总是只让我在客厅中开，她还跟在我后面"保护"。可想而知，我在这种环境中成长，必是一开始就是一个谨小慎微有余、能动进取不足的人。但是从另一个角度讲，小时的环境也许造就了我终身比较安静内向的性格。我爱看书，也看一些与年龄不太相称的书，譬如在上小学前我就读完了《三国演义》，虽然有一些不是很懂，但毕竟还是看完了。已忘了是谁送了我一个八音盒，德国制造，十分精致。我会独自坐上一两个小时，一次次旋动发条，一遍遍听着那婉转但却单调的旋律，也可能就这样慢慢喜欢上了古典音乐。后来那八音盒因搬家等原因找不到了，但我还一直怀念它，总想再拥有一个，以圆童年旧梦。直到几年前，我在上海东方艺术中心听音乐时在中心的商店里见到八音盒，终于再买了一个。当年我会把自己埋在沙发里，几个小时冥想着一些"深奥"的问题，譬如人是从哪里来的，人是怎么会长大的之类。也许这也形成了比较"坐得定"的习惯，以致到后来做研究、看文献，也比较"坐得定"。

（2）

我妈妈对我做的坏事却也毫不留情。不诚实，是她最痛恨的品质。在上小学时，她给我一些零花钱带在身边备作不时之需，但是说好不能随便花，不让买零食，只能是备而不用。我看同学都在嚼口香糖，非常羡慕，一次也买了，我对妈妈谎称把钱弄丢了。对这种低级的谎言，她当然心知肚明。经过"审问"，我承认了，她就开始惩罚我，把我关在壁橱里，让我待在一个黑暗的环境中。我怕黑暗，于是就大哭，但不敢擅自推开壁橱门出来。黑暗的壁橱，给我留下了深刻的印象，回顾童年的我，从此以后似乎再也没有"不诚实"过。这次惩罚，管了我很长时间，成年以后，当然"不诚实"过，说谎过，但这多半是出于保护自己的需要不得已而为之，并且过后也会感到自责。

我爸爸要上班，管我的主要是我妈妈。记得练毛笔字，我就用她写的字作为习字帖来练，因为她的字写得很好，所以至今我写的字还有一些像她的字体。那时刚过"七七事变"，日本对我国发动全面侵略战争，后来的淞沪抗日，家里大人们的议论，使我的幼小心灵也充满了对日本侵略者的仇恨。妈妈写了岳飞的《满江红》的大楷字，给我临摹，以致至今我仍能背诵这一气壮山河的词。他们买了一个孩子玩具钢盔给我。冬天很冷，但我死也不肯戴绒帽，只戴那个冰冷的"钢盔"，拿着我的玩具枪，躲在椅子背后作瞄准日本兵状。多年以后我妈妈还一直在逗乐我那时戴着钢盔、提着步枪的"英雄"气概。

妈妈记得一些古时的名作。她常常会一字不差地背诵三国时期诸葛亮的《前出师表》和《后出师表》，一面背诵，一面还称赞写得真好，真是"忠臣"。我爸爸虽不会全文背诵，但记得一些，也能穿插几句。在他们的交谈中，我潜移默化地感受到忠诚和正直的可贵。

日本投降前夕，那时从大人口中已知道时局已有一些动荡，似有"风雨欲来"之势。记得有人带我到延安中路一个秘密地点看了一场《斯大林格勒大血战》的电影，已不记得是谁带我去看的，看得我热血沸腾，总想上战场杀敌。那时美国飞机已濒临上海上空轰炸，知道这就是 B-29，可能是当时世界上最大的轰炸机。我独自到晒台上看飞机投弹，只见日军的高炮射击远达不到飞机的高度。虽然轰炸的地方离我们家还很远，但家人怕有危险，要我下来，但我宁可冒着被高炮流弹击中的危险而不肯下楼，直到飞机离去，还感到意犹未尽。小时体弱多病，生过多次重病，数次从死亡线上被救回来。一次我患白喉，妈妈为我出去买药，因为心急，回来时差一点撞上一辆汽车。小学五年级的暑假，我患上了伤寒，高烧一个多月，后来也不知怎么就好了。这些病现在也许算不了什么，但在当时都还是致命的。后来我还患过脑膜炎。那是在大学一年级后的暑假。放暑假回家了，很高兴，但在暑假的第一天就感到头痛，而且越痛越烈，发烧且伴有恶心，脖子僵直。父母上班去了，我一个人在家，翻了家里仅有的一本老旧的内科书，觉得这完全就是脑膜炎的症状。我独自走到离家不远在北京西路上的上海市第一公费医院，对门诊医生说我得了脑膜炎；他问我，你怎么知道。我把书上看到的脑膜炎症状说了，说我有这些症状，并且一样不少。他还称赞我的"自我诊断"能力，要我立即住院，在住院的诊断书上还写了"病人神志清醒，配合良好"这样的话，使我对自己颇为满意，因为这是对脑膜炎病人的极高评价了。早上分手时还只说我有些头疼，后来我打电话给我妈妈，告诉她我已因脑膜炎住院，她不禁大吃一惊。她来看我时也还称赞我能及时正确的"自我诊断"。这是我生平第一次享受公费医疗待遇，只记得当时病房条件似乎比现在的高干病房还好。

得过这些病，老年时还患上了癌症，但如今健康情况尚可。我自己十分庆幸的是在脑膜炎后，2011 年又经历了一次脑部大手术，幸亏脑力方面的后遗症似乎并不明显，所以我现在还能从事一些研究工作，还能做学术报告，这可能与我的童年得到了母亲悉心关怀留下一些健康的资本有关。

我母亲过早离去，使我十分悲痛。1970 年她得了乳腺癌，动了手术，情况还很好。但是在 80 年代后期她被发现患有肾癌，不知是原发还是转移的，医生认为手术已不可能。1992 年在她弥留之际，我去看她，那时我正因马尾肿瘤而住在华山医院准备动手术，这使她十分担心，但却无能为力。她握着我手说："何不等我死后再发现你患马尾肿瘤呢？"她已把自己的生死置之度外，而是担心我的健康。她的这句话，一直留在我心头，直到如今。

（3）

忆及童年，不免想到我从小就有的名字"渭康"，以及此名的来历。我的名字是我的外公起的。我一直不大明白我的名字的含义。人家的名字，有的气壮山河，有的柔情似水（见"大话年代"），而我的名字中有一个"渭"字，这个字虽说不是什么生僻字，但却也用得不多，意义似也不明。有不熟悉我的人在写我名字时，常常会写成"伟康"，以示伟大和健康，就像给一家杂货铺或药房取名似的，那当然更为俗气了。

一次和我的两位表妹闲聊，不知怎的，谈到了我的名字来源。她们也知道我的名字是外公（她们的祖父）起的。她们说，听她们的爸爸（我的舅舅）说，外公给我起的名字是有深意的，可以从古籍中找到典故。后来又说是用了英文中 welcome 一字的谐音，表示欢迎我来到人间的意思。对后者我有点不信，我深信外公没有那么俗气。又记得曾听妈妈讲起听人说我命中缺水，就起了这个名字，两个字中都有"水"字。总之我并不很明白我名字的含义，只知道反正我的名字是含义很深的。

妻子的一位好友赵燕曾女士已定居美国，与妻久无联系，但后来联系上了，待知道我的名字后，特意发来电子邮件问妻，问我是不是和陕西省有什么关系，她说她特意去查了各种辞书，对于这个"渭"字，只查到一个出处，就是陕西省的一条大河叫做渭水，除此之外，没有别解。她说的是对的。我也查过，包括大型工具书，的确除渭水外没有任何其他意思。当然，我与陕西没有什么关系，所以我的名字似乎是从天外飞来，不知何物了。只记得有一次我在陕西出差，车行在渭水的大桥上，我玩笑地对同车的朋友说，这是我又一次看到并经过"我水我桥"。

小时候我深得外公宠爱。我没有见过祖父，但外公很喜欢我，这是我虽小却能感受到的。外公很早就考上"优贡生"，清廷推翻后又受过高等教育，中英文俱佳，特别是古文，受太外公影响，熟读诗书；太外公官至翰林院编修，古文修养当然精深。

孩时我爱去外公家：外婆慈祥，外公宠爱。外公得了严重胃病，卧病在床。我去后，总是先去外公房间看他，因为他常说，每看到我，胃就不大痛了。我喜欢听他说这话，也希望让他减轻些痛苦。我深信他给我取的名字，必有深意。但他在50年代初就逝去，我还来不及问他。

不久前，已在美国定居的表妹盛红发来邮件，说她终于找到了我名字的寓意。盛红于80年代末在苏格兰的格拉斯哥大学获得药理学博士学位，但却对我国古籍始终很有兴趣，喜欢博览群书。她每次回国，除了来时带来一些送人的礼物之类，然后就抽时间去泡图书馆和书店，回美国时她的箱子里却装满了书。时时不忘读书，这一点我很赞赏。

我的名字的来源是，《诗经·秦风·渭阳》对秦康公送他舅舅重耳返晋，有如下诗描述：

我送舅氏，曰至渭阳。何以赠之？路车乘黄。
我送舅氏，悠悠我思。何以赠之？琼瑰玉佩。

说的是春秋战国时期，晋献公的女儿嫁给秦穆公，名为秦姬。晋襄公之子重耳（文公）受后母迫害逃往秦国，秦穆公接待了他，其妻秦姬，即为文公之姐姐。秦姬与秦穆公生子为康公，实为文公之甥，也是秦国的太子。后文公要回晋继位，那时秦姬已死，秦穆公要儿子康公送舅舅文公回晋，依依不舍，直送至渭水北面（"阳"即北面的意思）才与舅父告别，并赠以厚礼。这首诗表述了甥舅之情谊，并间接表述了康公对已故母亲的思念。故有"康公渭阳送舅思母"的典故。外公以"渭康"为我取名，通过甥舅情深来描述念母之思，这样把我和陕西渭水联系了起来。

我十分感激外公给我取的意境深远的名字。我的两位表妹也很高兴：我的名字，渗透了我对他们父亲（我的舅舅）和他们的姑妈（我的母亲）的深情厚谊，这似乎也使我与两位表妹的情感升华。

（4）

在我童年，我的家境很快从小康到困难：货币贬值是一个原因，父亲收入菲薄是另一个原因，后来他甚至还失业过。1945 年我 10 岁，那一年正值抗战胜利，全家兴高采烈地庆祝胜利，但就在这个时候，我父亲做了一个错误的估计。他认为国民政府的"接收大员"们大量来沪，必会引起房价上涨，而我家住的巨鹿路，属于上海的"上只角"（比较好的区域），房子又较好，可以"顶"给人家，"顶"个好价钱。等"接收"之风过去，房价必降，那时我们可再"顶"回来。在这期间只能把家具存放在亲戚家，暂住一阵"饭店"（即旅馆）。年轻读者可能不知道"顶"的意思。"顶"是指想租房的人出"顶费"给已租房的人，让后者搬走后自己租住被搬空的房，用现在的话，是买房屋的使用权，也有类似一些化学工程中"平推流"后推前的意思。没有料到的是，他的估计被证明是大错特错的：房价不但不降，反而持续上升，要"顶"进一套住房几乎已不可能。

后来我们只得暂住亲戚家。人多势利，虽为至亲，但我们无家无业，寄人篱下，必遭受"白眼""冷脸"无数，无奈之中也只得忍气吞声，委曲求全。就这样又过了几年，直到上海解放。

1949年夏秋后不久，房价似略有回落，我们"顶"进了位于上海市南京西路陕西北路口的一套住房。住房虽小，但比较精致，建筑质量也很好，又是闹中取静，出门就是上海最热闹的地段。记得是爸爸独自去看房的，回来后画了一张简图征求我们的意见。妈妈和我看了都喜欢。解放之初爸爸和妈妈都参加了"失业知识分子登记"，后来通过市里的一次考试，爸爸因为有些银行工作的经验而被人民银行（今工商银行）录用，妈妈作为公务员在长宁区政协做文书工作。这样一家人总算有了住房，大人也都有了工作，我正在上初中。爸妈都很高兴，因为可以从寄人篱下遭人"白眼"无家无业的境地改变为"有家有业"了。妈妈还心情激动地特地写了一封信给爸爸和我（她觉得有些话写信比讲话更能表达她的思想），信中说我们三人如同一叶扁舟，在风雨急流中漂泊多年，现在总算傍了岸，系了船，以后我们定要像一个人似的，好好生活，好好工作，当然也鼓励我好好读书，学好本领。

在这期间还发生了一件对我来说影响一生的事。1947年我小学毕业，准备进中学。小学是在我们家附近长乐路"炳生小学"上的，这是一位孙雪影女士为了纪念她的在法国租界政府部门工作的丈夫曹炳生先生而办的，对象主要是上层人士的子女。孙女士任校长。由于孙女士是一位虔诚的基督教徒，所以当时校内宗教性质的活动很多，记得音乐课就只唱宗教歌曲，课余也组织一些宗教活动，如圣诞节时组织一些圣诞庆祝活动之类。但是我从未参加过。这也许是因为家里为了"安全"，总要我一下课就回家的缘故。

从这样一个小学毕业，爸妈坚持要我进上海一所著名的教会办的学校——圣芳济中学。这是一所"贵族化"的学校，只招男生，学费昂贵，并且由于书籍文具多采用从英国进口的，因此一些附加的费用也很可观。学校的校长和部分教师由外籍教士担任，教学除个别课程用中文外，多是用英文进行的。学校校舍整洁规整，有很大的运动场地。由于英语教学的水平很高，所以这所学校以培养"洋奴"出名，毕业后的出路也多为外国公司服务或出国留学。校友中不乏一些当时的名人，如宋子文、吴国桢等人，多是政界、商界的知名人士。爸妈觉得能进这所学校，将来"出路"会很好。所以当时尽管家境已很不好，他们宁可出高学费，也要我进圣芳济。圣芳济校规严格，对调皮学生甚至动用打手心、罚站等体罚手段来保证教学质量。我生性懦怯，怕适应不了圣芳济的严格管理和英语教学，不想进这个学校，我以学费太贵为借口推三阻四，但是爸妈却说再贵也要进这个学校。最后我还是顶不住父母的坚持，进了圣芳济，并在那里待了六年，直至高中毕业。至今还留下印象的是，每逢新学期开学，我总是心事重重，不知是否交得起学费，不然也只得中途辍学。在我的《半生行悟——亲历与随想》中曾经对这一阶段有过一些描绘。在我国实行改革开放政策以后，我有了出国留学的机会，回顾自己在英语交流能力方面遇到的困难似乎比我的同龄人少一点，我总会感激我的父母在当时家庭相当困难的条件下坚持我必须进圣芳济的良苦用心，以及后来给我带来的一些方便。

在我的童年，虽然我的父母在引导我走上科学或艺术之路方面不是那么直接，但他们留给我的是为人正直、诚实、善良的教育，相信这与我今天的待人处事之道是密不可分的。

（5）

如同上面所说，我是我父母唯一的孩子。一种绝对意义上的独子，也就是说，我从未有过兄弟姐妹。我父母把他们的爱专注在我身上，特别是我妈妈，我十分怀念她。虽然他们对我的教育和引导未必十分理想，这可能是因为他们自身的条件所限。然而我体会到他们的爱和为了培养我所作的努力和牺牲。

父母和我之间的亲情是在长期真诚相待、平等交流、充满爱意之中养成的。这也许是"独子"的一个好处。亲友看我们似乎有些"没大没小"，但我感到这才是真情。小时候我叫母亲"妈咪"，一次她抱着我坐在她腿上，我摸着她的脸，说妈咪，你真胖，我不叫你妈咪了，以后叫你"胖咪"吧。她也很高兴。后来我看她其实也并不胖，就说我不叫你"胖咪"了，还是叫你"咪咪"吧。她说你高兴叫我什么都好，只要你喜欢，只要你认我做妈妈就是了。于是"咪咪"这一独特的称呼一直用到她离世。结婚后，妻也跟着我称她为"咪咪"，我岳母知道我们是怎么称呼妈妈的，还与我开玩笑，说你怎么称呼妈妈就像叫一只猫似的，但我觉得是很亲切，也很好玩的。妈妈病重期间一直卧床，保姆要打电话给我，她还叮嘱保姆，不要常给渭康打电话，说他工作忙，路又远，来回会很累的。

同样的事也出现在我父亲身上。就在我修改本文之际，我父亲以 101 岁高龄平静离世，弥留之际他嘱咐保姆不要动不动就给我打电话，理由也是同样的。我知道了以后去看他的次数多了。就在2015 年 11 月的最后一天，我去时他按习惯早餐后睡着了，保姆要叫醒他，被我阻止，我说让他睡吧。但是在我出门后不久，保姆来电说公公"叫不醒"了，我才赶忙折回去处理父亲的后事。

后来在整理父亲的遗物时看到他在 80 岁生日时写的一首有点自嘲的打油诗：

> 人生七十古来稀，
> 如今八十不稀奇；
> 活动营养好心情，
> 争取再活三十年。

这首打油诗表明了他生的愿望，只是遗憾他没能再活三十年。

父亲卧床已久，我早已有他不测的思想准备，毕竟高龄了，但他的离世还是使我十分悲痛。即使是在最后的弥留之际，还是传承了从我孩提时代开始的亲情，即使在病痛和寂寞之中，还是细心地关怀着我，甚至压制了自己十分想见我的感情，要保姆尽可能不要因为他的身体情况而常打电话给我，以免使我担心要赶去看望他。

现在有一种论调是我国已进入"未富已老"的社会，也即老年人口的比例已非常高，以至于今后只能靠一个年轻人养活一两个老年人之类的说法。因此，为了改变这种局面应该放开"一孩"政策，甚至有人不惜危言耸听地发出警告，我国已进入一种"人口危机"，应该从"明天起就取消计划生育政策"，以免造成我国劳动力缺乏。这种论点似乎已成为我国舆论的"主流"。

正确的社会舆论可以供决策层参考，但有一些值得商讨的舆论看似有理，实却很容易引起误导。有人说"独子"家庭不利于孩子的健康成长。言下之意，家里必须有多个小孩，打打闹闹，或称热热闹闹，争夺吃的穿的玩的，就有利于孩子健康成长？当然"独子"家庭，对孩子成长有不利之处，但也有有利之处。就我自己的亲身体会，我自小体弱多病，几次在死亡线上挣扎徘徊，但却在八十之年，尚能还算健康地生活和工作，这在一定程度上归功于我的"独子"家庭，不然恐怕连命都早就不保了。

这是"谬论"？或许部分是，但我深信不会全部是。试想一下，那些高唱要多生小孩以免我国老人比例太高论调的人，有没有想过我国的人口如果增加到十六亿或更多，我们喝的水从何而来？别的可以买，水怎么买？我注意到权威的英国《自然》杂志，在2008年曾有一期作为专刊专门讨论中国的水问题，认为水是中国各种资源中最稀缺的，远超过了燃料油的缺乏。洋人在"急"，我们似乎还很坦然，在高唱多生小孩来降低老人比例的论调。这一论点有些像有些工业企业排放污水。污水中有害物质比例高了，超标了，环保管理部门来检查时就用自来水来稀释污水，以求污水排放"达标"，但有害物质总量一点都没有减少，这种稀释的作用只不过是骗骗环保管理部门罢了，体现了十足的"中国特色"，并且污水排放量（以体积计）更大了，处理更困难了。他们怎么不去想想，用这种增加分母以降低老年人比例的方法，当今天的分母到明天成了分子，那时再去增加分母？

怎么办？治理污水，最好的办法是化污水中的有害组分为有用组分：多了资源，又少了污染。老年人比例太高，要年轻人养，负担太重，最好的办法是根据不同老年人的健康情况和专长把他们组织起来，量力而行地用起来，至少让他们可以部分地自己养活自己，把那些成天喝茶打牌、遛狗聊天的老年人组织好，用起来，说不定那些老年人的工作态度还好过现在一些小青年呢。有一些用人场合，重要的不是体力，而是知识和经验，如医生、教师等。六十岁退休了精力还很好，自己也还愿意做一些力所能及的工作，但却赋闲在家，岂非莫大浪费。再说即使从今天起就开始多生孩子，他们成为社会劳动力也要在大约 20 年以后，对老年人比例的"稀释"作用必是严重滞后和有限的。对待这种由于系统的非线性性质导致的严重的"时间滞后"现象，科学上和工程上的处理都十分谨慎，因为一不小心可能就会引起严重后果，比如振荡现象，甚至可能还是发散的，并且对它的矫正也必然是严重滞后的。通常的方法是用预估控制，我们的计划生育实际上就是一种有效的预估控制方法。

撰写本文之前不久，看到一条报道，说一位旅美的工程专家郭子中教授，对我国社会上流行的放开生育政策之类的论调忧心忡忡，于是写了一本名为《人口战争》的书，中心思想是我国人口状况已使我们的社会不堪重负，资源不堪重负，环境不堪重负，千万不能轻率地提放开生育政策。他用了详实的资料来支持他的论点。但就是这样一本书，由于观点和当今多生小孩以降低老人比例的"主流"舆论不协调而没有出版社愿意给他出版，最后找到了光明日报出版社才得以出版。这件事本身就说明了社会上"舆论一律"之风甚盛。

我买了《人口战争》来看，并且非常同意郭子中先生的一些论点，为这位已定居美国的工程专家忧国忧民，敢于"冒天下之大不韪"写这么一本书的精神敬佩不已。我也愿意借此机会向光明日报出版社致意，因为他们做了一件别的出版社不大敢做的事。

一位经济学家的研究显示，1950 年我国的人均 GDP 大约与西汉时相当，也就是那么多年来经济的增长被人口增长抵消掉了。我们可以设想，如果没有当年严格的计划生育政策，我们今天的生活水平绝不可能是现在这个样子，我们的国力也不可能像今天这样强大。所以十八届五中全会虽然决定开放"全面二孩"政策，但是还是强调"坚持计划生育基本国策"，以促使人口"长期均衡发展"，这一点始终没有动摇。

躁动的中学生

我的中学学习生活可说是既平淡，又无为，现在回想起来真不知自己当时是怎么想的，做了一些什么事。这也许是所谓"青春期"的痕迹吧。自己没有固定的目标，没有明确的追求，又不愿静下心来学习，可以说就这样在"躁动"中度过了中学年代。

（1）

在"重温童年旧梦"中，写到我是奉父母之命于 1947 年秋进入上海一所"贵族化"的教会学校圣芳济中学读书的。这所学校校规严格，学费昂贵，只招男生，校长和教师不少由外国教士担任，这种办学模式在 1949 年上海解放以后很快有所改变。

不少上海家庭的孩子羡慕在圣芳济读书，多数是因为洋学校培养的学生一般有良好的英语基础，毕业后在上海找个体面的工作不难的缘故。然而不少家庭望而却步，因为学费及一些附加费用太贵。可是我却并不愿意进这所学校。我在很大程度上是因为不想违背父母意志而去圣芳济就读的。原因是我从小就生性懦怯，又生怕不能适应这所学校严格的管理和英语要求，虽然我也耳闻从圣芳济毕业后多有较好的出路，但内心是十分犹豫的。

圣芳济座落在上海的延安中路上，离我们家不算远，一般步行 15 分钟就可到达。校园整洁，教室宽敞，有一个很大的操场，可以从事篮球和足球活动。初到学校，看到中外教士不分冬夏都穿一色的黑色长袍，白色领衬，胸前挂着一个金属的大十字架，十分威严。学校有一套规矩，学生虽然调皮，但还是遵守着这些规矩。上课当然是不许讲话或开小差的。记得初一教我们英语语法的邓先生讲课讲得很好，但如果在他的课上有学生私下讲话或不专心的，他就会利用写黑板剩余的粉笔头用手指弹向那个学生。他久经锻炼，弹粉笔头又急又准，基本上可以做到百发百中，当然偶尔也会失手把粉笔头弹向邻座学生的，那时邓先生会轻轻地说一声"sorry"，向误中者表示抱歉。我看弹粉笔头很有趣，课下也想学学试试，但毕竟功夫不够，再学还达不到入门水平。这种弹粉笔头只是一种警告，还谈不上惩罚。惩罚最起码的是罚站，再厉害一些的则是打手心。所以学生们一般在教室里表现得比较守规矩，等到课余走出教室就会发泄一下。对于年轻学生这也是正常的。

从一件事可以看出管理的严格。我们每天要练字。教师可以不必每天布置练字作业，学生会按教师在学期初的布置按日去完成。根据规定，我们每天要交一页练字纸，风雨无阻，每页 20 行，规定必须用 G 字笔尖写，不能用自来水笔。G 字笔尖是一种专门用来练字的蘸水笔尖，自英国进口，是用以模仿古时欧洲的鹅毛笔，很软，用来练字确实不错。老师规定我们如有哪个学生不按时交所练的字，次日必须加倍补交，即两页40行，再次日就要交四页，即80行。也有的学生贪玩不交，直至累积到要交数千页，最后不得不退学了事，可见校规之严。

学生们把每天应该交的练字叫做"lines"。早上见面时学生会相互问"你今天lines写了没有"？如果没有，有的学生会抽空补写。但这相当不便，因为练字要用G字笔尖和墨水，要把纸铺开来写，但教室里乱哄哄的，不易写好。如写得不好，老师会要求重写，次日交来时也得双倍。所以练字是除日常功课以外一个必须完成的练习。我每天规规矩矩地练字，这样前后大约有两年工夫，到如今还能写一手很好的英文连体字。

英语课很重。英语分成若干课程，包括课文、语法、作文、听写等，几乎占了每天上午的大部分时间，其余的课，包括国文，都成了"卫生课"。课上要学生起来"朗读"课文，教师会矫正学生的发音，也就是在刚入学的一两年里，我打下了发音的基础。考试虽然不容易，特别是听写，但也还过得去。我最紧张的考试是会话，那是由外国修士在一个小房间里与学生一对一进行的，但我记得好像考得还不错。班上那时有一些很"洋气"的同学，他们的朗读和会话一点没有问题，后来才知道有的同学父母曾在外国留学，他们在家里是用英语交谈的。

学校按照国外的模式，也有一些形式上的东西，譬如学校有自己的"纹章"，有些像现在时兴的所谓logo，是一个盾形的标志，与古代欧洲的贵族家族都有自己标志性的盾徽相似。我们的校徽、练习本等都印有这个"盾徽"。带有"盾徽"的球衣、球帽等，都可以在学校卖品部买到。我也曾买了一个织品的"盾徽"，是专门缝在衣服左胸前的，十几个公分见方大小，请妈妈缝在我的西服胸前很显目。走在街上，路人会注视我的"盾徽"，我还觉得很光彩。那时候，开始对作为圣芳济的学生感到一些荣耀了。

我自1947年秋进入圣芳济，到1949年5月上海解放，有近两年时间接受了这样的教育。上海解放以后，这种教学模式逐渐有了改变。我设想，如果我一直在这样的环境中接受教育，别的不说，我的英语水平一定会比现在高出很多。虽说圣芳济是一所中学，但单从英语教学效果看是颇值得称道的，它的英语教学水平高过上海一般的教会中学。我们的另一位英语老师童先生，后来受聘于北京外语学院担任教授就是一例。

除英语教学以外，圣芳济中学还十分重视体育和音乐教学。学校请了当时上海滩很有名的体育教师张觉非先生任教。张先生的教学方法别出心裁，口哨吹得出神入化，很容易引起学生兴趣。音乐课也是如此，以教授古典音乐和名歌为主，我记得当时对《101首最好歌曲》的教学，至今还留有印象，也还保存着这本原版的音乐书。只是我生来就不好动，身体素质也并不好，所以对体育课总有些望而生畏之感。然而学校对体育的重视在上海既有名，又有效。圣芳济的学生排球队曾数次获得上海市联赛冠军，新中国建国之初的排球国家队中也有几名队员来自圣芳济的排球校队。

多年之后的1979年我到美国波士顿地区，听说在波士顿一二百英里处也有一所圣芳济中学，是由同一个教会管理的，同一校名。我很想去看看，但因为比较远，我又没有车，后来只能作罢。又过了几十年，到2014年，我惊喜地收到美国密歇根大学王如念教授发来的邮件，他说他无意中看到了我的《半生行悟——亲历与随想》，知道我在上海圣芳济读过书，他告诉我他是在香港圣芳济读了中学再去美国留学的。他说他的几位老师最初是在上海圣芳济任教，上海解放后才移居香港并在香港圣芳济任教的。

可能是由于英语教学非常奏效，比我早两届的学长林宗虎院士在他的《传记》里曾提到在圣芳济最后七年办学培养的近400位毕业生中，不完全统计已有五人当选为我国两院院士，他们是林宗虎、胡壮麒、柳百成、柳百新和袁渭康。这个比例应该说是相当高的。

究其原因，可能是因为圣芳济的毕业生中不少人在改革开放之初，就因英语方面的优势而被派遣出国留学，回来后做成了一番事业的缘故。但是实际上，林宗虎院士的统计的确是"不完全"的。就我所知，中科院的洪国藩院士也是那段时间毕业的校友，但宗虎并没有把洪国藩院士统计进去。

（2）

初入圣芳济，有一些惧怕感，也有一些自卑心理。惧怕感，是看到那里黑袍白领的外国修士，威严得很，又讲外国话，就畏缩不前。那些修士，他们之间交谈，常用法语，更使我们感到隔阂。但我由于从小受法国文化的影响，对法国和法语有一些兴趣，心想从高一开始我就可以学法语了，也很高兴。当然后来由于上海解放，高中的法语教学被取消了，这也是情理之中的事。所谓自卑感，是看到了不少同学或来自富商巨贾，或来自高官名人的家庭，放学后他们上了停在路边来接他们的小汽车回家，总认为我和他们不是一路人。虽然平心而论，这些同学却也不见得在摆什么架子，但我们的自卑感还是驱之不散的。譬如我初一时的邻座吴修广便是当时上海市市长吴国桢的儿子。一次他过生日，请我去参加他的生日"派对"，我虽想去看看场面，但最终还是怕被人笑话寒酸而没有去。

不少同学在解放前夕一个个消失了：他们跟随家庭，有的去了台湾、香港，有的远走异国他乡。留下的同学中也有不少出自富裕家庭，他们中不少人后来的表现的确也不尽人意。上海解放以后，教会放松了对学校的管理，最终则是根本不管，市教育局对于这种特殊的学校大概也有些头疼，我感到有一些放任自流。从此圣芳济这所名校就此衰落了下来。我毕业几年以后，校舍被征用，学校奉命搬迁到了成都路一带，校舍很小，并且几乎没有运动场。又不久，学校被取消了高中部。取消高中部，这对学校是一次重大的打击，并且又按要求迁到了武定路上。每次迁校，校园都会变小一号，校舍都会更加简陋，以致于令人有"零落成泥"之感，唯有在校友自发聚会时，当年那些在全盛时期培养出来的学长们虽已满头银发但仍是满怀豪情地回忆起母校的名声和教学特色，仍会感到母校"香如故"。校友们有时会感叹着圣芳济不知何时得罪了哪级领导，得罪了何方神圣，这所特色鲜明的学校会落得如此下场。昔日上海最有名的两所教会中学，男校圣芳济，出了宋子文那样的校友；女校中西女中，出了宋庆龄、宋美龄那样的校友。同样贵族化，同样学费昂贵，同样极重视英语教学，如今且看人家中西女中，解放后改名市三女中，仍在原址上发展，仍为上海名校。

在校六年，从初中到高中，经历了圣芳济的盛衰，我的体会是，虽然在上海解放后办学条件发生了极大的变化，但是在很大程度上也与学生的学习自觉性有关。解放前教学质量靠教会严格的管理，学生的自觉性不够这一点被掩盖了。解放后管理放松了，旧的权威被破除了，但新的权威没有树立起来，或者说市教育局也没有真正设法把这所学校管好，学生的反弹非常强烈，学习环境整体上处于无政府状态。主要反映在课堂纪律混乱：迟到、早退、交头接耳，有时甚至大声喧哗，使想好好听课的学生也无法专心。造成这种局面，一些富家子弟起了很不好的作用。外国教士们离开了，来了一些新的中国教师。外国教士的离去主要影响了英语课的教学，但总体上说教师水平并不差，英语教学的传统也还在。但是要靠中学生的学习自觉性几乎是不现实的。我认为我就属于自觉性较差的学生。在好的学习环境中，我相信我还能好好学习，但是在吵闹的环境中，我已是"身不由己"了。学生们对现状是不满的，但也没有办法，多数采取的是得过且过的"无可奈何花落去"的态度，也有在暗中怀念旧日圣芳济的教学质量。普遍的情绪是，学生对学校现状不满。往日的严格管理，至少博得了一个学校的好名声，博得一个名校毕业生的好资格，可是现在呢？

聖芳济中学后来改名为私立时代中学，后来被教育局接管，又改为市立时代中学。我的高中文凭就是盖的市立时代中学的大印。但是令人笑话的是，在我后面多届毕业的校友中几乎没有人说自己是时代中学的毕业生，而都是说聖芳济毕业。今天见到比我年轻很多的校友，他们会挺起胸脯说自己是聖芳济毕业生。我给他们屈指计算，他们进校是时代新生，出校是时代毕业生，可以说连一天聖芳济都没有待过，但是他们会理直气壮地逢人便说，"我们聖芳济""我们聖芳济毕业生"怎么怎么。我想，能把一所学校办到如此程度，对当年办学者也是足以告慰自己了。

（3）

课堂纪律差，也不是绝对的。我们高三时来了一位语文教师景克宁先生，听说我们毕业后不久他也离开了学校。他上课时课堂纪律就很好。

景先生相貌堂堂，衣着讲究，讲一口标准的普通话，讲课从容不迫，从不带讲稿，课讲得却非常吸引人。他分析课文深入浅出，择要解释，紧扣重点。虽然他很年轻，但他一到我们班上课就似乎镇住了吵吵闹闹的同学们。上课时有同学说话，他就严肃地看那同学一眼，也不责备，同学却就安静下来，再也不敢讲话了。那时学生中还留有教会学校的遗风，就是私下只看得起英语教师，教其他课的，特别是教语文的，不容易得到尊重，对景先生却是个例外，至少在表面上是如此。

我利用了景先生上课时这难得的良好课堂纪律，认真听课，算是好好学习了一段时间的语文，这对我后来的写作能力无疑是有很大帮助的。景先生强调写作时中心思想的树干作用，以及根据不同写作目的所设计的枝叶的陪衬作用，使我深受教益。课下我也常向景先生请教。他似乎也比较喜欢我这个学生，常会放下手头工作与我谈谈，这可能是因为我听他的课总是十分专心的缘故。闲谈中我了解到他原名不叫景克宁，后来因为接触进步思想，受无政府主义思潮的影响，分别用了无政府主义大师克鲁泡特金和巴枯宁名字的第一个字和最后一个字，组成了克宁。他告诉我就像巴金，也是因为仰慕这两位无政府主义者而改掉了自己的原名，用了另外头尾两个字，叫做巴金。幸而在中学的最后一年，在景先生的教导下，我有机会好好学习了一年语文课。

中学毕业后，我听说景先生不久也离开了学校，但是我一直怀念他上课时那种富有磁性的声音。我很想有机会去拜访他，再听听他的教诲，但是也不知他在哪里，一直没有机会。我只听说1957年他被打成"右派"，后来入狱并以"现行反革命"罪判过死刑，直到"文革"以后才平反昭雪。出狱后他决定离开上海，回到他老家山西运城，恢复了他的教授职称。他以他那十分动人的口才投入到演讲中，做了很多报告，写了很多书，并受聘清华等校的客座教授。他的报告十分吸引听众，因而被誉为"演讲艺术家"和"演讲大师"。他原打算此生能做满3000场报告，后来因癌症离世，只做了2800场，听众已过300万。为了撰写本文，我特地到网上点开了他的一个报告。那是2005年在他临终前一年做的。癌症晚期，80多岁，但还是风采依旧，不用稿子，还是用他那富有磁性的声音，语言生动，姿态得体，全程站着报告。斯人已逝，却使我这个做过他学生的人在时隔60多年后回忆起往事，再听他的讲话，真是百感交集，感慨万分。我遗憾没有能在他生前查到他的通信方式，专程到运城去拜访他一次，不然，定会使他高兴一些的。

（4）

妈妈怕我上课中间会感到饿，总会在一早上我去上学时与我一起出门，陪同我到就在我家旁边，也在南京西路上的一家白俄经营的西式点心店买一些刚出炉的点心，让我带到学校里在课间休息时吃。一早西点店刚开门，我们买的差不多总是刚出炉的点心。西点做得很好，花式又多，就是以今天的标准衡量，也必是上乘之作。但我更喜欢学校门口的点心小卖铺在课间出售的"吐司"。所谓"吐司"，不过是在面包中夹一个油炸春卷，十分一般，比起我带的西式点心来，既单调，又廉价，我喜欢"吐司"，原因是大家多这么吃，也可以说是对家长关心的一种"逆反"。妈妈不让，她说那吐司不卫生，坚持要我吃自己带去的点心。我只得遵从她的意思，带了点心到学校，在吃点心时与同学交换"吐司"，瞒着妈妈。同学当然高兴，因为点心好吃，而且花样又多。

每天上学，大约要步行 15 分钟。走着走着也感到乏味，就想出一个办法，就是记街上来回的汽车牌号，以提高自己的记忆能力。那时街上汽车少，早上行人也少，我看到一辆路过的汽车，就强记住这辆车号，过一会又一辆驶来，我又去记住另一辆车号，这样一次上学步行，大约可以记十余辆车号。有时到了学校，可以在纸上写出，有时不写，但自己觉得大体可以记住，当然或许会有记错的。这种提高记忆力的方法我坚持了少说也有一两年，是否真有效果，我不敢肯定。然而在后来的学习与工作中我自己感到我的记忆力还不错，不知与那段时间记车号这样方式的锻炼有没有关系。直到现在我虽已八十有余，但我的记忆力似乎尚可。譬如人家说了一个电话号码，我故意不记，也不存在手机上。我说我可以记得住。然后我把这个号码默诵几遍，也会去找电话号码的规律，一般不大会记错。

放学回家，街上行人多了，并且我有一两位要好同学常常同路步行回家，一路闲谈，当然就不去记车号了。上海人管这种闲聊叫做"吹"，就是海阔天空的聊天的意思。其中一位同学张莘迦，他的两位兄长都是圣芳济毕业的，一位比我高六届，另一位比我高三届，并且都进了交大，我也都认得。苹迦几乎每天和我一起步行回家，总会一路给我讲一些他从他哥哥们那里听来的交大的学习、交大的水平、交大的教授之类。那时我对大学的情况知之极少，很喜欢听他讲大学的事。从交大他还讲了麻省理工学院，因为不少交大教授是在麻省理工受教育的，不少交大的教材也出于麻省理工教授之手。我第一次听到了麻省理工的名字，当然十分仰慕，也十分仰慕交大。这段时间常常一路步行回家，一路"吹"，实际上对于名校和学问的向往是起了一些潜移默化作用的。但是我的问题是，想名校，想学问，但没有从脚踏实地地学好当前的功课开始，心情浮躁，不愿刻苦地学习。说我不想上进，也不十分确切，我还是希望成为一个有学问、有本事的人，但要为此付出代价，要艰苦地学习，迈出踏实的第一步，既不真正懂得这个道理，又不愿为此作出真正的努力。我想不少年轻人，特别在中学时代，都会有这样的经历，这大概就是所谓的青春期的躁动吧。我自己也是在后来的日子里慢慢才领会过来的。

可笑的事情还不少。我会在一个星期天的下午，独自步行到福州路的大书店，翻阅一些大学用书，如大学的《普通物理学》等，显得似乎很有学问的模样，而事实上，我连中学的物理都没有好好弄懂。从这本翻到那本，翻上一两个小时。我会从图书馆借一本超出我理解能力的书，然后取出一本新的笔记本，说是要做读书笔记了。在笔记本上写上第一页，第二页就再也写不下去了，因为看不懂。所谓第一页，也只不过是照抄书上的几段话，根本谈不上是理解后的心得笔记。过些日子我会借上另一本书，把笔记本上已写过的第一页撕去，使笔记本看上去更像新的，又重新开始，不过又只是第一页。到后来为人比较成熟了以后，我把我自己有过的这种浅薄的一次次写第一页的"故事"称作"第一页心态"，不怕丢脸地告诉我的学生们，告诫他们学习千万不能好高骛远，不能浮躁，这是做学问之大忌。

我的中学求学经历，有些可笑，又有些可悲，真不知当时为什么没有悟出这么一个简单的道理：你想要学问，你就必须脚踏实地地去追求，去掌握。我数学一直学不好。我怕三角，三角的练习题我总是不会做。看老师解题，同学做题，似乎都很有道理，但我会感到无从入手。一碰到三角题，我先从心理上感到恐惧，就会退缩，总是先感到我不会做。这样不战先败，是一种无能的学习态度。多年以后，我对学生的教育首先重视的是心理素质的培养，这是我的切身体会，也是我在麻省理工进修时很深的感受。就这个主题，我在交大为上海市的高校教师做了一个关于心理素质培养的专题讲座，现在交大还保存着这个讲座的全程录像，他们也给了我一份拷贝留念。我也曾就这个主题写过文章，刊登在关于教育的专门期刊上。

我的中学学习，总体上说是不理想的，是一生中最为失败的一个阶段。我耽误了很多大好光阴。假如我的中学阶段学习能好一些，我肯定在后来的大学学习和工作中能有更好的表现。

我曾经把我在中学学习中的问题归因于上海解放后学校管理松懈，课堂纪律混乱，想要好好学习也阻力重重。这个因素当然重要，但是自身的因素应该是更重要的。举例来说，我几个很好的同学爱好体育，他们动员我练长跑，玩篮球。开始时我也兴致勃勃地和他们一起活动了，但几次下来感到累得不行，就打退堂鼓了。课堂纪律虽然差，也影响学习，但是班上也有的同学，坚持在吵闹的环境中认真学习。可以说，学习环境不理想也罢，各种客观条件不利于学习也罢，最重要的还是自己的因素。把学习不好的原因推给客观条件，只能视作是无能者的一种表现。这是我经历八十年人生后的一个体会。

回忆大学年华

这里所说的大学是指我从 1953 年进入华东化工学院（今华东理工大学）作为一名本科新生，到我在 1962 年初同校研究生毕业，共计近九年时间的学习和生活，并不包括我在参加工作作为一名教师（仍在大学）后的工作情况。

大学年代，通常是指人生最美好的那段日子。我的大学年代虽说也是充满理想、憧憬美好未来的，但是由于从建国以后不久开始的运动不断，以及"左"的思潮漫延，后来又迎来了"大跃进"和"三年困难时期"，我的大学年代也确是有过不少今天年轻人不大容易理解的经历。我的大学年代，既充满热情和希望，也有过一些失望和崎岖，当然前者还是主要的。

（1）

1953 年秋我作为化工机械系的一名新生进入华东化工学院学习。在中学阶段学习时，我的数理化基础并不好。这一方面是我学习比较被动，另一方面也因为谈不上对某一门课程的内容有什么特别的爱好，因此学习平平。

我期待一个新的开始，来改变我那平庸的生活。具体说就是开始大学学习。

其实任何期待通过改变现状来改变自己人生的态度都是无能者的表现。有为者即使在逆境中也会表现出自己的能力和意志，就像竹笋成长时即使有地面石块压住，它也会顽强地顶开石块而冒尖。当然这一点是我经历了八十年人生以后才有的体会。

建国之初的 1953 年，社会环境确实使人振奋不已。工业建设的大潮正在全国兴起。当时的年轻人普遍有一种理想，推动着他们努力工作和学习。我也是被全国范围工业建设的大潮所鼓舞，一心想成为一名新中国的建设者。在填报高考志愿时，我彷徨过，但总的还是徘徊在理工之间。父亲劝我学医，他认为医学是在任何社会中都不会吃亏的专业。这一点我没有听他的。我选择了学工。50年代初期的情况与改革开放之初年轻人一心向往解决"哥德巴赫猜想"之类的数学难题的热情有些相像。但是我个人认为，50 年代初期的热情是健康的，不像对"哥德巴赫猜想"认识那样的片面。

当时"抗美援朝"刚刚停战，国家工农业极需振兴，社会欣欣向荣。看了前苏联电影中描绘的集体农庄的丰收景象，钢铁厂的钢花飞舞，都使人心振奋，认为这就是我们的明天。我报考了华东化工学院（今华东理工大学）的化工机械专业，并被录取。这虽非我的第一志愿，但是是工程类的本科专业，也相当满意了。华东化工学院是在 1952 年全国院系调整时成立的。它主要是以交通大学的化学系和化工系为主体，汇同了大同大学等五所学校的化学化工系的师资、设备、图书方面的资源成立的单科性学院，但化学化工的基础很好。交通大学从此撤销了化学系和化工系。多年以后，交大要重新建立化学化工系学科，还遇到了不少困难。这一段我在《半生行悟——亲历与随想》中有比较详细的记述。就像后来成为我妻子的胡俊中那样的体弱多病的女学生，看了电影也羡慕能与沸腾的钢水和飞溅的钢花为伍。虽然她自知不宜报考钢铁冶炼专业，但还是报考了与炼钢相接近的炼焦（今煤化工）专业，一心想着要为祖国的钢铁工业作一些贡献，因为焦炭是发展钢铁工业之必需。当时她因病正在北京亲戚家休养，以同等学历报考了天津大学的炼焦专业，后来转读华东化工学院的煤化工。

全部高考录取名单在报上公布，我看到我的名字第一次上报。我戴上了白色条状的高校校徽，感到不胜自豪，想的是国家建设的重任将要落在我们这一代人身上，所看到的一切也令人十分鼓舞。我们学校那时还暂位于江湾五角场附近一处占地有限且已很陈旧的同济大学理学院旧址内，条件虽不理想，但是我们也都期待着第二年（1954 年）暑假后可以迁入处于上海西南郊的新校址，即今日的徐汇校区。新中国建国之初政治思想教育是相当有效的。人们团结互助，社会风气良好，几乎可做到路不拾遗，夜不闭户。我每星期回家一次，记得一个星期日下午我带了一床秋日的薄被子上 20 路电车去外滩换乘公共汽车返回学校。20 路电车并不挤，但已没有座位，我上车后有两位女士同时起身让座，其中一位似乎还正怀孕。我连忙道谢并称所带东西并不重，但还是接受了一位女士的让座好意。这种友好互助的景象今天似乎已经遥远，虽然可能正在恢复中。

周末回家与中学同学相聚。同学中有的进了交大，有的进了同济，也有暂时未能进入大学的。闲谈中大家就比学习条件，比教授知名度，总想能说出点什么使人艳羡之处，于是就去打听哪位教授是留过洋的，哪位教授水平很高等等。我也给同学吹嘘我们学校一位教授曾留学德国并参加研制过能跨过英吉利海峡打到英国的火箭。现在回想当时那些十七八岁小青年的心态，既虚荣，又幼稚，非常可笑。

初入大学，学习有些不习惯，但我很快就适应了，并且掌握了一些自以为是的学习方法，掌握了学习的主动权，效果不错。我学每门课都先研究该门课的特点，研究该门课的基本原理和方法，并在学习中十分重视概念。我常会在学习之初先仔细看教科书的目录，以便尽可能比较全面地了解这门课的内容以及各章节之间的关联。在学习每一门课时，我总是试图从物理概念来理解，而不是只停留在数学关系上。这样我获得了本科四年学习中全部主课为"优秀"

的成绩，学习时也不费很大的劲。对于学生很害怕的考试，我也不大害怕，因为根据我的复习状态，在进入考场前我就已经比较有把握考一个"优秀"。

我写下这一段是为了一个小小的插曲。那时同学们学习一般都很努力。为了复习应考，他们有的往往需在夜间宿舍熄灯后搬一个小桌子到走廊里复习，因为走廊是不熄灯的，这叫"开夜车"。我不需要开夜车，复习也比较轻松。我一位同班同学吴民权，他的功课也很好，复习也不很费劲。由于教室座位比较挤，我们就拿了书到图书馆阅览室比较宽敞的桌子上复习，离开图书馆时就把书和笔记留在座位上，以便下次来时有一个座位。吴民权和我一起复习，我们占了相邻的座位。因为我们对考试内容已比较有把握，不免在座位上聊聊天。不料后来成为我妻子的有机化工系的同学胡俊中所占的座位就在我们斜对面，我们聊天必然影响到她的复习，我和民权没有注意到斜对面有一位女学生正用不耐烦的目光注视着我们。毕业后，我"认识"俊中后她才调侃地告诉我，她最初注意到我还是在图书馆阅览室中那个讨厌的唠叨者，虽然那时并没有交谈。

（2）

在入学初期，大学的学习生活是平静的。学生只要学习就可以了。学生们操心的是功课学得不好，有时还要担心考试能否及格。当时实行的是前苏联大学的考试方式，四级计分，即优秀、良好、及格和不及格。每门课的考试包括笔试加口试。笔试试卷是全班统一的，口试则是通过抽签命题，每人抽到不同的题，在准备室稍作准备，然后到考试室向主考教师（通常有两位）口头回答考题，再由主考教师提问，当场回答。成绩根据笔试和口试答题正确与否决定，四级计分中各级的百分比由教师根据全班情况决定。另有一些辅课的课程，则只安排考核，分及格和不及格两级计分，如机械制图、金工实习、体育等。我对制图的悟性很差，怎么画都画不好，金工和体育等也是同样，所幸这些都不是主课，老师开恩勉强弄个"及格"尚可。最后在我毕业证书上所列的四年成绩主课全部为"优秀"。

我的感觉是 50 年代的大学教学质量是不错的。同学们个个认真学习，考试也几乎没有人作弊。我们用前苏联教材，理论体系严密完整，虽然叙述有些僵硬。由于专业划分过细，从知识面和学科融合的角度看确有不足之处，知识体系也有些缺乏新意，但是专业的理论和概念还比较扎实。就我个人来说，虽然 60 年已经过去，但我还是能感受到得益于当时的一些课程学习。在与西方国家同行的交流中，我能感觉到我们对专业基础的掌握并不逊色于他们。

我入学时正当新中国建国之初，朝鲜停战不久，我国的经济十分困难，但是国家对我们这些大学生非常关心：除免除学费外还免费供应一日三餐，伙食质量也不错，甚至我们这些上海学生还可以因周末回家而退回伙食费，真正实现了"吃饭不要钱"。我们上课也是遵照苏联模式：早上从 7:45 起至 12:40，排满六节课，下午不排课，作复习自修用。上完三节课后有 15 分钟的课间休息，学生们可以轻松一下，并可食用在早餐时每人领取的一个面包。下午的时间比较随意：有的同学会午睡一会儿，有的则一吃完午饭就开始自习。我多半小睡一会儿再起来学习，以提高下午的效率。

大约从下午四时半开始到晚饭有一段课外活动时间。这是留给同学们作自由活动的，可以做一些自己喜欢的活动，如打球、散步等。晚饭后再开始晚间自习。我常常会在课外活动时间散散步。校园外还是一片农田，走在阡陌交错的田间小道上确也有趣，耳边还不时传来校园内播放的阵阵音乐声和歌曲声。那时放得最多的是前苏联的一些耳熟能详的歌曲。看了苏联电影，听了这些歌曲，心中不由自主地会憧憬着未来美好的生活，那就是电影里描绘的苏联；当时流行的一句口号是：苏联的今天便是我们的明天。

入学的第一年是在江湾校园度过的。上面说过，这是一处旧校园，建筑陈旧，校园狭小，但当时学生人数少，倒也不显得特别拥挤。校园离开江湾五角场不远，我们几个同学好友有时会在课外活动时间步行到江湾五角场走走看看，有时也到旧日上海市政府所在地的周围逛逛。不久前再次路过江湾五角场，真难以想象这就是自己当年散步常去之地：现在已是高楼林立、市面繁荣、车水马龙、行人如织。1954 年我们迁入地处上海西南隅的梅陇新校区（现称徐汇校区）。初到新校园，地方宽敞，什么都是新的，十分高兴。我们的作息时间与在江湾校园时没有什么两样，学习和生活也基本相同，只是换了地方。校园外也还是农田片片，小道纵横。对于上海同学来说，最不方便的就是回家的交通。我们搭乘 50 路公交车。车少，而且会在必经的铁路道口被拦，这是经常的事。这一道口正好是龙华火车站货运车调度的铁路线上，由于货车车辆调度的需要，封路后堵上一两个小时是常有的事。由于时间集中，上海同学都要在星期六下午回家（那时周六是工作日），交通是大问题。每到星期六下午，50 路的华东化工学院站上必是人头攒动，成百上千个学生挤在小小的车站周围，等待着那姗姗来迟而又破旧不堪的 50 路公交车，却也蔚为壮观。身强力壮者可以凭力气勇猛地挤上去，体弱者只能望车兴叹，有时也只得走一站"回头路"，到 50 路的终点站上海中学站上车，以求保险。同学们想了各种办法，有的干脆三五成群从田间小路步行到漕河泾，那里除 50 路外还有别的选择。我们的宿舍远离正校门，如果要从宿舍走到正门，再走到漕河泾，那就要多走一个"U"字形的"冤枉路"。于是有人想出办法，就是翻过宿舍后面的篱笆，走小路很快就到了那折磨人的铁路，再走不多远就是漕河泾了。找到了这条"捷径"，周六下午同学们就"翻墙"出去，外地同学不回家也会好意地帮助我们"翻墙"。我也翻过几次，但后来校领导批评了，而且还上纲上线，才不敢造次。记得有一阵 50 路公交车只到漕河泾，就有当地农民做小生意。他们用自行车后座让学生坐，收几角钱，往返于学校与漕河泾之间，我们为了回家，当然也不会舍不得花这几角钱了。

我们班上有二十余位同学，多数是外地考入的。与我比较谈得来的同学并不多，可能是我生性有些孤傲。我也结交了几位要好的同学，他们都是正直、善良、乐于助人，后来我们成了终身朋友，我衷心感谢他们的友情。与我成为好友的有上面提到的在图书馆阅览室不时与我聊天的吴民权。他生性开朗，非常聪明，对功课的理解也快，学习不大费劲。一般说来，班上考试成绩第一第二的总是属于他和我两人。民权在四年级下学期时被选送到清华大学的力学研究班学习。力学班由几位声名显赫的大科学家执教，如当时归国不久的钱学森先生、郭永怀先生，以及钱伟长先生等。民权家住上海高安路，他的父母也很和蔼好客，几次请我们几个比较接近的同学去他们家吃饭。清华力学班的课程很重，但民权学得比较轻松自在，据同时也在力学班学习的我校戴干策先生说，别人学得十分吃力，没有星期天，睡得也很少，但民权还可以在周末晚上去参加舞会。他在力学班毕业后在中科院力学所工作，后来到702所从事与国防有关的研究，直到我所在的华东理工大学化学反应工程研究所成立后需要流体力学方面的人才，民权才进入我们所。我很高兴我的好友成了我的同事。

另一位要好的同学名叫宋英立，他是朝鲜籍，改革开放后回韩国改为韩国籍。他父亲是一位抗日义士，为避迫害，迁到中国定居上海。中学期间英立在上海圣芳济中学的外国部上学，我上学在圣芳济中国部。在我上高二时听说高三来了几个外国学生，因为在外国部只用英语和法语，他们不大会中文，于是就让他们到中国部来适应一年。我见过他们，只是好奇，有时简单打个招呼，没有交谈。一年后我进高三，他们也离开了学校。但我作为新生进入华东化工学院时，惊喜地发现这些外国学生中有一位就在我们班上，他就是英立。他比我早一年进入华东化工学院，因为中文不好，老师用英语给他单独上一些课。当然课程不全，他正式入学还是与我们一起，那时他已能勉强使用中文了。英立很有语言才能，他不但英语极好，也会法语和日语。为了音乐方面的爱好（他钢琴、手风琴都不错），他还会一些意大利语。到了我们班，他在中文方面进步很快，听课、做作业已无问题，还学了一些我国的方言，常常逗笑我们，有时还会故意用地方方言讲几句粗话或骂人话。他比我年长两岁，我们成了好友，一直保持联系。"文革"以后他离开中国，也曾一度定居美国，我到美国时曾去看过他，后来他与一位中国女士结婚，选择定居我国天津，也曾几次到上海看我，但不幸在几年前离世了。

多年后与老同学宋英立（左一）相聚，感慨万分。
1998 年，美国洛杉矶

班上有一位女同学沈锦惠，当时给我们的感觉是一位娇生惯养的上海小姐，但是为人很善良，我们也相处得很好。"文革"开始我们失去了联系，只是听说她出国了。巧的是，改革开放以后一次她回国探亲，在国外一个机场候机时与宋英立偶然相遇，才又建立了联系。从英立处我了解到她与一位比利时人结婚，现定居布鲁塞尔。大约 20 年前，一次我去比利时安特卫普开会，会后在去巴黎途中在布鲁塞尔停留了两天，就住在锦惠家。她热情相待，似乎有说不尽的话，每天要谈到凌晨两点。给我的感觉是，在国外生活久了，她的上海小姐的娇气似乎不见了，变得什么家务都能做。后来我又有机会去比利时出差，又去她家住过一两天，又是说不尽的话。

这里提到的是大学期间几位比较要好的同学。我们相互帮助，相互照顾，建立了深厚的友情。与其他同学虽然关系不如他们密切，可能因为性格、兴趣和生活习惯不大一致，但也很单纯，都能做到互助互爱。这大致是我在大学一、二年级的情况。但是从二年级暑假开始，情况发生了变化，同学们的关系也开始显得有些异常。

（3）

上完二年级的课，1955 年的暑假有一次工厂实习。我们共有三次实习，第一次称认识实习，安排在二年级与三年级之间的那个暑假；第二次实习称专业实习，安排在三年级之后的暑假；最后一次是毕业实习，是在四年级上学期后的寒假，是与毕业设计（论文）有关系的。每次实习完后要写一份实习报告。

由于我是学化工机械的，我们的认识实习安排在上海锅炉厂进行，因为锅炉的主体是一个压力容器，这与化工厂的容器有些相似，而且锅炉厂里有很多机械加工工序，与我们的专业非常相配。

我对实习也很有兴趣，因为这是生平第一次到工厂，什么都很新奇。我们班同学住在锅炉厂附近一所中学的教室里，因为放暑假，教室有空。

实习进行到大约一半时，接到学校通知，说停止实习，回校搞运动：当时指的是"肃反"运动。

回到学校，我们才知道，由于"胡风反革命集团"的言行被揭露，要在全国范围内开展一次"肃清反革命"运动，重点在知识分子中，大学当然也在其中。于是就利用暑假搞运动，用的是我们后来很熟悉的那一套：动员、学文件、联系实际、批判、揭发等。我们都是第一次参加搞运动，以前听人说过一些，但毕竟没有亲身经历过，所以也就听领导的，叫干什么就干什么。

使我意料不到的是，我被上面指定为班上"肃反"干部之一。自进入大学以来我从未对政治活动积极过，我只是想读好书，别的事不闻不问。领导指定的"肃反"干部基本上都是党团员，而叫我这个什么都不是的人去当这个"干部"，使我这个缺乏人生经验的年轻人有"受宠若惊"之感。后来想想，大概是因为我功课好，在班上是得到公认的缘故。"功课"，在学生心目中是最有份量的。我也相当沾沾自喜，心想既然领导信任我，我也总得表现好一些才是。

我们很投入，总以为班上有几个"反革命"等待我们去肃。天气炎热，中午也不休息，我们几个"干部"中午吃完饭就马上去教室研究"敌情"，准备下午的会。那时校园空旷，建筑物很少，校园内还留下一些当地农民耕作的土地让他们继续一些耕作活动。我们从宿舍去教室，路过农田，农民种的西瓜已经成熟，就找一个歪理，说我们辛辛苦苦地去研究"敌情"，拿一两个西瓜吃吃不算什么。于是就"顺手牵羊"地挖了一两个带到教室里，一面吃西瓜，一面研究下一步的工作。农民发现了当然不罢休就告到学校里。学校领导一查，发现是几个"肃反"干部之所为，也就只能护短，按"下不为例"处理。校部贴了一个布告，批评此种行为，并说明以后不能再犯。这事发生在 50 年代，我相信现在已没有几个人还会记起，但我作为当事人之一，对这种偷鸡摸狗的事是永远不能忘怀的。

总觉得班上有几个反革命分子隐藏着，因为毛主席说过百分之一、二、三，于是就千方百计地"挖"，除了号召大家揭发检举，一些浮面的两三个同学讲吃讲喝讲玩的，被冠以有资产阶级思想的"小集团"之外，还演了一场实在不该演的"大胆怀疑"的闹剧。我们班上有一位来自浙江山区的 Z 同学。他家境贫寒，但可能因长期从事农业劳动，因此身体壮实。他为人敦厚老实，但因家乡口音重，与人交流有一些困难，生活习惯上与同学们有些距离，因而就沉默寡言，比较孤独。我们宿舍后面就是北面篱笆（围墙），其间有一小片空旷地，平时根本没有人去，Z 同学闲来无事，就在这一小片空旷地上种些小作物，因为他对此比较在行，又与多数同学不大合群，其实这是很可以理解的。我们就"怀疑"他藏有"敌台"或者枪支，埋在那一小片他耕作的地里。于是就"命令"他在那一小块地里这里挖，那里挖，我们在一旁看，随便地指定他该挖哪一处，挖来挖去当然没有挖出什么来，也只能草草收兵。

"肃反"直到暑假结束，什么都没有，除了那几位因资产阶级思想而常在一起的同学被说成是"小集团"以外，而资产阶级思想显然不属于"肃反"的敌我矛盾范围。但是在"肃反"后，同学中原本那种单纯的关系中掺杂了一些疙瘩：被"肃"的有委曲，有怨气，"肃"人的感到内疚，其他同学也心知肚明，了解了这个运动到底是怎么回事。对于我们这群 20 岁上下的年轻人，在那些原来意气风发为做一番事业而好好学习的青年学生的心灵中投下了一些阴影。

接着又过了一年多比较平静的日子。说平静，也许只是表面上的或相对的平静。上面说到的挖地的 Z 同学，在肃反后看到人就"绕道"走，或者谦卑地给人打一个招呼，说有些话也有讨好的味道。我觉得不是滋味但也没有办法。上课、学习、考试照常进行，但是总觉得气氛已不如以前，但具体的又说不出来。

1957 年，那是我们毕业的年头。年初在天津塘沽碱厂毕业实习以后我们要做一个毕业设计。这应是一项很好的训练，也是我们四年学习的一个小结。我的题目是做一个碱厂的连续进排料的回转过滤器的设计，包括工艺计算、机械设计、绘总图以及各主要零部件的分体图。但就在我们各自努力做设计的时候传来领导的决定：立即结束设计，投入到"反右"运动中去。由于我们是毕业班，必须反彻底了才能毕业，我们后来才知道，上面是掌握了"指标"的，也就是说"右派"应该有个百分数。

在此以前，领导安排我们"大鸣大放"，帮助党整风。那时我已是班里的团支部书记，主持召开全班鸣放大会，于是在"肃反"中受委曲的同学就大发牢骚，大倒苦水，其中还有一位"肃反"中的"积极分子"L同学揭发出很多当时"肃反"的"内情"，不外是不掌握材料而瞎怀疑之类，这更引起了群情激昂。晚上开会，大家很激动，争相发言，到了时间还不肯散会。我这个主持会议的，想想总该让人家先讲，所以本来想说几句的，最后还是没有机会说，却没有想到这没有机会说倒是给我后来省却了不少麻烦。

应该说我十分幸运。反右开始前夕，系总支要我写一篇文章刊登在系的黑板报上。我写了一篇文章，观点上是同情肃反中被委曲的同学的。交上去以后，一天午后我正在宿舍里午睡，忽然总支副书记杨文炳推门进来把我叫醒，到了门外走廊他说这篇文章观点有问题，不符合上面精神（大意如此），要我重新写一篇。然后他简要地说了问题出在哪里。我听了后大吃一惊，心想好险啊，如果没有老杨的好心提醒，那篇文章在系黑板报上刊出，黑板白字，证据确凿，跑也跑不了，可能是一种完全不同的道路在等着我。后来老杨调往北京英文版《人民画报》社工作，我到北京工作后还去看过他。

"反右"开始了。反正还是运动那一套，学文件、领会精神、联系实际、揭发、批判等等。最后，前面说到的那位披露了"肃反"内情的L同学被划为右派分子，那位在肃反中被批判的"小集团"的主要成员也被划为右派分子。我们班共20余位同学，出了两个右派分子，这个百分比已是相当高了。"反右"结束后公布了统一分配方案，我被分配去报考本校化学工程专业研究生，但还需要通过研究生入学考试。另一位被分配报考研究生的是无机系的马沛生同学，他被分配报考天津大学研究生，后来成为化工热力学方面的专家。

（4）

1957年7月我从华东化工学院化工机械专业本科毕业，按统一分配方案开始准备报考本校化学工程专业的研究生，从编制上转入教师编制。我佩戴了教职工用的红色校徽，参加化工原理教研组的各种活动。

按当时全面苏化的体制是不设化学工程专业的。化学工程专业被认为是英美体制下的通才教育的一个典型。但在华东化工学院的一批老教授（主要是在欧美国家留过学的一些教授）却认为，为了与国际学术界同步，必须设立化学工程专业，这既是学科发展的需要，也是工业进步的需要。可以说化学工程专业是在争议中产生的。设立这个专业先在研究生中实施。由于没有本科学生，教学无法取得经验，后来就先从化工机械本科一年级中抽调一个小班试办化学工程专业。我除了准备自己的研究生入学考试外，还被安排担任这个班的班导师。

班导师的工作不多，除了参加班上的政治活动（主要是"反右"）外，就是做一些学生的"思想工作"，实际上也没有什么事，就是关心一下学生的"专业思想"问题等。我的主要时间花在复习上。考试科目为数学、英语、物理化学和化工原理，还有必不可少的政治。政治还包括时事。在这些科目中，我在物理化学上花的时间最多，因为我本科学的是化工机械，物理化学的分量很轻，只是每周两学时、一学期，而别的专业则是四学时、两学期。但这样也好，我系统学习了物理化学课程，对基本概念的掌握还算扎实。

我在1958年初顺利通过了这五门课的考试。有的课程考题题目不算容易。使我至今还留下印象的是化工原理考题中有一道题，题意是一个垂直放置的试管中置入某种液体，试管上方有空气流过。在一定时间内，试管中该液体的液面从 Z_1 下降到 Z_2，求该液体分子在空气中的扩散系数。这是一个涉及非定态的过程，对于一个本科学生来说并不容易。我正确地解答了这道题，也很得意。后来我在几本英文专著中都曾看到以它作为例题的。

当时华东化工的化工原理教研组人才济济，有一批名气很大的教授。教研组主任顾毓珍先生早年在麻省理工学院获得了化学工程博士学位，院系调整后从同济来到华东化工，一直担任化工原理教研组的主任。事实上，化工原理教研组的教授们在华东化工的发展中确是起了关键的作用，表现在凡是学校成立新的专业，往往会调一位化工原理教研组的教授去担任该新办专业教研组的主任，如王承明先生调往放射化工专业，丁健椿先生调往基本有机合成专业。再往前则是蒋慰孙先生调往化工机械专业，后再调往化工自动化专业，俞俊棠先生调往抗菌素（今生物化工）专业等。可见化工原理教研组教授们的骨干作用。

我到化工原理教研组后，就着手准备我的研究生课程。我请教了帅兄金国樵，他比我早一年从化工机械专业毕业，也比我早一年成为化学工程专业研究生。由于那时研究生少，又正逢全国范围的"大跃进"开始，既没有教学计划，又没有培养方案，只能靠研究生自己了。我为自己计划了几门课，它们是数学、化工热力学、传热与传质、化工动力学、流体力学，另外还有外语和政治，那是必修的。其中数学包括了几个部分：复变函数、概率论、数理方程、矢量及张量分析。外语我选修德语，政治课内容则是哲学。

由于1958年初已出现了"大跃进"的苗头，气氛已与正常秩序有些格格不入，教师都忙于自己的事，而研究生培养一方面人数较少，另一方面原本就没有规定的计划和方案，所以处于大家不管的状况。我们只得自己找教师。我联系了数学教研组的徐伟成教授来教我复变函数。他热心地答应了，并同意为我一个人开课。我拜访了系主任琚定一教授，请他教我化工热力学。他提出要我自习原版的 Dodge 著的《化工热力学》，过一段时间请他答疑一次。我觉得这样的方法也很好。琚先生很忙，当然不可能为我一个人上课。

化工原理教研组的青年教师陈敏恒得知徐先生为我一个人上复变函数课，他也想进一步学数学，于是也来听课，这样徐先生上课时听课的就有老陈和我两人。老陈和我有时就讨论讨论课程内容，并从此开始，我们成了好朋友，后来也一起做研究。我非常庆幸，我和老陈的关系逐渐变得十分密切和融洽。四年大学学习，我得到所有主课为优秀的成绩，就有些飘飘然，自以为了不起。但在与老陈对一些数学问题的讨论中，我感受到他几乎对所讨论问题的见解都在我之上，这使我大吃一惊，心想这真是天外有天，人上有人，我的确有些像井底之蛙，没有见过世面，过于浅薄。从此，我就处处提醒自己要有自知之明。回想起来，大学刚毕业就认识老陈，这等于给我的自满情绪一次当头棒喝，使我猛然醒悟。这是一件好事：醒悟早比醒悟迟好。

我上了几堂数学（复变函数）课，请琚定一先生答疑了几次化工热力学，接下来的形势就连这么一些可怜的教师指导下的学习都不可能。"大跃进"的形势使我知趣地不再要求教师的指导，只能是自学几门课，最多是有不懂处去请教比我早一年入学的师兄，或是与老陈讨论讨论。事实上每次与他们讨论，都有很多收益。我看了一些数学书，但比较肤浅，也没有能深入下去，对于数学知识的积累还是在后来长期的研究工作中慢慢形成的。我自学了流体力学，也自学了传热学和化工热力学，以花在流体力学上的时间为最多，这是因为我设想化工过程多半涉及流体，应该多学习一些。在本科学习时我对力学比较有兴趣，后来自学了流体力学，认识到有一些方法是贯通的，如用摄动法来研究力学中的稳定性问题等。后来顾毓珍先生要老陈和我去参与杨树浦电厂一个煤炭焦化的研究课题，恰好后来成为我妻子的胡俊中已从华东化工学院毕业，也参与其中，我们就有了比较多的相互了解的机会。

我只能说是参与这个课题，只是到现场去了几次，讨论了几次，看了一些文献，后来也做过一些小实验，如今看来，那根本谈不上什么科研。

在1958年以后的几年里，由于"大跃进"，接着便是三年经济困难时期，有一些比较特殊的事值得一提。"除四害"可以算是那个年代的一个产物。宣传材料说是每年给麻雀吃掉的粮食有多少，被田鼠拖到洞里去的棉花有多少，等等。要保住丰收，就要把麻雀和田鼠消灭掉。教研组里就由主任顾毓珍先生带队，也包括李盘生先生等一些老教授，就带着工具到田间除鼠去了。我们的确也抓住了几只老鼠，顺便还抓了几条在洞中冬眠的蛇。我对这些东西有些怕，只跟在后面呐喊助威。"除雀"也是很滑稽的，说是众人把树一摇，齐声一喊，麻雀就吓得飞起来了，飞到哪里都有人敲锣打鼓，大喊大叫，于是就飞得筋疲力尽坠地而亡了。也有人发挥积极性，自己做了小弹弓说是去打鸟。于是一时间教授们和助教们为了表现积极都去和这些飞鸟爬虫作斗争了。我却也看到个别业务上不思上进的青年教师对这类事特别感兴趣，表现得也很积极，还受到表扬。

在科学技术上也有一些今天看来很幼稚的事。对超声波的热捧就是一例。所谓超声波，多是把一根钢管一端开一个槽，插上一片刀片，没有刀片的也有插上一片剃须刀片的，液体或气体一通过，说是发生了超声波，效率大大提高。那时候用不用超声波，就似乎是革命和不革命的一个分界。"大炼钢铁"是那个时期另一个特殊标志。师生们都去"土法炼钢"了，其中笑话很多。我只是想说我就是在这样的背景下去完成研究生学业的。我想的是按部就班地学好几门基础课，如数学、流体力学、传热学等，然后好好选一个课题做好我的论文，把论文做得好一些。我担心这样下去将来怎么交账。这种心态，当然也会表现出来。特别是后来又有了"三夏""三秋"等支援农村的活动。教研组教师集体下农村，两三个星期，吃住都在一起。我确是不大会农业劳动，也怕艰苦，这是我应该自我批评的。我也有一些"娇气"。我平时每天要服一粒0.1克的维生素C，这也是医生关照的。下乡劳动时我也带着去了。因此下乡劳动的表现不很好。在回校后的劳动小结会上，支部书记点名批评了我，说接受贫下中农再教育还要带维生素C，娇气十足等。我诚恳地接受批评。另外，我是研究生，这与其他教师不一样，我一直在思考这样下去我如何完成学业，因此老是想着"正规"的学习。在旁人看来，我是不适应形势的人，成天想着业务学习，是一个想走"白专"道路的人。

（5）

系统的课程学习难以为继。我也逐步认清了形势，打算做一个"识时务者"。有时间我就看看书，自学以数学和流体力学为主。我有两位同届的研究生学友，一位是无机系的毛慧真，他是物理化学研究生，一位是邬锡康，有机系的合成药物研究生。他们两位的专业基础都很好。老毛比我早四年，也就是1953年大学毕业，在中科院药物所工作了几年，数学和化学基础都很好；老邬是本校应届毕业生，有机合成非常熟悉。老毛有一项很特殊的业余爱好：他一有空就拿一张纸，把胸中藏有的数学难题写在纸上演算，这对他似乎乐趣无穷。我们三人合住一间宿舍，晚上各自回宿舍，谈天说地，从化学化工到世俗话题，天南地北十分有趣。老毛是宁波人，我们还讲讲宁波话，总之，我们三人虽专业不同，但有不少共通之处，共同语言和趣事都很多。我们的研究生学习阶段正值三年困难时期，研究工作又忙，经常晚上还要搞到很晚。老邬食量大，经常是将研究生助学金的一大部分用于到自由市场去买蔬菜，回来在水里煮熟了就吃，以"填饱肚子"。老毛则是从能量消耗的角度考虑问题，晚上不出去时，他就早早上床躺下，盖上被子，一动不动。我问他，你又睡不着，为什么这么早就躺下。他说这是为了降低能量消耗，因为收入少，就设法减少一些支出。

在研究生学习阶段，已没有人来管我们将来的毕业论文，而是放任自流。从杨树浦电厂的课题开始，老陈和我做了一些烟气除尘的实验。没有人指导，只能靠我们自己摸索，多亏我们化工原理实验室的技工胡师傅手艺非常高超，他带着年轻技工为我们制作了很好的装置，我们也看文献，做实验，但时间不长。随后我们做了一些流态化床干燥的工作，也很粗糙。但是这些都是为我们后来选择挡板流化床作深入研究作准备的。

流态化床有很多优点，如气体和固体颗粒的剧烈混合、传热良好、传质快速等，但也有缺点：混合剧烈造成物料浓度趋于均匀，使固体颗粒的停留时间有很宽的分布，这些都不利于化学反应。挡板是一种限制流化床内颗粒混合的有效手段。挡板流化床在国际上研究不多，老陈和我决定对此进行比较系统的研究，虽然也只是"摸着石头过河"般地走一步，看一步，但毕竟是在探索，在研究了。

我们作了实验观察，掌握了一些混合的规律。我们也进行了理论研究，试图定量地确定挡板对限制混合的作用。在20世纪五六十年代，国际上对于化工过程的数学模型化的研究也还并不多见。老陈和我完全从兴趣出发，研究了挡板流化床内固体颗粒混合的数学表达式。颗粒运动是随机的，而挡板之间的混合是受限的，我们模糊地意识到这是一个随机过程。我从图书馆借了一本薄薄的随机过程入门书来看，老陈笑着对我说这种书里还能看出什么名堂来，后来他自己也拿了这书去看。随后我们阅读了一些文献和比较深入的书籍，并请教了数学教研组的教授们，最后我请我的一位学长（复旦苏步青先生的大公子）介绍我去复旦拜访苏先生，由苏先生介绍复旦数学系专门研究随机过程的吴立德先生来帮助我们，我曾在《半生行悟——亲历与随想》中比较详细地记述了这段经历。我们把挡板流化床中的固体颗粒运动按马尔可夫过程理论来处理，这是一种状态离散、时间连续、时齐的马尔可夫过程，处理的结果相当成功。我们在《中国科学》和《科学通报》上发表了论文，吴立德先生也在《数学学报》上发表了论文。他在改革开放后不久也到美国进修，与我在美国见过面。他在回国后曾一度担任过复旦的计算机系主任。

应该说挡板流化床的研究可称是我首次涉足真正的研究工作，包括了设备加工、安装与调试，现象观察，系统实验，实验数据处理等环节，即使以今天的条件，研究工作大体也就是这么进行的，虽然实验手段现代化了，计算手段现代化了，但基本的步骤仍大体如此。老陈虽然也是初次从事研究工作，但他的敏捷严密的思维对我的帮助极大，使我终身受益。的确，我从他那里学到很多。

这项研究，是在"大跃进"中完成的。在"大跃进"中，正常的教学秩序难以为继，"大炼钢铁"、"除四害"、下乡劳动、超声波等等的干扰很大。谁坚持原有的教学秩序，谁就会被批判为"小脚女人走路""右倾"之类。师生们以各种名义下厂下乡，有一些活动，今天看起来是十分可笑的，但那时就必须这么去做。当我们化工原理教研组的教师都在随着大流参加这些活动时，我们的支部书记戴干策先生却坚持他的意见：别人可以去"大炼钢铁"，唯独陈敏恒和袁渭康不能动，必须在实验室做研究。戴先生那时刚从清华力学研究班回来，想必是他意识到我国科学水平与国际的差距，可能他也看到了我们的工作可能会出一些比较好的结果，他才作了这样的决定。我们得益于戴先生的胆识，工作做出了一些成绩。

然而我们的工作十分艰苦。那时候粮食供应有限，市场上副食品也十分紧张。食堂里的"菜"，往往是一碗汤和沉在碗底的为数不多的菜丝或胡萝卜丝。记得有几次老陈和我在食堂里吃了沉在碗底的胡萝卜丝及一些馒头作为晚餐，就直接去实验室做实验，直至天明，再从实验室直接到食堂吃早饭。原因之一是我们做实验的鼓风机还是第二次世界大战时美国一艘军舰上用的，后来作为"剩余物资"给了交大化工系，院系调整时又到了我们的化工原理实验室。鼓风机质量不错，但功率大，运行时噪声也大，晚上开动不至于过于影响别的实验室。

我们的工作由上海的《文汇报》和《解放日报》作了报道。我又忍不住要借此机会说几句对媒体不敬的话。他们写的稿子由我确认，我改掉了一些不实之词，但有一处他们坚持不改。那一处说的是老陈和我约好第二天一早在一个公交车站见面后同去一个工厂，我们一见面就取出写了昨晚各自推演的数学式的草稿纸，在公交车站上比划讨论起来。虽然公交车一辆辆驶过，但我们的讨论没有停止，似乎忘乎所以，因而忘了上车。这一些都是事实，但记者写成那天天气风雨交加，而我们却全然不顾，以衬托我们是多么专心。然而事实上那天却是风和日丽。我当时要求改掉那天风雨交加，或至少是不提天气，但他们却坚持说不能改，改了就"淡而无味"了，并说我已经改掉很多，不能再改了。最后我不得已作了让步，让他们写了那天天气很糟。

这是我第一次与媒体打交道，后来的几次交往情况也大同小异。我也算是领略了媒体人的一些工作方法。我不知道媒体的夸大其词，是一种"国际惯例"，还是仅仅是一种"中国特色"，相信读者比我更有判别的能力。

（6）

在科研工作中，老陈和我成了很好的朋友。这也不完全是出于一起做科研，而是因为我们经常在一起，除研究外，还谈了很多别的：音乐、电影、文学、人生、哲理等，海阔天空，无话不谈。他对我的帮助很大，但是他对人家说我们是相互帮助，属于互补之类。他说我会补充他的不足之处，他也会补充我的不足之处。然而我在这一点上有自知自明，他对我的帮助远超过我对他的帮助。

在研究工作以外，我们谈得最多的是文学。记得还是从写一篇论文开始的，他批评我"文风"不好，喜欢用倒装句，写出来的东西像翻译水平不高的译文，等等。他的意见引起了我的警觉，我仔细看了我的写作风格，感到确实存在这些问题。后来我特别注意了我的写作，我的文风有了很大的进步，保持了简捷流畅的写作风格，这对后来的论文写作很有帮助。由于我们都爱好翻译的名著，看了很多，看完后还议论，各自发表自己意见。老陈建议我看看俄国小说。他俄文好，可以看原著，我当然只能看看翻译过来的，我则是建议一些法国的小说要他看。我们讨论俄国小说中对"多余人"的描写，如何才能做到入木三分，屠格涅夫对人物描写的技巧，等等。我们议论得最多的可能还是莱蒙托夫的《当代英雄》，从作品到作者，感叹万分。莱蒙托夫的一生那么短促，那么年轻，却能够写出如此深刻的作品来，真使人感叹不已。

我原来比较喜爱法国文学艺术，总认为法国的一切都是高雅的，这可能是与我从小生活在属于旧日"法租界"的巨鹿路上，出入于梧桐成荫的街道，中学六年又在一个法国教会办的学校学习有关。我心目中美国人是暴发户，虽然有钱，并且科技发达，但缺乏文化底蕴和传承。我也并不太看好俄国作品，认为那是冰天雪地中的一些"粗汉"之所为。但是《当代英雄》，使我开始改变了对俄国，对俄罗斯民族的看法。随后我又读了普希金，屠格涅夫，听了柴可夫斯基和格林卡，读了十二月党人和他们的贵族伴侣们为理想而献身的动人事迹，再回想起我自己学过的俄罗斯科学家的贡献，逐渐对俄罗斯民族在科学、艺术、文学等方面的杰出贡献肃然起敬。我也介绍老陈阅读法国小说，特别是巴尔扎克和雨果的作品。当时我刚看完了《九三年》，为雨果出色的写作技巧所折服。我想作者居然能通过纸和笔把时代、场景和人物刻画得如此栩栩如生，实在是不可思议。我把这个体会告诉老陈，他也去看了。我们还一起议论1793年在法国大革命后的时代背景和人物的人性，体会这些经典著作的魅力。在这些书籍阅读和乐曲聆听中，我感觉到自己再次陶冶了情操趣味及人生。

老陈和我在研究工作之余，切磋这些文学和音乐的宝贵遗产的内涵是多么丰富。我十分重视选择小说的译者。实际上不同译者，会使原著的阅读感受产生天壤之别。我喜欢查良铮先生翻译的普希金，他的语言生动，美好，并且诙谐。记得老陈和我还议论过拜伦笔下的《唐璜》的某个译文中的一些可商榷之处。这并不是说，我们对译作有什么指摘，我只是想说我们在文字表达上是下了一些工夫的。这对后来的论文写作也有一些好处。

（7）

工作和生活在化工原理教研组里，接触到教授们和中青年教师，也就是讲师和助教们，学了一些为人处世之道。这一阶段是介于学生和教师之间的阶段，身份比较特殊。所谓身份特殊是因为生不生、师不师的尴尬处境。那时研究生很少，不成群体，人们心目中只有学生（本科生）和教师，而我非得挤在教师之中，但却非教师。但教研组领导却把我当作教师使用。对他们来说，完成工作任务是首要的，培养只是软任务，而且完成不完成也不是他们的事。在研究生学习阶段，我不但做研究，而且还辅导过"化工原理"课，也讲过一些课，虽然讲课不多。那时我只求早些完成论文，毕业后做一个名正言顺的教师。

老陈和我有过多次交流。他也认为我的处境尴尬，也认为我应该争取时间，早日完成毕业论文，及早毕业了事。在这个小小的教研组里，似乎也反映了人世间的形形色色。

老陈说，我们两人重业务，是很容易被作为"对立面"的，要十分注意。这话当然对，我自己也非常警惕。他还说，有时候感到自己可能右了，于是想表现得"左"一些，但岂不知有人还是会站在你的"左"边，人家看起来你还是右的。这话听起来似乎有些不上台面，但我觉得他确是真心在帮助我，我也确是应该注意。

还有一件事，我一直记得。老陈才华毕露，领导在用他的时候当然很高兴，对他也十分重视，但也并不可能总是如此，不可能处处护着他。有一位资历比他高的教师，却时刻提防着他会"崛起"（按今天的话说），时刻设法压制他。他说为了和那一位搞好关系，一味表示"友好"，是没有用的。唯一的方法是靠实力"强"起来。一旦"强"了，当人家体会到已再也"压"不住他的时候，人家就会争取他，才会和他"友好"。如果"强"不起来，那也只能自己认输，低声下气做人。这就是所谓的实力政策。说得更直率些，在有些场合，似乎也只能遵循这个"丛林法则"办事。不出老陈所料，不多久老陈的实力已足够强大，他的"崛起"已得到领导和同事公认时，那位资历高的教师显然多方面向他表示了示好之意。

记得大约十余年前，我们学校很想和美国麻省理工学院拉拉关系，特别是想让我们比较"拿得出"的化学工程系和他们的化学工程系拉拉关系。一位校领导找到我，要我作为华东理工的化学工程教授和上海麻省理工校友会名誉会长的双重身份，给麻省理工的校长写一封信，请他在方便时访问我校。那位领导也要我给该校化学工程系主任写信，表示我们计划派一个教授代表团去，到该校访问两个星期，以求全面合作。我婉言拒绝了写要去访问两个星期的联系信。我说人家哪有那么空，来接待你们两个星期。访问一个上午已是给面子了。至于给校长写信，我只能表示同意。信寄出后正如我所料，如石沉大海，没有回音。后来校领导换届，新的领导还是对与麻省理工建立密切关系有浓厚兴趣。于是在 2005 年国庆，我利用长假，措辞谨慎但非常恳切地给校领导写了一封达 7 页纸的信，对学校工作提出意见，其中有一点就是建议领导不要"攀富亲"，而是要增强实力。当我们实力足够强大了，就不怕麻省理工对我们不刮目相看。这封信与我们给麻省理工校长写的信的结果一样，也是石沉大海。也许这就是"优越者"对"低贱者"的一种通常做法。再说至今在我们学校网站上还把麻省理工放在"友情链接"的第一第二。这是不是有些"自作多情"？我相信他们是绝不会把我们华东理工放在他们网上"友情链接"的第一第二的。

与此类同的是，我对于媒体报道的我们向美国表示"友好"的效果并不很看好。80年代初，它对我们比较"友好"，那是因为我们弱，不会对它构成"威胁"。21世纪初，我们比较强大了，那就不可能再对我们"友好"。如果我们再"强大"，当我们手中握有更多更强有力的"杀手锏"，当它感到经济上和军事上都无法阻止我们崛起的时候，那时它才会自然对我们友好。

这是我在华东化工学院化工原理教研组学到的。当实力不够时，唯一的方法就是去修炼实力。我国古籍中也可以找到不少"攀富亲"却最终没有好结果的例子，最为人所知的刘姥姥进贾府就是一例，其结果也不过如此。

我于1962年2月通过论文答辩，按分配方案我被分配在北京化工学院（今北京化工大学）。学校领导还希望我留校工作，因此还与教育部打了不少交道。最后学校当然只有服从上级的份。我于1962年6月前往北京化工学院报到，开始了长达11年的北京生活与工作。

在北京的 11 年

1962年2月我在华东化工学院研究生毕业。同年夏，我按教育部的统一分配方案到北京化工学院报到，成为化工原理教研组的一名教师，直到1973年夏我奉调回母校华东化工学院工作，前后长达11年。这11年，多半时间是在"文化大革命"中，包括去"五七干校"的时间，也没有多少值得记述的事。我有一个也许是不值得称道的习惯，就是喜欢回忆高兴的事，不大喜欢回忆使自己不快的或痛苦的事。这样对往事的回忆似乎就带有一些"选择性"了。

（1）

1962年春开学伊始，我就通过了我的研究生论文答辩，评价还很好。我自己也明白，由于当时做数学模型研究的人还不多，我列出了一堆数学式，答辩委员会的委员们就会觉得不错。

那时候正值"大跃进"高潮以后，三年"困难时期"还没有完全过去，1962年年初的广州会议，周总理和陈毅副总理为知识分子"脱帽加冕"，即脱"资产阶级知识分子"的帽，加"人民知识分子"的冕。那时物质生活虽然困难，但人心是振奋向上的。领导也希望把我留在学校里继续从事研究工作。我自己也是希望留在母校，一方面领导重视，大家也比较了解，也知道北京化工学院是1958年"大跃进"高潮中成立的学校，当时的科研基础还比较薄弱，不如华东化工学院，后者在经过几年的酝酿准备后，对科研的重要性已形成很强的共识，并且一些有声望的教授也一再强调高校中科研工作的重要性，他们做研究是有传统的。另一方面，也是很重要的方面，经过"大跃进"，经过"困难时期"，我已领教了物质生活匮乏的滋味，变得比较现实，觉得和家庭在一起会好得多。我想留在母校，领导的意图也是如此，也就是个人利益和领导意图一致起来了。

领导要我暂缓去北京报到，说是要向教育部申述，说明利弊关系，并已准备了几种后备方案，留校应不会有什么问题，并决定作为正式教师，给我发工资，而不是研究生助学金。虽然两者相差不多，但我似乎像吃了一颗"定心丸"似的，十分舒畅，也感谢领导的关心，并且摩拳擦掌，准备下一轮的研究了。正在这时，突然接到人事处通知，要我立即到北京报到。事过之后我才知道，一位主要领导认为不应为这种事情得罪教育部，于是就趁另一位坚持要我留校的领导不在会议室时就要人事处通知我立即去京报到。

我们同一届毕业的共三名研究生：毛慧真、邬锡康和我。邬君是在职考研的，他毕业后还在原教研组工作，老毛和我同属需统一分配之列。他也分配在北京化工学院，并已比我早几个月到京报到。我告诉老毛我到京的车次时间，他到车站接我。我把取到的托运箱子交给一位车站广场上的三轮车工友，由他送到和平里我的指定地点，就与老毛一起乘坐8路无轨电车到和平里。到了和平里车站，遥看那位三轮车工友已蹬车而来，毫无行李丢失之虞。在我写信回家时，还特地提到，毕竟是首都，路不拾遗之风甚盛，我把箱子交给三轮车工友，丝毫不需担心。

老毛带我去宿舍。我的宿舍与他的同在和平里公交车站附近的一幢大楼内，是原来化工部系统的办公楼改的，七八人一室，条件当然很差。我到北京化工学院报到，被分配在化工原理教研组，也与教研组主任见了面，说好从下学期（秋季）开始上课。至于科研，根本没有条件，也就不想了。

当时的思想很矛盾。到一个新单位，本该好好工作，做出成绩来。但是我暗自打算，一旦有机会，我还是要求调回上海我的母校。母校的领导已多次表示，我回去他们很欢迎，所以回去是没有问题的。问题是北京化工学院是否肯放。北京化工学院认为，华东化工是老大哥学校，华东要我留下，必有道理，所以他们也想要留住我。从这一点考虑，工作做得好更不易脱身。

另外，我又背上了一个包袱。同事们看，这人是华东要的，倒要看看他有多少本事。因为当时北京化工的同事们还没有开展多少科研工作，因此谈不上发表论文，而我又在《中国科学》和《科学通报》等国内有影响的杂志上发表过论文，有的论文还是用英文写的，似乎比人高一点，这又是一种矛盾的交点，容易引人注目。到后来我又有一个要求工作调动的问题。我要求调回上海，这又是多数同事并不存在的问题。上海，在当时被看作是比北京更资产阶级化的地方，好似另一个天地，要求调到别处和要求调到上海，这在当时"左"的思潮盛行之下，容易与向往资产阶级生活方式联系起来。种种矛盾，我一到北京，就集中在我身上，使我显得十分"另类"。因而，资产阶级思想、"白专"道路、工作不安心等等一起袭来，这也是意料之中的事。在后来的"文化大革命"中，我受批判，也一度被打倒，实际上也是很自然的事。易位思考，如果我周围有这么一个人，我也会随着批判他，这是毫不足奇的，而且火力集中到他身上，流弹落到别人处的几率就会大大减少，这是经过多次运动后国人的一个普遍经验。

（2）

1962年我开始了在北京化工学院的工作和生活。我于6月报到，被安排了秋季学期的化工原理课。我借口我将参加8月下旬在北京召开的第一次全国流态化会议，要在暑假结束前就回到北京，因此就在7月初暑假开始前提前一两星期回上海了。在回上海的火车上，巧遇了一位N女士，后来我们成了很好的朋友，并对我在北京的生活产生了很大影响，此为后话。

暑假很快过去，8月下旬我回到北京，参加了由郭慕孙研究员主持的第一次全国流态化会议。同去参加会议的有我在华东化工的好友陈敏恒，我们两人都报告了我们的研究工作，并得到好评。参加同一次会议的还有后来成为我妻子的胡俊中，她在华东化工学习时曾在图书馆里注意到我这个唠叨多话的学生（参见"回忆大学年华"），只不过她当时只是感到厌烦，没有当面抗议罢了。毕业后她被分配到上海市化工局科研处，我当研究生时做除尘研究，曾到化工局科研处申请一些资助买一台进口的粉尘大小测定仪器，不料接待我的正是胡俊中。她那时已经有了一些小权，很友善地接待了我并提供了这个虽然为数不大，但却很需要的资助。

俊中不甘心坐办公室，主动要求调到华亨化工厂工作，因为厂里有一个流态化研究项目，她参加了这个项目的研究，这就是她参加全国流态化会议的原因。

俊中、老陈和我都是华东化工校友，参加同一个会，当然比较容易相熟。郭先生是俊中的姨夫，所以在会后她就带老陈和我到郭先生家拜访，郭先生和夫人非常热情好客，还留我们午饭，并说我在北京工作，也欢迎我到他们研究所和他们家做客。这样我就通过俊中认识了郭先生。郭先生那时回国工作还不久，担任中科院化工冶金研究所（今过程工程研究所）三室（流态化室）主任，一般我们是不会有机会认识他们这些大人物的。

会后俊中回上海，我们有不少信件来往，我回上海探亲时也与俊中交往密切，相互了解颇多。后来我们决定结婚，我的岳母对我还有一些不放心，据说她曾表示过我的长相不如她女儿，因此曾写信给她的妹夫郭先生了解我的情况。大概郭先生和夫人对我的印象还比较正面，因此写信给我岳母说了我很多好话。我们在1964年寒假期间结婚。那时的婚姻非常简单，只是登记一下，两家的父母见了面，一起吃了一顿饭，就算结婚了。俊中和我学的都属于化工这一大门类，因此从工作角度也有不少共同话题，并且她也爱好音乐和文学，对这些东西的感悟程度可能出我之右。婚后我们虽分居京沪两地，但一直感情甚笃。在分居差不多10年后的1973年我调回上海，1976年我们有了一个儿子。虽然现在我们已过金婚，但我相信我们必能相濡以沫共度余生。

1962年全国流态化会议后我偶尔会去拜访郭先生和他的夫人桂慧君先生，但是并不常去，这是因为郭先生名气大，地位高，虽然他们待人接物非常真诚好客，也表示欢迎我常去做客，但我毕竟是一个小人物，不敢过于高攀。直到1964年我与俊中结婚，郭先生和夫人成了我的姨夫和姨妈，我去他们家的次数才稍多了起来。特别是，郭先生是化学工程专家，我可以经常向他请教。

在北京的日子，衣食住行方面大体上能够习惯。南方人到北京，一般最不易习惯的是吃，特别是窝窝头。然而我却很爱吃窝窝头，大家很少定量的大米，对我毫无问题。即使是到了今天，我到北京出差，如有可能我仍会选窝窝头为主食，虽然现在的窝窝头比那时做得精细得多了。我最不习惯的是宿舍的乱和挤。多人一室，每人都有不少日用品，乱堆一气，而且有的室友还不大注意个人卫生，窗户往往紧闭，室内一般空气混浊，要保持个人床铺的整洁也很不容易。这与我大学时住集体宿舍有很大不同。学生时代的集体宿舍一般日用品不很多，上海同学会把暂时不用的个人物品带回家，因此也不是那样胡乱堆放，所以要整洁一些。后来我因要求调动工作未成，可能是出于使我安心一些，给我安排两人一间的宿舍，条件就好多了。但是"文革"一开始，马上就又回到多人一间的宿舍，那时当然不敢多言了。

工作日备课上课，周末我会出外与朋友聚聚，也有意避开那又挤又乱的宿舍。大学时代的同班好友吴民权在清华力学班毕业后，分配在中科院力学研究所工作。民权是我最好的同学之一，他不但聪明，而且性格开朗，待人真诚友好。我常会在周末到中关村他住处休息聊天，有时也到不远处的颐和园泛舟，延续大学时的友谊，增添了不少生活乐趣。民权后来从事舰船方面的研究，因为涉及军工，也曾被授过军衔。又过了几年，他调到南方工作，我们见面的机会就少了。在我调回到母校工作以后，在20世纪80年代，民权调入到我们研究所工作，我们从同学成了同事。他在流体力学领域造诣很深，在所里的工作也很出色。他虽早已退休，但我们仍交往甚多。我的感受是，像他那样为人坦诚，待人真诚，又有真才实学的人在当今社会恐怕是比较少见的。

在北京时也曾时常去看看我在华东化工学院的好友陈敏恒的姐姐。一次去北京，老陈托我带一些东西给他在北京农业大学工作的姐姐。老陈的姐姐知道我们是很好的朋友，也就把我当成她自己的弟弟似的，我也就称呼她为"姐姐"。她对我非常亲切。有时知道我会去，就留一些农大因为她身体较弱而发给她的营养品来招待我。北京农大地处西郊，当时虽然交通很不方便，但是我还不时抽时间去看她，直至"文革"开始，不得已中止了来往。多年以后，老陈已出任华东理工大学校长，姐姐来过一次，我们已多年不见，彼此都已苍老了很多，见面时真是百感交集。

友谊有时对人生是很重要的。上面说到的一些同学朋友，以及已另有记述的在火车上邂逅却成为好友的 N，还有我大学的同班同学卜键民，他为人淳朴善良，又同在化工部系统工作，离我的住处很近，我们经常来往，他也在我最困难的时候给了我不少帮助。他们对于我在北京工作的最初几年，无疑是至关重要的。所谓"最初几年"，指的是从我分配到北京到"文革"开始。"文革"开始以后，一切都变了。友谊有时会变成了猜忌。人们的关系，掺杂了怀疑和警惕，变得不那么纯真了。

（3）

在北京的工作就是化工原理课的教学。虽然我是第一次系统上化工原理课，但是我在华东化工讲过其中的一些章节，而且对课程内容的掌握也比较好，因此上课并不是很费劲的事。

但是只做教学，我还是不大甘心。我还是想着做一些研究。当时在北京化工学院还不大有做研究的先例和气氛，但我还是说服了领导，请他们给了我一间实验室，拨了一些经费，我又申请要了两个毕业班学生，自己设法搭起一套气液系统的实验装置。开展这些工作是很困难的，什么都要自己动手。化工类型的研究装置有其自己的特点，如稳定供气供水、取样代表性、设备防振等问题。设备虽然小巧，但要考虑取样的准确性和可靠性，有其特殊性，这与化学实验有所不同。在华东化工时，试验设备的设计、加工、安装，然后是调试，可能还需要修改，已构成了一套比较完整的系统。我们实验室的老师傅经验丰富，真可谓是心灵手巧，他带着徒弟，会帮我们想办法，加工的实验装置做起实验十分得心应手。在北京化工，没有这套系统和班子，一切都要自己动手，并且还做不好。我们勉勉强强，自己搭了一套装置，经过调试，取了一些数据，学生们也勉勉强强地算是完成了毕业论文。

在当时的北京化工学院，科研不是一项任务，也就是领导没有要求大家做研究。我提出做研究，带学生做论文，这些都是我自己闹出来的事。其他学生都做毕业设计，也都能按理就章，顺利毕业。然而我却在责怪我自己的工作质量，觉得这工作做得谈不上什么水平。但是我这样做又显得十分"另类"：别人看来，这是名利思想，"白专"道路的表现，又要求调回上海，必然工作不安心。平时生活作风，又表现出资产阶级化（不少上海人都被认为如此），劳动中又娇气，总之，各种罪状接踵而来。我自己也知道，这都是免不了的。在这样的个人处境下，迎来了1966年夏开始的"文化大革命"。

"文革"开始，打乱了教学秩序，更不用说研究工作了。大家看看大字报，开开"批斗会"，传传"小道消息"，没有什么业务压力，得过且过，倒也不亦乐乎。然而我心情又与大家有所不同。那时我到北京工作已经四年，我正在争取调动回上海。我正冒着"工作不安心""个人主义严重"等种种罪状，利用各种机会找各级领导谈，包括党委和总支，申述困难，要求调动。但他们总是能推则推，能拖则拖，为了避免你再找人，还会不时给你一项工作不安心之类的帽子。"文革"一开始，各单位领导瘫痪，干部们自身难保，哪还有心思来考虑我的调动问题，于是这么看来，我的调动必是遥遥无期了。我当时心绪不佳，但是也毫无办法，只能过一天算一天，也可以说，这是在混日子。然而"文革"初期的北京，是充满暴力的。记得北京化工学院的设备处有一位姓俞的宁波老乡。老俞只会讲宁波话，建校之初把他从上海调来，让他管理学校的实验设备仪器账目工作。他单身在北京，我与老俞谈谈、讲讲宁波话，倒也有趣。"文革"之初一天晚上听说老俞坠楼自杀了。我半夜起来上厕所，从窗口看到老俞住的对面宿舍楼外停放着一具用床单盖起来的尸体。从一个房间的窗口拉出一根临时电线点亮，昏黄的灯光照着躺着的老俞的遗体，等待第二天处理，非常恐怖。我突然感到一种恐惧感，似乎忽然间意识到任何事情都可能发生，并且是不以人的意志为转移的。在这一刹那恐惧感压倒了一切，什么工作调动等等，即刻退居次要，想的只是这运动接下来会搞成怎样。又过了一两天是一个星期天，我感到无聊，就独自外出，搭乘 4 路无轨电车到王府井一带，本想逛逛百货公司解解闷，吃一餐饭换换口味，但紧张的气氛亦随处可见。在王府井百货公司旁的一条小街，我看到沿街一扇门开着，行人往里张望，我从人群的衣缝中看去，一具倒在地上的尸体赫然在目，听人说是刚被打死的。我不想再看，就很快返回学校，独自在宿舍里闷坐，内心的彷徨恐惧，真是一言难尽。

就在"文革"开始前的四五月间，接到妻子俊中来信，说因感恶心及胃口不好而到医院检查，发现她得了肝炎并已开始病休。她自幼体弱多病，高中时因肺结核病，不得已未能读完高中，后来是以同等学力才考上天津大学的。她因不时肺病复发休学，最后一共花了 7 年时间才读完大学。我十分担心她的身体，但也不能回去看她，多亏她家里有她妈妈照顾，她的病体恢复还算顺利。家里没有电话，我只能写信与她约好，在一个约定时间，她等在楼上一位副校长家的电话机旁，接我一个从北京打去的付费电话，聊表我的关心和思念之情。后来她对我说，正好是"文革"初期最动荡的日子，她病休在家，却也正好避过了单位里的批斗高潮。然而，由于她所住的我岳父家是在华东师大的家属宿舍里，怎么也逃不过"革命小将"对"反动学术权威"家的冲击，真是所谓"躲过一枪，却挨上一刀"，逃无去处也。

1967 年初的全国性的"夺权"，上海有所谓的"一月风暴"，接着就是"革命大串联"。所谓"大串联"就是学生免费乘车，到处乱逛，再找几个自己有兴趣的地方看看大字报而已。那时大家比较有兴趣的看大字报的场所是一些文艺单位。北京化工附近的东方歌舞团、王府井附近的北京人艺，看大字报的人最多。那些响当当的大明星、大艺术家，个个被说得丑态百出，大家虽然都知道大字报的大部分内容都是为了丑化名人们而杜撰的，但人们还是会去看，一方面是无事可做，另一方面是当花边新闻，当小说看看消遣：小说不也都是杜撰的么？我趁这个机会，作为一个运动的逍遥派，摇身一变，就变作为一个"革命群众"，去大上海进行"革命串联"了。

我受不了给"革命师生"乘车的免费车票，因为不对号，而且太挤，所以还特地花钱去买了"出差专座"的对号票，电告俊中我的京沪特快车次及到达时间，但是谁都知道那时候的车基本上没有不误点的。俊中来接我，车误点了，也没有预告，反正是乱成一团。她等了一会，根本不知道车什么时候到。乍暖还寒时节，她还穿着大衣。不甘心回家，还想在车站附近再等等。看人家接车的接不到就随地卧倒睡觉，她也学样在上海北站边上那脏兮兮的马路转角处卧倒休息，直到第二天凌晨还接不到我，才失望而归。妻这么一位爱干净的女士，居然能在车站旁极脏的路边倒下睡觉，使我不胜佩服。多年以后当回忆起这段往事时，她还会吹嘘她这种所谓"见机行事，随遇而安"的本事。

我在上海"串联"期间，看得最多的是华东师大校园内师生的大字报，间或看一些别处的。岳父家的住房因"革命"而变小了，有的房间被封。后来，被赶往一个小的住处。再后来连那小一些的住处也不允许住，只给一间极小的10余平方米的平房，妻不得不搬到我家居住。那时我已回北京，我妈妈在崇明农场劳动，我爸爸对俊中来住表示欢迎，但也只能大家挤一些。我们两家都经过彻底的抄家，但当然也没有发现什么。不幸的是，就在这种极端的形势下，发现了我妈妈患有乳腺癌，入院手术。我还特地赶回上海看她。

岳父胡焕庸教授因历史问题被拘留，关押在思南路看守所，长达 5 年，到 1973 年才释放回上面说到的那间 10 余平方米的房间。岳母每天以泪洗脸。她去问岳父的情况，回答是这是保护性拘留，免得他在外面还要受皮肉之苦。我的父母亲虽说没有被找出什么历史问题，但是"剥削阶级的孝子贤孙"之类是跑不了的，因此也有过"隔离"之类的待遇。这在当时是不足为奇的。

（4）

总体上说，我在"文革"初期的一两年里，日子相对地还是比较好过的。调动工作的事看来是无望了，但是作为一个逍遥派，成天学习、写大字报、开批斗会等，至少没有成为革命的对象，这已经是相当不错了。我自己常常会扪心自问，人家看我：工作不安心，资产阶级思想，"白专"道路，娇气，等等，毛病还真不少，不知哪一天，随手拿出一条，都可以招来批判，何况我的"另类"表现必定早已使人另眼相看。

但是到了 1968 年，"文革"的激烈形势似乎消退，似乎"走资派"也斗得差不多了，"大串联"该去的地方也去了不少，而且挤在那闷得透不过气来的车厢里来回奔波，也未必再有多大吸引力了。我暗自祈求上苍，能早日恢复正常秩序，能恢复各级领导，我调动工作的事也该有一个地方去诉说了。

当时我很记挂我的好朋友 N。"文革"开始后我们没有联系过。她社会关系复杂，"文革"中吃一些苦是必然的，我担心的是她是不是尚在人间。于是我试探性地写了一封信，很快收到了她的回信：她还活着。于是我又去她家做客。一次，是一个星期天的上午，我去她家。她先生买了一份报回来，头版头条是"横扫一切牛鬼蛇神"。我们三人看了，都觉得火药味十足，预示着一场新的风暴即将来临。我们商定暂时不要来往，而这却使我与 N 成为永别。

　　果然风暴来临。这次"清理阶级队伍"，矛盾是指向有缺点错误的群众，或者说是指向有把柄可抓的群众的，我当然是一个现成的对象，又加上运动前 N 为了怕我寂寞又知道我喜欢音乐，送了我一个收音机可以在宿舍里听听音乐。不幸这个收音机是带短波波段收音的。资产阶级思想加上短波收音机，那当然是"偷听敌台"无疑了。于是批判、揭发接踵而来，也曾被短暂地"打倒"过：从"袁渭康不投降就叫他灭亡。"到"打倒袁渭康！"，后来又回到"袁渭康不投降就叫他灭亡"，经历了一个从内部到外部，又回到内部的过程。那时见到派到教研组来指导"清队"的工宣队师傅和革命小将（学生），确是战战兢兢，恐慌不已。过后想想，这其实也没有什么，他们生逢其时，而我却生不逢时罢了。再回忆当年"肃反"，今天我也只不过和那时的我换了一个位置，易地而坐。忽然间我想起了巴尔扎克那套名著的书名《人间喜剧》，真是十分贴切。世间诸事，如能把它们看作是喜剧情节，那也真可以一切都心平气和了。

　　我对待审查的态度比较诚恳，检查比较深刻，结论也没有什么，是犯了错误。接下来就是首批下放河南驻马店的"五七"干校。犯错误者，理应及早锻炼改造，我当然无话可说。那时不用说工作调动，就连一年一次的探亲都不敢提。

　　我们第一批下放的约 240 余人，包括教师和职工。驻马店是河南的一个专区，历史上是兵家必争之地，它在三国时就有些名气。但是河南的经济一直比较落后，驻马店也不例外。我们从北京出发，每人带了一个箱子，统一托运。到驻马店已是午夜，我们住在一个旅店里，我闻到棉被有很重的腥臭味，次日醒来看，白色的被套已差不多成了淡棕黄色。我们步行约 20 华里来到干校所在地，分别住在老乡家里。装运我们托运箱子的卡车随后来到。当我们卸车把各自的箱子领回时，听到在旁看热闹的老乡们在议论，"这些人比以前的地主还有钱"。

　　同教研组的傅举孚先生与我同一批下放。他是留美的，经历过旧社会，当然可以挑出一些历史问题，因此也被批斗得很厉害。傅先生和我以及另外两位教师同住在农民家一间五六平方米的小屋内，睡的当然谈不上床，铺板而已。下雨了，屋顶漏水，我们把从北京出发时包被褥的旧塑料布用四根竹子撑起来作为顶棚，但因为积水，顶棚的承重能力有限，所以必须过几个小时就起来一次把顶棚上的积水掀到地上。

　　大家当然不会有什么怨言。在干校，我们的任务就是接受贫下中农再教育，因此生活上的任何不习惯都必须忍受。我们被告知，再教育是长期的，要做好长期打算。在离开北京前我们听说托运行李在搬运时可能被摔坏，所以每人都买了一些草绳把箱子捆起来，免得摔坏。一位姓杨的教师在解开草绳时把草绳收收好，自言自语地说了一句："这些可能还会用"，结果被批判了一两个星期，说是你还想用草绳，还想回北京去，没有接受再教育的长期打算。老杨不知被迫检查了多少次。

　　初到干校，我们的一个重要的任务就是建宿舍。于是扛来木材和砖瓦，自己建起宿舍来。木料是用火车运到驻马店车站的，然后我们要肩扛回干校所在地。有的教师身强力壮，可以自己独自扛一根木头，一口气步行 20 里地，走回干校，而我实在没有这个能力，与人合扛一根木头，还实在受不了。这样到晚上政治讨论时当然免不了挨批。后来造房子装车运砖砌砖，我拼命做，做得还可以，这是因为砖毕竟比较小比较轻。这样把干校的简易宿舍建成了。数十人住一个房间，又睡觉，又学习讨论，又大批判。我自小太爱干净，觉得劳动过后晚上坐在床上大批判不大干净，我就把被褥叠起来，露出木床面给大家坐。结果又是一个典型，说这完全是资产阶级思想的表现，贫下中农哪还会不让坐床的？我从此当然再也不敢叠被，并且检讨多次，深挖思想根源。但是自从建好了干校的简易宿舍，屋顶基本上不漏水，总算可以不必再在半夜里起来几次掀掉塑料顶棚上的积水了。

建成了宿舍，接着就是劳动。我得承认我在这方面确实不行。我自己感到我不是在偷懒，而是由于体质上的问题。譬如弯腰的农活，我由于先天性双肾下垂，做时十分酸痛。人家可能也看到了这一点，后来他们就说要大批判，抄大字报，说我的毛笔字写得还可以，就替人抄写大字报吧。这真是一个恩赐，我当然乐于从命，所以就代人抄了不少大字报。但是在有些场合我也会表现得很主动。如施肥时用手撒粪，我并不是不怕脏，但是我想这是我力所能及的，也应该积极去做。放工后当然要洗手，别人知道我爱干净，但施肥时还是积极的，却也乐于帮忙打些井水以便我可以把手洗干净。

1969年五六月份我请探亲假回上海了一次，探亲假结束，我如期回到驻马店干校。没过几天，干校领导出我意料之外地通知我要我回北京参加"复课闹革命"。后来我才知道是由于燕山石化一个研究课题的需要才把我调回北京的。那是一个关于合成橡胶原料丁二烯的课题，因此要北京化工学院的橡胶教研组参加，而橡胶教研组的刘兆起先生建议把我调回，因为那个课题涉及流态化，而我做过流态化方面的研究，懂一点流态化。

结束了干校近一年的劳动和接受再教育，回到北京，并可以名正言顺地做研究了，我当然高兴。我常常在回想，有时也与参加过干校劳动锻炼或经过插队落户的亲友谈起农村生活。劳动是繁重的，生活是艰苦的，批判是严厉的，从个人感受而言，无疑一天都不想待下去。但是如果暂不考虑因劳动的重复动作而造成影响学习和工作的时间这一因素，这种劳动的磨炼对于人生却肯定是有益的，因为这种磨炼强化了人的意志，培养了耐性和艰苦作风。我们从报道中可以看到，多少政界、商界、科技界的成功人士都经历过这种磨炼而形成坚强的意志，从而在学习和工作中获得成功。我历来怕艰苦、怕脏、怕困难，但在干校由不得我们怕这怕那，必须去做我们不愿做的事，我个人的体会也是如此：干校一年，受益一生。

（5）

在北京立即就开始了"复课闹革命"。燕山石化是一个大型企业，下属几个工厂。东方红炼油厂是燕山石化的一个炼油厂，其他一些企业分别从东方红炼油厂获得油品原料后生产各种合成材料和化工原料。老刘和我被分配在生产橡胶的胜利化工厂。我们这些教师就住在燕山石化，每天熟悉流程，寻找生产中的问题。周末我们回到北京休息。

在这以前，我只去过上海的一些化工厂，燕山石化是一个现代化的大型企业，与上海那些陈旧的小工厂完全不同。我第一次来到现代化的石化工厂相当兴奋与好奇。燕山石化地处北京房山，在起伏的山峦中开山建厂，几个现代化的大型石化厂散落在群山峻岭之中，而这些工厂正源源不断地生产出人们所需要的化纤、橡胶、塑料以及各种化工原料。崎岖的山路连通着燕山石化的各个企业。有时我独自行走在起伏的山路上，看蓝天青山，以及散落其间的工厂建筑，确会陶醉其中。

我们结束了工厂调研，回到北京，开始组织实验。胜利化工厂是一个合成橡胶厂，厂里有一个流态化床反应器，操作中催化剂被磨损而被带出因此造成损失，我们的任务就是要设法降低这种损失，使催化剂即使磨损也还能留在反应器中。

北京化工学院的实验条件非常有限，我们就联系了近在咫尺的北京化工研究院，他们同意我们可以使用一台闲置的流态化床冷模装置做实验，并派了原来使用这套装置的彭成中工程师与我们合作。于是我们几个人就做起实验来。此外，我们还经常与工厂的和设计院的有关人员保持联系，使我们的研究结果更为实用。

我与老刘很快成了好朋友。老刘是东北人，有一种北方汉子的豪气。他讲义气，性格粗犷直爽，敢说敢当，他的实验动手能力也很强。他喝酒抽烟，有一次他对我说，他最开心的事是喝了酒后与人打一架。这话虽然有一些玩笑性质，但也说明了他的性格。我们一起工作的那段日子，他给了我很多帮助。在实验中我们发现了一个现象，就是在一个渐扩的垂直管中容易实现颗粒状物料向上的密相输送，不然就不易实现密相。从原理上这一现象也说得通。

　　那是1970年前后的事。那时"文革"虽远未结束，但是有些乱象已引起社会各阶层的强烈不满。人们嘴上不说，但是在私下议论中或表示对"文革"的不满或表示对我国经济衰退的担心。运动初期那种"挂铁牌"、"喷气式"之类的过激行为已属少见。我从干校回来，也感到与去干校前的气氛有明显不同，因此我敢于去看望住在西郊中关村的姨夫郭慕孙先生及姨妈，也请教郭先生我们实验中发现的一些现象，他给了我很多指导和帮助。那时他们家原来的公寓已住进另外两三户人家，住房显得十分拥挤，但是大家还是谈得很高兴。我们的课题组，除了老刘和我，还包括工厂和设计院的有关人员，我们特地到中科院化工冶金所（今中科院过程工程研究所）去请教郭先生有关流态化床反应器的问题。郭先生那时还在监督劳动。他穿着工作服，带着劳动手套来与我们见面，还特地说明，是工宣队要他来的，以主动表明并不是他有意逃避劳动的意思。他脱下劳动手套，在纸上画着设备的草图，十分认真地给我们讲解他的意见。

　　1970年年底接到通知，说是要在陕西咸阳市化工部第六设计院举办一次全国化学工程技术交流会。这是在1966年"文革"开始以来的第一次化学工程方面的技术性会议。我们也把实验研究和理论分析的结果，结合"毛选"学习（这在当时是必须的）写成一篇文章，寄给会议，结果却是被认为是一篇"活学活用"的好文章，在会上宣读。

　　我去咸阳参加了会议，宣读了论文。对于我来参加这次会议最大的收获是见到了母校华东化工学院来的教师，并从此开始了我调回母校的漫长的历程。那时北京和上海的调入都是严格限制的，工作调动几乎完全不可能。妻子和我几乎已完全打消了她调京或我调沪的想法，而是打算两人同时调到称作"小三线"的安徽或江西的一个小县城，以结束两地分居之苦。她也毕业于华东化工，积累了一些工厂工作的经验，并且她所在的工厂也有支援"小三线"建设的任务，我们也向领导提出过同时调动的想法。

会议组织了与会者参观就近的汉代名将卫青与霍去病的墓。那天正值阴天，乌云压顶，我们看了墓前的石人石兽，听了讲解员（可能也是陵墓管理员）用带有浓重陕西口音的语调，但却充满了朴素感情的讲解，似乎再现了当年这两位将军马背挥刀，带领千军万马杀敌平西的场景，也激发出人们那种"匈奴未灭，何以家为"的豪情。这一幕给我留下了深刻印象，以至于多年以后我还会回忆起当年那次参观，以及那种"踏破贺兰山缺"的气概。虽然我也很想再去瞻仰一次两位将军的墓，却一直未能如愿。那位讲解员虽然衣着朴素，口音浓重，然而比起现今那些虽然普通话还算标准，但却腔调浮滑，废话连篇，却又胸无点墨的导游不知要好上多少倍。

一次在会议的休息时间，母校的教师与我聊天，我说起我正在申请调动，想调到安徽或江西。他们问我，为什么不想调回上海，调回母校。我说这是不可能的，因为上海进不了人。他们表示，回去后向领导汇报一下，看看有没有可能。会后不久，他们给我来信，说领导了解我的情况，愿意设法调我。但是上海的户口是一个问题。后来打听到华东化工有一位教师也因为两地分居问题希望调到北京，可以设法"对调"。于是开始了一个漫长的调动程序，其间波折起伏颇多，我也不想在此多费笔墨。心想也确是如此，经过了"文革"，人人想的都是自己，或自己周围亲友等有关系的人，谁还会为我们这两个孤独的灵魂的"对调"之类的事操心。但是最后总算是运气还好，我在历时大约两年的努力之后在1973年6月间完成了调动的所有手续，到阔别11年的母校报到。这在当时可谓是一个奇迹：上海居然能调进人。

我的朋友们或许会认为我一心向往上海。其实我还是很爱北京的：不仅仅因为北京是首都，更因为北京作为千年古都和文化荟萃名城，数百年熏陶渗透于其中的文化气息，这是商业化的上海所无法比拟的。北京的古建筑、古园林、老胡同、四合院，都使我在离开北京后留恋怀念。正因为有了这些，才会有无可比拟的北京人艺的话剧和老舍笔下的人物。我一直期待着，什么时候我会有机会，再回到前门一带听一听老北京的吆喝声，到狭小的胡同里看一看冬天冒烟的小烟囱。但是我一直没有这个机会。北京已成为一个现代化的大城市，多了 mall，少了吆喝，多了摩天楼，少了小胡同，至于我自己，每次来去匆匆，也只能留下这个难以弥补的遗憾了。

（6）

人生诸事，有时真有些神秘莫测，有些难以捉摸。

1962 年初到北京，由于安排我上的课程要在秋季开始，我提前了一个多星期回上海过暑假了。我上了 13 次特快列车，坐在一个临时改为座位的卧铺车厢里。不久一位女士带了她的年幼女儿坐在我的对面座位上。女士看起来在 30 上下，穿着讲究，且化有淡妆，这在当时我国社会是颇为引人注目的。

如同旅客通常会在长途旅途中因无聊而交谈那样，我与女士也交谈了几句，得知她是一名北京的中学教师，这次是利用暑假带女儿去上海看望她的婆婆的。逐渐地我们就谈得比较多了，可能是她与我都是教师的缘故。

车行一夜，列车越来越近上海，不少旅客在中途站下车，座位显得空了不少。我与这位女士只是萍水相逢，但直觉似乎告诉我她人并不坏。我们到达上海站前相互交换了在上海的地址，这在旅客中也并不少见，通常是过后也就置之一边，没有什么人会当一回事相互联系的。我当时也是这么认为的。当时大家的心情是，很快就到家了，可以和家人短暂地欢聚，其他的一切都是过眼烟云，谁也不会去当真的。

没有想到的是，就在我到达上海后的第一个星期天上午，我正准备上街买一些零星物品，在家门口遇到了那位火车上结识的 N 女士来访。她家住虹口，离开我在南京西路陕西北路的家并不算近。

有客来访，我们既感到意外，但也必热情相待。言谈中知道她比我年长 5 岁。她亦表示，虽然我们只是在火车上邂逅，但谈得不错，我只身在北京工作，她欢迎我去她家做客。大家交个朋友，也不枉萍水相逢一场。我当然表示高兴并向她致谢。

她家在安定门外，离我工作的北京化工学院不远。在后来的日子里，我成了她家的常客。她把我介绍给她的丈夫 W 先生。W 先生也很好客，又是上海人，与我却也逐渐交流无间。我与 N 女士有时还相约在外面见面，同游一些北京胜景，同尝北京美食，逐渐我们成了无话不谈的知心朋友。在我到北京后的第一个寒假，我没有回上海，因为我得知在寒假后不久我就要到上海出差，那时候当然可以回家。N 到我的宿舍看看，七八个人同住一间硕大房间，房内杂乱，空气混浊，暖气供应不足，于是就邀我寒假住到她家，因为她家比较暖和，又可以照顾我饮食起居。我愉快地接受了她的邀请，在她家过了一个舒服的寒假。当时副食品还十分短缺。她总是把她在美国的妈妈寄给她的罐头食品（她的全家都在美国）等我去她家做客时共享。出于对于我成长的关心，N 女士有时还主动帮我抄写论文，并与我切磋一些词汇的用法。她毕业于南京金陵女大中文系，因此有一些文字功底。

又过了一些日子，她向我吐露了她的一些个人经历。为了使文字生动些，下面我以第一人称加引号简要记述她的话。显然这不是原文。

"我与丈夫 W 相识是在香港。解放前他原在上海大同大学求学，由于同情和帮助过一些地下党的学生，后来被国民政府注意，虽没有被捕，但还是被学校开除了，并被通令各地学校不得再录取他作为学生。不得已他到了香港在香港大学继续他的学业。

我住在南京。我的父亲与国民政府某部长曾在美国留学时同学，互为好友。回国后，我父亲也成了另外一个部的一位高官。我们两家住得很近，又是好友，来往很多。某部长没有子女，我父母就把我过继给部长家。由于需要，在一些社交场合，如部长家的"派对"等，我就成了他们家的女主人。解放前夕，他们家去了台湾，我父亲不想再涉足官场，就带全家（母亲、妹妹和我）到了香港，我也就到香港大学继续求学（此前我在南京金陵女大中文系读书）并在那里认识了 W。

W 和我互相有了好感。不久他毕业，要回上海去，我们约定，我在港大学业结束后也会回内地去并与他结婚。在港大，我认识了一位朋友，后来才知道他是在香港工作的地下党党员。在他的动员劝说下，我决定还是及早返回内地继续读书。当我把这一想法告诉我家里后，家人极力反对。我父亲说如果我执意要回去，他就与我断绝关系。我妈妈哭得很厉害，但我爸爸绝不收回他的决定，并不许妈妈再和我联系。后来他们都去了美国，全家在那里定居，妈妈与我的联系也是背着父亲的。当她得知大陆食品供应困难，是瞒着爸爸偷偷给我寄食品的。当时我意已决，决心回内地，就在那位朋友的陪同下到了罗湖关口。记得那时国民党飞机轰炸大陆，我们到罗湖关口时正值一次轰炸，那位朋友还扑倒在我身上保护我，虽然后来我们没有被炸，但他那样不顾自身安危地保护我，至今我还是深深感谢他那种舍己为人的精神和风格。我后来与那位朋友分手，只身前往南京，他独自回香港继续他的工作。从此我再也没有机会见到他。

我丝毫不后悔我回到内地。生活虽然不富裕，甚至有时有不少困难，在物质上是不能与我在美国的家人相比的。我爸爸办了一个养鸡场，据说经营得不错。但是我的工作很有意义，精神上我是充实和富裕的。我真心地爱我的学生。西直门一带的学生多数家境并不很好。除了教好书以外，我也尽我之所能帮助他们，我会买些文具给家境困难的学生，有时学生家长生病，我会买一些吃的去看望他们的家长，使他们高兴，也让学生们感到有人关心他们，使他们安心地好好学习。学生们也喜欢我。我从他们对我的眼神和表情中获得了无比的欣慰。"

N 的这一席话，无疑是推心置腹的，也表明对我的完全信任。从当初一位萍水相逢的女士，逐渐与我成了好友，真是不可思议。从我与她的交往中，我深深感受到她童年和青年时期的成长环境留下的烙印。我的感觉是，虽然她的家庭背景在当时"左"的思潮泛滥之时必被看作十分另类，但她的为人却是正直善良的。也许她从我的背景和待人接物中也看到了一些正面的东西，所以我们的友情才会得以持续和深化。有时她也会直言批评我一些个人思绪的不良表现，这样我反而会感到高兴，因为我也并不希望我的朋友和我是没有思想交锋的。

我离开上海的家，独自生活在北京的集体宿舍里，必然会有一些不习惯，她就在生活上给我以无微不至的关怀。她家住在北京安定门外，紧挨着一个称作人定湖的公房内。人定湖是"大跃进"时期在"人定胜天"的口号下人工挖成的，倒也风景宜人，特别是非常清静。我们常在湖边小道上散步或小坐，谈人生，谈文学，谈音乐，也谈各自的工作。N 的友谊，伴随我度过了我在北京最初几年的生活，使我这个离家游子有了很好的精神慰藉。她知道我喜欢音乐。为了使我的生活多彩一些，她买了一个收音机送给我，好让我在宿舍中听听音乐。但不巧的是，那收音机是带短波的，而后者却在后来给我带来不少祸害。

不久迎来了 1966 年的"文化大革命"。北京的"文革"形势是大家都了解的。最初几天充满了暴力。那时人人自危，生怕什么时候轮到自己。我生来胆小怕事，虽然一直惦记着 N，但再也不敢与她联系。北京的中学生的过分行径，使我深信 N 的处境绝对不妙，但我又无可奈何。她的家庭背景必然已使她背上了一个莫大的罪名，再加上她平时太过注意衣着打扮，在穿着上过于显目。她经常化淡妆，有时还穿着修身旗袍和尖头皮鞋去上班，这在当时不招来打骂才怪。我曾经多次劝她不要在穿着打扮上过于引人注目，要收敛些，但她总是认为这只是个人的生活习惯，应是无可非议的，只要作风正派，只要工作好就行了。但在"文革"中，家庭背景和生活习惯自然地都成了她的"罪状"，虽然她在工作中表现很好，也受学生爱戴，但大形势是这样，必会难逃一劫。我甚至在担心她是否还活着，因为那时被打死或被迫害致死的事是并不罕见的。

直到 1968 年初，"文革"初期的那种"高潮"似乎略见消退，我胆子就大了一些。我担心 N 的命运，却不敢打电话到她的工作单位，就只能试探性地给她写了一封信，我还记得我还不忘在信冠上写上了"千万不要忘记阶级斗争"的语录，以便即使 N 已经不在，别人拆看后也找不到什么大毛病。很快我收到了她的一封信。从她的信我了解了一件最重要的事实：她还活着。这使我欣慰。我们相约在我们常去的地方见了面。她倾吐了她的遭遇，少不了肉体和精神上的折磨，但总算还好，她活下来了，似乎也没有过多的抱怨。她说由于她工作中体现了对学生的真情的爱，总算得到了一些学生的谅解，手下留了情。当然比起她来，我的日子要好过得多。

我又开始到她家做客，她像往常那样关心着我，但似乎更多了一些细心和关切。当我感谢她时，她只是轻声说了一句，"不会太久了"，然而我却装作没有听见，没有接口。因为我知道任何接口的话都会是不合适的。我知道她这句话是指她的病情。又过了一些日子，那是 1968 年的 5 月的一天，记得是一个星期天的上午，我去她家做客，正好他的丈夫买了一份报纸回来，报上头条是"两报一刊"关于清理阶级队伍的文章，火药味十足。我们三人忐忑不安地读完了文章后一致感觉到可能另一场风波即将来临。N担心她的出身之类的种种问题会影响到我，因此建议我们暂时不要来往，看看情况再说。但从此一别后我就再也没有见到过她。

果然如此。在经受了"清队"的风暴后我就第一批被下放到河南驻马店的"五七干校"劳动。离开北京之前我还想去看看N，但是终究不敢。

在"干校"呆了近一年后，我奉命调回到北京。安放好我从河南带回来的行李，我就找个时间去看望N。当我敲开了那熟悉的房门时，门背后出现的是一张完全陌生的面孔。问询之下，方知W先生因工作调动调往大西南"三线"去了。我去问了她原来工作的学校，回答是她随她丈夫一起走了，并说她身体不好，不知还能不能工作。此后我就再也没有得到过关于她的音讯。由于她有先天性心脏病，虽然看起来与常人无异，但实际上病情很重。她每次去医院，医生总会给她开假条，但是据我所知，她似乎从来就没有病休过，而是坚持她所热爱的教育工作。我想很可能她早已离开人世，因为她的心脏病不轻，再加上经受了那些波折，她怎能承受这样的磨难？再回想起那句"不会太久了"，这意思是再明白不过了。

我一直没有再去过她生活过的人定湖畔，这是因为虽然我多次去北京出差总是来去匆匆，并且总是住在中关村或清华园附近。凑巧的是，在2015年初我两次去化学工业出版社出差，都住在离出版社较近的安定门外的宾馆。驾驶员说我住处所在地是六铺炕附近，那应该就是人定湖附近了。北京的大变样，使我完全弄不清方向。我问了驾驶员，他指给我看大致的方向。工作之余已是夕阳西下时分，我想再去看一看一直怀念的人定湖及我熟悉的那幢公房。未能找到出租车，我就安步当车。但是我却找错了方向而未能如愿。我回到房间打开电脑，搜索了"人定湖"，看了地图，发现人定湖早已大大变样，建成了一个欧式花园，紧挨着人定湖的公房也早已荡然无存。我却也坦然。驾驶员说要开车送我去看看，我谢绝了。不能旧地重游也罢，反正早已"人面不知何处去"了，又何必再自找惆怅呢？我只能从宾馆房间眺望，依稀可看到远处的鼓楼和钟楼，安定门也早已没有了踪影，只有我脚下那旧日的护城河，日夜流淌的河水也比那时清澈多了。

我不厌其烦地写上这些，目的并不是在给读者讲"故事"。我只是想展示 N 这么一个人。她不是共产党员，也没有什么豪言壮语。她生长在一个"上流"家庭，也曾生活在一个"上流"环境，但她却毅然抛弃了比较富裕安逸的生活，独自一人走上一条追求理想、追求精神生活的道路。但走上这一条路，也并不平坦，要克服种种困难，特别是要经受与亲人生离死别般的痛苦，但她在最后还是坚定地走上了这一道路，虽然当时不会想到以后还会引来"文革"的磨难。

N 是一个正直善良的人。她乐于助人，对物质生活，如果不说是视若粪土，起码也是非常淡然。她热爱自己的工作并全身心地投入。我看过她为学生批改的作业。在每本字迹潦草书写马虎的作业本上都留下了她细心地批改过的娟秀字迹，其细致和认真，是会使我们这些同样也当教师的人感到愧疚的。当然她也不是没有缺点。在我看来，她的最大缺点就是过于注重自身修饰，这是她长期生活环境留给她的，改也难。这种在今天看来根本谈不上是什么缺点的事，在当时是大逆不道的，因而也成了给她带来祸害的原因之一。但不管怎样，她身上体现的正直与善良正是当今社会十分需要但却是十分缺少的。正是这种正直与善良代表了一种平凡的却是崇高的思想境界，这也是我作为她的朋友所终身怀念的。

在我周围的人群中，有这么一些人，有一些人比较熟悉，有一些人并不深交，也有一些只是耳闻，他们的家庭比较富裕，或比较"小康"，至少是不愁吃穿。他们中有不少人追求发财致富，但也有一些人却为了自己的理想和爱好，宁可选择普通的甚至清苦的生活，投身事业中。就我所知的就有无怨无悔地放弃在南方舒适的家庭，到大西北努力工作一辈子的；有放弃国外优裕的生活和工作环境，回国长期效力我国科学事业的。他们中有些人的遭遇虽未必好，但他们多数还是认定了这是所谓命运的安排并安然了此一生。

前些日子与朋友闲谈。大家对中央的反腐政策十分拥护，但也议论到有些贪官要贪那么多钱干什么。房子有了，车子有了，还放了成吨贪污来的现金在家里。一位朋友有他的解释。他说那些贪官是因为"没有见过钱"，意思是自小穷苦，一旦有了权势就把手伸得很长。言下之意是，"见过钱"的就不大会贪污。这一说法显然欠妥，是另一种"出身论"，好似来自富裕家庭的人就不大会去贪污似的。我从另一个角度去理解那位朋友的话，就是在家庭、生活环境、社会等各个方面因素的影响下，养成了一个人的情趣和情操，如果从小受到的教育就是把有一些东西看得很淡，他就不会刻意去追求，更不会违法地去追求。他追求的应是他的价值观中他认为最值得追求的东西。本文写到的 N 是一个小人物，但也是在物欲横流的社会中一个难能可贵的例子。这个例子在今天重提，或许还有一点点现实的意义。

因为这个原因，我写上最后这一节，作为本文的结束。

"大话"年代

1958 年初，我成为华东化工学院化学工程专业的一名研究生。随后的日子有相当的时间大家都不得不讲一些"大话"，如"十五年赶上英国""一天等于二十年"等等。这种讲"大话"的趋势一直延续到"文化大革命"以及以后的日子。当年的形势是，不讲一些大话可能会遭来祸害。但是到后来，可能是人们发现讲一些大话不但不需要付出什么代价，有时还会带来一些好处，所以大话难以根除。

处在当年这样的大环境中显然是不幸的，但是冷静反思说大话的过去年代，我们也应该可以从中得到一些教训。

（1）

我在"回忆大学年华"中写到，我刚开始研究生生涯，就迎来了热火朝天的"大跃进"。那时正常的教学秩序被认为是一种落后的模式。所谓的"热火朝天"，实际上就是指那种浮躁的、没有经过深思熟虑的不切实际的行为。

"大炼钢铁"是那个年代的一个典型例子。当年全国钢产量是535万吨，这是一个相当粗略的数字，谁也没有去深究钢的质量、品种等问题。第二年要求产量"翻一番"，也就是1070万吨。"翻一番"的依据是什么？可行性怎样？采用什么新技术？原料来源和环境影响如何？相信决策者也未必经过详细的调查和论证，而是"拍脑袋"拍出来的。为了达到这个产量，人们把家里的铁锅和门窗等拆下来去"炼钢"，这类故事，我们已经听得很多了。

我在"回忆大学年华"中提到，我那时处境有些特殊：我还面临一个毕业的问题。我跟着人家"热火朝天"，到时候拿不出像样的论文，人家绝不会帮我开脱，说是因为"大跃进"影响了研究和论文，一切苦果还必须是由我自己吞下去的。我虽然内心十分焦急，但表面上不得不做出与大家一起"热火朝天"的样子，幸而后来我们的支部书记戴干策先生顶住了压力，要求我们必须安心在实验室做研究。

"大话"祸害深远。"大话"说了，不能实现，就成了"空话"，"空话"者，是不能实现的话，实际上就是"假话"了。人们可能会感到"大话"和"空话"还可以接受，"假话"是一种主观上的造假，涉及到人品了，就不易接受，但实际上是一回事。

从1957年"反右"开始，我就逐渐认识了人生是怎么回事了，或者以现今玩世不恭的说法，叫做"人生就这么回事"。通过"大跃进"，似乎更进一步变得比较"老练油滑"了。也就是为了"生存"，说一些从内心并不认同的话。说了"大话"，也许还受人表扬，过后虽不能兑现，变成"空话"和"假话"，但也不见得有多少人会来批评你，或者会说，说的时候"心是好的""态度是积极的"，等等，以至于至今有的官员在任时为了追求"政绩"，搞了一些不切实际的事，再后来自己换一个地方因"政绩"而"升官"，剩下的烂摊子不用他自己去收场，自然会有后来者去收拾的。

在"大跃进"年代，"除四害"是大话的一种。花费了那么多人力物力，除了表面上的轰轰烈烈，实际没有任何收获，但是至今谁会去追责这件事？"大炼钢铁"也是同样。"亩产万斤"是另一种"大话"，当时还请出了一位大科学家在报上发表文章加以论证，从每亩地接受太阳能通过光合作用转化成粮食来作为依据，以论证"亩产万斤"的合理性。这些事情原本是很容易澄清的，但那时的背景下谁也不会想去冒这种风险来说几句真心话。

与"亩产万斤"相呼应的是另一句"大话"："人有多大胆，地有多大产"。这句话如不作一些解释，恐怕我们的年轻读者们还不大容易懂。这句话的意思大体是，"思想要解放。只要思想解放了，你想要每亩产多少斤，就能实现生产多少斤。"这句话一面世，就立即被媒体所传诵，虽然我相信没有一个理智的人会真正相信它。如今上了年纪的人想必都还记得有如此豪言壮语。第一个说这句话的人，当年必会风光无限，过后也不一定负什么责任，但是如果当时有人反对它，相信反对的人是不会有什么好下场的。岂不知，这么一句彻头彻尾的唯心主义口号，在我国这个提倡唯物主义的社会里却是可以通行无阻的。

"超英赶美"是说我们在15年内赶上英国。但决策者显然没有仔细研究过英国的工农业水平和科学技术水平，也没有认真评估过我国的状况，而是武断地提出了这个口号。据说是因为那时前苏联领导人讲了大话："15年赶上美国"，我们的领导人也就提一个"15年赶上英国"。大家都没有什么依据，反正是讲了再说。当然这事后来再也不会有人去追究。另一个十分荒唐的口号是"要解放全人类四分之三生活在水深火热中的人民"。这个口号的言下之意是全球人口中除四分之一因为生活在中国已得到解放以外，其余的四分之三都生活在水深火热之中，正等待我们去解放他们。相信多数人是不会相信这种"大话"的，但是人们却在无数次违心地重复着这种豪言壮语：在大批判稿里，在报刊文章里，在政治学习的发言里。再加上"整风反右"，从开始时的"助党整风"很快变成后来的"引蛇出洞"，人们必然会想到的问题是，一句话说出来到底是真是假。这些"大话"，用"中国人说话是算数的"来概括，并经无数次重复，确是使人有似幻似真、真假难辨之感。

我感到遗憾的是，我从研究生学习时开始，到后来分配到北京化工学院工作这段时间，正是"大话"盛行之时。家庭教育我做人要正派与诚实，一直是我认为自己为人的一个好的品质，但是在当时的大环境中，我不得不作一些自我调整。但是，我当然还是能够明白是非，还是会在暗中坚持我自己的是非观。

1962年我到北京化工学院工作。从研究生到助教，身份不同了，环境也不同了。在北京化工学院我被分配在化工原理教研组，主要工作是教化工原理课。同组的教师不少毕业于北方的名校。那时每周一个下午的政治学习使我大开眼界。我的几位同事在讨论中的发言水平很高，对一些政治的或时事的问题都能系统发表自己的体会和论点，并且一讲就是20分钟：一点、两点、三点，脉络清晰，逻辑严密，我们这些往往只能三言两语地讲几句的人，相比之下，实在是自惭形秽，恨不得自己的水平能够迅速提高，虽然不能与理论水平高的人相比，但也不要相差太远。也是后来从外校调来教研组的一位老教授傅举孚先生私下对我说，他们的发言记下来几乎可以不经过修改，每篇都是一篇很好的政论性文章。可见发言水平之高。

有时需要"联系实际"，也就是分析自己的思想演变，找出今后的方向。发言几乎是清一色的"三部曲"：自己曾经是如何要求进步，如何忘我地工作；后来不抓紧学习，放松了思想改造，成为资产阶级思想的俘虏；再后来是通过学习认识到这一点，决心痛改前非，提高觉悟努力工作等等。这"再后来"的一个阶段是指当前，也就是说现在通过学习、批评和自我批评，觉悟高了。这几乎成为"八股"。如果过了一两年，再来一次"联系实际"，也还是这三部曲，似乎整个过程可以"平移"过来，再次适用。在"文革"中，大批判的文章汹涌而来，虽似无穷无尽，却也不足为奇。国人久经锻炼，写这类文章自然不在话下。

（2）

实行改革开放政策以后，表面的"大话"似乎逐渐销声匿迹，然而，我们胸中对"大"的偏爱，是否已经消逝了，我们是否已经真正回到"实事求是"的境界中？我的看法是未必。

且不说媒体上不时有报道说，某地某机构申请吉尼斯世界纪录，用世界上最大的锅做了一顿世界上最大的饭，或者做了一个世界上最大的饼之类的新闻，反映了国人对"大"的喜爱和自豪感。我认为，这种对"大"的喜爱，是与说"大话"一脉相承的。

在我们周围，时现时隐地看到说"大话"的影子。就在我居住的小区一路之隔的对面，多年前有人摆出了一个废品收购的摊子，摊子主人是一个外来务工者，专为回收旧报纸、废旧塑料瓶之类的东西，我们也曾有一些旧报纸之类请他上门收购过。过了一阵，大概那位务工者赚了一些钱，就打算扩大经营，搭了一个临时木屋，以便堆放一些收购来的废旧物品，这显然是一个违章建筑。再过了几天，那木屋上出现了那位务工者为他的业务场所取的店名："亚太可再生资源回收中心"，字迹歪斜，但尚可辨认。这一名称可谓气势宏大，十分堂皇：不但有"亚太"这么大的经营范围，也把废品"拔高"为"可再生资源"了，真可谓是为了抬高身价而煞费苦心。这个做法是地道的名实不符。又过不多久，那木屋不见了，那位务工者也不见了。可能是有关部门把那违章建筑拆除了，也可能是那位务工者发了财去开拓一个新的"亚太中心"了。

我个人猜想属后一种的可能性不大，因为我相信，某人如果热衷于做这种名实不符的表面文章，他的成功可能性是不会大的。唯有脚踏实地的人，才会迈出走向成功的结实的一步。

这只是一个不登大雅之堂的例子，其实质在于说明一味求大、名实不符，是相当普遍的。这对个人和对事业，都绝无好处。我身处高校，深深体会高校中名实不符之风害人不浅。前几年，各地热衷于学校合并，形成了一些规模巨大的大学，学生动辄数万人，教职工也有数千上万人，学科齐全，但水平不高，毫无特色。因为规模迅速扩大，使教学和管理难以跟上，也影响学生培养质量，以至于即使每年有数目巨大的学士、硕士、博士从各高校毕业，但是对于我国各项事业发展所起的作用却与受过高等教育的学生数严重不相称。

高校教授云集，不消说，高校的整体知识水平很高，但"大话"的遗风还是在高校有所蔓延。几年前的大学改名风是为一例。把学院改成大学，把学校改成学院，并取一个动听的名称，这是在任校领导的一件大事。如果校领导在任期内未能将学校的名称改好，必会招来师生们的一世骂名。这一改名风至今还在延续，也有的学校改名与并校同步进行。于是一时间出现了很多听起来非常动人的校名，据我所知，有的学校还要求以"中国"冠名，以求唯我独尊。

名者，其实只是对某人某物的一个称呼，意在识别。只要能识别，就可以了。也就是说，好听的名，并不一定表示某人或某物本身就好。国人是颇善于取名的。新生儿出生，家人必会为其取名。忧国忧民者可能会给新生儿取一个"兴国""振华"那样的名字，爱家护家者则可能会取"家柱""耀祖"等，如为女儿，更常见的是比较柔性的名字，什么"莲"啊、"萍"啊的，等等。与我们相比，洋人在取名方面的能力就大为逊色。他们的名字不外"约翰""大卫""玛丽"那么有限几个，就连城名街名，也颇多重复，十分枯燥。比如伦敦（London），美国有，加拿大有，并不一定代表英国的首都。又如百老汇（Broadway）是纽约曼哈顿区的一条主要街名，中文可译作"宽街"，但"宽街"这一街名在美国却非常普遍，在多个城市都有，并非专属。

然而我却觉得，注重取名本身有两重性，并非一定是好事，更重要的是内涵。人家的加州理工学院，至今还保持着"学院"的名称，规模两千学生，却出了 30 余位诺贝尔奖得主。谁还会对它的学院名称表示不敬？至于我们取的那些气势磅礴的名称，看到的却只是背后的一片空虚，那才教人看不起呢。

就在作者撰写本文的时候，媒体报道了某省一所高校（学院）在七个月内二易其名的新闻。这所学院可能是一所水平一般的学校，但却改成了一个名字响当当的以省名冠名的"大学"，以至于与该省一所名牌大学的校名有相重之嫌而遭到该名校师生的抗议，于是那所学院不得不改掉那已经过教育部批准的响当当的校名，改成另一个更为响当当的校名：从以省名冠名到以大行政区区名为冠，却又遭来一片抗议声。如果再"拔高"一下，就只能以"中国"冠名了。那所原来不大听说的学院却也因此出了名，至少就我而言是如此。

在我看来，这件事对那要求改名的学院并不光彩。我特地查阅了那学院的网站，给我的印象是，那是一所水平一般的学校。称作学院，已是相当勉强，而改成大学，且有一个"响当当"的名字，那所学校的领导却也当之无愧且面不改色，也真是把说"大话"的真功夫继承到家并且发扬光大了。

　　我们申请一个研究课题，总要想一些出人不意的名字，以表示"新意"，不然评审专家就会觉得不够新颖，就可能被淘汰。于是发明的新名词不少，真可谓是巧立名目。一次讨论学校发展，说起材料，有个别科研项目在航空航天工业中有所应用，一位与会者突然说，可以设一个"空天材料学"中心，这个名词人家不会有。我当时对此未置异议。但我却暗自发笑并且即刻联想到了我上面提到的那个"亚太可再生资源回收中心"，巧立名目到如此程度，也可见学术界说大话空话之风了。

　　这种风气到处可见，包括领导部门和管理机构。高校教师职务，理应分三六九等，通过工作业绩得到晋升，这是很顺理成章的事。教授应是大学里的最高的教职。但是我们的大学里，获得博士学位，再做两年博士后，出站就是副教授。然后发表几篇论文，就成了教授。因此大学里多的是教授，少的是讲师，濒临灭绝的是助教。我有时与学生说起，我曾做了十五六年助教，他们几乎无法相信。我这么说，倒绝不是因为我助教当得长，看人家毕业没几年就当上了教授，心中不快，"心理不平衡"了，而是觉得高校的晋升制度，应是一个从人数看上小下大的三角形，现在变成了一个上大下小的倒三角，对我们的事业绝无好处。

　　教授多了。年纪轻轻、成果也平平就当上教授，有的人可能会感到一生已是万事大吉，可以过一辈子安逸生活了。于是上面想出办法，在教授中再分出等级，以资鼓励。最初是"博士生导师"，后来基金委设了"杰出青年基金"，教育部设了"长江学者"。各地都有巧立名目的教授，有的冠以长江以外各处名山大川的名称，如"泰山""钱江"等，有的虽非此山此水（山水之名大概已被用尽），但却也能找出代表城市某些特色的名字。在上海，就有"东方""曙光"等学者之名。在引进人才方面，则有"领军人才""杰出人才""优秀人才"等等。他们的名片，一张卡片大小已不够用，于是发明了折页名片，以便印上各种名衔，其中有时也会印上一些诸如杂志编委之类"头衔"的。名片背面，是一些半通不通的英文译名。难怪这些译名从英文的惯用法角度看颇多不当，因为洋人们在取名方面的能力远逊于国人，并且这些名衔多半是没有"国际接轨"可循的：人家只有教授、副教授和助理教授，最多也只在教授前加上一个讲座的名称。最为尴尬的是当洋人来访，要介绍某教授头衔时是颇费口舌的，而且再怎么翻译，洋人也不大能体会出其中的奥妙之所在。写到这里，不禁想到好听的与实在的完全是两回事。比如我们和外国的关系。和越南建立了"全面战略合作伙伴关系"，和印度建立的是"战略合作伙伴关系"。好听吗？当然好听。但你说这种关系有用吗？在我这种小老百姓看来，宁可多几个先进的导弹，比再多的这种"关系"有用。

相信读者看到这里，多会发出会心的微笑，因为在我们的日常生活和工作中，这种事情太多了。名目太多了，不去说它，且说我们一旦有了一个好的名，如某某学院改成了一个名字响亮的大学，一个不大的系，变成了学院，系主任成了院长。校领导和教职工们满意了。满意之余，好像万事大吉：校领导觉得他们任内的一个重要任务已完成，已可以交待得了，教职工们也觉得出外开会，似乎面子上更为光彩，名片上出现的也更令人注目。在我看来，改名也罢，更多的院长也罢，其实质没有变化，千万不能自以为是，以为有其名就有其实，面对现实，应该保持清醒的头脑，应该有"自知自明"。改名以后，应该苦下功夫修炼内功，提高水平，做出实绩，做到真正的名实相符。如果果真如此，那么这个改名也还有点好处。

主要起源于"大跃进"时期的"大话之风"，延续至今，似乎也看不出有多少收敛的趋势，有一些方面似乎还有扩散的苗头。"长江学者"有了"青年长江学者"，"杰出青年基金"派生出了"优秀青年基金"，千人计划不但有中央和地方的，还有了"青年千人"计划，甚至在我国得到广泛认可的在香港注册，但由内地国家科技部管理的"何梁何利基金科技进步奖"，还多出了"青年创新奖""产业创新奖"和"区域创新奖"。有了千人，又有"万人"。然而我们再想想，为什么在大洋彼岸的美国，他们不会设什么"密西西比学者"或"洛基山学者"，但人才自然地会到那里汇集。当然原因是多方面的。但我们不得不承认，20世纪的重大科技进步，很多源自美国，这一点连欧洲和日本都难以比拟，这也应归功于人才的高度集中。我国想方设法吸引人才，这无疑是当今之大计，但绝不应该用巧立各种名目之类的方法。我认为，只有通过改革科研成果评价体系，实实在在地评价科研成果，科学客观地评价人才水平，杜绝弄虚作假，杜绝无原则的"拔高"，杜绝一切"大话""空话"和"假话"，才是积极鼓励创新的正确之路。试想当今的科研项目申请，洋洋大观的"项目意义"之类的陈述，到底有多少是确为"国家急需""学科前沿"出发去考虑，还是更多地为了经费好申请、论文好发表去斟酌。

（3）

在"大话"的对立面，有一种"契约"精神。所谓契约，是指一种理念，也就是说什么话，一定要做到，就像订了契约，必须履行，不能违约。

我们有时候说德国人做事刻板。其实科学与技术工作，就需要刻板。也许就是这种刻板，造成了德国的科技与制造业走在世界的前列，也造成了德国生产的产品质量的良好声誉。实质上这种刻板，也就是契约精神的一种表现。

直至今日梵蒂冈教廷的卫兵还必须是瑞士公民。有人说这是一种传统，但史载教廷卫兵必须是瑞士人是出于后者的契约精神。瑞士曾经是一个贫穷的内陆国家，资源缺乏，国民以作他国统治者的雇佣兵为生。瑞士的雇佣兵英勇善战，遵守契约。契约上说要战斗到死，他们一旦签约就真的会战斗到死。当年法国国王路易十六的瑞士卫队就是在大革命中全部战死，没有一个投降，就是历史上有名的一例。这就是他们的契约精神，这也是梵蒂冈教廷的教皇卫队为什么至今还必须全部是瑞士公民的重要原因。

一般说来，西方发达国家的契约精神要比我们强。国人也许是太聪明了，太"活络"了，把说话当作是一种手段，一种策略，而不是当成必须完成任务的承诺。这里举一个例子略加说明。当年我的儿子在上海中学读书，他们学校与美国方面有一个暑期夏令营活动。美国的中学生来到上海中学，住在暑假不使用的教室里，从事夏令营活动。有一年夏天天气十分炎热，众多学生住在教室里，当然更热。上海中学校方为学生打开教室里的空调，但带队教师和学生都不同意，说来华之前就有协议，到上海住教室不用空调。校方给他们解释，说天气实在太热，用一下没有关系不算违约，但美方还是不同意，最后还是没有用空调。另一个例子是，看到媒体报道，说某位洋人在机场搭出租车去宾馆。司机考虑一条近路在修，要绕另一条远路，说好了一个价。路途中发现近路已修好，就走了那条近路。那位司机也颇为诚实，说走的路近了，不需付那么多钱。不料那位洋人却说，说好的，一定要照付。这些虽是小事，但都体现了一种契约精神。

再举一个例子。20世纪80年代我的一名硕士生陈德，后来在挪威科技大学获得了博士学位并在该校化工系任教，已是一位国际知名的催化专家，并在几年前当选为挪威皇家工程技术院（相当于国家工程院）院士。90年代和21世纪初我在国外开会时曾数次见到他，交谈中了解了一些他的研究工作情况。他的催化研究与我们所反应工程的研究方向非常吻合，而且我们在催化方面的基础薄弱，因而很想借助他的研究经验来提高我们的研究水平，于是我们就请他来合作研究。我们合作的内容有共同完成国际合作课题，参与并指导我们的研究课题，同时还指导我们在催化方面的博士生。我们也派教师和博士生去他们学校，在他指导下工作。他乐于来到母校，对我们帮助极大。我们合作在催化领域最有影响的国际杂志上发表了多篇论文。十年来他真可说是悉心帮助我们的研究工作，不辞辛劳，只要有几天假期或空余时间就飞回上海，不管时差不时差的，到了就开始工作，寒暑假和学术休假更是如此。我们的博士生们也乐于听取他的指导，因为他经验丰富，工作又认真细致。我们动员他申报千人计划或其他一些人才计划，对他来说也可增加一些收入，但他却坚决不肯。他说他会尽一切可能回来帮助我们，但他不能保证每年三个月的最低回国工作时间。凡是不能保证做到的事他不能申请。我们多次劝说和建议，说批准了差一些日子也没有关系，但是他还是谢绝了我们的"好意"。我没有细算过，但根据他回来频繁次数粗算他在我们所的工作时间很可能已超过每年三个月。

诚信，原是中华民族的一个好传统。孔子就曾说过："言必信，行必果"。陈德虽去国经年，并早已入籍挪威，但似乎并没有忘掉孔子的这六个字。我国老百姓历来也是以诚信为最基本的为人素质，只是近年来，这一信条被削弱，甚至被抛弃了。人们从既得利益出发，先说一些大话再说，也包括我自己。

我们规定一位博士生毕业，他的工作至少应该有三个"创新点"，不然就不能申请博士学位。

如果说每位博士生都有三个（不说更多）创新点，那么我国单从博士生培养这一环节，每年就有数以十万计的创新点，还不说其他渠道的创新。再加上我们的科研成果鉴定，我们的项目验收，哪个不是创新累累，哪个不是国际先进或国际领先，我们何必犯愁我国的创新能力不够？

然而应该认识到，对于博士生培养，根本的目的是培养科研工作能力。培养过程中有创新当然更好，即使在完成博士论文过程中说不上有什么创新或创新不够，其实也并无大碍。但是如果说是创新，那必须是实实在在的创新。设想如果博士生们在他们学习期间就学会说大话，把一些水平一般的结果说成是创新，那可绝对不是什么好事。特别是说了大话而可不承担后果，那只能说是培养了一种不足称道的坏习气，是完全背离了我们培养博士生初衷的。在博士生的学位申请书上要写上这些"创新点"，并且要导师签字认可。我在签字的时候往往充满了矛盾。有的结果只是变了一下条件，没有新的方法，没有新的理论，也没有观点上的新意，怎能算是创新？即使是在国际学术刊物上发表了，SCI 收录了，价值也非常有限。但我也不能不签，因为不签学生就不能获得学位。

做研究的在完成了研究课题后要做鉴定，其目的是请专家对研究成果作一个客观的、实事求是的评价。我曾多次应邀作为鉴定专家参加评审。现今的成果鉴定常常需要在不同程度上说一些好话。项目完成方希望有一个"满意"的鉴定意见，因此鉴定时他们会提供一份预先拟就的"鉴定意见草稿"供专家组讨论时"参考"。这份"草稿"通常会把研究方的成果水平说得比较高，专家们在讨论中一般往往非常谨慎：尽量避免得罪研究方，但也要避免把研究结果的水平过分"拔高"。这就使自己置于痛苦的两难境地：既不要得罪人，又不能过分违背自己"良心"。所以我近年来对这种鉴定或评议的态度是能推辞则推辞，参加的越来越少了。显然这也不能解决问题。我不参加，只是一种"眼不见为净"的做法。但是事实上，世界并不净。

（4）

国人爱听好话，不爱听坏话，这在国际上已有了一些小名气。有一些所谓的"中国通"，包括一些地位很高的洋人，就利用了这一点，被看作是"国际友人""外国朋友"，对于批评我们的，不免有一些疙瘩，总觉得此人"来者不善"，这方面的例子，已多得数不胜数。

我认为，实事求是地对待一切事物，时刻保持清醒的头脑，才是正确的态度。这里举一个例子。中科院现代化研究中心每年要出一本《中国现代化报告》，由中心主任何传启先生主编，我有幸每年获赠这本报告。每年收到赠送的报告，我总会抽时间阅读，有时来不及细读，也会能读多少读多少，总会感到受益。2015 年的报告名为《2014～2015 工业现代化研究》，书中在分析了我国和世界各国工业化的发展和现状后提到了 2010 年我国工业发展整体水平比起德国和英国大约落后 100 年，比日本大约落后 60 年。何传启先生的这些话，立即引起了我国一些人士的不快，谴责之声八面袭来，有的甚至说何先生是"卖国贼"，他们说 100 年前英国、德国有计算机吗？有空调吗？真是用了一些"文革"式的语言。这使我想起当年在河南驻马店"五七"干校时与贫下中农一起批判"苏联修正主义"的情景。那时在批判会上一位贫农老大爷站起来说，"苏修有什么？他们什么都没有。我们有小磨麻油，苏修有么？"（河南产芝麻，所以产一些小磨麻油）大家听了直夸那位老大爷阶级感情深。

我看了媒体上对何传启先生的批评，但是还没有收到他们每年寄赠的《中国现代化报告》。我等不及，就去订购了一本来看。何先生的书资料详实，分析全面，我认为是比较客观的一份分析工业水平的报告。当然在受到批评后，他在一个场合自己也表态承认，100 年之说，也有其不完善之处。我想这有点像大学排名榜，你说第 50 名就一定比第 51 名高明多少？我认为，不必去计较 100 年 50 年的。我们应当看到的是自己的不足之处，我们与他们的差距，而不必用那时德国也没有计算机之类的论点来说明我们现在也并不落后多少。不然，李克强总理也不会几次提到我们还做不出好的圆珠笔的"圆珠"这样的事例了。这种对差距的数字说明，是一种形象的概括，以唤起人们对现状的清醒认识。2016 年的全国政协常委会上，工信部苗圩部长提到，我国要成为制造业强国，还需要至少 30 年的努力，也是这个意思。

"承认差距"和"承认错误"一样，应该说是一种优秀的品质。将来我们成了发达国家，什么都能做并且什么都能做得很好了，但也应该看到人家有优点，我们有缺点，这样才能进步，才能受尊重。

这有点像 1970 年德国勃兰特总理著名的"华沙之跪"，你说是勃兰特总理的"跪"，还是我们的东邻日本那种什么都不承认，哪一种更受人尊敬，更教育人民？"大话"说惯了，我们什么都好。这一点应该随"大话"年代的结束而消亡。

与说"大话"同出一辙的事不少。用世俗的目光看，国人所爱好的商品大包装就是一例。尽管商品本身的质量一般，甚至很差或还是假货，但就是爱用豪华包装，盒子大得吓人，以此似乎就可表明商品之贵重，或是可以使假货一下子变成真货。于是，除大量浪费包装材料，增加了消费者负担外，还使顾客必须有足够的交通工具把购买的商品带回家。豪华包装，屡禁不止，这无疑也反映了国人重门面不重实质，重表胜于重实的心态。

我在 1979 年实行改革开放之初首次出国。那时我国处于短缺经济状态，有无是大问题。不少留学人员省吃俭用总想带个"八大件"回国，买的是能买得起的最贵的电子产品。我到美国人家里做客，看人家用的是一些老旧的产品，一些很富有的人，戴的是几十元一只的廉价手表。言谈之中，他们说能用就好，何必计较什么牌子、式样。我当时也不懂什么名牌不名牌的。

后来逐渐知道了有一些所谓的国际名牌。看那些名牌的包装，绝不像我们的包装那样大红大绿、大而无当，有的只是黑白两色，简单却典雅，不像我们的一些商品，本身质量平平，却用包装来唬人，这一点与我们的大学改名可谓异曲同工。

逐渐我也有了几件"名牌"，其中使我感受很深的是一支名牌笔。我写东西的时间多，成天都用这支笔，用时十分流畅，写东西似也省劲不少，也可以说使写作成了一种享受。十几年后，我的一位友人也买了一支。我把两支笔放在一起，简直分不清哪一支是用

305

了十余年，多次掉地摔过历经沧桑的我的旧笔，因为它看起来仍完好如初，连表面的毛刺都难以找到，哪一支是朋友的新笔。我想能把产品质量做成这样，真可谓无愧于他们的广告语中的那些承诺了。

"名牌"，多数都有上百年的历史。在这百年中，他们把产品做得精益求精，一直保持到现在，因为一旦产品质量出现问题，这"名牌"就会被市场淘汰。不久前看到一则报道，说美国建国时间虽然不长但它尚在经营的百年企业有 1100 余家，日本更是有 2.1 万家，而我国却只有 20 余家，可见在我国百年企业之少。我想，这可能是因为国人比较喜欢做"一锤子买卖"，今天能赚钱就赚，哪管它明天的产品质量和市场评价如何？然而，市场就毫不留情地来淘汰你。

我们有时看到一些报道，说一些国际名牌的产品，实际上它们并不值几个钱，都是靠牌子赚钱的。言下之意，钱都给外国资本家赚去了。说这话的人除了表示自己的爱国之心外，无非还包含有两重含义，一是在说国际名牌没有什么了不起，原材料本身并不值几个钱，另一个是在说不要迷信名牌，名牌不合算，大家不要被外国资本家赚更多的钱。这话有一些道理，但也不完全有道理。

我们首先应该看到，有的产品成为名牌有其内在原因，因为这些产品是经过长时间的磨炼，通过几代人的努力、智慧和经验的积累，通过精益求精的产品质量追求而形成的，凝聚了我们今天所称的"工匠精神"。我体会李克强总理最近在全国人大上提到了"工匠精神"，具有十分重要的现实意义。"工匠精神"代表了耐心、专注、坚持不懈和精益求精，正好和当今社会上那种心浮气躁、只想马上发财、坐立不安、总想立地成名的情绪形成鲜明对比。于是人们对实业没有兴趣，似乎有出息的就只是金融和房地产，因为劲费得少，钱来得快。殊不知，流通过程本身是不会产生社会财富的。

成为名牌商品，靠的是对产品质量数十年甚至百年如一日的精益求精，并不是靠豪华包装。成为有影响的大学，靠的是对科研质量和学生培养质量的坚持不懈的追求，而不是靠取堂皇的校名，其中道理是谁都懂的，但是包装照样豪华，取名照样堂皇。我还是认为这是"大话"之风的祸害。这种风还要祸害我们多久？

重返母校

我自 1962 年 6 月离开母校华东化工学院去北京化工学院报到，直到 1973 年 6 月调回母校，前后计 11 年。在这 11 年中除了一次因出差而短暂地回到过母校以外，几乎没有踏进过学校大门。由于母校经历了"文革"初期的动乱及"派性"时期的破坏，往日平静有序的面目显然一时难以恢复，校园显得零乱和败落。我虽有感触，但又心想别去管那么多了，还是管管好自己吧。毕竟我是在分居多年后再与家人团聚，自己的事还顾不过来呢。

（1）

1973 年夏我调回上海，这对于我似乎是开始了新的生命。我可以和妻子和父母团聚，多年的分居生活可以结束了。大约是在我到母校华东化工学院报到后的一两周的一个星期六下午，我从学校下班后直接到岳母家，我们那时总是在每周末到她那里看望她，在她那极为狭小拥挤的小屋内吃一餐晚饭。我进屋的一瞬间，完全没有意料到的是看见我的岳父，他那天下午刚从思南路看守所被释放。上次看到他还是在五年多以前。他进看守所"保护性拘留"，不开庭，不审判，进也无语，出也无语。但我们看他的身体情况倒也还好，岳母喜极而泣，一家人十分高兴。岳父胡焕庸先生是学地理的。在

307

解放前曾任前中央大学地理系主任和教务长，蒋介石曾兼任过该校校长（当然可能只是名义上的）。解放以后他调任华东师大地理系教授，也担任过系主任和人口地理研究所所长。岳父因"历史问题"于 1968 年被拘在思南路看守所，历时五年余，于 1973 年释放。我们知道他只是一位学者，也不懂政治，但当年说拘留就拘留了，直到粉碎"四人帮"后还过了些日子才得到平反。

我到华东化工后还是被分配在化工原理教研组。那时已经"复课闹革命"，已有了"工农兵学员"，已有了一些教学工作。我除了讲授化工原理课以外，还担任教研组组织的《基础化学工程》（共上、中、下三册）编写工作。这项工作是支部书记孙象兴先生发起编写的。当时为了书名中"基础"两字还费了不少周折，因为在那个年代，"基础"似乎和"实用"对立，是容易引起非议和误解的，但是大家讨论的结果还是坚持用了"基础"这词。这套书最后是由化学工业出版社出版，我觉得编写质量尚可，内容的覆盖也比较合理。毕竟大家在停止业务工作多年后说起要编写一套三本书，都还比较积极认真。

明显地华东化工的气氛要比北京化工宽松一些。政治学习当然有，但发言比较自由轻松，也不是那么长篇大论。

1976 年是多事的年份。年初周总理逝世，后来的唐山大地震，都使人悲痛和震惊，到 9 月份，更有毛主席逝世。那年我 41 岁，已过了不惑之年，真是感到十分彷徨，不知国家是进一步向"左"，还是会有所好转，心想我这一辈子前途真是渺茫。在我奉调回上海之初，我一心想的只是和家人在一起已属万幸，今后也就教教书，平凡地过一辈子。后来参加《基础化学工程》的编写，看了一些专业书籍和文献，本已趋于淡然的心情又有了一些波动，又

可能是 60 年代中的照片

有点想研究、想业务了，用我当时调侃自己的话，就是又有一些"蠢蠢欲动"了。

回母校见到了我的好友陈敏恒，也不大敢怎么多说，只知道他在"文革"中所受的冲击是很厉害的。有人私下对我说："你亏得去北京了，如果留在华东化工，有你好受的。"这话不错，其实我也知道，运动初期母校的形势是很激烈的，教研组主任顾毓珍先生被迫害致死就是当时形势的一种反映。老陈受到的冲击可想而知。但是他性格开朗，据说他在干校养猪种田都做得很好。我问他，他半开玩笑地说他把养猪看作是做研究课题，所以找到了一些规律。我暗自佩服，心想有才能的人只要他想做好一件事，是一定能做好的。

到了10月，风闻"四人帮"被粉碎的消息。传播这种消息那时是冒"现反"风险的，当然只是在家人和最好的朋友之间悄悄地说，但是胸中充满激情，希望这消息是真的。不久，这振奋人心的消息被证实是真的。我踊跃地参加了游行，发自内心深处地高呼口号，我记得这大概是我一生中第一次激动地自发喊口号。10月27日，我的儿子出生，我岳母说天亮了，就给他取一个小名叫"小亮"。

（2）

粉碎"四人帮"后，教学的正常秩序开始逐步恢复，招生也在恢复之中。老陈负责一个研究组，成为新成立的化学工程研究所里的反应工程研究室。我虽在化工原理教研组，但因为教学任务不重，我又开始与他合作。

职称评审也恢复了。我自1962年研究生毕业任教起职称就是助教，后因众所周知的原因一直保持这个职称，直到1977年恢复高校各级教师职称，才成为一名讲师，历经15年，应该算得上是一名老助教了。如果按一般惯例从大学毕业戴上红校徽算起，我于1957年大学毕业，算起来十足当了20年助教，这恐怕在高校历史上也是并不多见的。

除了化工原理的教学工作，我还参加了《化学反应过程的数学模型化》一书的编写工作，作者为陈敏恒和我。这是一本薄薄的小书，几乎可算是一本科普书，但我却利用这个小任务看了不少文献，主要是为了充实自己。过了多年几乎不接触国际文献的日子，一旦进入图书馆的国外期刊阅览室，看到书架上整齐排放的期刊合订本，胸中似又升起要好好做一番研究的豪情。华东化工学院的图书馆藏有完整的化学化工方面的学术期刊。这个阅览室是我就读研究生时常来的地方，并且一坐就是几个小时。时隔多年，能再次坐在这间空荡荡的期刊阅览室里，随意翻阅各种期刊，是我几年前所不敢想象的。我庆幸自己经过在外的多年漂泊，熬过了"文革"的日子，居然还能回到这间期刊阅览室，可以随心所欲地阅读这些杂志，我怎能不好好弥补一下这十余年的荒废？

书写成了，这是一本薄薄的不到百页的小书，今天看来，基本上没有什么价值。但是对于我来说，编写这本书，却是使我有机会系统阅读了反应器模型化的基本知识和基本方法。通过阅读文献，对国际学术界的近期动向也算是有了一些初步认识。

"文革"结束后，学校的一项重要工作是"拨乱反正"。这项工作虽与我没有什么直接的关系，因为我并没有什么"帽子"需要摘掉，但我看到了周围不少同事当时所蒙的不白之冤被逐步洗刷，也为他们感到窃喜。1977年以后已开始有一些国际交流的访客，不少是一些外籍华裔的专家来访，也有一些白肤黄发的洋人。每逢有化学工程领域的外国客人来访，领导一般都会要我去参加接待，有一些外国客人在我校讲学，待的时间也较长，譬如一两星期，这样我们就成为很好的朋友。对我来说，早期的客人中对我影响最深的是美国麻省理工学院（MIT）的韦潜光（James Wei）教授和孟山都化学公司的钱宏业（Hency Chien）博士。他们都出生在上海，很早就去了美国。韦先生后来成了我在麻省理工做客座研究时的导师，那段经

袁渭康自传

历我已在《半生行悟——亲历与随想》中有比较详尽的记述。虽然我在接待韦先生时还绝不敢想有朝一日我真会去到麻省理工做客座研究，但因为他是我见到的第一位"MIT人"，MIT的大名如雷贯耳，他又是MIT化工系主任，使我肃然起敬。我特地去查阅了他发表的论文。他的论文每一篇都很有份量，譬如他提出用"集总"方法来处理诸如石油加工工业中的复杂组分系统，正是当时反应工程研究的一个热点方向。由于韦先生在家里是讲英语的，所以他讲中国话已经很生疏了，但他有时还讲几句老派的上海话来逗笑大家。宏业与他有些不同。在离开上海以后他先去了台湾，在台湾大学毕业后才去美国留学，他在家里也讲"国语"，因此他的中国话讲得很好，虽然在做学术报告时他只会用英语。宏业的专长是化工系统工程。我还记得他在讲课中提到了一个例子，讲的是他把公司的一个生产过程作为一个网络来处理，以矩阵来表示，用的是参数微调来观察变量的变化趋势，寻找参数的敏感性，并借此解决了一个生产实际问题。虽然事隔已近40年，但我还是记得他讲的这个案例。我知道宏业是在明尼苏达大学，在Aris教授指导下获得的博士学位。Aris不但是名声显赫的化学工程专家，也是一位数学家，他的论著以数学高深著称。我读过Aris的论文，十分难懂。当时我请教宏业，出自这样深奥的理论家门，却用这种看似十分浅显的方法解决一个生产问题，实属不易。宏业的意见是博士论文的训练，是方法和能力的训练，不论所学的理论多么高深，在工作中应该要靠学生自己的努力再学习和联系实际，学得越透，用起来越得心应手。

　　韦先生在上海时住锦江饭店，这几乎是当时访沪外宾的最佳居住地了。一般我会陪同他从学校回到锦江饭店，一路谈谈，然后我徒步从锦江饭店回家。宏业在上海有亲戚，他就住在他亲戚家，在延安中路上，称作"四明邨"，以前也算是相当不错的住房了。这是一条上海的"里弄"，住过一些名人，如泰戈尔、徐志摩等。他在学校完成了当天的交流，我就陪同他回到四明邨，然后再回家。

宏业与我同岁，后来我们成了很好的朋友，也曾合作研究，在《美国化工学会杂志》上共同发表过论文。我几次到访圣路易市，都曾住在他家，也受到他和他夫人的盛情款待。

这两位来访的华裔美国专家在学校待的时间较长，大概每人有一两星期，使我在经过长期闭关自守以后有机会与他们接触，向他们学习专业知识，获得一些科技信息，这对我是获益良多的，他们对我的评价是基础知识比较扎实，思维也比较敏捷，这也使我感到很高兴。当然我那时也没有料到不久就会派我出国学习。我只是在完成学校指派给我的接待任务，并没有要做一番事业的打算。毕竟已年过不惑，半百在望，此生也会很快终结了。但是从另一方面，我也似乎心有不甘：如果没有这荒废掉的十年，我应该可以做出一些成绩。这种矛盾之中的心态伴我度过了"四人帮"被粉碎后的最初一两年，直到我被指定公派出国进修。

（3）

我在《半生行悟——亲历与随想》中提到，随着改革开放，形势变化的迅速简直是到了不可思议的地步。使我始料未及的是，一天已是总支一位负责人的孙象兴先生与我谈话中提到领导已决定派我出国留学做客座研究，时间为两年，对象是西方发达国家，可以自选对方学校。他要我作一些准备，去参加学校的选拔考试，考试共三天，包括英语、数学、基础课、专业课和政治。在与他谈话之前，我对于中央已决定为了尽快缩短与发达国家的科学技术水平的差距，要选派一批专业人员出国留学的决定一无所知，所以孙象兴先生的谈话使我震动。我感到一则以喜，一则以忧。喜的是我一直梦想有机会能到外国走走看看，当然更希望能有机会到国外留学，但我知道这只是梦想，是不可能的。一方面是因为过去整个国家是封闭的，另一方面是即使国家开放了，我的政治审查能否通过，业务考试能否通过也是一个问题。忧的是，这些环节之中只要有一个出了问题，不但留学无望，而且一定会招来人们的耻笑，我也必会声名扫地。

出国曾经是梦想，到后来，连做梦都不敢想了。"文革"前岳父家订有《参考消息》，看到纽约世贸中心的双子楼落成的报道并配有照片，我很有兴趣地看了这则报道，心想能亲自去看一看该有多好。但接着就怪自己异想天开：怎么可能呢？但现在有了这样的机会，我该怎么办？这事现在看起来很好办，但当时刚经过建国以来长时间的"左"的思潮影响，刚经历过"文革"十年，对改革开放政策不够理解，并且总是心有余悸：不挨批判已经不错了，还想出国？那时到同属社会主义阵营的国家出差还要查三代五代的，到西方国家留学那还了得？在"文革"中我自己受到批判，家人或被隔离过，或被拘留过，我还不知道我的档案材料里有些什么，领导一看就知道我这人根底是不好的，怎么还会批准公派留学？当时的形势是现在的年轻读者们所不能理解的。

我回家带着忐忑不安的心情与家人商量。指派公费出国留学固然是一件好事，说明领导还认可我的业务能力。但是接下来的问题接踵而来。也许他们没有细看过我的档案，也许我已多年没有经历过课程考试，考得不好，也许……总之，是觉得这样的好运不会无端降临到我身上。为了免得"吃不到羊肉，反惹一身骚"，我决定托辞不去参加这次校内的出国选拔考试。这是一个痛苦的决定。回想我爸妈当年要我进圣芳济中学读书，最大的期望就是打好英语基础，将来到美国留学。即使那时家里经济上十分困难，但学费再贵，也要进圣芳济，这一点从来就没有动摇过。我自己在家人和亲友的影响下也把留学看作是人生的重要目标。总觉得，一个人不管成就如何，但如果没有留过洋镀过金，他的一生总是缺少点什么。解放后知道这个留洋梦是不可能实现了，倒也省了这份心。但是现在机会来了，却决定主动放弃，这难道不痛苦么？

考期迅即来到。我按我这个作出的决定推说牙痛，向系里请假三天，没有去上班。那时我常患牙痛病，借口牙痛，也还说得过去。过了三天我去上班，关心我的领导猜度这是怎么回事。系主任琚定一教授找我谈话："你是真牙痛还是假牙痛？"琚先生早在我作为新生进华东化工学院时就是我们的系主任，我非常尊敬他，但那时我还是谎称我是真牙痛。他又问"你现在不痛了"，我说不痛了。我以为他只是随便问一句。不料他接着却说"好，那你去补考一次"。我感到十分温暖，我想琚先生是代表领导说这话的，这表示，领导对我寄予厚望，是真心想培养我。

我去参加考试。因为别人早已考过了，只剩下我一个人在一间实验室里补考。我们的支部书记王克华先生笑着对我说，"你把试题带回家做吧。"我更是体会到领导真心希望送我出国留学的心意。

通过了校内的选拔考试，本想这大概就算已完成了出国选拔的程序，但不久就接到教育部通知，说要进行一次全国性统一的英语考试。我参加的是在上海第二医科大学考场的考试。这类考试一是考期紧迫，二是没有考试范围，所以既无从准备，也没有时间准备，成绩主要是依靠平日的积累。我顺利通过了英语的笔试和口试，而且成绩据说还不错，遂成为教育部正式认定的第一批公派出国人员。接下来的事情就是联系去向，准备出国了。

70 年代末赴美进修前全家合影。1979 年，中国上海

（4）

在那段日子里，成天想的是能够顺利出国，不要节外生枝。所谓节外生枝，是指原本已选定的出国人员，到后来因政审等原因而被中止。曾听说也有解放初期派往前苏联的留学生，在前往苏联的火车到达我国边界城市满洲里时被拦阻而折回的。

学校为了帮助我们学习口语，就让我们参加一个在上海师大的出国人员英语口语培训班，由一位曾留学美国的老师执教，但是我学了几次，觉得基本上是照《英语900句》你一句我一句地重复朗读，似乎帮助不大，后来也就没有坚持下去。

由于具备了公派出国的资格，我就可以开始联系对方学校。从研究水平着眼，美国当然是首选，但最初一阵有规定，说美国和中国台湾方面关系密切，不能去美国进修，只能联系其他英语国家如英国、加拿大和澳大利亚等。后来传来了申请去美国的禁令已被解除的消息，也就是可以到美国去留学了。我为自己庆幸，因为我有幸接待过韦潜光先生，留给他的印象似乎还不错。他离开上海，也是由我代表学校送他去机场的。在握手告别之际，他说了一句"欢迎你到麻省理工来做合作研究"。当时听了他这话，心想这只是他的客套话，怎么可能去呢？但过了不久，这种可能性似乎可以变为现实了。

正在这时又有了一条规定，说可以去美国，但不能申请麻省理工，因为他们与中国台湾方面关系过于密切，特别是为台湾方面训练海军。但随着我国开放步伐的加大，不久这条禁令也被取消，我顺利地获得了到麻省理工工作两年客座研究的邀请。

20世纪70年代后期的形势与今天的完全不同。今天大家对出国留学或出国旅游已根本不当一回事，但是那时候正是经历了三十年闭关自守后的开放之初，人们对出国十分好奇，常要问长问短，有时走在校园内遇到熟人也会问个没完。我警惕自己，尽可能保持低调，不主动与人们提到这个话题，如人家问起，三言两语能对付就对付过去。这一方面是为了免得别人因没有这个机会而可能的心存不平，另一方面也是为了万一有什么节外生枝而遭人笑话。

俗称"好事多磨"却也有理。政审通过了，考试通过了，教育部批准了，邀请信收到了，看来一切顺利，但事情真还不少。教育部通知几次北上北京，说要从北京出发，但几次又返回上海，说因为这个那个原因还要等。在北京我们集中住在北京语言学院的宿舍里，听从安排。在国外要穿西装，那时在国内是买不到西装的。最初那次是到北京"置装"。教育部给每个人发了"置装费"，也就是一张卡，上面标明了置装的数目。我们由人带队集体到王府井百货大楼五楼的友谊商店出国人员服务部每人定制两套西装和一件大衣，还可以买一些皮鞋箱子等零星物品，每买一件就在卡上扣除购买的钱数。这大概是当时国内唯一的购置出国用品的商店，也是出国人员的必经之地。后来几次去北京也都是由于护照、签证、机票等没有如期准备好等原因，还需要等待，因此数次往返于京沪两地。我干脆把准备好的行李放在语言学院，自己可以轻装来回了。

学校购置了一台当时还十分罕见的通用数字计算机，我们称作719机，719是它的型号。这种计算机是现在年轻人难以想象的：体积硕大，用纸带穿孔输入计算程序，用一个打孔机打孔。如有打孔错误就必须把纸带剪断，粘接上一段正确输入的纸带，因此剪刀胶水的用处很大，是每一位上机人员随身必带的物品。我尽量争取一些机时在机上做一些练习，勉强地算是学了一下最初步的数字机的编程和计算。

再一次去北京，应该是能够从北京出国了。行前我根据岳父的建议去拜访了我们的张江树院长。岳父与张院长在原中央大学是长期同事，也是好朋友，但我因总怕冒昧打搅张院长而从未单独拜见过他。我1953年入华东化工时张院长已就任院长，但那么多年来，我从没有机会与张院长交谈过。不料我在约好的时间去他家拜访时，张院长很和蔼亲切地接待了我。他说他知道我的一些情况，是听别的教授讲的。他也问起我岳父的情况，怀念地说起他们一些在重庆（抗战时）的和南京原中央大学的旧事。他说他自己早年在哈佛大学留学，是一个"哈佛人"（Harvard man）。他又告诉我哈佛与麻省理工挨得很近，他语重心长地鼓励我，好好做研究，成为一个合格的 MIT 人。这个 MIT 人的称呼，当时听了不觉得怎么样，但随着在 MIT 待了一些日子，MIT 人这一称呼代表了时刻存在的压力。要做好一个合格的 MIT 人确也不易。

　　1979 年 8 月 19 日是盛夏中北京的普通一天，天气特别炎热。我们定在那天晚上乘中国民航的飞机从北京前往巴黎，然后再转道纽约去华盛顿。我们二十余人的大部队是从语言学院出发的，但姨夫郭慕孙先生的夫人，也就是我的姨妈，却请我在她家吃了晚饭，从她家去机场。她说这一方面是为我饯行，另一方面也是由于她要去机场接从云南出差回京的郭先生。于是我托同行的朋友把我的箱子放在语言学院的车上，而我是从郭先生家出发，搭乘接郭先生的车去机场的。在登机时我看到郭先生走在国内到达旅客的队伍中，我走在出境旅客这一边，我们只能遥遥地打一个招呼，连讲话的机会都没有。

（5）

　　波音 707 飞机，那时在我们刚刚开放的中国老百姓心目中已是十分先进，我就是搭乘这种飞机飞往巴黎的，虽然今天的年轻读者们想必只是耳闻有过这种飞机。机舱狭小，座位小且挨得很紧。说是多日来为了出国的事，心绪躁动不安，十分疲惫，但是坐在狭小的座位上怎么都睡不着。飞机将在巴基斯坦的卡拉奇短暂停留，然后飞往巴黎。就在飞机离开国境之际，我突然感到一阵彷徨和空虚，这是与以往的感受完全不一样的。

过去的一段日子，担心的是可能有什么节外生枝的因素而出不了国，就像上面说的，那时的出国与今天的出国交流完全不同。那时是改革开放以后的首批公派出国，一切似乎都有可能变化。在等待出国的日子里，没有更多地去想出去以后怎么办。特别是我要去的麻省理工学院，如果没有"十年动乱"，我们就与人家的水平相差一大截，而如今我们经历了这十余年的耽误，我还能做些什么？做得不好，岂不既丢脸，又浪费钱。在离开国境之际，出国已成现实，这一切就突然袭来。前程凶吉未卜，我又怎能安然入睡呢？

虽说多年来出国留学的梦想一旦成为现实，应该高兴才是，但是我的沉重思想负担，却也时刻在胸。我随着大家，在巴基斯坦的卡拉奇下机，在候机厅走了一圈休息了一会。那时已值午夜，旅客不多，我第一次踏上异国土地，只感觉卡拉奇的机场候机楼灯光明亮，服务人员态度谦和，要比当时首都机场的候机楼舒服得多。飞机继续西飞，我坐在那狭小的座位上还是不能入睡。到达巴黎已是当地凌晨时分了。

虽然巴黎是我十分向往的城市，而且我们在机场等待前往纽约的飞机还需在六个小时后才能登机，我也只能隔着大玻璃眺望机场附近公路上来往的车辆而不敢越雷池半步。终于登上了飞往纽约的飞机，那是一架波音747大型客机，与我们从北京起飞时乘坐的707不能同日而语，但却又说因机械故障需要修理。到达纽约的肯尼迪机场已是当地时间晚上九时左右。飞机降落过程中从机舱眺望曼哈顿一片无边无际的灯光，十分壮观，这是我生平第一次亲身感受到现代化大城市的风采。

从纽约到华盛顿的飞机又误点了。我们到达华盛顿的机场已是凌晨二时许。刚建立不久的我国驻美大使馆有关官员来接我们。我们又见到了原来在教育部工作的郭一清老师，她已调到驻美使馆工作，主管留美学生事务。一路上车行之处，街上已绝无行人，但路过的一些商铺还是灯火辉煌，这对于我们这些刚离开中国这个当时还是处于短缺经济社会的人们，无疑是印象深刻。

到了使馆，受到使馆人员的热情欢迎。在饱餐了一顿中国式的饭菜后，我们就到使馆刚购置的一家原名为温莎饭店的宾馆休息。这家宾馆已成了使馆的招待所。

已经四十多个小时没有睡觉了，当然是洗澡后倒头便睡，但由于长途飞行的时差问题，只睡了两个多小时就再也不能入睡。恍然间已在异国土地上，真犹如尚在梦中。从此我开始了两年多在美国的学习、工作和生活，有些细节如今回忆，犹如隔日。我只是感受到留学生活，以及我国的坚持开放的政策，使我个人从人生观念到生活情操都发生了极大的变化。从北京调回上海，我追求的只是家庭团聚。领导指派我出国，我希望的只是镀镀金，哪怕是薄薄的一层金，看一看发达国家是怎么回事。在美国做研究，也只是只求交账。回国后被委以重任，这是改革开放政策的推动。我是在这个大环境中从一个人到中年胸无大志的教师，被改革开放的大潮推动走上现在还在走的研究和工作之路的。

海外鳞爪（美国篇）

从 1979 年开始，我有机会多次远赴海外，或合作研究，或学术休假（也是一种工作），或开会交流。我去的主要是欧美诸国，仅有一次是去我们的东邻日本。

出国的目的，最初是从我国经过长期与外界隔绝后向发达国家学习先进的科学与技术，到后来我们自己有了一定的基础和积累后与发达国家的同行们的平等交流，体现了国力的增强和学术水平的提高。

在这些出国行中，两次在美国的时间较长，分别为两年余和一学期，其余的都是多次短期赴美。与身在国内时环境不同了，看到的感受到的也不同，总体上说，还是有行，有思，也有悟。

（1）

在"重返母校"一文的最后，我写到了 1979 年 8 月 19 日，我从北京出发，经过四十余小时的旅途劳顿最后到达我国驻美使馆的招待所，从此开始了我在美国的两年多生活。

翌日，我们这一行二十余人就集中到使馆的隔音室听科技参赞给我们讲话。他除了讲一些形势及我们应完成的任务外，使我印象最深的是，我们在美国期间，能参加什么活动，结交什么朋友，完全由我们自己判断后决定。他还表示，我们在美国没有什么两人同行、事事汇报之类的规定，我们的行动完全自由。

现在的年轻人想必不很了解，在国门紧闭及刚刚开放的日子里，偶尔有出国的人员必须两三人同行，不得单独行动。另外，办什么事，见什么人，必须请示汇报，不得擅自决定。有批准可以见面的亲友，见面时也必须有一起出国的同事在场。

当时我们听起来，徐参赞的话简直是不可思议。原本即使到朝鲜或阿尔巴尼亚这样当时的社会主义国家，也有这些"同行""汇报"之类的规定，现在居然到美国后可以一切言行由自己决定，确是感到对我们巨大的信任，我自己也深感责任重大。这种规定的改变对我的触动是极大的，也促使我在后来的日子里时刻不忘我的所作所为绝不能使中国人蒙羞。

在华盛顿的停留不过三四天。在这期间我只是在使馆附近走走，看一下使馆附近的美国首都是个什么样子。一天有一位唐先生一早来使馆带我出去在华盛顿逛了一天。他先带我到华盛顿"中国城"的一家中国饭店吃午饭，老板听说我是从中国大陆来的，坚持不肯收费。僵持不下之余，唐先生只得放几元零钱在桌上作小费，而我们吃了一顿"白食"。下午看了航天博物馆，去了他家，并也去了一个人型的购物中心吃晚饭。这是我生平首次领略了发达国家大城市的风光。说起唐先生，也是碰巧。出国前我常去上海科技情报所看文献，正好唐先生的弟弟也是学化工的，也在看书。几次巧遇，又是同行，就搭话了。说起我要去美国，唐先生的胞弟就给了我唐先生的电话，说你到华盛顿务必给唐先生打一个电话。我只不过是受他弟弟之托，打了一个电话，不料唐先生就说非得到使馆找我。

比我早几天到美国并且也是到麻省理工进修的杨友麒教授那时已去了波士顿。老杨在化工部研究总院工作，与我是同行。老杨给使馆教育处来电说已为我找了暂住处，所以教育处就为我订了机票，我就只身飞赴波士顿了。

老杨住在一位旅居美国的于先生家。我到达波士顿时是于先生开车和老杨一起来机场接我的。那时我才知道老杨给我找的"暂住处"是麻省理工的学生宿舍，因为暑假就将结束，学生就要返校，我的"暂住处"只能住几天，我们要急于寻找住处。

我与老杨原先认识，但并不熟悉。在波士顿，我们又同在化工系，后来我们同租一套公寓，成了很好的朋友。过了周末，我们去系里，见了韦先生，说起住房还没有落实。多亏韦先生与他的秘书 Kathy 讲了，Kathy 独自住一套很大的公寓，就邀请老杨和我去暂住。我们没有别的选择，就一起搬到她家暂住，同时还积极寻找住房。这一段刚到波士顿的经历，我在《半生行悟——亲历与随想》中有比较详细的记述。

我们租住的第一套住房原来是一对台湾学生夫妇住的。那套住房地处波士顿市区，就在著名的波士顿交响乐团的音乐厅旁不远，但到位于坎布里奇的麻省理工要搭车来回。我们住了一些日子，总觉得不很方便，就迁到一处离学校不远的公寓。那套公寓有三个卧室，除老杨和我，还有一位中国大陆来的姓陈的博士生同租。老陈虽说是博士生，但年龄也已不小，头发已微有谢顶。我一直住在那里直到 1981 年 10 月回国。

（2）

到美国最初的印象是，当我站在街上，看似要过马路，不论是否在斑马线上，过往的汽车就会远远停住，让步行者先过。在我国，买车的多是有钱有势的人，一上车就不可一世，我们走路在旁，无不战战兢兢，龟缩一旁让车先过，已习以为常。所以我们也按中国的习惯，站在路旁，等车先过。车里的人总会礼貌地示意，请行人先过。

在需要帮助时，一般只要与人说明，人家多会热心相助。初到波士顿，一方面公交路线不熟，另一方面也是为了省一些零用钱，就与老杨安步当车，出外访友。一天走在路上，感到内急，附近又没有店铺饭店，不得已步入一所警察局说明来意，那位值班警察很有礼貌地取了钥匙，带我们去洗手间并为我们开了洗手间的门。当我们用完洗手间离去前向他表示谢意时，他反而连声谢谢我们。后来我们也了解了这种民情，凡是有这类需要，可以到附近的银行、饭店、甚至政府机构，向他们说明来意，一般都会得到帮助。

这种事例多不可数，不但是在美国，在我到过的西方发达国家大体都是如此。最初可能会觉得美国人很客气，但时间长了，就会感到这不仅仅是客气。他们与你非亲非故，为什么对你讲客气？照我们现在通常的思维方式，每做一件事或讲一句话，似必有功利所在。那么他们对你"客气"了，他们有什么好处？

再举一个例子。我们去西方的商店，或购物或闲逛，如不是贵重物品，商店服务员一般不会来理你，最多对你点头微笑，让你感到无拘无束地自由挑选商品，试穿衣服，除非你招呼他们要求帮助，绝不像我们的商店服务员震天撼地呼喊"欢迎光临"，然后像防贼似的一路跟着你。逢这种时候，有时兴趣所致我会和气地对店员说："你最好的销售策略是给顾客自由。"有一些店员懂我的意思，但有些不懂。于是我想到法庭对犯人有一种称呼，叫做嫌疑人，在庭审时用的是"无罪推定"，先假定你无罪，然后通过证人和证物再判定罪名，不像我们的商店店员似乎在你进入商店的那一刻起就在怀疑你来意不善似的。

时间推移到几年以后，有一次我去美国和朋友一起去购物中心，朋友在挑选商品时，我独自在一旁闲看。看见货架上一个工艺玻璃小鸟，做得很精致，我就拿起来把玩，但不小心摔破了这只标价 49.9 美元的小鸟。我站在原地不离开，准备赔偿，心想离开就有逃逸之嫌。我环顾周围，寻找当班店员，那时一位站在远处的值班人员看到了这一幕就走过来很和气地说："没有关系，这种事总是可能发生的，你尽可以离开"。

联想起汽车路口等人等情节，我认为这一些都表示对人的尊重和信任。这应该是他们的家庭、学校、社会教给他们的。这是一种无形的财富，是靠钱买不来的。又想起我在美国时出差，回来报销时不需要提供车票机票和宾馆收据等，只要填一张表，写明各项花费，签上名交给秘书由她去报销便是。我相信这既是表示了对人的尊重，也是对人的信任。这种尊重和信任，实际上促使我们约束自己，出差时绝不会多花钱。对比我们的财务报销，真令人啼笑皆非。2016 年 9 月我去英国出差，我用我的个人信用卡买了机票。回国后请同去的博士生拿去报销，附上航班收据（行程单）及来回登机牌，财务说不行，还要我提供银行的信用卡消费清单。我问，如果我用现金买呢？如果我的消费记录需要隐私呢？

这是一个建立在诚信基础上的社会的一些现象。我们几乎看不到住房窗外有防盗的铁栏杆之类的东西，而房主人却可放心外出旅游一两个月不回。这可能与他们多数家庭都已安装了报警装置有关。但是从另一方面，他们的网购或电话订货的包裹送达后就只是在门外地上随意扔着，不需签收，并且基本上是安全的，却也可以说明一些问题。当然美国和其他西方社会也有不少欺诈和不诚实行为。1980年我有一次去纽约因为听说纽约买耐用品便宜，于是就想买一个单镜头反光相机。经过时代广场附近的小商店，看相机价格还算合理，就付钱买了一个。结果店员只肯给我一个机身，说这价钱只卖机身，镜头还要另付。正与他论理，老板出来了，我看他腰间还佩戴手枪，吓了一跳，结果他总算要店员把钱退还给我了事。这事证实了别人给我的忠告，绝不能到时代广场附近的小店购物。但是总的来说，这还是一个诚信的社会。

我不得不遗憾地说几句，我第一次出国的1979～1981年间，我们这些出国人员有一些不光彩的事。在美国的商店购买的商品可以在一定时间内"无理由退货"，不管已用过或没有用过，只要票据和包装齐全。当时少数留学人员就会在某一个节日（如圣诞节）前买了照相机，节日照了相，过了节在规定期限内去退货，货款全退。也有人买了唱片，到家打开包装后录了音再去退货。有人曾经把这些"经验"介绍给我，他们一讲我就明白他们的意图是什么，我只是不作声地听着，并没有表示不同意见，以免得罪人，当然过后我自己是不会这么去做的。介绍这类经验的朋友还有一种理直气壮的说法：让这些资本家（指商店老板）少剥削一些不也很好么？我相信在当时条件下，我国老百姓还很穷，才会做出这样不很光彩的事。"人穷志短"这一古语，还是有一定道理的。

但是，另外有一些情况，就说不大过去了。1979年我们刚到美国，住房费是"实报实销"的，也就是在房租上你花费多少，使馆就给多少，当然必须是在一定的限额之内。1980年暑假开始改成"包干"，也就是使馆每月给每人一个总数，不分零用和房租了。不少留学人员就在那时搬到房租较低的住所。他们起先给我来电说搬家了，给我新的电话和地址，我还不大明白其中奥妙，到后来才悟出了个道理。搬家的人中不乏原先抱怨使馆规定的房租上限太低，几次要求提高房租上限的留学人员。由于搬家的人不少，引起了一些旅居美国多年的华人和美国朋友的非议。他们管这次众多的人搬家叫"大搬家"。这些人对我国都很真诚友好。他们对我说，你们第一批公派出国人员不论从专业水平上还是从个人素质上看都应该是最优秀的，应该是精英，怎么还会……？我无言以对。说的也是，如果说退货是为了使资本家少剥削一些，那么这"大搬家"又如何解释？经过十年动乱，我们在公民道德方面表现出来的问题是令人痛心和担忧的，在这方面的补课也同样十分迫切。然而我们也应看到那时候的条件与今天全然不同。开放不久，我国的经济还十分困难，国家已尽其所能派我们出国，已是非常不易，当然生活费不可能多，不能与现在的条件相比。从"人穷志短"的古语中，可以给予一些理解，但也不能做得太伤人格和国格。后来有一次我听朱镕基总理在两院院士大会上给院士做报告讲经济形势，说到他一开始兼任中央银行行长时我国的外汇储备只有"个位数"（即数亿），现在已到了"四位数"（即数千亿），他说"你们院士现在出国交流时腰杆也硬了些"。我非常体会朱总理的意思。经济的困难，能节省的就该节省，但不能破了底线。生活好了，所作所为更应符合一般公认的行为准则，更应使自己受到尊重，但当然也绝不能过分。

（3）

以前提到美国人，往往说他们兵不像兵，学生不像学生：兵是少爷兵，学生是只爱玩乐不爱读书的公子哥儿。兵怎么样，我无法评说，可是我看到的学生，却并不像我们印象中那样的公子哥儿。我接触到的研究生为多。研究生的压力巨大，不论是课程学习，还是论文研究，如果用"文革"语言说，教师"以学生为敌"是毫不为过的。

1979年到麻省理工之后不久，就迎来了秋季学期开学。我除了自己的研究工作外还去听了一些研究生课。我计划回国后上一门研究生的"反应工程"课，但到麻省理工之后发现他们已没有这一类现在我们称之为"传统"领域的课了。不但研究生没有这类课，连本科生也不设诸如化工原理和反应工程那样的在国内被认为是化工系学生的主课。与国内化工系课程设置最接近的课是传递过程，但是内容也比较偏重基础和理论。我听的课一门是"分析方法"，另一门是"数值方法"，是化工系研究生最关键的课，因而这两门课几乎是系里每一个研究生都会去选的，因为从硕士学习阶段到博士阶段要经过一次综合考试或博士资格考试，这两门课的内容必会涉及得比较多。

我应当承认，我听这两门课非常吃力，课后要花很多时间复习，并且没有教科书，只有参考书，需要什么资料只能自己去找，要花大量时间，后来因为我自己的研究工作忙，也就不去听课了。但是我算是领教了麻省理工课程的设置原则及难度。他们的课程基本上摆脱了就事论事的观念，而是从宏观的和原理的高度去训练学生。学生要根据学到的原理去联系实际问题。在布置学生的习题中充分体现了这一点。学的是原理，但习题中却有不少涉及化学工程的比较实际的问题由学生去分析和解决。

学生显然是压力重重的。但是对他们来说也是"愿者上钩"，谁要你们费尽心思来上麻省理工呢？他们无处去诉苦，不像我们的学生可以到学院分党委，到研究生院去反映投诉，或者迫使某个他们看不大上眼的教师下台。我自己就有这样的经历。我从1982年开始给研究生上"反应工程分析"课。对这门课的准备早在我在麻省理工进修时就开始了。虽然麻省理工已不设反应工程这一类传统课程，但有一些西方学校还有。于是我收集了像加州伯克利、剑桥等校的教学资料，也参考了麻省理工的教学理念，写成了包括讲稿和习题库在内的教学资料。我在华东理工上了几年反应工程分析课，结果却使我十分失望。也可以说，我是被迫下台的。但是我于1990年在弗吉尼亚大学给化工系研究生上同一门课，用的是同样的教学资料，结果却非常令人满意。回国后，我决定知难而退，以后不再上课，在1990年不得不告别了我深爱的讲台。这一段"苦难的历程"在《半生行悟——亲历与随想》中有比较详细的记述。

从研究生身上，可以感受到麻省理工的压力，这种压力在为争取终身教职而努力的年轻教师身上也得到体现。博士生的综合考试是差额的，通过的成为博士生候选人，可以进入论文阶段；不能通过的可以下次再来，再不能通过只能另谋出路了。综合考试看起来真有些残酷无情。有的博士生在通过资格考试后会庆祝一番，也有人会说"掉了一层皮肉了"。各学校的考试方式和考试要求会有一些不同，但是大体类似。学生们会说，综合考试是无法准备的，因为没有范围，但也可以说时刻在准备着，因为每门课、每个习题，可能都在为综合考试作准备。

差不多有两年时间与老杨和我同住一套公寓的研究生老陈的学习情况，我们是很了解的。他是航空系的博士生。在他脸上几乎没有笑容，几乎永远是一副愁眉苦脸、心事重重的样子。他告诉我们学习的压力实在太大，他几乎每天都是凌晨二时左右才上床，但早上还是得按时起来，匆匆抓一口早饭就去学校。习题分量极重。我了解化工系的有些习题看起来几乎是无从下手，其他系的基本也是如此。学生就得找资料、讨论，硬着头皮去做。每门课每学期两次测验，一次考试，差不多是接踵而来，确是让人透不过气来。我还认识一位博士生小吴，他爸爸是国内一位名医，曾经留美，所以小吴受家庭影响也从小打好了英语基础。小吴的学习状况也差不多。一次我在图书馆看书，小吴也在。在天黑前我想回家，行前向小吴打一个招呼，对他说趁天还没有全黑，为了安全应该回去了。他说，他不回去了，带了面包来，复习得实在累了，就在图书馆桌子上打一个盹，也可节省时间。他说他常这样。的确，图书馆 24 小时开着，桌上有台灯，供应免费咖啡和水，也有自助机器可以买一些吃的，是不错的自学去处。想起我推荐到麻省理工读博士的学生肖济嵘，他在通过综合考试后回来看我，我祝贺他。他对我说我推荐他去麻省理工，他很感激。但是如果现在要他重新再来一次，他是绝对不干了，因为"实在太苦了"。他的这种"苦"，我能体会，因为我也多少体会过麻省理工那种苦，虽然没有他那样苦。

我认为综合考试是很锻炼人的：人的心理素质，专业基础和综合运用知识的能力。通过资格考试进入论文阶段，这对于导师、对学生都是在探索，学生需要在每周或每两周一次的课题组会上报告这一两周来的进展，供导师和组内学生讨论。

我的体会是，不论是课程学习，不论是资格考试，或是完成研究论文，这一次次的训练都是对人的意志、精力、综合运用知识能力的考验。这些考验，都是在培养人的创新能力和解决困难问题的意志。小学中学我不敢说，大学的情况有些了解。我理解的美国大学的基本做法是在"逼"，使学生在"逼"中成材。1990 年我应邀到弗吉尼亚大学教了一学期的研究生课。根据我对弗吉尼亚大学情况的了解，它也是在"逼"，但是总体印象是不如麻省理工那样"逼"得厉害。然而学生似乎也自觉地在接受这种"逼"，他们进大学就是为了来被"逼"的，因为他们明白，每多一分本事，就多一分前途。遗憾的是，我们的学生不大明白这一点，也许是因为在我们的社会中，还有一些是并不全靠真本事来决定前途的（请参阅《半生行悟——亲历与随想》中的"从意气奋发到无可奈何"篇）。近来，我的几位同事告诉我，他们上课时不少学生尽量靠后坐，并且在教师授课时低头按动他们的智能手机。后来我有意识地问了其他教师，他们回答的也是如此。也许是现在的智能手机功能太丰富了。我又问了几位来访的外国客人，他们的回答与我从同事那里听到的截然不同，并且几位客人的回答都是异常一致：学生在课堂里玩智能手机，那他们来上学干吗？

媒体最近报道，我国的科技人员数已达九千万，也有一说是五千五百万，反正已是全球第一，意思是说，我们已有了科技创新的良好基础。排名第一，这历来是国人很热衷的一种说法。我相信九千万或五千五百万这个数字。从每年大学毕业生几百万来看，这数字应该是属实的。但如果说这些大学生在他们接受大学教育期间有相当一部分（当然不会是全部）听课时在玩手机，这个数字再大又有什么用？学生在听教授讲课时玩手机，相信这样的学生在工作中也不会认真和投入的。这样一个天文数字又能说明什么问题？

（4）

美国人做事讲话不大讲客气，直来直往，这是出了名的。我出国之前就听人说美国人不讲客气，实实在在，有什么说什么。到美国后与美国人接触多了，觉得他们的确实在，譬如有的老人家里需要整理花园，没有劳动力，就请一个园林工人来，或找一个自己的年轻亲友来帮忙，说好做一天要求完成什么事，给多少报酬。我到一位老太太家里做客，就目睹她需要整理花园锄草等找了自己的亲弟弟及弟弟的儿子（侄儿）来帮助。完工后她弟弟问她是否满足了她的要求，老太太检查后说可以，就付给预先说好的钱数。

这种做法，你可以说是实事求是：请外面工人，还不如请自己亲友，但也可以说是冷酷无情：帮自己亲友的忙，怎么还能收人钱。但有一些做法却更是体现了一种实在的作风，例如请人吃饭，不用讲很多客气话，不用给人夹菜，也不用敬酒，客人就只顾吃，不用讲客气。但是有一些场合，也讲一些客套，讲一些形式。人家请你吃饭，你带一件小礼物，他们会一面打开包装一面直夸这礼物是多么可爱，正是他们所需要的，等等。这显然是客套话，但每个人都会这么讲，就像写信，不管对方是你的什么人，称呼前必加"Dear"一样。

有一些场合，他们却非常讲究形式。如一年一度的学生毕业典礼，极为隆重，穿学位服，并且校长会把学生学位帽的流苏从右侧移到左侧。这是从 13 世纪起从巴黎大学流传至今的，并且我们现在也把这一套学得惟妙惟肖，再也没有人说这是封建流毒或资产阶级法权了。这种看来只是一种形式，但是对学生是一生中值得纪念的一刻，而且这种庄重的仪式会给学生留下一生值得珍惜的荣耀感。1981 年我在麻省理工时，正值学校 120 周年校庆，我应邀参加校庆晚会，并可偕同一位朋友参加。请帖上的"着装要求"表明"随意正式礼服"（black tie optional），那时我们也不大懂是什么意思，我只穿了一般西装领带，但到了晚会场所看到了十分正式的场面，交谈中知道有的是从远地特地赶来的校友，他们以能参加一次这样的盛会而高兴。他们或黑礼服，或白长裙，从他们的神态中，流露了作为"MIT 人"的荣耀感。我相信，在工作中他们也尽量会为自己的母校争光的。同年我应邀参加了我们的近邻哈佛大学的一次毕业典礼。那天我的好友 Kathleen 获得哈佛博士学位。这是她生平一件大事，按学校规定，每位被授学位的博士生可以请两位亲友出席观礼。Kathleen 请了她母亲和我。她母亲特地从密歇根州赶来参加。那天正好风和日丽，在哈佛大草坪上校长和教授身着学位服带队进入，后面跟着的是也穿学位服的将被授学位的博士生，表演了一场小小的游行。两旁观看的学生亲友向这个游行队伍欢呼祝贺致意，气氛热烈庄重。Kathleen 后来告诉我，这是她一生中感到最为荣耀和值得骄傲的时刻，因为从那一刻开始她就拥有哈佛的博士学位，因为这标志着，此人是经过多年刻苦学习和严格训练的精英人才。

显然这些特殊的日子和场合会给人带来美好的回忆和难忘的记忆。事实上也只是偶尔为之，毕竟人们过的是日常的工作和生活。我观察到日常生活和工作中美国普通人基本上都能做到实事求是，

袁渭康自传

不搞虚假,他们怎么认识的,就怎么去做。这里说的是基本上,当然也有例外。一次丁肇中先生做学术报告,报告完后有听众提问题,丁先生回答了一些问题,对有一些问题,他坦率地说我不知道,并没有回避。与此类似,一次我们请弗吉尼亚大学的 Hudson 教授来讲学,报告后学生提问时 一个问题他回答不了,他也实事求是地承认。事后我与他交换意见。因为我与他很熟,我也就不忌言地直说,这个他回答不了的问题实际上是很基本的化学工程问题,不过比较实际罢了。他听了毫无不高兴之意,第二天他继续报告开始时特地就这个问题向学生作了说明,并说是与我讨论的结果,承认他做研究偏于基础,不够实际。对美国人来说,懂就是懂,不懂就是不懂。这样实事求是的态度,更能使人理解和尊重。按他们自己的说法是"怎么认识就怎么去做",也可以说是实实在在、有话直说的表现。

在 Hudson 教授家做客。1990 年,美国弗吉尼亚州

这是美国人的一种理念,也就是真实与诚恳。奥巴马总统头发变白了,但他拒绝染发。据说德国一位前总理因在位期间染发而受到批评,说是一位模特儿爱美打扮是无可非议的,但一位总理还想

用外表欺骗人，那他的话还怎能相信？这就是西方人对虚假事物的敏感。对比媒体报道的我国西部某省一位县长为了吸引游客光临而把光秃秃的山用涂料涂成绿色。过后看看实在是此"绿"非那绿而再派人铲除掉的那层非驴非马的黄绿色。媒体称此举谓"县太爷染山"。这理念的差别就十分明显了。

请亲友帮忙到你家里做一些事要按预先说好的价目付钱，这对我国这个礼仪之邦的人来说似乎有些不近人情，但过后想想也有其可取之处。反正是实事求是，双方愿意，完事后互不欠人情。不像在我们社会，双方都会讲一通虚伪的客气话，然后被帮的一方会觉得欠了人情，必会设法偿还，帮人的一方可能会觉得对方小气，人情还得不够重，或还得过了，下次还要设法补偿。这个过程，既要"动脑筋"，又可能会引起双方不愉快，又何必呢？

在很多场合，美国人则是乐于助人，当然不取分文报酬。我们刚到美国时主动来帮助的人很多，有的开车接送，有的搬东西，有的主动开车帮我们到超市买食物，提供某处购物便宜信息，说可以省些钱等，有一些我在《半生行悟——亲历与随想》中有所涉及。在一个偶然的机会我认识了一位住在波士顿附近一个富人集居的小城科德角（Cape Cod）的一个小学生的家长 Jack。Jack 是一个跨国公司的高管，依稀记得他是该公司的全球副总裁。美中友协的一位朋友 Duncan 是那所小学的教师。一次 Duncan 组织学生课外活动，活动内容是组织一些中国学者访问学生的家庭。我应邀去了他们家，就此认识了 Jack。一次 Jack 来电约我去他家做客，我说我要到一个朋友家搬一些旧家具，恐怕没有时间。他一听就说他和他那小学生的儿子来帮我。下车后父子两个汗衫短裤，挥汗如雨地帮我搬了旧家具。当我一再谢谢他们父子俩时，他反而谢谢我请他来帮忙。他说他谢我是因为我给了他一个教育他儿子要帮助别人的机会，并且说他们教育孩子，要以帮助别人为高兴事，但只讲也没有什么用，还要做。他一面说，一面摸摸他儿子的头，说再过几年他儿子也能开车了，那时更方便了。我说那时我肯定已不在美国了。

我的朋友，一位浙江大学的教授告诉我一次他在纽约中央公园看到的一幕。一位年轻的妈妈带着她幼小的儿子在中央公园玩乐。儿子在旁边玩，妈妈坐着休息看书。孩子摔了一跤，似乎还挺重，哭得很厉害。妈妈在一旁看见，却也不去帮他，让他自己挣扎着爬起来后来也就不哭了，过了一会孩子掉了一张小纸片在地上，没有丢在废物箱里，妈妈看见了就起身严肃地对儿子讲理，看来是在批评他，并要他捡起小纸片，陪同他去丢在附近的废物箱里。这就是美国式的教育。在中国，可能情况会相反：小孩摔跤了，妈妈会赶快扶起安慰，而废纸掉在地上，大人会觉得无所谓。

潜移默化的教育就这样进行着。在小学里，也许功课不像我们那样学得多，学得深，但却无处不在地进行着公民的道德、守则、正直和乐于助人的教育，以至于我们可以看到有很多住户在节日或一些喜庆日子，甚至一些平常的日子，会在家门口自发挂出国旗，也会在观看美式足球比赛前起立动情地唱起国歌，我相信不会有什么里弄居委会或街道委员会曾动员他们这么去做。这一切的根源也许来自青少年的思想形成期。就像当年普鲁士统一前被拿破仑战败，负债累累，而他们狠下决心从基础教育着手，在不长的时间内统一了德国，成为强国。后来战胜了曾经战败他们的法国，以至于一位领军打败法国的德国元帅会说："普鲁士的胜局是在小学教师的讲台上决定的。"西方的"小学教育"是各种不同形式的教育的综合体，其核心是公民教育。公民教育的核心是公民道德教育。

我理解的公民道德，重要的内容之一是坚持"真"：真实、真诚、真理。我国历来就有以"真善美"为标准的价值观。真的总是美的，我想大概不会有人会认为假的东西是美的吧。但是要坚持"真"却也并不容易。在待人接物方面，应坚持爱国、正直、礼貌、勤奋，应尊重别人，帮助别人。其实这些也是每一个常人所应该做的，但事实上并非如此，原因是多方面的，可能是因私心所驱而故意违之。

　　回到上面所说的汽车在路口停下等行人过了马路再开动的现象，这不但在美国，并且在其他多数西方国家也都是如此，平常得很，但是在我国，即使路口有行人通过的斑马线，有过马路的红绿灯，有的汽车还是照过不误。我家附近街口有一处斑马线，但没有红绿灯，我过马路总是心惊胆战，生怕我的血肉之躯会被来历不明的钢铁怪物所撕裂。按交通规则，车到此处，只要看到斑马线上有行人，车必须停下来等行人通过后才能过。因为在街上行人明显地是一种弱势群体，而汽车则属于强势。强者对弱者的礼让，是天经地义的，就像人们应该同情儿童、老人和妇女一样。我每次通过斑马线前，必会小心审视左右，如车尚在较远处，我会估计一下我的步行速度是否可以避开那可能的撞击，不然我宁可"礼让"汽车先通过。记得几年前我们的合作伙伴，法国的 Tondeur 教授来访时，一次由我们所周兴贵教授陪同外出。两人走在斑马线上一辆转弯的车疾驶而来，多亏兴贵及时拉住了 Tondeur，才免得一场惨剧的发生。Tondeur 教授事后不无惊恐地说"今天我体会到，在中国，走斑马线上也不一定安全"。我每逢过马路，安全地到了对面，我总会暗自庆幸自己总算又安全地过了一次马路。我不知道有关部门在统计人们生活质量或"幸福感"时对行人过马路的心理恐慌程度是不是算一条，如果是，那这一条必会使我们的生活质量扣分的。

　　我为我琐琐碎碎地写上这些向读者表示歉意。改革开放以后，我国老百姓生活水平飞速提高，这是不争的事实。我们与洋人比家里有几个冰箱，几个电视机，也许我们胜过了洋人，但是除了这些"硬"的东西外，我们的确应该承认，在"软"的方面我们与发达国家差距还很大。过马路就是其中之一。最近上海在整治交通秩序，如路边停车，越过黄线等，媒体说这是"史上最严"的交通整治（近来"史上最……"是用得很多的一个词汇，也不知写上这几个字的人有没有做过调查研究），但我每次过斑马线，还是心惊胆战。我认为，车在斑马线上有人时闯过才是应该罚得最重的。

每次到美国和其他西方国家，亲友开车，我坐在副驾驶座上。即使深夜外出，每通过没有红绿灯的路口，在路上书有一个"停车"（Stop）记号，必会停车数秒，左右再看一下，即使前后左右视野清晰，都既无人又无车，看得一清二楚，也必会停车。别的车也都是如此。我逢到这一时刻都会想，如果在我国也有这种场合，人们不知会不会自觉停车。

刘亚洲上将在他的《刘亚洲文集》中收集有一篇题名为"美国真正的可怕之处在哪儿？"的文章中写到，美国的真正可怕之处不是它拥有那么多先进武器和先进技术。刘将军说到了"911"事件中舍己救人的人，说到了秩序井然，让老人妇女先逃生的人，说到了"精神和道德"，我很赞同，这是"软"的东西，也是最重要的东西。

我曾经有一个疑问：总体上美国人的素质很好，但为什么政界的一些人和商界的一些人，他们却总是做一些不该做的事，讲一些不该讲的话。他们可以口出胡言，可以无中生有。如果他们为人正直，他们是不会去做这些事，讲这些话的。经过与几位熟悉的美国朋友讨论，亦经过我自己的观察和思考，我明白了即使这些人的个人素质还不错，譬如说对待他们周围人和事的个人关系，他们会表现出正直与善良，但是在工作中，他们代表的是国家利益（对于政府高官）和企业利益（对于企业高管），他们就不再从道义的角度去考虑问题，不然，他们就不可能在他们原有的位置上再待下去。如果有人不能适应这种性格上的两重性，那这些人也只能另谋出路。

（5）

我到美国后很快就进入研究工作。作为客座研究人员，我也注意观察周围人的工作理念，与各方面的人接触，主要是专业人员（教授、企业的技术专家等）以及系里的博士生。通过了解的逐步深入，我感受到他们一般理论基础较好，知识面比较广泛，做研究也比较认真。不论是对于自己的研究还是讨论别人的研究工作，追根到底的态度是很常见的。对于工作中的一个现象，总要找出解释的方法，不然就不放心；对于一个理论推导的结果，也总要看看与实验结果是否一致；或者从实验中发现的一个现象，总要试图能从原理上得到解释，或者用数学方法推演，可以得到基本吻合的结果，不然就会不大放心。在听学术报告时也是这样。即使是身份很高的报告人，如诺贝尔奖获得者或很有名的教授，那些年轻的博士生们也会追问到底，一点也不放松。至于在研究组例会讨论时，做工作进展报告的人不但要对付教授的提问，也必然会要面对学生们不弃不舍的问题和评议。美国人对这种评议称作 Comment，就是评议者自己的意见和看法，往往从中可以得到好的启示。这种研究组例会实际上是一种很好的方式，可以集思广益，使研究工作深入。特别是当研究组是由不同专业的人组成时，各人所提问题的出发点不同，更是会使大家受益。我的一位日本朋友崛尾教授，他的组内有一位数学副教授，数学根底很好，崛尾先生说他们组从那位数学家那里得到很多好的意见。事实上这种集思广益的做法在西方大学里很常见，不但在研究工作的课题组是一种常见的形式，而且在课程学习中也颇为常见。我们可以看到三四同学在教室里、草地上，甚至在校园旁的小咖啡馆里，一起学习功课，一起讨论。这种形式有益于学生们在集体中交流和学习的能力，以及与人合作的团队精神，这不论对学习和对以后的工作都有好处。事实证明，交流与讨论是培养批判性思维的极好途径，而批判性思维是提出问题之必须，也是创新所不能少的。然而这种思维方式却正好是我们的学生们所最缺少的。这种讨论方式目前也已在我国的大学里广泛采用。

　　技能训练对创新十分重要，但是我认为更重要的是文化的基础。批判性思维是一种文化。我到麻省理工学院后，不时看到听到一些鼓励离经叛道行为的活动，譬如如何设法把远在美国西部的加州理工学院（麻省理工的一个竞争对象）的一架钢琴偷出来而不被发现，把一辆摩托车从五楼摔到地面上会发生什么现象之类，当然不是真的要人家这么去做，也不是学校当局出的题目。这些只是代表了思维的开阔。但是如果说设想一下一位小学教师要六年级学生分组讨论（包括查资料）如何设计应付 2007 年金融危机的方案，那这种异想天开的题目也就不足为奇了。

西方大学文化的熏陶无处不在。我初到麻省理工，看到主楼的走道上摆放着一些雕塑作品，有的还是名家的原作，供师生参观。在化工系大楼内，墙上有大幅印象派的画作，虽非名家作品，但却也并不是出于等闲之辈之手。很多学校从校园建筑到内部装饰，大多都别具匠心地保留着经典的风格，至于哈佛、耶鲁那样的名校则更是如此。我在弗吉尼亚大学任教期间也体会到了这一点。弗吉尼亚大学是美国第三任总统杰弗逊创建的。杰弗逊是一位建筑师，他亲自动手设计了校园及主要建筑，保持至今，体现了设计者当年在规划校园时的广阔胸怀，使它至今还被认为是美国最美的校园之一。有时我会独自闲步在校园里，似乎会感到一种心灵的净化，犹如在听莫扎特的奏鸣曲似的。

1990 年 5 月我结束了一学期的课程，启程返国。行前收到了弗吉尼亚大学化工系送我的一只锡锑合金制的"杰弗逊杯"（Jefferson cup）以表示感谢之意。锡锑合金是通常用来做这一类东西的一种材料，杰弗逊杯是这位曾任美国总统的大学创建人设计的。系里特地在上面刻有弗吉尼亚化工系的感谢之意。这杯的妙处是极为简单，但却十分和谐美观，不少并非校友的人也都知道它。人们可以花费 39 美元方便地在学校的小书店买到它，但我的那个却有着纪念的意义：我生平的最后一次登台上课。

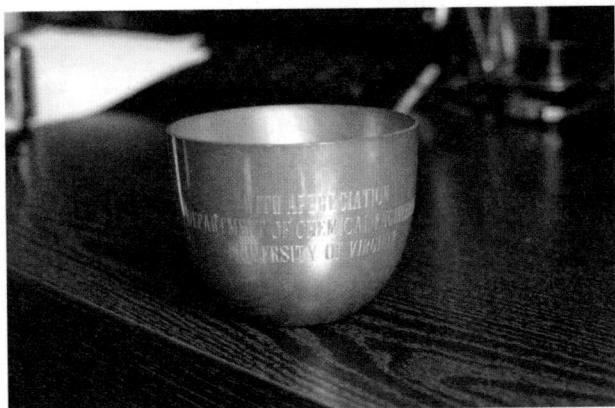

离开弗吉尼亚大学前系里赠送我的杰弗逊杯

20世纪90年代一次我到美国出差，应邀在新泽西州Arlington的埃克森研究和工程公司做了一个报告，当晚也就住在我的好友何德仲（Teh C. Ho）博士家，就打算就近去看看我在麻省理工时的导师韦潜光教授。韦先生那时已出任普林斯顿大学工程和应用科学学院院长。德仲开车送我去，我与韦先生见了面，这是我首次在他到任普林斯顿后去看他，他与我谈了他担任学院院长后的感受。中午他请我在教授俱乐部吃饭。在前往教授俱乐部途中，他指给我看艺术系的楼和音乐系的楼，一面说一面还玩笑地说，我们艺术系的教授不会作画，音乐系的教授不会拉琴。我问"他们会做什么？"他说"他们懂理论，会写文章。"我相信这样的教授也很重要，因为他们会"批判性思维"。

午饭后韦先生说下午他要参加一个短会，如果我没有什么其他安排，他希望会后再与我谈谈。我表示我很乐于再与他谈谈，他开会时我可以再去看看实验室。他建议我不必再去实验室了，而是利用这时间去参观一下校园博物馆。我接受了他的建议，在他开会时去参观了普林斯顿的校园博物馆。事实证明韦先生的建议是对的。博物馆虽然不大，但展品极为高雅精致。由于是在一个工作日的下午，我是唯一的参观者。展室明亮安静，我慢慢看，细细品，确是一种艺术享受。大概是出于安全方面的考虑，佩枪的警卫会不时进来巡视一下，看见我在专心看展品，便会向我微笑示意。我在普林斯顿博物馆第一次看到了伦勃朗的真迹，当然还有其他精品，给我留下很深印象。我一直怀念那天下午参观这个博物馆。几年前我们学院的刘纪昌博士要去普林斯顿合作科研，他行前来看我，我向他提到了博物馆和伦勃朗。后来他特地去照了伦勃朗的画传送给我。

我始终认为，高雅艺术对于提高人的综合素质是潜移默化的，但是显然是有助的。也许这是哈佛和麻省理工会把一些名贵的雕塑陈列在走廊上供人观摩的原因，也许这只是出于我个人对于古典艺术的爱好而一味向往所致。但我往往感到，在听了一曲后，会少一些浮躁心情，会少想一些世俗市井的杂念，看文献写文章就会更加专心，并且思维似乎是更加活跃，联想也会更加丰富。我在《半生行悟——亲历与随想》中曾写过"从艺术中感悟"一文，但是始终认为我的一些感受表述得不大贴切，只是希望读者会与我略有同感。

（6）

1980 年春，我到费城参加美国化学工程师学会（AIChE）春季全国会议，在会上见到了从浙江大学来的陈甘棠教授。陈先生当时在纽约的哥伦比亚大学做客座研究。我先前虽然读过他写的论文，但未曾谋面。在会上相识，却也谈得颇为投机。

会议结束，陈先生邀请我及同行的老杨（杨友麒）在返回波士顿途中顺道在纽约逗留几天，也可以看看这个大城市。我欣然同意，并承他的好意，留宿在他租住的公寓。他说他一直想去离纽约不远的大西洋城，但没有找到合适的同伴，也就没有成行。大西洋城位于与纽约有一河之隔的新泽西州，是一个美国东部的赌城，也是一个有名的游览胜地，每天从纽约中国城有免费车往返，并且为了吸引游客（主要是赌客），吃住都很便宜，而且质量很好。

我们在曼哈顿的中国城上车。车很好，座位也很舒服，随车还给每人一件小纪念品——一只塑料飞碟。我们三人坐在车后排，邻座一位约 50 余岁的中年人与我们搭话。他是四川人，被征入国军队伍，打过仗，后来随军到了台湾。在台湾他听人说美国容易挣钱，就搭一艘货船偷渡到了美国，并与老乡一起到了纽约中国城在中国饭店打工。不知哪一次美国移民局开恩让他取得了合法身份。

同是中国人当然会一路谈谈。他说他不识字，与老家亲友通信是要人代笔写的。说着他从上衣口袋里拿出一封包得很细心的信，是他哥哥写的一封家书，他要我们再念一遍给他听，他一面听一面动情地流泪。我相信他必已请人念过此信并已听过多遍，每次听也必会动情。他说他很想回去看看，也想娶一位家乡的女子成家。他希望能积蓄到 10 万美元后回去。他问我们 10 万够不够，我们说 5 万就够（当时大陆的生活水平还比较低）。他说他在纽约中国城生活很无聊。他不识中国字，当然也不懂英语，只能交几个同病相怜的中国同胞朋友，也看不懂电视。他基本不出中国城，但会每两周去一次大西洋城，找一个赌场"消遣"，把两周的积蓄全输光，然后再回纽约去打工，过两周再去赌，再去输。

我听了那位中年同胞的话，十分同情他的遭遇。我们劝他不要再去赌了，积些钱回国去，也可以成个家。他说他何尝不想如此，但每天从早到晚打工，生活实在没有意思，明知会输，但还是去了。

车到了，我们看到了蔚蓝色的海，弯弯的海岸，奢华的大赌场，开了眼界，当晚就搭乘这免费的大巴士回纽约了。想起和那位中年同胞的短暂的交谈却使我感到心情沉重。我想不知有多少同胞生活在美国这个富有国家的最底层，为它奉献廉价劳动力，为它创造物质财富，就是为了维持在美国艰难的生存。

在 90 年代我有机会去过在沙漠中的赌城拉斯维加斯。拉斯维加斯规模比大西洋城大，设施也更豪华。我对赌博没有兴趣，但美国人为了提振经济而在沙漠中建设这样规模庞大且别具匠心的城市，又解决了沙漠中的用水问题，倒也不能不使人佩服。我也是从加州一个华人集居的小城乘坐免费大巴去的，观光之余我旁观人们的神态举止，注意到西方人去拉斯维加斯很多是为了旅游、观光，他们看表演，看建筑，晚上看灯光，享受美食、购物，但长亚裔面孔的，车到了就分秒必争地直冲赌场，其间的差别十分明显。后来与俊中又同去过一次拉斯维加斯，游览后离开拉斯维加斯，在机场候机室等待登机时看到周围摆放着很多"老虎机"，俊中说我们来一次拉斯维加斯总得小赌一下。她要我给她一个硬币。我于是"慷慨"地掏出了两个1/4美元的硬币，让她在老虎机上拉了一下，结果当然是被老虎机吃了。事后我对俊中说，我的本意是，连这五毛钱都不愿意给它。

在数学里有一些从赌博发展出来的方法，著名的博弈论最初即起源于赌博。我们以前也用过蒙特卡罗方法，这是一种有效的统计模拟方法。蒙特卡罗是法国南部小国摩纳哥的一个地名，因赌场而闻名。就我的数学知识，概率论中的"大数法则"是解释赌场必赚、赌客必输的朴素的原理。按理看穿了这一点，没有人再会去赌，不论他们如何用豪华建筑价廉物美的住宿和食物来引诱人们，但结果是明知会输还是有人去赌。与几个朋友闲谈，都觉得国人似乎对赌博特别热衷。我国的那些贪官，那些暴发户，多曾在我们那些邻国专为国人开设的赌场里大把输钱，以至于有的甚至家破人亡。我和几个朋友都认为，热衷赌钱的多有一些志趣不高者，他们闲来无事，又不爱听音乐，不爱看书，缺乏精神生活，就会想去赌场碰碰运气，刺激一下。其实只要懂一点"大数法则"，就会知道赌客是不可能从赌场占到便宜的。我们也应该从文化的视角反思国人爱赌的根本原因。有一次我在法国南部城市尼斯出差。尼斯离蒙特卡罗仅20分钟车程，我就利用一个空闲时间去观光了一次。蒙特卡罗出名之处一是F1赛车，一是豪华赌场，我则是想去看看这个非常小的城市，那有名的蒙特卡罗方法的起源地。赌场豪华古典，像一个宫殿，人们进去参观，需要查验护照，购买门票。与我一起参观的有一对德国中年夫妇，交谈中他们说对赌博没有兴趣，是来看建筑的。他们也说在德国没有听说过有什么德国人爱赌博：人们有时间宁可旅游、听音乐、阅读，甚至看电影，没有听说谁愿意向赌场"送钱"。要改变部分同胞的赌博之风，发展和普及高雅文化是一种根本的出路。

国人去邻国赌场，可能也只限于有钱有权有闲者，一般平民也许想去也去不成，这是愿望与现实的矛盾，于是就有麻将声处处之乐。如果是对于退休的老年人，麻将不乏好处，据说对预防痴呆症大为有益，但是对痴呆症有预防作用的大有别的选项：健身运动、音乐、阅读、写作、学习一门课程等，但多不为人所青睐，唯有与赌博相关的麻将却能独步中华大地，历久不衰。

不知我们能不能把这种爱好称作赌博文化的体现。我个人认为这种爱好不应是人的基因造成的。应该还是从全社会缺少健康的、高雅的、也能吸引人的文化与之竞争的结果，也可以说国人还没有抵制一些低俗文化的能力，以及接受一些高雅文化的基础。

我们应当明白在全社会抵制低俗文化、倡导高雅文化是多么重要，是需要我们多年持续努力才能做到的。试看现今的网络语言，有多少在宣扬粗俗而不以为耻，如今的网络游戏又有多少在散布暴力和不雅，这对于缺少辨别能力的青少年无疑祸害无穷。前几天我去逛了一家在上海已比较罕见的实体书店，那家书店规模不算小，书架上摆满了书，但是在最醒目处放的很多是金融理财之类的书，也有一些龙应台、琼瑶等人的，当然也少不了旅游的、美食的。我想找文学名著书架，结果是龟缩在一个不起眼的角落。我问了店员，我要找狄更斯的《双城记》，他想了一下，说没有听说过。最后他说，"你到旅游类书里去找找"，我只能报以苦笑。这个遭遇使我想起了大概十年前我到上海唯一的规模很大的音乐书店，妻托我方便时给她买一张亨德尔的"弥赛亚"CD片。我问了店员，他说不知道。过不多久，我去香港时路过一家小唱片店，一说"弥赛亚"，店员就立即取出了大约十几个版本的 CD 片。我想这是业务熟悉程度的差别，是敬业程度的差别，更是文化素养的差别。

南开大学的龚克校长在一次座谈会上说，创新的关键不是具体的技能，而是文化。我很赞同他的话。从我与外国学者的接触讨论中，我常有的一个感觉是，在基础知识和基础理论的功底上，我们并不比他们差，可能在一些方面还比他们强。为什么我们的创新能力和意识有较大差距？回到龚克校长的论点，提高我国全社会的创新能力，应该从提高文化质量做起。

赌博文化害人不浅。一个赌徒去赌钱，为的是想赢钱，如果他头脑清醒，他应该知道，他想赢的是别的输钱的人的钱，赌场是不会贴钱开的。举例来说，10 个人参赌，其中 6 个人输了，4 个人赢了，赌场把 4 个输钱人的钱给了赢家，自己取走了另外两个人的钱。这看来是一种财富的再分配，但实质上是一种欺骗行为。去赌的当然希望成为这 4/10，而不会希望成为 6/10 里的一个。希望成为这个侥幸者，是冒着很大风险的，即他成为这 6/10 中的一个的概率比他成为幸运者的 4/10 大。但是有些场合冒险者的风险没有那么大，于是人们就更会去冒险。弄虚作假、包装拔高的风险就似乎并不大。据一家公司的统计，中国学生申请美国学校的推荐信造假率达约 90%，但这个造假就没有什么风险，最多不被录取就是，代价不过是一张信纸和一张邮票钱。学生可以申请 10 所学校，只要被一所录取，目的就达到了。从这个意义上说，风险完全是可以承受的。从文化层次上说，这些都是赌博文化的体现。

前些日子曝光了运动员"马家军"服用禁药的事。一方面服用禁药是否会被曝光，这还是一个问题，另一方面背后还有一些很强的利益集团支持，他们会说，为国争光了，手段上可以灵活一些。

回到学术界，包装和拔高，风险似乎比弄虚作假小一些，也有一些说法，与"马家军"的做法有些异曲同工之妙。这些相信读者都是心知肚明的。因此当今社会中一些以虚荣、浮夸、猥琐、寡廉鲜耻为特征的言行禁而不绝，各种各样赌徒的行为和心态便成了家常便饭，成了一种特有的赌博文化。要抵制这种赌博文化和其他各种低俗文化，只能用高雅文化来替代它们。而公民道德，虽不是豪言壮语，却是最好的理念和文化。

2016 年 4 月 26 日习近平总书记在知识分子、劳动模范、青年代表座谈会上的讲话，含义十分深远。他勉励知识分子，要"坚守正道，追求真理"。他这话看似平淡，实则掷地有声，要真正做到十分不易。

（7）

1979 年到美国后，一些美国友人了解了我的家庭情况，他们心直口快，几乎都异口同声地说，他们不赞同我到美国合作研究两年。对他们来说，这简直是不可思议。妻子俊中已年奔半百，还在上班，儿子小亮还不到三岁。事情也确是如此，生育孩子时俊中已是一个"高龄产妇"，小亮也正需要照顾。一次俊中来信，说一天小亮对着月亮大叫"爸爸"，直叫到声音嘶哑，问他为什么叫，他说你们不是说爸爸在地球另一面也看得见月亮吗？我对月亮叫，他也能听见，就会回来了。我对美国朋友讲起这个细节，有的女士甚至动情地眼眶湿润。他们同声对我说，你真不该来美国。

然而我到美国进修这件事，当时在国内几乎是人人羡慕，也是人人鼓励。我爸爸那时因为眼疾而住院治疗，医生说有可能致盲，但在我去看他时，他却说千万不要因为他的眼疾而影响我出国。

这件事似乎反映了中美两国人们的文化差异和国情差异。在美国人看来，家庭是首要的，什么研究，什么事业，都只能是次要的。那时我国的经济条件不能与今天比，因此不可能带家人一起出国，而美国人则认为，出差两周，就必定要带夫人。

我身在国外，当然非常想念父母妻儿。家里没有电话，所以即使美国电话多么普及，我也没法打电话回家，只能每周写一封信回家。因为怕信超重，用的是最薄的信纸，蝇头小楷，双面书写，为的是把我在美国的生活和工作多让他们知道一些，也为了更减轻一些纸重，可以寄一两张照片回家，以慰家人思念之情。回国以后，我没有想到俊中把我在国外寄回家的信按日期保存收藏，一封不漏，却也成了很好的"历史资料"，成了我在撰写本书时宝贵的参考资料。如果那时打电话也像我们今天用微信聊天那样方便，我就不会有这些"历史资料"了。事物的两重性确是无处不在的。

儿子小亮小时候：神气的小 MIT 人。1980 年，中国上海

海外鳞爪（欧洲篇）

　　因工作关系，我曾多次去欧洲出差，足迹遍及欧洲十四国，有些国家则是多次前往，其中去得最多的是法国。有些国家是因工作所需专程前往的，有些则是顺道的或路过的访问，但也可更多地了解欧洲。

欧洲国家多有悠久的历史和文化传统，又有丰富的艺术底蕴，欧洲的古老建筑，欧洲的城市风光，对于这些我都是非常有兴趣的。同时我也特别感受到他们那种看似缓慢，但却很有质量和总体效率的工作节奏，以及对于工作的精益求精的"工匠精神"。后者是很值得我们学习的。

（1）

1981 年 10 底，我结束了两年零两个月在麻省理工学院的研究工作回到上海。甫一回国，就已经能感受到社会气氛与我在 1979 年 8 月出国时有很大不同。但是毕竟还是在改革开放之初，人们的观念与今天的大不相同。就我自己来说，想想已经在国外待过两年多，不会也不应再有出国的机会了。我的本意是，今后就教教书，适当做一些研究，也就了此一生了。出国留学这个曾经认为是不可能的愿望已经实现，而且去的是美国，是麻省理工学院，此生该知足了。

使我意料不及的是，回国以后我即被赋予重任。后来陈敏恒教授出任副校长，我接替他担任化学工程系主任，然后接下来我担任了化学反应工程研究所所长，我们的研究队伍逐步扩大，研究方向也日益拓展。又由于华东理工大学在国内化学反应工程领域的声誉和地位，我也不得不主动承担起推动这一学科的国际合作与交流的活动。

1984 年我们在反应器方面的研究工作有了一些进展，我们写了论文，试着向第八届国际化学反应工程讨论会（ISCRE-8）投稿。

ISCRE 是一个系列会议，审稿很严，每两年举办一次，分别在欧洲和北美轮流举办。经过 ISCRE 审查录用的论文可以在化学工程领域国际知名刊物《化学工程科学》上发表。因此 ISCRE 在我们心目中门槛很高，在 1984 年以前似乎还没有哪位中国学者在

ISCRE 上宣读过论文。我们第一次投出去论文却一举中的，也有些出我意料之外。

会议在苏格兰的爱丁堡举行，需从伦敦乘火车前往。那时还没有从上海飞往伦敦的班机，因而我只能从北京搭乘民航飞机赴英。登机后才发现中科院过程工程研究所的陈家镛院士也在机上。陈先生是我熟悉的长辈，我很高兴地与他同行。

这是我首次踏上欧洲的土地，一切都不大熟悉。多亏我们学校的杨晓田女士到机场接我，那时她在伦敦大学学院（UCL）进修。晓田把她租住的公寓让给我住，她自己住到朋友家。她也要去参加 ISCRE-8，但没有论文宣读。于是我们一起搭乘火车去爱丁堡。那一节火车车厢一共只有四个乘客，除晓田和我外，另外两人也是去参加 ISCRE 的，我们也都认得。于是我们就一路交谈，时间似乎过得飞快，瞬间就到了爱丁堡。

这是我第一次参加 ISCRE，做报告时有一些紧张，我自己觉得讲得不是很好，回房后正独自纳闷，晓田到我房间来看我，给了我一些鼓励。那时我绝没有想到有一天我会主持一次 ISCRE 。

按我在美国时养成的习惯在会议期间尽量与人交流，以增进相互了解。在会上我初次见到了余宝乐（Po Lock Yue）教授，他那时正在巴斯（Bath）大学任教，90 年代初他出任刚成立的香港科技大学化工系主任。后来宝乐和我交往很多，成了很好的朋友，并且紧密合作，经过多年的艰苦努力，促成了 2002 年的 ISCRE 首次在欧美地区之外的中国香港举办。在那次会上结识的还有埃克森研究与工程公司的张明博士和何德仲博士，他们都是从中国台湾来到美国学习，后来又在美国工作的。埃克森研究与工程公司有两个所在地，都在新泽西州，一个在弗洛莱公园，另一个在阿林敦附近，前者重应用，张明在那里工作，后者重应用基础，是德仲的工作场所。他们两人后来都成了我的好友，我也曾数次应邀访问埃克森的这两个公司，分别数次应邀做过学术报告。

虽然我们习惯称英国，但是位于大不列颠岛北面的苏格兰，虽是联合王国的一部分，但苏格兰人并不喜欢人家称他们是英国人，所以我们讲话时也很小心。

第一次参加化学反应工程领域重要的国际学术会议，收获很多。了解了一些国际学术动向，一些主要的研究团队的活动情况，从会下交谈中获得了不少信息，特别是见到了老朋友，交了新朋友。遗憾的是，那时结交的很多比较年长的朋友，他们为化学反应工程学科的发展作出了很大贡献，但他们中有些已不在人世，有的亦已退休。在这次的 ISCRE-8 以后，我几乎参加了每一次的 ISCRE，可以说成了 ISCRE 上的一张熟悉面孔。直到余宝乐先生和我共同主持了 2002 年的 ISCRE-17，使 ISCRE 开始突破了以往只在欧美国家举办的传统，也使我国年轻的化学反应工程专家们的工作为国际学术界所认识。

在会后我随同陈家镛先生访问了爱丁堡大学。这是我访问的第一所欧洲大学。除了研究工作外，学校的建筑也给我们留下了深刻印象。我也去访问了古老的爱丁堡城堡，那里举行每年一次的音乐会，参观了古堡广场上古老的大炮。我抚摸着那些炮身，联想着那些在炮火下倒下的不屈的战士。苏格兰人们多年来遭受着战争的灾难，但一直不屈不挠地保卫着自己的疆土。苏格兰人才济济，就像亚当·斯密、罗伯特·彭斯那样，为世人所熟知。还有那动人的风笛，虽然我并不很喜欢风笛演奏的那种音乐，但我却欣赏那些演奏者的风采，和那些多彩的男士们的独特裙装。

我回到伦敦，还是住在晓田的公寓里。她没有访问爱丁堡大学，而是先返回了伦敦。她听说我喜欢吃蔬菜，就说特地先回去可以在超市关门前买一些蔬菜，做一餐晚饭，等我回去吃，免得在外吃得太油腻。我感谢她的关心和好意。伦敦相遇，使我们从一般相识成为好友。后来她定居加拿大，1990 年我去加拿大开会时还到她家做客。几年前我获悉她因癌症过早离世，这使我深感悲痛。

在伦敦我访问了伦敦大学学院化工系，见到了老友 Rowe 教授，他也是晓田的导师。我又访问了帝国理工学院和里兹大学化工系。

在英国的几天时间，我看到了与美国完全不同的城市风光。古老的建筑是美国没有的。这些建筑至今尚存，表明了当年建造者的工作是多么一丝不苟，以至于它们可以屹立数百年而不倒。有的建筑墙面已经发黑，又说明其年代之久远，但却给人坚实庄重的感觉，但饱含着一种沧桑感，犹如屡经风霜的老人，肃穆并持重。

伦敦特色。1984 年，英国伦敦

20 年后塔桥旁。2004 年，英国伦敦

我看到了那从小就听说过的"大笨钟"，并且特意去看了横跨泰晤士河的滑铁卢桥，在桥上缓步而行。这桥本身没有什么特别，

但我在少年时代看过一部好莱坞电影，照英文原意应译为"滑铁卢桥"，但是当时人把这电影名译为"魂断蓝桥"。我依稀还记得剧情和剧中栩栩如生的人物，但最使我不能忘怀的是这一电影中文译名的诗情画意，使人无法不浮想联翩。说实话我很钦佩当时那位不知名译者的文化素养，似乎可以使这部电影生色不少。同时我还想到另一部好莱坞电影"The Great Waltz"，直译可以为"大华尔兹"，是描绘奥地利作曲家约翰·斯特劳斯生平的。结果是这电影的中文名被译作"翠堤春晓"。这样一个朗朗上口，却又不失意境浪漫的片名，相信在今天这个成天讲 GDP 的时代，一个好的译名可能还会增加一些票房收入，给 GDP 增添一个小贡献呢。我已久不看电影，但还知道现今的一些影片译名，或直白，或粗俗，或不知所云，对比建国前后那时的文人，虽说译者可能只是一两位名不见经传的小人物，但他们对中英文文字的把握却可使我们印象深刻，至少就我个人来说是如此。

陈家镛先生为了答谢晓田对他在伦敦期间的生活照顾，特地请她在一个中餐馆吃晚饭，并请我作陪。陈先生和姨夫郭慕孙先生差不多同一时期从美国回国，并同在过程工程研究所工作，我们对他也非常尊敬。过不多久我带着在英国开会和访问的美好回忆飞回上海。伦敦给我的印象很好。我没有见到那有名的雾，却看到蓝天白云。英国人也很友好。记得一次我独自出外观光回晓田的公寓，出了地铁找不到方向。问了路过的一位年轻人，他和气地陪同我走到晓田的公寓，然后再反方向走他自己的路，至今我还记得这一段小小的插曲。

（2）

随后的年代我多次出访欧洲诸国。坦率地说，我已记不清去了欧洲多少次，什么时候去的，具体任务是什么，何况那时我日记也不全。

1988 年我第一次去瑞士是为了参加在巴塞尔（Basel）举办的

ISCRE-10，我有论文在会上宣读。从上海起飞到了苏黎世，然后再搭乘火车去巴塞尔。会议安排我们这些参会者住在一个相对便宜但很舒服的宾馆，每天要搭乘有轨电车跨过莱茵河去会场。会议组织者提供每人一张在会议期间可以免费乘坐公交车的卡。由于 ISCRE 的声誉很好，因此涉及这一领域的研究者多希望能够出席，包括一些国际上著名的学者，即使没有论文在会上宣读，他们也会抽空来，既可以听听人家在做什么，也可以广交朋友，了解信息。我事先认真准备了报告，是关于反应器工程基础模型筛选的，虽然内容很传统，但效果还比较好。在这个领域与我交流的人逐渐多了起来，其中不乏一些反应工程界的最有影响的人士，有一些后来与我成了熟悉的朋友，这无疑有利于后来开始的，由我们主动的促使 ISCRE 从欧美两地每两年轮流举办一次，进而成为在欧美和亚太三地轮流举办，并且我国成为首次在欧美以外地区举办 ISCRE 的国家。

每天乘车来回，都会路过离莱茵河不远的"洲际大饭店"，气派堂皇，看来十分讲究，比起它，我们住的宾馆就显得有些寒酸。我们这些一起搭车去会场的 ISCRE 参加者们常常会调侃地说，"那不是教授们住的地方"。我没有想到大约在一年以后的 1989 年，我应罗氏制药集团之邀去他们公司在巴塞尔的总部做一个学术报告，却被主人盛情安排住在洲际大饭店，的确豪华讲究。这是后话。

在这些国际会议上，除了开会报告讨论，很重要的是会下的交流以增进相互了解，广交朋友，那时我已担任学校的化学反应工程研究所所长数年，深知增进国际学术界对我们的了解会对今后的工作带来好处，虽然那时我还没有主办一次 ISCRE 的打算。国际学术界也讲"人脉"。毕竟我们与国际反应工程界的接触还不很多，特别是与欧洲学术界的来往更少。在巴塞尔举办 ISCRE，是继 1984 年在爱丁堡以后在欧洲举办的另一次 ISCRE，欧洲的参加者很多，我与德国的 Hofmann 和 Eigenberger、丹麦的 Villadsen、比利时的 Froment、法国的 Trambouze 等谈得很多，也很投机。他们都是欧洲化工联盟化学反应工程工作组的成员，这个工作组也是欧洲的 ISCRE 理事会，各国有 1～2 名专家参与。上面提到的几位也就是当时分别代表各国参加到理事会的人士。我在《半生行悟——亲历与随想》中曾写到欧洲的 ISCRE 理事会和美国的理事会最终同意将 ISCRE 由欧美两地轮流改为欧美和亚太三地轮流，并由我国主办首次在欧美以外的 ISCRE。通过会议期间的交流，我与 Eigenberger 教授商定了我的博士生廖建平将去他的实验室联合培养的方案。与 Hofmann 教授原本已数次在不同场合见面，在这次会上我与他讨论了我校戴迎春教授将去他的实验室工作半年及工作的大致内容。Hofmann 教授为人和善礼貌，有典型的欧洲老派绅士的风度，在学术上有很高造诣，随后迎春去他实验室工作了半年，双方都认为收获颇丰。我与 Villadsen 教授的交流十分有益，因为我对于他创导的"正交配置法"求取偏微分方程数值解还比较熟悉，并且在我们的研究工作中多次应用。与 Villadsen 教授私交无形中也促成了下一年（1989 年）我在他任教的丹麦技术大学学术休假一学期。

一件凑巧的事是，每次国际会议一般都有一个正式的晚宴。一天下午会后有短暂的休息，大家都回宾馆，更衣后再去参加晚宴。在无轨电车站等车时，与一位中年先生搭话，看了他的胸牌才知道他是葡萄牙波尔多大学的 Rodrigues 教授。我看过他的论文，他在吸附等方面做了很好的工作，也是上面说到的

去苏黎世国立高工（ETH）做报告，时间尚早，信步前往。1988 年，瑞士苏黎世

352

欧洲化学反应工程工作组的成员。我们一面等车，一面交谈，并且在晚宴时同坐一桌，于是从初次见面变得逐渐熟悉起来。后来我曾应邀去访问他的实验室，作过学术报告，他实验室昂贵的由欧盟资助的变压吸附设备也是我此前未曾见过的。1990年我利用学术休假到美国弗吉尼亚大学教了一学期研究生的"反应工程分析"课，了解到Rodrigues比我早一年休假，也在弗吉尼亚大学教了一学期课，并且我的办公室就是在他任教时用的专为客座教授所设的办公室。再说几次巧合，几次交流，Rodrigues从车站巧遇到后来成了我很好的朋友，后来他每逢与人讲起我，常会提到在弗吉尼亚他与我前后担任客座教课的"缘分"。90年代我曾推荐当时我的博士生于建国到Rodrigues教授的实验室进行联合培养。建国回国后的工作很出色，并曾担任华东理工大学副校长多年。他一直与Rodrigues教授保持科研合作至今，Rodrigues也不时访问我校。

可以说与人交流和交友是参加国际学术会议的一种副产品，然而这种副产品却也十分重要。参加1988年在巴塞尔的ISCRE还有一个副产品，就是我有机会去参观了山道士化学公司的生产车间。车间极为整洁，工人认真操作，使我感受到只要精于管理，化工厂的生产车间也可以做到如此的整洁有序。

我从巴塞尔回到苏黎世，访问了国立苏黎世高等工业学校（ETH）并应邀作了学术报告。这是一所水平很高的学校，是爱因斯坦及其他十余位诺贝尔奖得主的母校。他们的实验设备制作精良，科研经费充足，人员的水平也很高，我当时看到这些不禁十分羡慕，并且会不由自主地想到一个念头：我们与国际水平差距如此之大，我们凭什么与他们竞争。这样的想法，必然会产生一些自卑之感。我告诫自己，绝不能在学生面前流露我的这种感受。我庆幸我们现在的条件不论是实验设备还是科研经费，或是研究成果，都已今非昔比，每逢有外国客人来访，我们在展示实验装备和科研成果时也会有充足的"底气"。

在洛桑高等工业学校作报告后顺便参观奥林匹克公园。
约 90 年代后期，瑞士洛桑

在我结束访问离开苏黎世高等工业学校前，邀请我作学术报告的 Reh 教授请我留下我所住旅馆的信息。他说第二天会有一位来自中国的年轻人到他的实验室做博士后研究。Reh 教授好意地说会要那年轻人来看看我。

第二天一对年轻夫妇到旅馆看我。那位年轻人就是后来成为中科院副院长的李静海院士。他在中科院过程工程研究所获得博士学位后，曾在纽约市立大学做博士后，一年后又到了苏黎世高工做博士后。他的博士论文导师是姨夫郭慕孙院士。我曾数次听郭先生讲起过他，但初次见面却是在苏黎世我的小旅馆里。他在完成博士论文过程中提出了解决多相复杂系统计算的"能量最小多尺度系统（EMMS）"理论。以他最初 EMMS 的基础，他的工作非常深入和系统，已发展为可以解决多种科学问题的"介尺度科学"，并已得到国际学术界的广泛认可。从苏黎世的偶遇开始，静海与我多次讨论学术问题，逐渐成为好友，他比我年轻很多，因此也可以说是一种"忘年"之交。也正因为近 30 年前从苏黎世开始的忘年友谊，我才有幸请他为本书作序。

（3）

　　1989 年初，校长陈敏恒教授与我谈起，我从麻省理工回国已有 7 年，他准备给我一年的学术休假，让我再有一段较长时间待在西方发达国家的实验室里，以便更多地了解国际学术动态，这样便于我们的研究工作更快地进入学术前沿。

　　老陈是我无话不谈的好友。自出任校长以来，他做研究的时间少了。他对我寄予厚望，希望我能在提高我们学校反应工程研究水平方面起更多的作用。学术休假是欧美国家大学所通行的一种制度，也就是教授可以每隔 7 年左右出外休假一年，去一些与自己研究方向相关的国内外著名大学或研究机构，从事一些教学和科研活动，了解人家在做什么，一般时间支配上会比较宽松。然后再回来工作，英语中把这种休假制度称作 Sabbatical。通常被理解为教授间深入学术交流的一种好的方式，也是避免学术上近亲繁殖的一种好的方式，然而这种休假方式在我国却没有执行的先例。

　　我当然明白这是陈校长对我寄予的厚望。如果有一年时间摆脱日常事务的束缚，专心从事学术研究，与国际同行有充分时间讨论交流，将是非常有益的。但是我的顾虑是，要有一年时间离开我任所长的反应工程研究所，有些不大放心，对同事们而言，也有些过意不去。因此当时我对老陈说，那几年我经常有机会出国开会，并顺访一些学校，国际上的学术动态，也了解一些。老陈说，那毕竟是短期访问，来去匆匆。他认为短期访问和在一个地方待一个时期，充裕地与人交流，效果毕竟是不同的。

　　那是在 80 年代后期，我们研究所在工业反应器的开发方面已经取得了一些成果。但这些主要是应用性的成果，虽然也有一些基础性的研究配合，但毕竟不属于学科前沿，而且也没有形成自己有特色的研究方向。一个成功的研究所，应该有自己的学术方向，并长期在这一方向上坚持下去,形成自己的积累和特色。我作为所长,对于下一步怎么走还是感到茫然。最明显的是在国际学术交流中,每当我做完学术报告,听众在提问时也会婉转地提到这个问题,引发我的深思。

我接受了陈校长关于学术休假的建议。我想我可以利用这个国际交流的场合,认真调查和考虑我们所的学术方向问题。在这以前我已经尝试去探索一下生物工程的方向。具体说是利用我们在反应工程方面的优势去发展生物反应方面的技术。那时国内正呈现出一股生物工程热,几乎人人都想去搞生物工程。我们也请了生物工程系的教师来给我们上课扫盲。但是这毕竟只是一种人云亦云的"热",缺乏理性的冷静的深思熟虑。我心目中思考的学科方向还有化学反应器的动态学和在线优化等几个方面。所以当陈校长提到了学术休假的建议后,我决定利用这次准备中的学术休假,认真地调查研究一下研究所的学术方向问题。

至于学术休假地点,从研究水平和规模来看,美国无疑是首选。然而我曾有较长时间在美国学习和工作,对美国情况比较了解。虽然那时我也已去过欧洲数次,但是毕竟不如对美国那样了解。所以我就把休假时间分为两段:一学期去欧洲,一学期去美国。正好那时我的美国朋友,威斯康星大学的 Harmon Ray 教授来访,我无意中说起学术休假的事。Harmon 替我出了好些主意。他说欧洲这些大学水平都比较高,所以要去,就要去一个人们比较友好的国家,于是就说到了瑞士、德国、荷兰和丹麦,最后我把到欧洲的一学期选定在丹麦技术大学。那时我的朋友 Villadsen 教授已出任该校化学与生物工程学院院长。关于这一段经历的详细记述可见拙作"学术休假在欧美"(《半生行悟——亲历与随想》)。

当时没有进一步联系已邀请访问的瑞士、德国和荷兰等欧洲国家,还出于这样的考虑:Villadsen 教授擅长数值方法,我在工作中也常用到他首创的正交配置法;他早期研究是从化学工程开始的，后转向生物工程，我自己也是化学工程出身，也正在考虑"转型"。在 1988 年和 1989 年，分别各有一位我指导的生物工程方向的博士生毕业获得博士学位：一位研究基因重组大肠杆菌的培养，另一位研究固定化活细胞的生物反应动力学。他们的工作还很不错，都在国际学术刊物上发表了论文，但是我仍犹豫不决：是不是应该把生物化工作为研究所的一个研究方向？因此我也希望在 Villadsen 教授那里能学习了解更多的信息和知识，以便我们决策。

经过与 Villadsen 教授的几次讨论，以及与他的博士生的多次交谈，我逐渐感觉到在这件事情上绝不能头脑发热行事。教授给我介绍了他在开展工作前长期的准备，并且他们学校有很强的生物系合作，又有充足的经费支持，才在生物化工方面取得了进展。我看了他们的实验室，其装备之精良也使我有知难而退的感觉。我考虑再三，并且与我们几位副所长商议后，决定急流勇退，放弃生物反应工程的方向。多年以后，回顾当年那种轻率试图进入一个领域，但没有根基，缺乏对学科和对自己的客观评价，也多亏有机会向一个具有先进研究水平的研究集体学习请教，及时离开了这一领域，这也可说是我学术休假的一项收获。

在欧洲的一学期休假，除了主要的时间在丹麦技术大学外，还去了欧洲其他几个国家，作了短期访问交流，或只是短暂观光。丹麦以外的主要时间是在德国的斯图加特，我的博士生廖建平正在斯图加特大学 Eigenberger 教授的实验室联合培养，我是作为中方导师联合指导去的。我到德国埃朗根大学霍夫曼教授的反应工程实验室访问了几天，看望了我的同事、正在那里进修的戴迎春教授。除做了学术报告外，我还应邀与霍夫曼教授作了几次完全私人性质的谈话，在座的只有教授和我两人，我们就化学反应工程的相关议题作了广泛的讨论。霍夫曼教授虽然是公认的国际上最有声望的反应工程专家之一，但他待人接物亲切随和，记得一天下午他已与牙科医生约好要去看牙，但他却对我说，因为我在他们实验室待的时间有限，如我方便，他还想与我谈谈，他看完牙还可以回办公室来。连戴迎春教授也觉得奇怪，"哪有那么多可谈的？"她说。的确，与霍夫曼教授的几次谈话使我得益良多。

此外我还去了瑞士，那是应邀去巴塞尔罗氏制药总部做一个学术报告，讲的内容是我们在固定化活细胞方面的工作，是我上面说到的我的一位博士生魏东芝的研究成果。罗氏方面接待相当周到：两位西装革履的先生在车站接站，住得也好，并且指定一辆奔驰车供我在巴塞尔期间使用。可是说也惭愧，那时我们已在考虑退出生物反应器的研究了。但是我有机会访问罗氏总部，参观了他们的实验室和生产车间，与专家们座谈了一次，使我印象深刻。这在拙作"学术休假在欧美"一文中有比较详细的描述。

在欧洲的一学期休假，除了学术交流，很重要的一点是有机会比较充裕地体会了欧洲的文化传统及他们的历史传承。我相信这种感受并不是人人都相同的，别人可能会有另外一些感受。对于我，从实验设备的精良，从古老建筑的厚实，从街头雕塑的精致，甚至从一个超市清洁工早上蹲在地上用洗洁液细心洗刷店面附近的街面后再用清水冲净，我都可以看到了人们所有的那种认真、专注的工作态度。我与丹麦一位超市清洁工搭话，那是一位年轻的姑娘。她一开口，居然是一口纯正的美式英语，这又使我吃惊。我问她是哪里学的，她说是在中学。她说因为丹麦是一个小国，世界上没有多少人在讲丹麦语，所以他们体会到必须要学好外语。她说除英语外，她还会讲德语、法语和荷兰语。这样的教育水平，你说这个国家能不富裕么？更重要的则是他们对工作的认真态度。

我与系里一位副教授闲谈，我说你们丹麦地小人少，资源缺乏，怎么成为一个富国的。他说他也不知道。他想了一下以后说，也许是我们丹麦人比较会做生意，把便宜的买进来，用高价卖出去。我心想怎么可能有这种事。在古代，也许威尼斯人做到过商业致富，但现代的国际化经济，单靠买卖是不可能富裕的。我相信，他们靠的是教育，是科技。我目睹了丹麦技术大学的教育，据说该校的教育是世界上最昂贵的教育。这一点我无法考证，但不管怎样，丹麦的教育科研水平是非常出色的。我深信，这才是他们国家富裕的真正原因。我领悟到，教育成功并不限于知识的掌握，更重要的可能是文化，这才是渗透到人的思维和理念中去的核心价值观：正直、认真和进取。

　　我的学长，比我早一年从华东化工学院毕业的成思危先生听说我要去丹麦学术休假，就主动对我说，他的姐姐是前任我国驻丹麦大使的夫人，与当今使馆人员熟悉。他请他姐姐写一张便条由我带着，如有需要就可向使馆联系。我当然感谢老成的好意，虽然我从未见过他姐姐。我到丹麦后有一次曾到使馆拜访，在门卫处出示了老成姐姐的便条，随后就受到两位参赞的盛情招待，茶点精致，茶具讲究。实际上我也没有什么事求助于使馆，所以那次拜访纯属礼节性的。后来老成出任全国人大常委会副委员长，并担任我校名誉校长。他来校视察工作时如我有机会见到他，我总会请他代我问候他姐姐。这是我访问丹麦期间的一个小花絮。

　　在欧洲的这些日子，去亲身体会到他们那种我们今天称之为"工匠精神"的文化，其核心是严谨、认真、专注，上面所说的超市清洁工的工作态度就是一例。最近我以前的学生赵铁均博士来访。他近日加入丹麦托普索公司（Haldor Topsae）工作。说起托普索，化工界几乎是尽人皆知，这家公司在工业催化剂方面世界著名，我国也引进了多项该公司的技术。我对这家公司的成长也很有兴趣。铁均给我带来一本该公司创建人托普索先生的传记。他说托普索先生现虽 90 高龄，但有时还会爬到工厂的反应塔顶去观察现象。反应塔是化工厂的一种主要生产装备，通常数十米高，旋形铁梯陡峭，一般中年人都会尽可能少爬，我自己也已多年不爬，但对一位 90 多岁老人居然事必躬亲地登塔，令人感动。

丹麦人口 560 余万，资源相对贫乏。撰写本文时我特地查阅了关于它的数据：人均 GDP 6 万余美元，是世界上最富有的国家之一。全国从事科研工作的 3 万余人，对于这个人口 560 余万的国家，3 万多科研人员已为数不少。但就靠这 3 万多人，研制的产品居然都是世界一流的：要做，就做最好的，这是他们的哲学。丹麦生产的热线风速仪，可能是我们研究所在改革开放后引进的第一套大型仪器。这台仪器十分先进，可以测定气体流动时湍流的速度脉动，是流体力学研究必不可少的仪器。据查全球生产同类仪器的公司只有两家，另一家是美国公司，而我国的用户似乎都认同丹麦的这家公司，说是丹麦的热线风速仪性价比高。医学界一定熟知，目前全球公认的缓解阿尔兹海默症的最有效药物，是丹麦一家制药公司的产品。这样一个人口不多的国家，却出了 13 位诺贝尔奖获得者，其中包括在中学物理中都已提到的尼尔斯·波尔，那位原子模型的提出者，以及他的儿子，也是一位诺贝尔奖获得者。那 3 万多科研工作者，与我们这个爱好用数量做比较的国家而言，简直可以忽略不计。我只想再次说明，质量是远比数量更重要的因素。如果大学生在上课时都在玩智能手机，你还能相信其培养质量么？

我到丹麦不到一星期，Villadsen 教授就请我和一位奥地利来访的教授到他家作客。一路车行之处，他不时停车给我们讲解什么。快到他家时，他在卡隆堡古堡前停下车招呼我们进去，只可惜那时天色已晚，古堡已经关门谢客。Villadsen 教授遗憾地对我说，建议我以后一定要来看看。他接着告诉我卡隆堡是古时的王宫，莎士比亚那举世闻名的剧本《哈姆莱特》（一译《王子复仇记》）就是以此为背景写成的，并且那著名的同名电影也是在古堡实地拍摄的。我当然对此非常有兴趣。有一天我独自来到卡隆堡，细心参观了古堡，听了讲解员的讲解。那典雅的布局和厚重结实的古堡墙体给我留下了深刻印象。不收费的讲解员身着正装，举止得体，知道我来自中国，还特地指给我看高悬在国王卧室门上的一个中国青花瓷盆，说是乾隆年间的产品，现在至少价值 200 万美元。他指给我们看王后寝宫的门锁，我未及问设计者是谁，也可能就是王后本人所授意设计的。我的感觉是这个门锁结构简单而有新意，应该可以算得上是一个小小的专利品。

我登上古堡上的平台，记得那就是电影中老国王显灵之处，我心想人类的文明，人类的优秀文化，就是这样一代一代传承下来。我们现在看到听到和感受到的文化遗产，是在淘汰大量不是那么优秀的文化遗产以后所留存下来的。这也可以说是一个大浪淘沙的过程。历史是无私的，也是无情的。经过历史的检验，现今尚能留存的就必然是精品；那些虚伪的，做作的，包括"包装"的和"拔高"的，虽可能一时被称颂，但终究还是被历史所抛弃。在哥本哈根市政厅前，人们会自发地向安徒生像致敬，也会给自己的孩子讲解"卖火柴的小女孩"的纯真善良，"皇帝的新衣"那种虚伪与做作。这就是穿透历史的优秀文化的魅力。

在丹麦技术大学的一学期学术休假，其中还有一个多月在德国度过，所以总的来说时间并不长，但收获不少。除了在研究工作方面的收获以外，是对欧洲的文化有了更多认识。

丹麦技术大学的每个系都有自己的图书馆。以系图书馆来说，规模不算小。我常去的化工系图书馆，凡我想到要看的书籍杂志几乎都有。读者可以在图书馆阅读，如果是书籍和不是即期的杂志，还可以借出。图书室没有人看管，借书者只要在门口的小桌上放着的一个本子上写上所借阅的书名，签上自己的名字即可。还书时只需将所还的书放在桌上，管理者（都是兼职的研究生）会安插回原处。丹麦技术大学位于林比（Lyngby），是哥本哈根的一个卫星城。为了鼓励市民多骑自行车，少开车，林比市政府买了不少自行车放在市内各处，不上锁，供市民使用，并设了专门的自行车道，我也取用了一辆，有时上火车站，就骑车到站，把车放在路边停车处。回来时可以在停车处随手取一辆回我住的国际访客中心。所谓国际访

下篇 一路行思——人生与思考

361

客中心，实为一幢花园洋房，离学校需步行 15 分钟，仅有 7 间卧室，供我们这些"国际访客"暂住。管理员也是由一位研究生兼职，洗净被褥等整齐叠放在储藏室，住客可以随意取用，并把要洗的被褥等放在待洗处。这是一个尽可能少用人力，且自觉程度和诚信度很高的社会。

这是一个君主立宪国家，但王室给老百姓的印象很好，我去王宫参观，站在门口的卫士旁，请一位过路者照一张相。卫士对我笑笑，轻声说"别靠得太近了"。也许这是他们的规矩。据报道，女王有时会独自提一个篮子上超市购物，有时还会与老百姓交谈几句。一次与 Villadsen 教授闲谈时，说起他的国家博士是女王亲授的，并与他交谈了几句。他说女王会讲五六种语言，平易近人，知道他是化工专家，就和他谈起了化工。他说看来她对化工也知道一些，并不是完全"接不上嘴"。Villadsen 说，王室深受民众爱戴。我说这么说来，如果民主选举，女王可得 90% 选票？Villadsen 说，按他估计，应可得 99% 的选票。

到底得多少选票，谁都只能是估计。然而在这一学期中，我开始体会欧洲的文化传统。这是 1989 年的事。在后来的日子里，我到欧洲出差的次数很多，对欧洲文化传统的认识更多了，一个体会就是，做事刻板认真，专注投入，但很慢，很不"活络"，效率很低。我们有时会善意地取笑他们，做饭时少了菜谱不行，少了天平不行，少了时计不行，因为各种原材料都要按菜谱的指示配，用天平秤，然后按指示的时间开火烧。他们工厂的操作规程规定得极细，他们学校的教师守则也规定得十分细致，与我们常常讲究"宏观"的文化，很不一样。我在这里要补充一句，我所说的欧洲的传统主要是指西欧和北欧。南欧和东欧我去得少，不便多说。特别是南欧，据说很不一样。

我的学生石一峰在德国的巴斯夫（BASF）公司做了两年博士后回来看我，我们谈起他在德国的工作，我说德国那么多繁文缛节，做一件事要级级审批,效率似乎应是十分低下的。他说他的体会是,他们做的每一步看起来都很慢,但是因为严格按照一个设计好的规范去做,无用功很少,总体上看是高效的。校长陈敏恒教授一次与我讨论工作,他表明了他的一种观点。他说德国之所以能成为一个发达国家,是因为他们一直坚持一个高的标准,绝不做得过且过、马马虎虎的事。他举了一个例子:二战中盟军空军把很多德国城市夷为平地,但战后重建时他们不甘心先弄一些"干打垒"之类的简易房,能住人再说。他们是发动妇女孩子先清理废墟(男人好多都阵亡了),然后按战前保存下来的城市资料,第一步是建成战前那样,第二步是建得更好。老陈对我说,科研工作的关键是要有一个眼界,一个标准。那时我从麻省理工回来不久。他对我说,"你懂什么是国际水平,你要用这个眼界去看我们的研究,对于看不上眼的,就摇头,就说 No。我就是要你来坚持这个标准。"分手时他最后还特地对我说:"不要怕摇头"。意思是不要怕得罪人。

我当然明白老陈的意思,并且我也非常同意他的观点。但是我承认在现实中我没有能做到这一点,没有能坚持看不上就摇头。

多年以后,大概是在 1997 年,我应巴斯夫之邀到他们在路德维希港的总部做一个学术报告。他们派了一辆奔驰车到法兰克福的宾馆接我和妻子俊中。驾驶员说在路德维希港这车归我使用,而且这车有许可证,可以进厂区,参观比较方便。第二天我做完报告,就去厂区参观。据说这个厂区是目前世界上最大的单体化工生产厂区。由于在战时生产炸药和其他军用品,这个厂区被炸的程度是非常严重的。亏得那辆奔驰车,不然真是没法参观,因为厂区极大。使我惊讶的是厂区的建筑一律红砖,完全恢复了二战前的建筑模样,而且设备管道井井有条,各处整洁有序,没有我们在工厂常见的那种杂料乱堆现象。我从生产厂区进口入内直至船运码头,各处都看了一遍,以我去过的国内现代化的大厂作比较,我不得不表示佩服。由于参观时间有限,我当然来不及细问每一个产品的生产等细节。但是我不得不暗自对德国人那种坚持事物的标准赞叹不已。当然我在法兰克福的火车站附近也看到倒地而卧的无家可归者和娼妓，在苏黎世的偏僻处也可以看到流浪者和讨乞者。这些是比较有限的。

（4）

在1989年圣诞前几天，我结束了在欧洲一学期的学术休假，从哥本哈根启程，在伦敦转机，飞往纽约。我在纽约逗留几天后将前往弗吉尼亚大学，继续我另一半休假。

在欧洲的一学期是富有成效也是愉快的。我开始领略了欧洲的文化魅力。办事认真，是欧洲人给我印象最深的。超过了美国人给我的印象。

1990年上半年我在弗吉尼亚大学上一门研究生的反应工程分析课，待课程结束，我就启程经纽约回国。我的学生汪颖开车送我，经华盛顿在一位美国朋友约翰家小住一两天，他是我的美国好友Kathleen的弟弟，因为Kathleen的关系，我与约翰家的关系也很密切。在去纽约途中，又在新泽西州罗德城博士家住了几天，再去肯尼迪机场塔机回国。罗先生家与纽约的曼哈顿几乎只有一河之隔，他家附近有班车去曼哈顿中央车站，十分方便。

在学期结束前不久，我接到韦潜光先生来电，他说五月下旬将访问我校，约我在上海见面，有事与我商量。

韦先生如期来访并与我作了长谈。他说他注意到近年来我国在反应工程领域的研究已取得明显进步，因此可以考虑主办一次国际化学反应工程讨论会（ISCRE）。当年的ISCRE在人们心目中是水平很高、门槛也很高的国际会议，因为其论文审稿严格，入选率低。我自己也只是在1984年才首次参加了在爱丁堡主办的ISCRE-8。我当时的想法是，主办一次ISCRE当然好，但按我们当时的研究水平，似乎还有很长的路要走。并且 ISCRE 每两年举办一次，分别只在欧洲和北美轮流主办。要把主办地移到中国，谈何容易？ISCRE 的前身是欧洲反应工程讨论会（ESCRE），只在欧洲举办，第一届 ESCRE 是 1957 年在荷兰办的。当初美国只是参加国。后来美国参加主办，并把欧洲化学工程讨论会拓展成国际化学反应工程讨论会 ISCRE，据说欧洲学者还很不乐意把他们创建的"名牌"分一半给美国人，但是由于美国的研究规模和研究水平，欧洲人也没有理由坚持。的确，我们也应当承认欧洲学者在奠定化学反应工程基础方面作出了卓越的贡献。所以说到争取由中国主办一次 ISCRE，我的态度是很犹豫的。我的顾虑是这件事当然有意义，值得去争取，但那时（1990 年）时机还不成熟。

为了这事韦先生与我讨论了很久。他说中国的研究有其特色，即与工业实践的联系很紧密，并且有些研究已有了实际工业应用，研究的水平也有明显提高，因此条件已基本成熟。争取主办权显然不一定马上成功，但至少进入到争取的行列，也可向国际学术界显示我们的水平和信心；后者是一种很重要的自我评价，因为如果差的太远，谁也不会愿意去碰这个钉子。

韦先生竭力主张我去参加 1990 年在加拿大多伦多举办的 ISCRE，那次会议他任主席。他说欧美两地的 ISCRE 理事会将在一个晚上共进晚餐，讨论一些今后的重要事项，他将主持这次晚餐会，他认为我是代表中国参加理事会的合适人选。理事会上可能会讨论今后的 ISCRE 主办地。出席晚餐会的都是反应工程领域国际上最有影响的人士。我认识其中大部分人，只是有的不很熟悉。

最后韦先生和我达成共识，把中国争取主办一次 ISCRE 摆到议事日程上来，并且我将去多伦多参加 1990 年的 ISCRE 并参加那次理事会的晚餐会议。虽然最后在理事会上没有讨论下届 ISCRE 的主办地，但是晚餐会的参加者坐在一起，交流随意，却也增添了不少友好气氛。后来才知道，由于在欧美两地轮流主办，1992 年的 ISCRE

又轮到欧洲，而欧洲理事会已决定在意大利的都灵主办 ISCRE。

从此以后，争取由中国主办第一次欧美以外的 ISCRE 开始列入我的工作计划。当然这件事与我们自己提高研究水平、扩大国际影响的目标是相一致的。

在欧洲和美国的 ISCRE 理事会中，欧洲理事倾向保守，美国人则持比较开放的立场。争取主办 ISCRE，来自欧洲的阻力似乎更大。但是不管怎样，在他们心目中，对我国反应工程领域的研究工作首先是不信任并抱有一些成见，有一些不屑一顾的味道。对于他们来说，欧美属于第一层次。他们相互熟悉，见面时拍肩膀，开玩笑，一起喝咖啡。日澳属于第二层次，其余的只能算是第三层次。我们必须从第三层次进入到第一层次，才能谈得上争取在欧美以外地区第一个获得主办权，而要做到这一点谈何容易，我明白这与弱国无外交是一个道理。首要的，必须通过增加自己的实力，并且通过各种渠道显示我们正在提高的水平来逐步改变他们这种成见。在国际学术刊物上发表高质量论文是一个重要途径；另外也可通过访问、会议交谈、做学术报告等，使人家了解我们的工作。多次参加国际会议，成了人们常看到的"熟面孔"，逐渐知道的人多了，了解我们工作的人多了。从最初只是出席会议，做研究报告，到后来做大会邀请报告，表明国际学术界正在逐步认可我们的工作。

这是一个相当艰苦的过程。我差不多每年都会去欧洲，有时甚至会去两次，访问的国家主要是德国、瑞士、荷兰等。到了 1998 年由于中法两国在化学工程方面的一个长期合作，我又成了中方负责人，欧洲就去得更多了，法国则成了主要目的地。

我访问欧洲的目的，长远来说，是学术交流，使我们所的工作提高到国际水平，这一点始终没有变，但有了一个比较具体的目标，就是在不太长远的时间内，能由我国主办一次 ISCRE，并希望最好能在我有生之年中实现。

　　1992 年我去意大利的都灵市参加 ISCRE。这届两年一次的 ISCRE 又轮到在欧洲举办。事先我与会议主办方联系，希望能参加 ISCRE 的理事会，我要代表中国反应工程界表示一下我们有意主办一次 ISCRE 的立场，并得到他们欢迎的回复。我了解到姨夫郭慕孙院士那时正好也在都灵参加另一个会议，我就请他计划在都灵多留一天，参加 ISCRE 的理事会。相信借助郭先生在国际学术界的声望，必会对我们争取主办有助。关于主办 ISCRE 的事我也曾多次与郭先生谈起，他完全支持我们为此所作的努力。

　　到了会场方知我的两篇报告正好安排在理事会开会的那天下午，所以我没能参加理事会。郭先生参加了理事会，并在国际上首次表明了中国有意主办一次 ISCRE 的意愿。后来郭先生告诉我理事会上有人赞成，有人反对，赞成的多半是对我们比较了解的，如德国的霍夫曼、丹麦的 Villadsen、比利时的 Froment 等。有人反对，这也是在情理之中的。欧洲的理事最初连在欧洲和北美之间的轮流主办都不同意，当然不可能一下子就会同意与亚太轮流，并且由中国主办亚太的第一次。考虑到这是我发起的申办 ISCRE，我完全了解一旦启动这个申请程序，就不能半途而废，必须坚持办成。但是这可是一条长长的路。

　　由于从我国大陆去参加那次会的只有我一人（郭先生在理事会后就飞赴美国），也没有什么人与我商议对策。与参加会的韦潜光先生商量了一下，我们觉得欧洲有一个理事会，北美也有一个理事会，为了能与他们平起平坐，我们也应该有一个相应的学术组织，联合亚太地区的有关国家，一起来做成这件事。最初我们称之为亚太化学反应工程（APCRE）工作委员会。我向各国反应工程方面的代表人物提出商议并很快得到了积极响应。考虑到郭先生在国际学术界的声望，请他出任主席，我作为副主席做具体的组织工作。最初各国除我国有两名委员外，其余均为一国一名。第一次工作委员会会议是在离我校不远的上海园林宾馆开的。

（5）

其后我参加了所有的 ISCRE，直至我国在香港主办了 2002 年的 ISCRE。从学术交流的角度，我们每次都有论文在会上宣读，也可以向国际同行学习。从筹办 ISCRE 的角度，我们更多地展示了自己的工作，让人家更多地了解我们，也使自己成为 ISCRE 上的"熟面孔"。

在 1994 年美国巴尔的摩的 ISCRE 上，美国杜邦公司的 Lerou 博士对我说，你两年后一定要去比利时参加在布鲁日举办的 ISCRE。他说那是他的出生地，非常美。我说，我会去。他是北美 ISCRE 理事会成员。我说你必须支持中国申办 ISCRE。他说那一定。这一类的"会下交易"有时半开玩笑，也并不罕见。后来知道他的确支持我们主办 ISCRE。我还特地应邀去参加了他的导师，比利时根特大学 Froment 教授的 65 岁庆典。Froment 是改革开放后最早来我校访问的西方反应工程专家之一，我们可称是老熟人了，他也是欧洲 ISCRE 理事会的成员。逐渐地，我与这个"小圈子"里的人个个都不同程度地熟悉了起来，确是有利于我们的申办。Lerou 是对的。布鲁日的确美，美得醉人。走在石砌的古道上，看诸多运河，看古老建筑，看有名的刺绣，谁也不会觉得枉此一行。

韦先生主张在上海主办 ISCRE。韦先生出生在上海，觉得上海条件已足够好。我有些不大愿意管主办这么一次重要会议的大量筹备工作，还要做诸如筹款这一类事，我十分外行。那时香港科技大学已成立，并且条件很好。1994 年该校化工系正式成立，得知我的老朋友余宝乐先生离开英国巴斯大学来到香港，出任第一任系主任。我便与宝乐商量，主办地在香港。那时已明确香港于 1997 年回归，在香港主办一次 ISCRE 是名正言顺的。余宝乐先生虽非中国籍，但在为我国作为第一个申办 ISCRE 的非欧美国家过程中作出了极大的贡献和努力，我们两人也由于共同克服申办过程中种种障碍成为好友。宝乐非常重情义。多年以后，记得我因病或体检住在华东医院，他两次到交大讲学，得知我在医院，他不论日程排得如何紧凑，都会请交人的熟人陪同着到医院看我，使我十分感动。

1998 年的 ISCRE 在美国加州举办，我们都去了。获得博士学位不多久的周兴贵和蒋正兴也去了，这是他们首次出席 ISCRE。回忆那时候，我们所师生出席 ISCRE 每次不过两三人，论文两三篇，不像现在每次 10 人左右，10 余篇论文，成了 ISCRE 上的知名品牌。兴贵已是我们国家重点实验室的主任，出国交流，已成家常便饭，真是今非昔比。

2000 年的 ISCRE 在波兰克拉科夫举办，这对我们是有重要意义的。就是在这次会上的一次晚餐会，欧美的 ISCRE 理事会联合举行会议，宝乐和我应邀出席了理事会。会议一致同意 2002 年在中国香港举办一次 ISCRE。经过了十余年的艰苦努力，申办终获成功。这应该也是我国化学工程界一件值得庆贺的事。

波兰与我国曾经同属社会主义阵营，当时我们印象中，与其他社会主义国家相比，波兰是比较西方化的。地理位置说来则是在东欧。我去过西欧多国，但从未到过东欧。学历史的时候知道，在第二次世界大战中波兰的抵抗运动十分英勇。那时听说，二次大战中中国有"汉奸"，但波兰没有"波奸"。华沙起义中，德军残酷镇压，但华沙的抵抗力量表现得十分英勇，因此，我对波兰这个国家有一种钦佩感。钢琴诗人肖邦是我十分喜爱的作曲家。在研究生学习初期，我喜爱他的降 E 大调夜曲，简直是百听不厌。看到肖邦故乡，是令人兴奋的。到了华沙，在等转机时，想看一看这个英雄城市，也只能是遥遥一瞥。到了克拉科夫，这个波兰旧日京城，虽然有一些陈旧感，但无处不透出一种高贵之气：市政厅、皇宫、市场、广场，使人流连不舍，真想再多看一会儿。会议是在一所已有数百年历史的大学举办的，论建筑，论设备，已是陈旧过时，但有一种老派绅士的孤傲和自负感，确也是别有韵味。

ISCRE理事会的晚餐极为简单，但有一些酒精饮料，是当地的，不知其名，其味醇香奇特，我也只是略尝即止。宝乐和我心不在此，在于是否确认由我们主办ISCRE。最后我们满意地步出这古老的学校建筑，可说不知晚餐之味也。

在去克拉科夫前我阅读了陈丹燕女士的短文"奥斯维辛的夏天"，令我久久不能忘怀。她说一个黄昏她独自在克拉科夫的犹太区闲逛，她走了一大圈不见人影，只看到一些公寓门外铜箱盖的旧信箱，箱盖上铸有房主人的姓氏如Mr. Barban等。她独自走着，那些房子拱门后幽暗狭长的回廊，寂静而绿荫葱葱的后院，有着不可言喻的神秘感和悲怆感。她站在一个石阶上透过积尘重重的玻璃向内张望，看到一张摇椅，上面还放着一个靠垫。这是空关了50多年的犹太人的房子，因为主人在一个早上被突然抓走，再也没有回来过。这篇短文给我描绘了一种十分凄凉的情景：一群穿黑色制服的德国军人把犹太住户包括老人、妇女和儿童，全部赶出房屋抓走，然后是集中营、煤气室、焚尸炉。

克拉科夫离奥斯维辛不远，会议组织有一项参观集中营的活动。我想约我的美国朋友，普渡大学的Varma教授是不是一起去看看。不料Varma教授却对我说，他不想去那地方，他说他诚恳地劝我也不要去。

最后我听从了他的劝告，没有去奥斯维辛。我也没有时间去犹太区。回来再看看陈丹燕女士的文章。她去了，但看到一些同行者有的脸色惨白，有的恶心想吐，有的饱含泪水地中途退出。我不是一个意志坚强的人，我感谢Varma的劝告。奥斯维辛原是我很想去看一看的地方，但恐怕是我不宜去的地方。

夜晚我与以前的学生陈德博士和肖文德博士在广场边的小咖啡馆的露天座上小坐喝咖啡，回味着克拉科夫之行。第二天我们就要离开波兰了。晚风习习，凉爽宜人。陈德曾是我的硕士生，后在挪威科技大学获得博士学位并在同校工作。我是在 1996 年布鲁日的 ISCRE 上才与他在离校后首次见面并建立了联系。他几年前当选挪威工程技术院院士，现在与我们有着紧密的科技合作关系。肖文德后来被评为长江学者，现在在上海交大工作。

克拉科夫之行使我思绪万千。获得 2002 年 ISCRE 主办权，这是一大收获。有人说这几乎可以与获得奥运会主办权相并论。这样说显然有些过分。但是从原来只在欧美人手中轮转的一次高水平国际会议，居然破例到发展中国家，到他们以前看不起的中国来办，总应该能算是一个突破。去了离奥斯维辛那么近的一个古城，却没有去多次想去看看的奥斯维辛，是遗憾，还是……，谁说得清？

（6）

从 1998 年开始我们启动了一个中国和法国学术界的大型科研合作项目。最初提出这个概念的是法国科学研究中心（CNRS）。那是在 1997 年，洛林工大的 Tondeur 教授和罗灵爱（Luo）教授来访时提到的。Tondeur 教授那时受聘法国科学研究中心，任化学工程实验室主任。他们两人来访时对我说，法国科学研究中心对于与中国学术界的合作有兴趣，但不希望小合作，而是希望大合作。也就是两国各自组织不少于 5 个公认优秀的实验室，在学科的重大问题上进行长期的合作研究。Tondeur 教授当时说，这是他受法国科学研究中心的委托正式表明的态度，希望得到我方的反应。

我当时正担任化学工程国家重点联合实验室学术委员会主任，实验室包括了清华大学、天津大学、华东理工大学和浙江大学四校化学工程领域的精华部分。我当即给予了我个人正面的响应。另外我还设想组织袁权院士在中科院大连化物所的团队和李静海院士在中科院过程研究所的团队，参加到与法方的合作中来。这样中方的阵容还是很强大的。经过初步讨论，我们把这个合作项目定名为"中法可持续发展的化学与环境工程联合实验室"。然后我们分别在两国的各实验室之间进行了多方面的协调商讨，并向各自的主管部门作了汇报。最后各方面都同意了我们最初讨论的方案。Tondeur 和罗灵爱两教授为法方负责人，我为中方负责人。在我的《半生行悟——亲历与随想》中对这事有比较详细的记述。

这一合作项目于 1998 年签约，次年在巴黎举办了第一次年会，以后每年举行一次年会，分别在中法两国举办。直到 2007 年由于形势的发展，这一合作项目转向为"中法可持续发展能源研究联合实验室"，中方由中科院大连化物所张涛院士负责，法方由 Savoy 大学罗灵爱教授负责。我认为，总体而论，这一合作对双方都是有利的：就研究课题本身而论是如此，就双方研究人员由不熟悉到成为好友而论也是如此。更广泛地说，中法双方在文化、历史和思维方法方面的交流更是对双方有利。

我作为项目的中方负责人，与法方的交流机会更多，访问的机会也更多，我的体会当然更深。这里我记几件事。

第一件事。我第一次访法是 1991 年，第一站是图鲁兹大学化工系。当我们在巴黎戴高乐机场等候转机飞往图鲁兹时，在一个小候机室，同是等机的法国旅客和我们搭讪，问我们去图鲁兹是不是去空中客车总部，他说因为很多中国人到图鲁兹都是为了去空客总部联系业务的。那时我们只知道波音，第一次听说图鲁兹有一个空客总部。

后来我听闻空客大名逐渐频繁了，而且乘坐空客的飞机次数也多了，对空客有了一些好感，特别是，觉得它能在波音这么强大的垄断势力下成长起来，做到平起平坐，真不容易。后来又得知新的空客 A-380 是世界上最大的飞机，也很好奇。21 世纪初一次在图鲁兹召开中法合作项目年会，主办方说会议期间组织我们去参观 A-380 总装，我十分高兴。当然安检是严格的，要带护照，要交出手机等一切金属品，然后我们被允许进入一个专为参观者安排的平台，虽与总装车间还是用玻璃相隔，但看得十分清楚。车间比一个足球场还大，安放着待总装的四架 A-380，其中一架已涂上新加坡航空的标志，据称这将是世界上第一架准备交付的 A-380。近处的一架看得最清楚。只见在这架 A-380 上工作的至少有大约 100 人，人员和各种专用车辆来来往往井井有条，忙而不乱，有在机内的，有在机外的，偌大的一架飞机，几乎看不到一个没有人在工作的角落，作为一个参观者，虽然不懂他们工作的细节，但可以看得出工作效率非常高。我一面参观，一面联想着那时成立不久但争议不小的中国工程院工程管理学部。我设想设计这个 A-380 总装程序的工程技术专家一定应该是一位既懂技术，又懂管理，又了解现代化效率的专家。从我这个外行看，选举这样的专家当院士似无不可，因为 A-380 不但是当时世界上最大的客机，而且还采用了很多最新技术。我妄自认为，所谓工程管理，对象应该是一个大型的复杂系统。复杂系统才需要管理，因为任何一个小环节出了问题，必会影响这个复杂系统的运行。A-380 可谓是一个比较复杂的系统，安全要求很高，但还只能算是一个不大的比较复杂的系统。一个大工程的管理，必会需要专业知识、工程经验、管理艺术和全局优化意识的综合，绝不只是行政权力和领导拍板所能替代的。

这次参观距今已有十余年，参观的印象已在渐渐淡去，只依稀留下了一架正在总装中的 A-380，以及我胸中的期待：我们将会拥有更多水平很高的工程管理专家。

第二件事。我们的中法合作项目启动以来，法方邀请我去逐一实地考察法方参加单位，也就是参加合作的那些实验室的研究方向、实验条件、人员、管理水平等等。于是 1999 年 5 月间我到了位于南希（Nancy）的洛林工大，由法方项目负责人之一的罗灵爱教授陪同逐一考察了法方参加合作的各实验室。位于法国南部的佩皮尼昂（Perpignan）大学的材料实验室是我们考察的一个目的地。记得那天晚上火车误点了，说好来接我们的陆惠波在车站耐心地等了两个多小时。第二天罗灵爱和我正在餐厅等陆惠波一起吃早饭。他来得很晚，我们还开玩笑，说他太会睡了。他却说你们还开玩笑，出大事了。然后他告诉我们晚上中国驻贝尔格莱德大使馆遭到美国军机轰炸，有人员伤亡。我们听了当然大吃一惊。那天上午我们到海滨坐坐，但也没有心思欣赏蔚蓝的地中海，参观被改到了下午。灵爱不停地到电话亭打电话给在法国北部的朋友，讨论诸如到美国驻法机构示威抗议之事，后来她决定暂停考察，先回南希参加在法国中国人的示威活动了。灵爱虽已入籍法国，但碰到这种事情，她还是非常激进的。她说，她有很多法国朋友，有的还很要好，但要是什么人说中国坏话，她就非得和他们辩个水落石出，甚至不惜撕破脸皮。"那时候，我就是一个中国人"，她说。她使我想起 70 年代末和 80 年代初我初到美国，尽管在国内时也有很多不满，但在异国他乡如听到不友好的声音就会非常愤慨，那时一些不满似乎就会被置之脑后，而且是会与人争个不休的。所以有人说，到了外国，人人都是爱国主义者，这话有一定道理。

我的一位好友老刘已多年不见。他是一条东北汉子，爱烈酒，讲义气，敢争斗。他说如果回家看见有人打他妈妈，他的第一个动作就是不问青红皂白扑向那个打他妈妈的人，痛殴一顿再说。如果事后发现他妈妈也有过错，他再道歉。我欣赏老刘这种气势，以至于差不多已经过去半个世纪，我还是记得他讲的那些话和他讲话时那紧握双拳的气概。的确，中国人应该有那种"血性"，而不总是那种遭人看不起的"娘娘腔"。道理是，母亲虽穷，但她是母亲，祖国虽穷，虽有缺点，但她是祖国。

第三件事。参加中法合作项目对我个人来说增加了一个身历其境却又入境深思的机会。

我历来对法兰西文化很有兴趣，这可能与我从孩提时代起一直生活在旧日法租界，中学又在一个法国教会办的教会学校求学六年，后来又阅读了不少法国的文学作品有关。

参加中法合作项目，去法国的机会多了，也交了不少法国朋友，有一些可以说是深交。与他们交往无拘无束，什么都可以说。他们有时直言不讳地批评当政，也不乏尖锐刻薄之词。但是毫无例外地对于自己民族的文化传承每人都会表示出热爱和尊重。

　　这类感人的事例很多。里昂是我去得比较多的城市，有大学和研究所，又是一个交通枢纽。有一次我与所里两位同事去里昂，我们的朋友，里昂一大的Fevott教授接待我们。他坚持要我们去看看里昂的老城。为此他专门请了一位导游为我们三人陪同并讲解，他自己虽然腿脚有严重疾病，但坚持陪同我们走完全程。在法国城市中里昂还算是既有传统的一面，也有现代化城市的一面，著名的国际刑警组织总部就在里昂。在罗马时期里昂就已相当繁华。因此它本质上是一个古城。我们可以有幸看到了一些尚存的中世纪建筑，古老的雕塑和其他历史遗留物，赞叹着它们的美丽和保存的良好。我几次请Fevott不必陪我们，因为他的病腿走路十分不便，但他坚持陪我们，见到我们喜欢法国文化他会表现出由衷的热情。这类事情在与法国人交往中碰到很多，几乎凡是我们表现出对他们传统文化的喜爱与尊重，看得出他们发自内心的喜悦和自豪。

　　看得多了，我不时回顾自己。以往人家批评我"崇洋"，我总是真诚地接受，因为我认识到我确是比较喜欢西方的文化，包括建筑、艺术、文学等，当然更是推崇他们的科学水平。我确是对我们自己的文化传承缺乏足够的热情和热爱。因此虽然接受人家的意见，但是我并没有认真地去思考，也没有认真地想去改变，我内心还是崇尚西方文化的。

　　以前在美国，我没有去想这些事，可能是因为美国人也经常自嘲他们那有限的历史和平凡的文化。他们可夸耀之处是他们的科技创新和金融体系。法国就不同了，他们的文化传统有太丰富的内容值得自豪。我开始觉得以往我对我国传统文化的认识至少存在一些感情上的缺陷，而这种缺陷首先应该从我自己的基本价值观和道德观来考虑：对老祖宗是敬畏尊重，还是缺乏自发爱戴。我反思后逐步地、也是缓慢地端正了对我国文化传承的态度。经过多方面的思考，我对我国五千年文明和文化有了自己认为比较正面的认识。

（7）

最后再来谈一些对"文化"的认识。

一次去欧洲出差，行程中有在巴黎的几天逗留。行前与妻子俊中闲聊时我随便说了一句："去巴黎，你希望我照一些什么照片带给你？"她几乎没有迟疑地说："你照几张巴黎地铁的照片给我吧。"

我了解她说这话是有缘由的。她没有要我照卢浮宫，照圣母院之类的地方，而是要我照地铁，这是普罗大众每天出行的必经之地，是充满普通人生活气息的场所。

俊中在巴黎地铁站，左侧为一列即将启动的列车。
2004 年，法国巴黎

有一次俊中与我在巴黎搭乘地铁。正是下班时分，列车还没有来，但两边的站台上等车的却人潮涌动。我们看到对面站台上有一群非籍青年人用我们不知名的乐器在演奏我们不知名的乐曲，乐声震天，旋律怪异，绝非吾等之所能欣赏者。人众心烦，再加上乐声嘈杂，我注意周围等车的人似多并不在欣赏那些非籍青年的演奏，他们有的看书，有的在窃窃私语，有的甚至在"发呆"，至少我没有看到多少表现出"欣赏"乐曲的人。但一曲终了，几乎所有的人却对那群非籍青年的演奏报以掌声。俊中看到这一幕似乎很受感动，她说这体现了人和人的相互尊重，体现了一种"地铁文化"。

我同意她的看法。在巴黎地铁换乘，常需要从一个站台通过长长的走道走到另一个站台，在走道里不乏一些业余"艺术家"在路边演奏或演唱。他们会在身边放一个小盒子，供过路的地铁乘客投入一些零钱，因此我们也可称他们为"地铁卖艺人"。他们通常会演奏一些耳熟能详的名曲，在我这些外行人看来，他们的演奏水平并不低，有的甚至很高。曾有报道说一次一位知名乐团的指挥正好路过，还看中了一位"艺人"的演技，最后指挥把他吸收到自己的乐团中，后来那位艺人还成了一位有名的演奏家。

"地铁卖艺"应被看作是多种文化艺术的一种表现，是社会生气的体现。地铁艺人和匆匆路过的乘客之间会形成一种互动的关系，前者增加了一些收入，后者在无聊的赶车途中获得了听音乐的乐趣。有的"艺人"有正常工作，他们是出于对音乐的热爱，利用空余时间到地铁演奏，这样既自我陶醉，又与别人分享，顺便增加一些零钱收入，也没有什么坏处。一次我曾看到一位老人走到一位演奏者跟前，两人热烈交谈，似乎在切磋什么，在离开前那位老人什么都没有留下，而那年轻的演奏者却似乎十分尊敬地躬身感谢老人的"指点"。我认为，这种民间的自发互动，既增加了社会的和谐，又避免了艺术只为大剧院里少数人所专享。

我很欣赏多种艺术表现形式。在西方一些城市的街头，常可看到一些异想天开的艺术表现，这些实际上是和我们今天常说的创新的理念相一致的，人们也就在这样的氛围中受到感染。有时有一些空闲，我也会短暂地驻足流连，看看一些木偶和小狗在音乐伴奏下的逗人动作，甚至会看看夸张的涂鸦笔触。但是前些日子上海发布了一条禁令，即上海自某月某日起禁止"地铁卖艺"，违者会处以罚款等等。我不知道这条禁令有何好处，猜想决策者是为了社会稳定的目的而制定的一种自认为最简单的办法。我想一个大城市应该处处体现包容，包括文化艺术的包容，只要内容不违法，没有什么不健康，显然也不会影响社会稳定，像地铁卖艺这种文化形式只会增加城市的色彩又有什么不好？为什么只让艺术停留在大剧院里数百元甚至上千元一张票的座位上，而不在地铁走道里，不在街头巷尾，使我们的城市更加表现出多姿多彩和社会和谐？事实上我们的舞台和屏幕上表现的也并不都是什么高雅之风：矫揉造作和粗鄙庸俗之作还嫌少？但却去禁止地铁里那些可怜的卖艺者，也许他们正练习着准备去演奏一曲舒伯特的"小夜曲"呢。我毫不否认管理是必要的，但一概禁止似乎太过分了。

当然，俊中所指的"地铁文化"绝不只限于地铁卖艺。车厢的安静，乘客的阅读习惯，自觉的先出后进和让座之风，都构成了"地铁文化"。我还要补充俊中的是，巴黎的卢浮宫，巴黎的圣母院当然有名，也非常辉煌，但这些主要是为了满足旅游者的，不能反映普通百姓生活的全部。我更认为，地铁和街头小咖啡馆，那才是老百姓每天都要造访的，才是更体现生活情趣的，更有生气的地方。

上海之能成为今日上海，据说是因为上海的海纳百川，是因为上海的包容万众，那我们是否应该反思一下，这地铁卖艺的禁令，是不是也算是继承了上海海纳百川的传统？

关于欧洲，可以说的很多，可以感受的也很多。因此可以写的也必然很多，真可谓是书之不尽。我的选择只能是：体会与思考，有机会再写。

参加第 19 届 ISCRE 期间在勃兰登堡门前留影。
2006 年，德国柏林

古堡留影：昔日辉煌，今存废墟。2006 年，德国海德堡

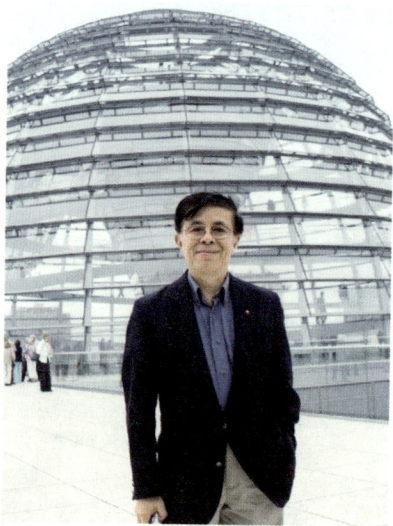

德国国会观光。2006 年，德国柏林

海外鳞爪（日本篇）

由于历史上对我国的侵略战争，我历来对日本不抱有好感。在我的多次出国访问记录中，日本只占了一次。那是在 1986 年我受日本学术振兴会（JSPS）的邀请到日本进行了大约三周的访问，包括参观、讲学，以及访友、观光。

访问的结果是，虽然我并不喜欢这个国家，但是我不得不对日本的国民素质表示敬意。

（1）

新中国建国以后，我国与不少国家有民间友好交往，其中很多是与日本的交往。如果说对其他国家的交往还有一些兴趣的话，对日本的交往似乎总引不起我的兴趣。或许这是一种偏见。

后来用了一些日本商品，质量很好，外观也漂亮，于是想日本也能生产一些好货。一直到了经过长期闭关锁国以后的1979年，我到了美国，由于对音乐有兴趣，就去逛逛音响设备商店，问店员哪一种音响设备性能好，性价比高。一个店员回答："你买日本货，都好。"那时候我才知道美国人对日本货居然如此推崇。

在麻省理工学院化工系，我结识了两位日本朋友。一位是山口君，他由日本新能源研究所派遣，到麻省理工化工系和能源中心进修，正好和化工部研究总院的杨友麒教授（老杨）共用一间办公室，由于老杨和我合租一套公寓，山口说他喜欢中国菜，就到老杨处"蹭饭"，逐渐与我也熟悉了起来。可能是因为他在语言方面也有些困难，所以很喜欢和我们交往，毕竟大家都是亚洲人。山口性格很直爽，喜欢和老杨一起喝点啤酒。日本那时已很富裕，他带了夫人和年幼的儿子同来美国生活，但他来我们住处从不带夫人，我似乎未曾见过他家人。熟悉以后我却也蛮喜欢这个日本人。他有汽车，有时还开车接我们出去上超市购物或到附近观光。

后来有一位东京大学的井上教授到麻省理工化工系访问一个月左右，办公室和我的在同一层。他比我年长很多，但他常有空就到我办公室坐坐。可能他比较喜欢结交亚洲人，也可能他不很熟悉英语交流，就常要我给他介绍系里的情况，每位教授的研究工作等。井上教授很有名。他衣冠楚楚，彬彬有礼，但有些矜持。我想可能他身份不一样。他是一位教授。

这两位日本人都邀请我访问日本。我口头上都礼貌地表示谢意，内心却想我哪会去呢？

1981年我回国后不久，就根据姨夫郭慕孙先生的建议去参加了一次由他主持的在杭州举办的中日流态化会议。那时我已不做流态化研究，但还对它很有兴趣，并做了一个基于理论研究的学术报告。在会上我认识了不少日本学者，其中最著名的是国井大藏，他是东京大学教授，是研究流态化床领域最著名的专家之一，两相模型的提出者。另外还有古崎和古泽，他们都是东京大学的教授。在会上还结识了东京农工大学的堀尾教授，他后来成了我最好的日本友人。堀尾曾留学美国，英语说得不错，因此我们交流得较多。京都大学的桥本教授是反应工程专家，后来曾任日本化工学会主席，也有不少交流。

这些日本友人都表示希望我有朝一日能访问日本，我想有机会时会去看看这个东邻的发达邻国。

与这些日本友人交谈，双方似乎有一个不成文的约定，就是避免提起20世纪三四十年代的那场日本对华的侵略战争。大概是因为谁都知道，一提起日本的侵华战争，必然会引起不快和看法的分歧。

（2）

到了东京成田机场，有日本学术振兴会的车来接我们，驶向东京市区。一路上我看车两侧的风光，与美国和欧洲的很不相同。我看到的很多居民公寓楼，很多阳台上晒着被褥衣服，这在美国是见不到的，在欧洲也极少见到。从公寓房的外观结构看，似乎住房面积都很小，但房屋整齐，十分干净。也有一些独立住房，但以公寓房为多。

到了东京的日本学术振新会会议室，讲了欢迎我们的话，我们就分别活动。由于我们这些中国访客各人专业不同，所在工作单位不同，我们每人都有各自的联系渠道，于是就各自分别活动。我入住了预定的旅馆。房间很小，但十分整洁，特别是洗手间，各个细节安排得一丝不苟。

我到东京后的第一个活动就是和东大的古崎教授见面。由于他第二天就要出国访问，所以他要求把和他的见面安排得最先。他为他的安排给我带来的不便表示歉意，并请我吃了一餐典型的日本饭。在后来的日子里他请他的博士生孙彦陪同我访问筑波等处。孙彦回国后在天津大学工作，现已是国内知名的生物工程专家。

第二天我到了东京大学，他们已为我准备了一间专为客座教授短期访问时用的办公室。我见到了国井教授、古泽教授，相叙甚欢。我在东大做了两个学术报告，听众似乎比较踊跃。我也认真地访问了他们的实验室，听了学生们的讲解和介绍。实验室按一般标准看是比较挤的，也就是他们充分利用了可利用的空间，学生们也就在很狭小的空间里做实验，整理实验结果，书写论文。但是可以看得出设备和仪器安排得还是很有条理，学生们埋头工作，表现出很高的工作效率。学生们比较紧张，因为要他们用英语向客人介绍他们的工作，教授又在一旁陪同，而我又爱提一些问题与他们讨论。几次参观后我回头回望一眼，会看到学生们"总算过去了"那种松了一口气的表情。这一点与西方大学的学生有些不同。那些美国的学生似乎恨不得多表现一些自己，这当然与他们的语言优势有关。

我在东京总的时间大约一个多星期，期间除东京大学外，不少时间是在堀尾教授的东京农业大学。堀尾非常热情友好。他曾在美国堪萨斯州立大学待过一阵，而我也曾访问过那所学校，所以我们有一些共同的熟人。堀尾安排了一个小小的欢迎"派对"，在他的课题组实验室不大的空间欢迎我，还买了不少吃的喝的，课题组的师生都来了。由于语言上的一些隔阂，谈得不很尽兴。晚上堀尾非要我去"酒吧"去唱歌，他还唱得很起劲，我只是在一旁傻看。我想这大概就是我理解的卡拉OK吧。因为我从未去过什么卡拉OK，至今我还无法确定这在 30 年前看到的一幕，是否就等同于目前在我国十分流行的那种娱乐活动呢。

日本好友堀尾教授（中间讲话者）为我访日在课题组举办小型欢迎会。
1986 年，日本东京

除了东大和农工大，我还去了横滨的东京工业大学和筑波的材料研究所。后者有些像美国的国家实验室，是国家投入的，研究条件非常好，是大学所无法比拟的。但是从投入－产出比来说，筑波并不是一个好的典范。在日本这事颇多争议，有人认为这与筑波缺乏一流大学有关。

在日本我还访问了京都大学、大阪大学和名古屋大学，分别做了学术报告，访问了他们的实验室，属于那种通常的学术交流。其中与京都大学的桥本教授的交流非常有益。他是一位化学反应工程专家，后来曾任日本化学工程学会的主席，也是日本在化学反应工程领域的一位知名教授。1992 年我们筹划亚太化学反应工程（APCRE）理事会时，我邀请他作为代表日本成为进入理事会的首任成员。在我们争取主办 ISCRE 的过程中，桥本作为日方化学反应工程界的代表人物，参加我们的 APCRE 理事会。他配合得很好，凡事与他商量，他都表示同意并积极配合。

(3)

论到日本访问的印象,总的来说,还是不错的。接待的礼仪周到,参观访问也遵循国际学术交流的准则,平等交换意见,坦诚陈述看法,基本上与到西方国家的访问没什么两样。从我所感受到的研究水平看,他们对西方国家的一些做法较多的是同步和紧跟,但较少批判接受,总体上有很高的研究水平。但是由于我个人对于 20 世纪三四十年代日本的侵华战争始终不能释怀,我对这个东方邻国总有一些难以抚平的疙瘩。虽然我也明白应该把学术界和官场区分开来,把民间交流和国家关系区分开来,但是还是难以消除这种心理上的障碍。我打定主意,这将是我一生中唯一一次对日本的学术访问。我只是来实地看一看,感受一下它的经济发展和科技进步,以及它的民俗民意。我以后不会再来了。虽然它离我们很近,科研也很先进。事实也确是如此。在那次访日至今的 30 年中,我有多次访日的机会,有的是讲学邀请,有的是参加会议,我都放弃了。

在约三周的访问中,如排开历史因素和政治因素不谈,我观察到的日本民族还是十分优秀的民族。普通日本人严谨、勤奋、守纪律、讲规矩,日本一些城市,如东京、京都等,街头几乎可称一尘不染,人们严格遵守交通秩序,这些都是值得我们学习的。

我初到东京后不久就感觉到走在大街上,看到的是书店多,文具店多:差不多每一街区就会有一家书店或一家文具店。书店里的出版物我看不懂,但文具店却使我十分感兴趣,因为我看书多,写论文多,对文具有一些特殊的爱好,所以常常会进去看看。那时我国的文具很单调,质量也差。我看到的那些文具使我爱不释手,于是就买了一些,其中包括一支也不算很贵的活动铅笔,下面我还要专门提到这支笔。

趁坐火车或地铁,我看到很多人即使在拥挤的车厢里也人手一册，当然看的未必都是"正经"书。那时还没有手机，人们也只能看书，不像今天我们看书者只是凤毛麟角。我明白了日本书店多的缘由：有存在的必要。对比在上海的街头，多的是饮食店、服装店，但书店却不大好找。几月前曾有报道说上海是国际大都市中人均书店名列全球第一的。这一点我高度怀疑。我自己的直觉是我们的书店很少。我是一个喜欢逛书店的人。以前我每路过上海淮海中路上的新华书店总要进去看看，翻翻书，有喜欢的就买上一两本。最初那家书店很堂皇，占了三层楼面，书籍丰富。后来书籍少了，书店改在边门出入，淮海中路上的门面让给了别人，再后来更是龟缩到了三楼一隅，只是在原来的门面附近放置了一块小牌子：购书者请走后门到三楼。从此以后我再也没有进去过。谁愿意走到三楼去翻书呢？想想也是，在淮海中路那样的地方，何来书店立足之地？在一个读书没有成为风气的社会，书店又怎能和饮食店或服装店竞争？书店根本就不是对手。但即使是在比较偏僻的去处也难觅书店踪影：商人们以赚钱为目的，谁会去做这种不赚钱只赔本的买卖呢。这种事情只能是国家主导，为了民族的长远素质，赔本也得做。

在我即将离开日本回国的时候，又有一件事使我感触很深并且至今记忆犹新。那天早上我从所住旅馆门口要了一辆出租车，去市内一个登机地点，在那里验了护照，就算办了出境手续，就由机场大巴直送，到机场就不再验证了。我在出租车上无聊就用上面提到的那支活动铅笔在小本子上摘记了几天的活动情况。车到了，我付了车资，却把那支笔遗忘在车的后座上。我到了登机地点，兴致所至地到处走走看看，托运了行李，然后再排在验证队伍后面准备验证，过了验证点就等于到了隔离区了。当快轮到我时，我看到一位中年男子一面呼叫着什么，一面向我们的队伍奔来，手里高举着那支我遗忘在后座上的活动铅笔。原来是那位出租车驾驶员，他可能是在整理车座时发现了那支笔。那时估计我离开出租车至少已有20分钟，他应该已开出不少路了，但是他选择的是折回，在人群

袁渭康自传

中大呼小叫地找我并还我这支被遗忘的并不算贵重的笔。我接过笔，当然感动地谢他，但因语言障碍，可能他也并不怎么理解我的意思。30年来我用这支笔写了数不清的的手稿。笔旧了，但还留在我手边，这位中年出租车驾驶员的行为更是使我无法忘怀。我想一个民族，它的人民如果都具有这样的素质，那会产生多大的能量，这是大家都能意识到的。

系主任 - 所长 - 实验室主任

1981年岁末我从美国进修后回国。按我两年多以前准备出国时的思想状态，出国进修的目的非常简单和世俗：镀镀金，开开眼界。回国后也就教教书，能做研究就做做研究，如此了此一生。

然而改革开放的大潮却把我这个年近半百、胸无大志的普通教师委以比较重要的工作。这出于学校的信任，而我是被"推"上去的。坦率地说，我有些"懒"，有些"散"，有人推，就做些事，并且还比较认真负责。没有人推，也就不大会主动争取。

回国不久，我被任命为化学工程系主任。后来成立了化学反应工程研究所，我担任所长。再后来，化学工程国家联合重点实验室成立，我兼任了实验室华东理工大学分室主任。我校化学工程学科在国内有比较高的知名度，我也就这样被"推"上去了。

（1）

1981年岁末回到上海时，那时华东化工学院化学工程系主任是我的好友陈敏恒教授。他要我不要回化工原理教研组，就在化学工程研究所主持原来由他负责的反应工程研究组。另外，他还要我去管好系里的英语教学。那时留学归来的教师还不多，英语教学也有不少问题，而改革开放的形势，对外语教学提出了很高的要求。形势要求学生有较好的英语基础，以便能适应愈来愈多的外事活动和毕业后的工作需要。

那时候的英语教学提倡"听讲读写"四会，但实际上差得很远，对多数学生，这种要求还不现实。我自己的对外交流经验是，这四会中，听和写是应该特别重视的。因为与人交流，别人讲话，一遍就过去，听不懂或听了误解，就不大好挽回。讲可以根据自己的情况，讲得慢一些，别人应该能够谅解。阅读，掌握了英语基本知识，勤于查字典，应能逐步做到正确理解。至于写，这对研究人员非常重要，因为研究结果要写成论文发表，要正确清晰地表达，对于母语非英语的人是比较困难的。郭慕孙先生曾形象地说，读，好比看戏，这是人人都会的，不过理解正确与深度不同；写，则好比演戏，不是人人都会演，至少应掌握一些基本的技能。

我负责与英语教师联系、讨论，也听取学生的反映和意见，我也就我在国外的亲身经历与学生交流，使学生能尽可能摆脱教科书的局限性。我告诉学生，1979年我到美国后第一次花钱买书，是买一本荷恩毕（Hornby）的英语辞典，但我无法把我的非法版辞典带出国。我体会这本辞典对我们中国人很有帮助。他的辞典富有特色，辞典中的25种动词句型（VP）使人少犯我们最易犯的语法错误，直到现在我还是建议我的博士生们，荷恩毕辞典是必备书。我最早的那本荷恩毕辞典，因为翻得多，早已面目俱非，但我还是保存着，以资纪念。此人虽早已离世，但后人会过些日子就编一本新版辞典出版，仍用他的名字，仍继承他的编撰特色，而我会每逢新版必买。

我负责系里的英语教学似还有些起色。可能是那时起点低，研究英语教学的改进还起了一些作用。

回国不久，我就被提升为副教授。那次提升是破格的，因为当时规定，回国不满一年的不考虑提升。这可能是为了看看回国的教师在一年之中做出了什么业绩，也有人猜测，说是出了国，不让很快提升，是不让出国人员占太多"好处"。

不久老陈出任副校长，学校任命我为系主任。我一生从未做过什么"官"，三位副主任都资历很高，也都比我年长，有的是我老师，都有很多领导工作的经历，我心想最适宜的办法是从三位副主任中选一位作为主任。我数度推辞，但都没有得到领导同意，最后还是宣布我任系主任。我感到诚惶诚恐，除了经常向三位副主任虚心请教外，还向系里教师虚心请教，做了一段时间的系主任，没有大错，也没有大成绩。我们学校的化学工程在国内得到了同行的广泛认可，第一任系主任是苏元复先生，第二任是老陈，他们都是化工界的大人物，压得住阵。我是第三任，我又能算老几？所以总感到如履薄冰。后来在1983年成立了化学反应工程研究所，宣布我任所长，我也就顺势辞去了系主任。所长大体上比较单纯，不像系主任，面对学生，容易犯错误。

1983年11月我加入了中国共产党，入党介绍人除陈敏恒外，另一位是党委书记余仁。老陈说他有一次与余书记谈起我入党的事，余书记主动表示他愿意作为另一位介绍人。

到了1983年，据说过去几年高校职称晋升工作做得不够规范，意思大概是说有些地方把关不严，因此教育部决定1984年的职称晋升工作暂停，当时叫做"冻结"，待1985年再开放。但是又说，一部分教师的水平已经达到，本该提升，可以不受这次"冻结"的限制，可由教育部经专家评审后"特批"。后来我获知，学校把我报了上去，经评审"特批"为教授和博士生导师。校内"特批"的仅我一人，全国批了百名左右，我的好友，清华的金涌院士也名列"特批"名单之中。那一年我49岁。在当时的历史条件下，这还算是很年轻的教授，不像现在这样30刚出头的教授比比皆是。我意识到时刻不能忘记压在我身上的担子，而且领导的器重，也已断了我得过且过的"退路"。我审视自己，虽然我的主动性和进取性不很够，但是一旦要我做一件事，我还是会非常认真负责地去把这件事做好的。

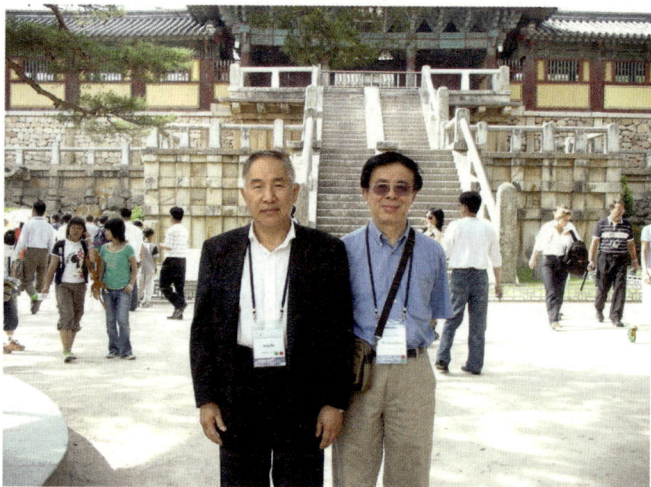

与清华大学金涌院士（左）在亚太化学反应工程讨论会期间。
2005年，韩国庆州

（2）

我们的研究所虽小，人不多，事情也不应多，涉及的多是研究工作中的事，但是研究所的事业正在发展中，并且一部分是专职的研究人员，一部分还有教学任务。我们有自己的机加工组，焊车铣刨都有，一些实验设备都由自己的技工加工安装，我们也有仪表技师，负责仪表、测量以及简单的控制。很多研究工作是由研究生完成的，因此我们有指导研究生的任务。所以这么看来，我们这只"麻雀虽小，五脏俱全"，事情还不少。好在我们几位副所长都很能干，他们除了自己的研究工作外，还承担了很多所里的日常管理工作。

研究所与中国石化总公司同年（1983年）成立。事先，中国石化的张万欣副总裁曾与我们多次接触。我与张总相识还是在"文革"中的 1970 年,由于复课闹革命,我曾参与了北京燕山石化胜利橡胶厂的一个项目,而张总当时是胜利化工厂的技术负责人,我们常在一起讨论技术进展。张总毕业于清华,我的印象是,他对工艺熟悉,思维敏捷,并非常重视科研工作。他成为中石化负责技术的副总裁,我认为是很合适的。他几次来访,说到的是中石化成立之初,尚缺少自己的研发力量,希望与大学联合,希望大学能协助中石化完成一些开发任务。他特别提到了反应器开发,因为反应器往往是化工过程的核心。

经过多次讨论和协商,决定成立以联合化学反应工程研究所(简称联合所)为名的一个研究机构。联合者,指中石化与华东化工和浙江大学两校的化学反应工程研究力量的联合。所称的联合,双方商定是实质性的,并不是形式上的。中石化提供一些经费供我们改善条件,另外最重要的是提出研究项目,这样我们的研究工作就有了实实在在的工业背景,且有一些经费来源,很大程度上改善了我们的研究条件。我们的研究结果会在工业中实际应用,并不只是写写论文。这一点对于研究人员非常重要:有目标、有期待、有鞭策。

联合所最初的协调机构是所管理委员会,由浙大的陈甘棠教授任主任,华东化工的陈敏恒教授为副主任。联合所于中石化成立的 1983 年同年成立。后来由于两校独立开展研究工作较多,就各自以分所为单位活动,我被任命为华东化工分所所长。

在筹建联合所过程中,陈敏恒教授与我有过几次关于研究所工作的深入的讨论。老陈提出利用中石化提供的经费建设一个大型冷模实验室,以便完成尽可能与工业实际规模相适应的实验研究。在大型冷模实验室中进行化学反应以外的大型设备实验研究,所以称之谓"冷模",以区别于真刀真枪的化学反应研究,如大型搅拌反应器中的流动研究、大型反应器进料气体的均匀分布研究等。这种大型冷模实验室在大学里非常少见,美国的大学是不研究这些的,欧洲的大学相对比较实际，偶尔可以看到一些规模比较大的实验研究。后来我看到一些工业公司有一些类似的实验条件，但研究目的与我们不完全相同。所以我们当时建设这个大型冷模实验室是既缺乏参考又缺少资料，主要是我们自己根据以往研究的经验和对工业实际需要的预估而设计的。实验设备可大至直径 3m 或以上，因此在房屋结构、起重设备以及供水供气等方面都给予尽可能周全的考虑。后来的事实证明，老陈当时提出的建设一个大型冷模实验室的构想是很有远见的，我们在这个实验室里完成了很多在其他实验室无法完成的实验。我们还决定，为了适应与中石化联合这一事业发展的需要，必须补充研究人员。于是我们在 1983 年的毕业生中选留了 10 位优秀学生，全为男性，这些学生一度成了我们所创业的骨干。如今当年的有志青年，现在已年过半百，并且大部分已离所远走高飞，分散在国内外各处。

老陈和我还商讨了一个工业反应器开发中的方法问题。在化学工业和石油化学工业中，常会听到有人说起"放大效应"这一词汇。它的意思是有的开发工作，在实验室里做得很好，收率也满意，但一放大到大型生产中产物的收率就下降了，不需要的副产物增多了，并还会有一些其他问题。化工专业人员对此现象十分头痛，但也常缺乏对策。这种现象是在反应器"放大"过程中产生的，因此统称为"放大效应"。当然人们对"放大效应"也并不是完全没有办法，但只有在充分掌握过程的特殊性、了解了"放大效应"产生的关键因素后才能有效抑制。

我们在讨论中形成一个观点：化学反应过程是一种比较复杂的综合现象，既包括了化学反应过程，也必然涉及相伴而生的各种物理过程，如流动、传热等。化学反应本身就体现了极强的非线性性质。这种复杂的过程如果要用学术性、机理性的研究方法，不但耗时长，而且研究结果不一定有针对性。因此，我们认为解决工业化学反应工程的问题应该有其独到的方法，因为工业反应过程有其特殊性，即其反应条件有某种特定的范围，如温度的限制、催化剂的限制等，因此工业反应过程的开发方法也应有其特殊性。在讨论中我们形成了一些原则性的工作方法，即充分利用工业反应过程的特殊性，组织为数不多的实验以揭示这种特殊性，并结合冷模实验寻找放大规律，搜索影响反应过程敏感的和不敏感的因素，使实验更有针对性；区分物理的（工程的）和化学的（动力学的）因素，并分别研究它们对过程最终结果的效应，等等。我们决定写一本书，用我们经历过的案例来说明这些原则，并创导工业反应器开发中的理念和方法，作为联合研究所成立的纪念。这本书定名为《工业反应过程的开发方法》，1985 年由化学工业出版社出版，作者为老陈和我。书很薄，100 页左右，用一些案例来讨论工业反应器的开发方法，并且这些案例多半是以往工作中的实例，因此非常生动。所内的研究人员人手一册，读了后有一些体会并在研究工作中应用。所外的在这一领域的研究人员也给予很好的评价。可以说这本书出版后的影响是我们原先没有估计到的。

应化工界同行的要求，我们曾举办了多个研讨班，我们花不多的时间讲解对工业反应器开发方法的理念，我也曾应邀在国内外多个工业公司和大学作了报告。由于我们所成立之初，任务饱满，工作开展顺利，同事们的研究也正是运用了这种"方法论"理念，我们实际上是通过我们的工作在不断丰富我们的"方法论"内容。直至今日，所里还有同事谈起如何应用"方法论"的理念来组织实验并完成研究任务。

我多次在国外应邀做"方法论"的学术报告。在大学，一般反应平平。有的教授甚至会说，研究化学反应工程，当然应该研究反应机理。显然他们不很了解我国的实际和工程的实际。在国外的工业公司讲"方法论"，却是很受欢迎。一次在埃克森研究与工程公司讲，讲完后来听讲的专业人员讨论热烈，认为这种"方法论"的思维方法在实际开发中很有价值。当时一位在座的公司高管就问：

"那我们为什么不参照他的方法做？"我也曾在杜邦、孟山都、巴斯夫等公司讲过"方法论"，反应也都很好。由于随着研究工作不断取得进展，可以大大丰富有关的案例，我也曾考虑过修改补充这本书，形成这本书的第二版，并同时发行英文版，但终究因种种原因而未成完成。

（2a）

除了这些，80年代我的另一项重要工作是教学。回国以后我上研究生的化学反应工程课，我定名为"化学反应工程分析"，意在不仅仅是传授知识，更重要的是培养学生的分析能力。事实上我在麻省理工做研究的后期，有了一些时间，我就开始收集材料，准备讲稿。化学反应工程是我的主要研究方向，我自认为在这方面还有一些体会。麻省理工那时已不开设这一类课，我就收集了像加州伯克利、威斯康星（麦迪孙）、剑桥等尚在开相关课程学校的教学资料，准备了讲课内容及例题习题。

1982年我开始为化学工程类专业的研究生讲授"化学反应工程分析"课。课程为3学分，18周。我参照了美国大学里对学生的要求进行教学：相当分量和难度的习题和基本不苟私情的考试，一定的补考比例。但我布置的习题，他们不交，我问为什么，答复是理直气壮的：不会做。于是我领教了学生们的不满：他们到系总支那里告状，期末给教师打分，我得了很低的分数。我有压力，然而我胸中有数，学生们绝不是真正认为我水平不够，或讲得不好。他们只不过是利用手中掌握的手段，给我这个不识时务者一个小小的下马威罢了。

随后几年，情况并无明显好转。我虽已逐步因"识时务"而略为降低了我原先那种要求，但是"恶名"在外，而且我也没有完全能做到"迎合"形势和"迎合"学生。我知道这样的较量，我必是败者无疑，因为领导必是站在学生一边的。这是大环境之所然。我也还算是一个识时务者：虽然不能违心做到完全"迎合"，但识大体地知难而退还是可以的。因此后来我就借故不上课，而由所里其他教授上课。1990年我应邀到美国弗吉尼亚大学为化工系研究生上"反应工程分析"课，我用了我在华东理工讲课的讲稿，3学分，18周，可以说是完全一样，所不同的只是用英语上课和更重的习题，但反应却很好，作业按时交，虽然错误百出，但似乎也看不出明显的抄袭。这是我生平最后一次给学生系统上课，遗憾的是，这告别讲台的一次授课是在异国他乡上的。但是我还是庆幸自己，总算没有去撞这堵南墙以免头破血流（见《半生行悟——亲历与随想》中"从意气风发到无可奈何"）。

多年以后，再回首往事，我这个想要坚持标准不善于"迎合"潮流的人是不是一定有理，倒也未必。那时看到一些经常受表扬的教师，在校园里与学生勾肩搭背，有明显的"迎合"之意，很看不惯，心想教师对学生，不应专投学生之所好。但是不切实际的要求，效果如何？在全社会还没有树立好学之风之时，高校岂能置身于社会之外。从现实的角度，学生培养质量也有一个类似正态分布那样的规律：好的是少数，差的也是少数，多数居于中间。我国人口众多，只要有一定百分比好的，也就足够了。

说到"迎合"，人生在世，要迎合的事还不少，我自己就违心做过很多。前些日子盛传一位大学校长在学生毕业典礼上的演讲，用了很多"新潮"的网络语言，大受学生们和网友们的好评，我猜想那位校长的本意大概也就是使学生们感到亲切，因而容易接受一些。一时间似乎给校长们树立了一个典范：毕业典礼上要用这些网络语言，不然学生不买账，会说你这人已经out了。校长们为了表明自己还没有被out，就通过各种方式用起了"新潮"语言。这值得提倡么？穿着从13世纪欧洲传承下来的学位服，满口新潮语言，真有点传统与新潮结合的味道，岂非有点滑稽？那还不如穿T恤衫牛仔裤去发表演讲更好一些。想到这里又自我责备：人家爱怎么穿爱怎么讲，管你什么事？又想到这学位服，是十足西方的经典。西方这类东西已被我们批判得够多了，但是在需要的时候不但拿来照用，而且还会加上各种美名：庄重、大方、纪念、结合中国特色，等等。所以这么说来是和非，对和错，也都是可以根据需要适度转换角色的，大可不必过于较真。

（3）

在任所长期间，主持了两项比较大的国际合作项目。先写与杜邦公司马歇尔实验室长达近十年的合作。追溯到 1980 年我尚在麻省理工作客座研究，正准备去费城开一个会议。我办公室对门是 Smith 教授的办公室，他那时还兼任麻省理工的教务长，因为经常见面，所以逐渐熟悉了起来。他听说我要去费城开会，就主动建议我可以顺便去访问杜邦公司在费城的马歇尔实验室。他说马歇尔实验室专门从事高分子材料方面的研究，是杜邦公司一个很重要的部门，工作也做得很出色。他给我介绍了他的好友 D.T.Wu 博士，我很高兴接受了他的建议。我发信到 D.T. 处，寄上我的简历，说希望访问。不料很快接到 D.T. 的电话，说我是他中学校友，他也曾就读于上海圣芳济，但在解放前夕到美国留学，一直在杜邦工作。他又同我说起韦潜光先生，说他比韦先生后一年获麻省理工的博士学位。这样一来，距离似乎就拉近了一些。

我在费城的会后访问了马歇尔实验室，觉得研究工作确实做得不错，特别是在与涂料有关的专用高分子领域。我返回波士顿后与 D.T. 的交往也不算多，不过是每逢圣诞寄一张贺卡，偶尔通一两个电话罢了。

我回国以后，总希望与美国的工业公司或大学开展一些合作研究。我也就想到了马歇尔实验室和 D.T.，因此他每一两年回中国看望亲戚时我们总要聚聚，酝酿开展合作研究的可能性。他也数次访问我们学校，了解我们的人员和工作条件。D.T. 的夫人是美国本地人，所以他的思维基本上已完全美国化，几乎已经不会讲中文，我们的交流从最初的相互不了解到后来非常和谐，达成一致的认识。D.T. 在1987年的一次访华中与我签订了一项合作协议。协议规定了以活性聚合为长期目标，但起始阶段先做一些基本的物性测定。我明白，这有一些试探的意思。协议还规定每年交流三次，D.T. 及助手来校交流两次，我去马歇尔实验室一次，以及时沟通研究进展。三十年以前通信当然还不如今天那么方便，所以有事还要当面交谈。

那天下午我去宾馆与 D.T. 签约，正好那天上午我去校医院做了一个肝脏 B 超，医生说在我的肝脏中发现至少三个"占位"，大的约2.7厘米，性质不明。"占位"是医学上一个含糊其词的词汇，凶吉难卜：可以是恶性，也可以是良性。午饭后我去宾馆与 D.T. 最后谈协议，却暗自有些忐忑不安，不知这东西是"恶"还是"良"，所以在与他谈每年访美一次时，我暗自思量，明年此刻我是否尚在人间还说不定呢。当然协议是照签不误的。D.T. 和夫人留我共进晚餐，说是要庆祝一下签定协议，我实在无心于此，就谢绝了他们的好意，闷头回家了。幸而在后来到市区大医院做磁共振检查，确定"占位"的性质是血管瘤，是良性的，算是放下心来。检查时的护士也很高兴地给我开玩笑："血管瘤，好东西，好东西。"当然这也并不是什么好东西，但只要不是恶性，就很好了，直到现在，这些"好东西"还深藏在我的体内，与我和平共处。

这项合作研究最初是我们安排一些研究人员测定一些特殊配方的溶液的物性。从我们的实验工作来看，实验是严谨的，数据是可靠的，因此马歇尔实验室方面也很放心，并且逐步扩大了合作内容。他们的最终目的实际上是活性聚合的研究。我校从没有开展过活性聚合的研究，因此还是从这一合作项目开始，使我们学校在活性聚合领域开始填补了空白。

为了完成与马歇尔实验室的研究，我组织了化学系胡英院士和高分子材料系的四位教授与我们所的一位教授一起工作。胡英院士是分子热力学专家，他的团队工作出色，他们在胡先生的指导下，工作很快取得了进展。高分子材料系的四位教授中有高分子化学的专家，也有高分子物理的专家，我们所的朱中南教授是聚合反应工程专家，另外还有多名博士生、硕士生参加工作，因此整个参与研究的是一个学科分布和人才层次合理的团队。马歇尔实验室对这项工作的质量和进度表示满意。活性聚合的学术内容我不熟悉，也是从每次的讨论中学习一些。我每年去美国交流，把我事先了解到的各组的进展尽可能地向美方介绍，但更多的研究细节则是由他们来校时与各组讨论的。

这项研究起自 1988 年，结束于 1996 年。期间我每年按协议规定去马歇尔实验室访问一次，讨论研究的进展，也曾有一次我参与马歇尔实验室人员组成的小组，去宾州州立大学他们支持的另一个研究组了解进展情况。1989 年正值我在欧洲学术休假，D. T. 就到德国斯图加特大学与我见面讨论交流研究进展，我就没有按协议去美国。1990 年我已到了美国，就抽我讲课的空余时间去了费城的马歇尔实验室讨论交流。

与马歇尔实验室的合作研究给我的国际交流活动提供了不少方便。每年一次访美是由美方提供经费资助的。我几乎每年都会去宾州大学看望我的老朋友 Warren Seader 教授，我在 1980 年就认识他。后来的交往中我不但应邀在宾州大学做过学术报告，并且还获赠他送给我的由他及他的团队多年研究开发的全套精馏过程模拟及优化软件。Seader 教授是化工界知名的流程模拟专家。他所赠的精馏过程模拟及优化软件是他的课题组多年工作的积累，十分系统和实用。我每次到马歇尔实验室访问，总会住在与宾州大学近在咫尺的喜来登饭店，也曾几次步行数分钟去 Seader 教授的实验室，相当方便。

访问宾州大学化工系时与 Seader 教授一起。1980 年，美国费城

　　每年一次访问位于费城的马歇尔实验室以后我必会利用在美国访问的机会，访问一些工业公司和大学。尤其是后来有了争取主办 ISCRE 的打算后，也更是注意扩大我国在化学反应工程研究方面的影响，让外国学者听到一些中国的声音，以改变往常我国在这一领域默默无闻的状况。我访问的公司主要有杜邦公司的实验中心、埃克森研究和工程公司、UOP、孟山都公司等，访问的大学很多，也曾重返当年进修过的麻省理工和任教过的弗吉尼亚大学。这两所学校有一些个人感情上怀旧的因素。出入两校化工系大楼，步行在既熟悉又陌生的校园小道上，忆往日之情景，感岁月之蹉跎，心情真是一言难尽。访问马里兰大学，主要是考虑岳父胡焕庸先生曾在该校地理系任客座教授一年。他年事已高，并已久病，他很希望我有机会时代他去看看他待过的地理系，照一些相片给他。所以一次我正好在华盛顿，马里兰大学差不多就在华盛顿的近郊，当马里兰大学化工系的教授邀请我去做一个学术报告时，我就欣然从命，并在报告后由他们陪同去看了往日地理系所在地。多次访问的大学中去得多的是位于美国中部的私立华盛顿大学（为了有别于位于美国西部的州立华盛顿大学），那里的化学反应工程实验室与我们所的研究方向很一致，并且我的博

士生邹柏生正在该实验室联合培养，实验室主任 Dodukovic 教授又是我们的老朋友，他也曾应邀访问过我们的研究所。我们曾就反应工程的研究工作做过多次很有兴趣的讨论。

我在美国的访问除了扩大我们研究工作的影响外，还了解了很多学术界和工业界的动态，以及他们的工作打算、研究理念等，这对确定我们的研究方向无疑有很大的参考价值。在初次走出国门接触美国大学的研究动向时，我感到迷惘。譬如在麻省理工看到一些研究工作与我们心目中的化学工程有不小的距离，似乎我们在做的他们不做，他们做的我们不做，在别的学校访问时也看到类似情形，这使我对什么是学科前沿感到困惑。那时我担任研究所所长，后来又兼任国家重点实验室的主任，使我时刻在心的是研究所和实验室的学术方向。我希望能在国际交流中得到一些信息和借鉴，并根据国情和我们自己的条件形成一些可行的学术方向。事实也是如此，我们所有一些工业研究项目，但这些项目都只是任务性质，并未形成学术方向，我们戏称自己是"雇佣军"。我在美国的几次访问除了扩大我们的影响外，还十分有助于制定我们自己的研究方向。

另一个较大的国际合作项目是法国科学中心提出的与中国学术界的一个"大合作"。这个"大合作"是指由法方不少于五个"高水平"实验室与中方同样数量的实验室，在共同感兴趣的重大科学问题上进行长期的合作研究。我们商定以"中法可持续发展化学与环境工程"为合作研究方向，法方负责人是 Tondeur 教授和罗灵爱教授，中方负责人是我。这一项目自 1998 年签约，于 2007 年结束，其详情已记于我的短文"十三次访法"中。这项中法合作研究得到了我国科技部和国家自然科学基金委的支持，程津培副部长还亲自批给了活动经费。

这一合作使我有多次机会去法国访问，几乎是每年至少会去一次，这也使我有机会顺道访问欧洲其他国家，对于扩大我国在欧洲学术界的影响很有好处。欧洲学术界对于在我国成功举办一次

ISCRE 的能力曾经是高度怀疑的，又何况以往的 ISCRE 都只在欧洲和北美轮流举办，要到一个非欧非美的发展中国家去办，他们疑虑重重。我们的国际交流也是为了帮助他们了解我国飞速进步的研究工作和研究水平，使他们消除不必要的偏见。

我们"中法可持续发展化学与环境工程"合作项目的年会，每年分别在中国和法国举行。两国的多所大学和研究所的研究人员每年聚会一次，交流学术，增进友谊，并在会后访问对方国家各自有合作关系或有兴趣的实验室，这对双方都有好处。两国一些年轻的研究人员，从互不相识到成为好友，我们交换访问学者，联合培养博士生，共同署名发表论文。例如，一位法国副教授曾经在我们所访问工作了三个月，回国后不久他被提升为教授。后来他来上海参加一次年会时还特地向我表示谢意，并说在我们所访问的工作业绩对他的被提升起了促进作用。我自己更感到，由于中法两国社会制度不同，人文历史不同，因此在思维方式和文化理念上有很多差异，但是我们的交流有助于相互借鉴，确实是做到了取长补短。至于我自己，更是在这项中法合作中得益良多。来往多了，几位法国教授成了我的好友，我们谈得最多的当然还是学术，是研究，有时也谈些别的：文学的、历史的、甚至是时政的。他们一般待人真诚友好，很喜欢交谈，没有原先认为的法国人"傲气"之类的感觉，至少在我认得的学术界的人士是如此。每次吃饭喝咖啡，总会海阔天空，无所不谈。交往之初，常会暗自想他们用于闲聊的时间真多。但久而久之，感到闲聊也会有一些好处，可以促进双方感情，显得无拘无束，在这样的氛围中也有利于使学术思想的交流更无障碍。至于思想的开放，从他们的文学艺术作品中可见一斑。有一些作品，可能我们不大有欣赏其中的艺术美的能力，但我们不得不承认，这些作品真可谓是异想天开，富于创新的。

就我个人来说，我从这项中法合作中受益良多。首先我有很多机会接触法国学者，访问他们的实验室，与他们共议学术，了解他们的思想方法，也让他们了解我们的工作，这对双方都有好处。其次我因此访法的机会较多，也有机会顺道访问欧洲其他国家，这不但有利于学术交流，并且使我有更多机会亲身领略法国及其他欧洲国家的人文历史，以及艺术和建筑，这些都是我从小就很有兴趣的。我总是认为，受一些艺术的熏陶，对于提高自身的修养和情操是很有好处的。

（4）

1984 年我担任反应工程研究所所长以后，有一件事对我们后来的工作，甚至我的一生产生了重要的影响，那就是在清华大学汪家鼎院士领导下，我与另外几个学校的同事们经过长期努力，完成了建设化学工程联合国家重点实验室的申请，于 1987 年获得国家计委（今发改委）和教育部的批准立项，经过几年的建设，于1991 年通过验收并对外开放，正式开始运行。实验室定名为"化学工程联合国家重点实验室"体现了国家科委（现国家科技部）在筹建实验室之初的一个指导思想，即化学工程是一个涉及面比较宽广的学科，因此实验室不能由哪一家"包打天下"，必须体现"强强联合"，依托于清华大学、天津大学、华东理工大学和浙江大学各校的优势方面。首任的实验室主任是清华的汪家鼎院士，学术委员会主任是南京化工学院（今南京工业大学）的时钧院士。

争取和筹建国家重点实验室经历了漫长而艰苦的过程。立项申请几经修改补充，最后才形成终稿，其间与计委和教委的官员交流多次，听取他们的意见，接着是专家评审以及专家现场考察、立项评议、立项审定等诸多环节。那时我国国家重点实验室建设起步不久，我们也没有什么经验可以参照。我只是一次在科技部联系工作时听到了这个消息，就赶忙向清华的汪家鼎先生汇报，然后协助汪先生做一些申报的准备工作。汪先生全面规划了实验室的参与单位、组织机构、学术方向等。我们的实验室由上述四所大学的化学工程精华部分组成，这四所大学当时被公认在化学工程方面有较好的基础。根据筹建之初的历史条件，规划中北方两校（清华和天大）以传质分离为主要学术方向，南方两校（华东理工和浙大）以反应工程为主要学术方向。这样的分工，即便不考虑到随着学科的发展各分室的研究领域有所拓展，这四所大学构建成的化学工程联合国家重点实验室就大体上也能够覆盖化学工程学科的主要内容。

在争取立项的过程中，我们自己感到条件还很不够，特别是硬件条件和人才条件，从今天的眼光看，是相当可怜的。但是我们四校有关教师，还是尽可能地摆出有利的条件，尽可能地说服专家和领导，偶尔不免也有一些"自充胖子"之处，总算于1987年获得了立项批文，可以进行实验室建设了。在这一过程中，我算是一个比较积极的角色：除了协助汪先生准备文件材料以外，还主动向国家计委和国家教委有关领导汇报沟通，如计委科技司的马德秀女士和教委科技司的袁成琛女士，以便获得她们的信任和支持。多年以后马德秀女上调任上海交大党委书记。一次我在上海到北京的飞机上巧遇马书记，她还特地问起我们实验室目前的运行情况。

批准立项以后是实验室的筹建工作。由于国家重点实验室是一个新生事物，可参照的资料几乎没有，我们也只能理解文件所示的指导原则，实验室的目标是组织高水平的基础性研究和应用基础性研究，实验室要贯彻"开放、流动、联合、竞争"的运行机制。我们的实验室是由四所大学联合建设和"联合"运行的，并且这也是国家科委在申报立项时的意见：体现"强强联合"。在实际运行过程中，我们也是努力贯彻四所联合的优势，发挥各自所长，在联合完成任务（如共同完成项目）、联合提高学术水平（如室内定期学术讨论）等方面想方设法，尽力去做。但是在每五年一次的实验室评估中，我们几乎听不到一句对"联合"的好话，而只是听到诸如

"你们是联合分钱""你们不分开，就每次挨批评"之类的意见，而我们似乎总是处在被告席上，并且从无申辩权利。谁敢在评估的时候不识时务地申辩一句呢？我们只能表示真诚接受，努力改进。

建设过程有喜有忧。总体上说喜的少，忧的多。建成一个项目，看看还像样，不由有些高兴，但接下来怎么办，又使人发愁。资源有限，实验室面积有限，经费有限，人员有限，我又怎能把这个实验室建设好。当时我作为反应工程研究所所长，又被任命为实验室华东理工大学分室主任，而我们这个分室的主要方向又是反应工程，所以形成了"两块牌子，一批人马"的状况，我感受到直接的压力。国际同行听说我们这里有一个国家重点实验室，就想来看看你这个"国家重点"是个什么样子。我有一个很严重的缺点就是好面子，老是担心人家看了会在背后暗笑。因此一方面想让人家多了解我们，另一方面也有不少顾虑。

在建设过程中，我请求领导任命戴迎春教授为华东理工大学分室副主任。迎春工作认真负责，工作能力也很强，待人又非常诚恳友好。她曾经做过几个偏于应用的研究项目，都完成得很好。1989年我推荐她到德国埃拉根大学霍夫曼教授的反应工程实验室从事半年客座研究，我曾去看望过她，霍夫曼教授也对她相当满意。她后来曾继任我担任过华东理工大学分室主任。

重点实验室的工作非常细致：各种报表、统计、成果（包括英文论著）、财务、都需要做得一丝不苟。我们估计所里原有两位办公室人员难以胜任，考虑从课题组中抽调一位行政能力比较强的教师来担任专职的实验室管理工作。我们与潘爱华女士商量，将她从课题组调到办公室。1990年小潘到了办公室后将验收所需各种资料、各项准备工作做得井井有条。几年后她被聘为我们实验室的办公室主任，并一直兼任我的秘书，直到几年前她已到了退休年龄，但是受到我们实验室的挽留，还继续担任实验室的管理工作以及我的兼任秘书，多年来她对我们实验室及我个人的帮助是一言难尽的。

实验室建成开放，这对于我们每一个实验室的固定人员，都是一件值得庆贺的事。对于我来说更是如此，因为我是我们学校化学工程，或更细一些是在反应工程领域的主要责任人，而学校又是把化学工程视作是学校的一个强项。我把能不能将实验室的事做好放在极重要的位置，然而我能动用的资源却非常有限。那时运行费很少，开放费也很少，科研人员一般不大愿意为了这很少的经费付出很多的精力和时间，他们宁可去做收益明显的项目。我只能用同事友谊、师生感情，一个个谈心说服。但是毕竟重点实验室还是推动了我们的研究工作，我们在高影响因子国际杂志上发表的论文数迅速增加，水平也明显提高。

那时我们的实验室主要是在校内的实验 12 楼，那是一栋改革开放后不久建设的老楼，电梯是人工操作的。我们八点多上班，开电梯的女士却要在九点以后才来。每逢有外宾访问，我总需提前一天与那位女士打招呼，恳请她务必帮个忙，明天早点来。中午以前，她可能刚到 11 点就离开，外宾只能从五楼步行下楼。这对于西方国家访客实在是不可理解。为了不影响这位女士的作息时间，我也曾请她把电梯钥匙借我一用。然而她却振振有词，说开电梯需要"上岗证"，要经过培训和考试。我只能苦笑。其实，开电梯，也不过是一按电钮的事，多数时间，她只是坐在一旁织毛线或打电话聊天。这也成了我常被外宾问及的一个反应工程研究以外的问题：为什么派一个人专为了开电梯？楼道脏乱，实在不雅，凡有重要的外宾访问，我不得不事先给校长办公室打电话，请他们派人清理一下。这些几乎成了我这个好面子者必做的工作。当然这一切已成过去，创业阶段的"艰"与"苦"，也早已被人淡忘，除了我这样的"老人"，还会不时回忆起。

随着我国经济的快速发展，国家在科研方面的投入是十分可观的，我们的研究条件已是今非昔比。20 世纪末，上海市评定了高校中 60 余个重点建设学科，又在这些学科中评定了 10 个"重中之重"学科，我校的化学工程学科荣幸地名列这 10 个学科之一，我被指定是这个学科负责人。每一个"重中之重"学科必须建一幢实验楼，作为学科的"标志性"建筑，并且经费主要应由"依托单位"，也就是华东理工大学承担，只能把市里下拨的经费中一小部分用于基建。我多次审查了实验楼的设计图纸，总感到有不少可以改进之处，但是负责建楼的学校基建处负责人总是坚持己见，一定要按他们的意见办。他们说这个楼要争取得"白玉兰奖"（上海用于建筑物的一个奖）。对于他们，首要的是建筑得奖，其次才是建筑实用。2002 年我们迁入这个新建的 11 层高的实验 16 楼。虽仍有不少不尽人意之处，但总算有了一个新楼，有了自动电梯，我至少可以不再求那位有"上岗证"的女士第二天早一点来上班了，而基建处也因此得了一个"白玉兰奖"。当然，实验 12 楼也在后来的装修中换了自动电梯，那位有"上岗证"的女士可能亦早已退休。

我们得到了国家和上海市的多种支持。已到了 21 世纪大约第 10 个年头，一次我在北京开会时遇到一位我认得的科技部的官员。这位官员把我拉到一边对我说：祝贺你，国家重点实验室的运行费大幅度增加了。接着他告诉我一个增加后的数字。我一听，果然是"大幅度"的。我忙说：谢谢您。他说，你别谢我，要谢去谢温总理，是温总理在国务院办公会议上决定的。我回上海后把这一喜讯告诉了我后任的实验室主任周兴贵教授。的确，运行费成 10 倍的增加，这对于我们这个尚在发展中的国家，是很不容易的。我对兴贵说，今后你手里多了一根指挥棒，真该好好做些事了。

我们得到了国家的和上海市的多项支持，包括"211"工程建设、"985"优势学科平台建设、上海市"重中之重"学科建设等，我们的实验室在硬件方面已焕然一新。我们引进了一些年轻的研究人员，研究水平日益提高。我们不再为外宾来访感到不安，从他们口中也听到了颇多溢美之词。我想的却是，对他们的话不必过分当真：洋人讲好话是毫不吝啬的。我们在看到进步的同时，应该看到差距。在研究工作真正的科学贡献方面，我们是远远不足的。

在我担任分实验室主任大约 10 年后，已到了世纪之交。一天，我接到清华大学汪家鼎先生的一个电话。汪先生亲自来电是不寻常的。汪先生在电话里说，实验室面临换届，他和学术委员会主任时钧先生都将卸任。他说他和时钧先生经过认真商量，希望我担任化学工程联合国家重点实验室学术委员会主任，由清华大学戴猷元教授担任实验室主任。汪先生的谈话内容令我始料未及。我当即表示，我才识尚浅，怎能承担像时先生那样德高望重大师的重任，并且一般学术委员会主任，多由实验室以外的专家担任，以便得到室外专家更多客观的指导。我说像大连化物所袁权院士那样的专家，兼有学术和管理方面的专长，是很适合作为学术委员会主任的。汪先生要我不要再推辞了，他和时先生已经过多方面考虑，我是最合适的。我十分尊敬汪先生，他这么说，我当然只得从命。

我向王行愚校长汇报了汪先生他们的决定，并要求辞去分实验室主任，由戴迎春教授继任，因为作为联合实验室学术委员会主任是不宜再当一个分实验室主任的。王校长同意了我的汇报和提议。从那时起，我卸任了两个行政职务中的一个。

我自 1984 年被正式任命为反应工程研究所所长，到 2004 年已是古稀之年。在这之前我曾数次向校长提出辞呈，都没有获得同意。2004 年钱旭红院士新任我校校长，我向钱校长恳切地请辞。我说，20 年所长，够了，已经太长了。承蒙钱校长开恩允许，从那时起我不再担任行政职务。

我请辞所长的另一个理由是，我看到反应工程研究所存在严重缺点，但我已没有能力来改变它。所内人员的个人素质都不错：工作认真，能吃苦耐劳，但创新意识和忧患意识明显不足。我设想应该有一位强有力的所长来改变反应工程研究所的面貌。我辞职以后建议由于建国副校长来兼任所长。建国曾是我的博士生，研究做得很好，特别是应用研究做得很出色，又是副校长，是校内的有权者，而且作风强硬，敢作敢为。建国来所短暂兼任，终因工作忙，但主要是因为一些难以诉说的原因而未能继续。

此后我担任华东理工大学校学术委员会主任多年。这实际上是一个可虚可实、又虚又实的工作。实者，有些学术上的事，本该由校学术委员会或由主任决定；虚者，校领导处理掉了，我根本不知道，我也乐得欣然默认。这样做，可以说是提高决策效率，也可以说是行政越权，反正都有道理。我本性就不爱管事，我知道他们本来就不希望学术委员会主任来管事，他们不来问我，我乐得清净。校长办公室来人说，有的文件要学术委员会主任签字，我问可不可以盖章代替。他们说可以，我就请他们用我的签名刻了一个"橡皮图章"，放在校长办公室，他们认为该盖就盖，也不必问我。我知道这是他们的本意。我这样表示了，大家皆大欢喜，又何乐而不为？

（5）

人们多说一个人最好的工作时间大体是在 30 岁到 50 岁这个阶段。刚受完教育，有了一些初步的工作经验，思想活跃，精力充沛，是出成果最好的时间段。很遗憾，我们这一代人，这一段时间多半是在运动、劳动和批判中度过的。1984 年我被任命为反应工程研究所所长，直到 2004 年请辞所长，担任所长共 20 年。如果说这一段是我比较重要的工作年份，则我的时间大体后移了 20 年，也就是大约从 50 岁到 70 岁。精力虽然大不如前，但我主观上还是努力弥补这些已损失掉的光阴。在这 20 年中，我担任所长和国家重点实验室（华东理工大学）主任，除了完成经常性的研究任务和管理工作以外，还做了一些份内的和份外的工作。

我们的研究所在成立之初，中石化下达的反应器开发任务不断，我们忙于完成这些任务，也没有更多的时间去考虑别的。过不多久，中石化自己组建了强大的研究机构，我们这些"外围"，也有人笑称我们是"雇佣军"，任务就少了。虽然我们还有一些优势是别人一时取代不了的，我们也尽可能保持和发展这些传统领域的优势，但长远说来，研究所必须形成自己真正前沿性质的特色。

即使是在当初，我也深切感受到作为一个研究所应该有自己的研究方向，应该形成自己独特的技术，而不能完全听命于人：一旦没有了任务，就没有了工作。

确定研究所的研究方向，成了我日夜操心的事。我们从事的化学工程研究，从传统的意义上讲是研究化工过程中动量、热量和物质的传递（三传），以及化学反应过程（一反）的一般规律。我们对催化剂制备不熟悉，只用人家已开发的催化剂，对工艺不熟悉，只用人家已开发的工艺，我们所熟悉的只是反应器和其他一些化工过程，局限性很大，似乎也只配当"雇佣军"。化学工程学科的发展已日趋完善，我们所从事的基础性研究虽然水平还不错，能在国际知名杂志上发表论文，但大多还是属于"补齐"性质。长远来看，这个研究所必然是平淡的、缺乏活力的。

如何改变这种局面？首先考虑的是学科前沿。我们化学工程的前沿在哪里？除了阅读文献以外，我走出国门，访问国外的大学和研究机构，并向同行们请教、交流。第一个访问的是麻省理工化工系，看到的使我纳闷：我们做的他们不做，他们做的我们不做，因为看来似乎和传统的化学工程没有什么关系。我看到他们的化工系有人在做基因方面的工作，有研究微细结构材料的，有研究生物代谢的，甚至有人研究组织工程。研究催化剂的，不像我们那时研究催化剂制备多半是凭借经验，他们研究的是界面、分子簇、结合力、结构等。后来的多次出访，情况大同小异。一般说来，美国教授的研究更是与我们的传统的化学工程概念差得很远；他们的研究"各显神通"，新的思想很多。欧洲大学的研究相对于美国比较传统，但也有很多新奇的思想。我与欧美的教授尽可能交流以便了解他们的理念，有时候他们说的有一些我听都听不懂。总的感觉是传统化学工程的研究内容必须更新，但是如何更新却是一个问题。

我们曾经试图与生物工程结合，把我们在反应工程方面的优势在生物反应器上发展，原因之一可能是因为80年代的生物化工热。在20世纪80年代的改革开放之初，我国学术界也意识到坚守化学工程学科传统内容的做法已难以为继，必须寻找出路。这个出路一是寻找与别的学科的结合点，二是孕育自身新的生命力。所谓别的学科大体是指生物、环境、能源和材料。当时国内对生物工程的呼声很高，我没有做过细微的调研，就想先尝试一下与生物工程的结合。我也曾经请生物化工系的教师为我们扫盲，要求所里研究人员都去听讲，似乎是全所要向生物工程转型的样子。当时还没有生物化工博士点，我就动员我的两位化学工程的博士生来做与生物工程结合的研究。他们分别在1988年和1989年获得博士学位，做的结果也不错，都在国内外著名杂志发表了论文。但我还是认真考虑了各方面的因素，特别是我们自己的基础和条件，最后决定还是放弃了生物反应器的方向。

后来我又尝试了几个方向，如与材料相结合，试探了化学气相淀积（CVD）的薄层硬膜制备的反应工程技术，与反应器控制结合的动态特性的研究，以及在环境治理方面有关的脱硫反应器研究等，但最后都因种种原因而放弃了。原因并不是这些研究不该做，而是作为我们所的主要研究方向并不很合适。

从90年代开始我考虑得很多的是超临界条件下的反应工程问题。我意识到在超临界条件下的反应有一些并不为人所知或知之甚少的特点。由于实验条件苛刻，涉足这种条件下的反应研究得还不充分，并且超临界条件必会大大改变传递条件，进而影响反应。最初想的是超临界条件下的氧化反应以脱除水中难降解的化合物，目的是水的净化。这一方面的研究当时国际上很热，因此实际上我们有一些"跟风"之嫌，缺乏自己的思路。这种反应要求高温高压，实验条件苛刻。我们那时已具备了一定的资金条件，超临界技术研究已不是遥不可及的事。多亏我在国际交流中遇到了德国慕尼黑工业大学的 Tischer 教授，他是公认的超临界技术的权威。我向他请教，几次讨论中他都对我提出了十分中肯的意见，概括起来，首先是，至少是在入手之初，不应考虑水的氧化，因为在高温高压下氧的存在必会引起设备剧烈的腐蚀，实验设备问题看似枝节，但必然会影响实验进行。Tischer 本人曾投入很大的精力于防止高压下氧的腐蚀，无疑是这方面的专家，因此他的话立即引起了我的警觉。其次他建议我们开始涉足超临界技术研究，最简单可靠的实验设备是购买现成的色谱柱：安全、简单、试剂用量小，并且相当廉价。我觉得他的意见确出自肺腑，使我避免了要走的很多弯路。我重新认真考虑了我当初的打算，对超临界技术的研究方案作了很多修正。Tischer 教授的恳切谈话使我由衷地感激，以至于至今我还是感到他是对我们的研究工作最有帮助的外国友人之一。遗憾的是，就在我们的几次谈话以后不久，他过早地离开了人世。得知这个噩耗，我深为悲痛。

我请赵玲教授负责超临界技术的研究。赵玲教授工作认真，并且有很丰富的工业经验，她后来成了我们的所长。赵玲在研究中发现在二氧化碳存在下超／近临界条件可以在很大程度上改变聚合物的介观结构和宏观性能，并使这方面的研究工作真正获得了进展。我请袁佩青教授负责超／近临界水存在条件下重质油的裂解研究。他经过长达 10 余年的艰苦条件下的实验研究，最近已取得可喜的进展，发现超／近临界条件可能是一种未曾报道过的脱除重质油中杂原子的有希望的途径。

可以说，历经多年的探索，超临界技术的研究已成为我们研究所的一个重要方向。

悬挂在上海图书馆墙上的照片。1996 年，中国上海

访问南京理工大学，右为中科院田禾院士，
左为南理工的吕校长。2000 年，中国南京

（6）

本节可以看作是上一节的延续，也是关于我们所研究方向转型的。另起一节的用意是为了使陈述更为清晰一些。

建所之初的 80 年代，我们所的研究本是以传统的化学反应工程为主，也就是研究化学反应"过程"。"过程"的一个含义是可以把它从实验室小型研究放大到工业规模的生产，但各项指标，如收率、原料、消耗、杂质生成等需接近实验室水平，能耗则必优于实验室水平。

传统化学工程是以"过程"研究为导向的，譬如一些基本的大宗化学品的生产，像硫酸、化肥、基础的高分子聚合物等。这些化学品分子结构比较单一，并且化学品成分一旦确定，其性质就可确定。但是随着社会的进步、经济的发展，对化学品品种和性能的要求日益多样化。到了这个阶段过程的放大就不能解决全部的市场需求问题。因此，在 20 世纪后期的 80 年代和 90 年代，国际学术界就开始注意"产品"问题。在 90 年代就有一位国际著名的科学家预言，化学工程学科必然会从"过程导向"向"产品导向"过渡。这意味着单纯追求过程"大型化"的目标将逐步向以能实施产品多品种、高质量、高性能、低消耗、智能化的方向发展。以"产品导向"的化学工程，就是我们今天常说的"产品工程"，这也是化学工程发展的必然趋势。

这是从化学工程的导向出发考虑。但是从化学工程学科的视角，也应该时刻关心相应的研究方法上的更新。在我们化学工程联合国家重点实验室开始立项以后，在每一次实验室学术委员会会议上，我们几乎都会讨论一个议题：如何使化学工程的研究"理性化"。对此的理解是必须利用日益进步的实验技术，如透视电镜，X 衍视等这些当时算是比较先进的手段，从早期单纯以表观性质的实验结果进行关联并试图得到实质性的规律,进入到"理性的"认识规律。理性化研究意味着更多的对过程在不同层次结构意义上的了解,并在此基础上优化过程。就一种化学品而言,它的性能不仅仅只取决于组成它的化学成分,也取决于这种分子在不同层次上的结构特征。探索不同层次的结构功能及实现不同层次的结构,实际上是产品工程的核心。

为此我试图归纳出有多层次结构的对象的研究方法。2004年以后,我的日常工作已经逐步减少,我有时间边阅读文献,边思考应有的研究方法。

我要感谢我的同事们,他们帮助我读文献、讨论。应提到的是周兴贵教授,他带领课题组实现了向产品工程的转型。他从理性化的角度研究催化剂的多层次结构及功能,工作是很有效的。在他组里催化剂既被看作是一种典型的产品,又作为过程工程的关键,从而架起了产品与过程的桥梁。尽管他的工作很忙,但还是尽量抽时间帮助我阅读和讨论。他是我90年代的博士生,现在已成长为一位成熟的科学家。我们的现任所长赵玲教授也是在90年代获得博士学位的。她在超临界技术方面的成果和她对流场结构的工程化的深入研究给我提供了很多启发和帮助。他们正活跃在研究的第一线,他们团队的工作给我提供了丰富的实验的和理论思考的基础材料。

我偶然读到几篇凝聚态物理方面的论文使我获益良多。我不懂这个领域,但随后意识到凝聚态物理和化学工程有一些相通之处:体系的多层次结构,这一点是共通的。几位大科学家,其中不乏诺贝尔物理学奖的获得者,如P. 安德森及R. 费曼等在美国物理学会上的发言以及他们在《科学》杂志上发表的论文,也有虽不是诺贝尔奖得主的大物理学家卡达诺夫在《科学》上发表的论文,我多遍研读,以求理解其中的深意。有的论文或发言,篇幅很短,甚至不到两页纸,但含义深刻,真可谓是字字珠玑。我一面在研读这些大物理学家的论著，一面满脑子想的却是我们的化学工程问题，试图从中得到启示。我学习了凝聚态物理里"还原论"和"整体论"的基本思想，意识到在化学工程中实际上也存在类似的两种观念：传统的以宏观实验归纳为主的研究方法属于"整体论"范畴，但这显然已难以满足当代学科发展的需要。与之相对应的是利用量子化学计算以及能窥视到物质"内部"微细结构的各种先进的实验手段，"从下而上"地推演物系的整体性能，可属于"还原论"，从理性的角度，应是合理的，但缺乏现实性。

对于诸多化学工程问题，还原论和整体论这两类方法都有不足之处。我与周兴贵和赵玲两位教授经过多次研究，并参照了他们团队大量的研究结果，酝酿形成了复杂系统主控尺度结构的概念，并已成为我们研究所开展一些研究工作的主要指导思想。

2007 年在广州举办的一次国际会议上，我应邀做了大会报告，我讲了关于主控尺度结构的主要思想，一篇由我个人具名的题为"专注多层次复杂系统主控尺度结构：一个方法论问题"的论文同年在《化学工程科学》杂志上发表。文中我比较详细地讨论了"还原论"和"整体论"的思想在化学工程不同阶段的体现，也分析了这两者在现实中的局限性，提出了"主控尺度结构"（dominating scale structure）的思想，并用我们研究所程振民教授课题组的一项工作说明主控尺度结构对过程工程，和周兴贵教授课题的一项工作对产品工程作为例子予以解释。我自己认为，这篇论文可能是我生平发表的论文中比较有价值的一篇，也可以说，这是我对过程工程和产品工程研究方法所做的小小的贡献。由于那次会议是由美国国家自然科学基金委（NSF）和我国自然科学基金委共同支持的，不少著名学者参加了会议，包括几位美国国家工程院院士，如"产品工程"的创始人之一的 Cussler 教授、我在麻省理工时的导师韦潜光教授等，美国基金委主管过程与反应工程项目的项目主任 Maria Burka 博士也远道前来参加会议，并做了一个大会报告。她在报告中提到了化学工程中的"突发"（或"涌现"）（emergence）现象，在我的报告中也提到了从一个层次跨越到另一个层次时可能出现的"突发"现象，会使"还原论"产生失误。在我报告后的会间休息期间，我正在与韦潜光先生站着闲聊。我告诉韦先生，我因患癌症正在治疗中，药物反应使我在报告时突感不适，大汗如注，可能影响了报告质量。他大概出于礼貌，说报告很好。那时 Burka 博士走上前来参与了我们的谈话。Burka 博士说这次会议报告至今只有她和我两人的报告中提到了化学工程的"突发"现象，实际上这是一个重要现象，也是普遍存在的。她要了我的 PPT 文件，并说美国科学基金委可以立题资助这方面研究，并提议"你们两人"（指韦先生和我）可以联合申请一个课题。但由于韦先生年事已高，我也正在癌症治疗中，我们事后也没有再进一步商议申请。但不久以后我的好友，弗吉尼亚大学的 Hudson 教授发来邮件，说一次他去听了 Burka 的一个报告，Burka 提到了我的工作，并且有三张幻灯片注明取自我报告的 PPT 文件，这表明 Burka 博士在一定程度上认同我们的观念。Burka 博士于 2011 年成为美国化学工程师学会（AIChE）的主席，我们也曾有过几次邮件交流，讨论了化学工程的研究方法问题。她的观念是，化学工程解决化学工业问题，这已是很久以前的事了。化学工程面临的将是药物、微电子、生命科学等领域的问题，需要创新的理念。

回到上海，我要求医生停止我的药物治疗，因为我实在不想再忍受这种药物引起的副反应：它爱来就来，不问时间地点，何况那时我的肿瘤特异性指标已恢复正常。我特别要感谢中国工程院医药卫生学部的顾健人院士，他是一位肿瘤专家，他对我的病情一直十分关心，并且我的放射治疗加内分泌治疗的方案也是在他参与了意见之后才制定的。

在 2007 我做过关于主导尺度结构概念的报告并以此为据写成论文于 2007 年发表在《化学工程科学》上，不久在 2008 年的两院院士大会的开幕式上，胡锦涛总书记在开幕词中说了这么一段话："准确把握微观与宏观的统一，还原论和整体论的结合等当代科学发展前沿的主要特征，对基础学科和应用学科进行全面布局，促进创新能力的显著提升，推动多学科多领域协调发展"。我考虑的化学工程中复杂系统的研究方法看来是符合国家领导人对我国科学发展的宏观思想的。

在全球华人化工研讨会上与清华大学的费维扬院士（左）和美国密歇根大学的王如念教授（右）在一起。2014 年，中国香港

在香港科技大学的一次集会，左起化工系陈国华主任、翁以登副校长和袁渭康院士。2014 年，中国香港

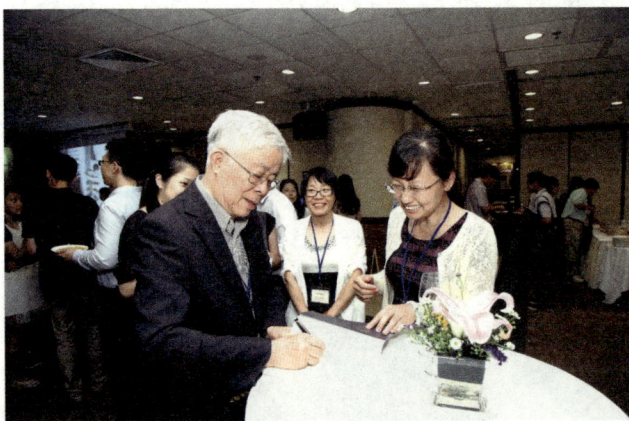

为读者在《半生行悟》上签名。2014 年，中国香港

（7）

我一直想写一篇文章讲述我对"文化"的认识。还是在不久前，我看到了蒲慕明、施一公等国内外著名科学家的一次座谈的记录，讨论的主题是中国"顶尖"大学的"使命错位"。不论题目如何，这种讨论总是离不开创新。

参加座谈的还有南开大学校长龚克先生。龚克校长说，他认为"创新的关键不是具体的技能，而是文化"。他又说"中国有太多寻求短期利益的文化氛围，这对创新没有任何益处"。

"文化"是什么？如果有人问我这个问题，我是答不上来的。为此我曾去查了工具书，也通过互联网去搜索它的含义。看了定义，我还是不懂，但是我内心有一种对"文化"自以为是的或者说朴素的理解，那就是文化是一种氛围，一种某一个群体中人们的共性的理念，共性的意识。我完全同意龚克校长的观点，即文化实际上决定了创新能力。

例如本书前面提到的，某一个群体可能对赌博有很大的兴趣，他们视赌博为一种乐趣，或一种乐在其中的消遣。我相信大部分人多不会认同他们这种观念，但在这一部分人中就有一种我们试称之为"赌博文化"的理念存在，甚至有人会上瘾。类似地，也不知从什么时候开始，我国又盛行另一种文化：酒席文化。宴请不断，酒席不断，在杯觥交错之中谈交易，谈项目，成功率似乎极高。这种"酒席文化"似乎更广泛地被认同。

我有时也免不了会被邀请参加一些宴请。当然因为我们没有权，也没有什么"交易"和"项目"可谈，仅是学术界礼节性的宴请。我们的宴请比起官场的和商界的要简单得多，也"寒酸"得多。但是一次次敬酒，一套套废话，一次次被迫站立起来与人碰杯，也实在令人厌烦，但也不得不应付，不得不无数次地"谢谢"。我个人是反感这种酒席的：浪费时间，浪费食物，也浪费口水。大家都知道这是一种陋习，但大家都会照样去做。

"赌博文化"和"酒席文化"，我认为都是不健康的或不必要的文化。但这也是因人而异，有的人必还会认为这是一种好的文化。有的有目光的企业家试图在自己的企业中建立一种健康的"企业文化"，他们是想在社会的大环境中创造一种企业的小环境和氛围，以形成诸如创新、民主、主人翁观念等的"企业文化"。很多事例说明，只要做得好，做得有效，这种有一定空间局限性的文化氛围会是很有效的。

我长期在学校的化学反应工程研究所工作并担任所长多年，使我遗憾的是我没有能建立研究所最需要的"创新文化"。我们所的同事们工作刻苦认真，专业素质也不差，同事之间也很团结，没有什么勾心斗角之类的事，遇到任务需要放弃休息、加班加点也绝无怨言。表面上看，我们研究所是团结、友爱、有战斗力的。但深入分析，所内同事都为人善良，"都是好人"，但就缺乏研究人员最需要的能动进取和创新精神，即创新文化。人是生活在群体中的一个一个的个人，人是会相互影响的。这种"好人文化"就影响了后人，成了所里的传统。我后来悟出一个道理，就是我已经没有能力去改变这种局面，所以我在 2004 年辞去所长后建议由于建国副校长来兼任我们的所长。建国曾是我的博士生，我了解他。他为人正直，做事泼辣，敢说敢当。但他也只是短时期兼任我们所长，由于多种原因，他没有能继续担任，也还来不及打开局面。事后我们的所长曾长期空缺，直至几年前才由赵玲教授继任所长。

我承认我没有能力在任期内使研究所成为一个富有创新潜力的所。所谓创新潜力应该有一些要素。首先是在于批判性思维的理念，即对一定的事物或概念有分析、识别、评价和自我校准的能力和习惯。据考证，这种思维方式是始于两千多年前由苏格拉底所倡导的思想，事实证明在今天也非常使人受益。重要的是使批判性思维成为习惯，成为一种"常态"，而这种习惯和常态必然只能通过长期的磨练养成。举例来说，我们听一个学术报告，报告后会由听众提问。从提问中可以明显看出听众的水平。如果听众提的尽是一些"反应器直径有多大？""操作温度是多少？"之类的浅显问题，给人的印象可能只是为提问而提问，而没有深入到那位报告人的研究工作的核心中去。从批判性思维的角度，也许应该提的是报告人的基本思想有什么问题，或研究方法上有什么需商讨之处等。有人认为听报告不应该只是全盘接受而是应该批判性地找出报告中的一些"毛病"，并认为报告后的提问是训练人们批判性思维的很好途径，这是有一定道理的。

我个人觉得批判性思维可能可以被看作是一种创新的源泉。举例说，当人们对现实中存在的一些事物感到不满足时就会去想有什么方法来取代或优化这种现实的存在。电动车可能是一个例子。当人们想到内燃机、齿轮箱、传动轴等一套繁复的装置不但笨重而且耗能时，会去想有什么方法可以使汽车更直接地被驱动。人们想到了直流电机驱动。于是问题就转化为电池的储能和充电的速率，也延伸到了混合动力车。移动电话大体也是如此：固定电话有不便之处，如果能随时随地接打该多好？这种不满足，催生了移动通信。我深信那位大名鼎鼎的马斯克（Elon Musk）应该是一位非常具备批判性思维能力的人。

创新的潜力在很大程度上依赖于团队精神。现代科学的重大成果很难设想是靠一个人或几个人获得的，而是应该依靠团队，包括我们经常说的"顶层设计"和"集思广益"，然而真正做到"集思广益"很不容易。我这里说的团队精神与个人能力的"冒尖"完全没有矛盾。真正的"个人冒尖"的人也应该是能够虚心听取别人观点的人，并且团队精神必然应包括思想的自由和民主的风气。我只是想说明团队精神十分重要。

创新的潜力还表现在团队的成员应该有很强的使各种知识和经验等融合与交叉的能力和自学知识的能力。我们已大可不必再去拘泥于专业的划分。你是什么专业，我是什么专业，你做你的，我做我的，然后开一个协调会之类进行对接，这些都是陈旧的观念和方法。主要的学识基础应该是数学和物理。有了数理基础，再有自学的能力和习惯，就不愁没有新的知识源泉。

创新的潜力还必须来自坚持的作风，即锲而不舍地思考和分析，不放弃一个细小的不能解释的现象。这也可以说是一种认真的态度。

也许这些都是我现今体会到的和比较理想的。但我必须承认，即使我体会到了，如再给我一次机会，我还是没有能力去改变现实。毕竟现实的力量过于强大，社会环境的影响过于强大，而我们又不得不在各种约束条件下存活。习惯势力是如此强大，而人们要改变这种习惯势力的思想文化基础又是如此脆弱，两者博弈的结果并不很使人乐观。记得几年前有一个"大黄鸭"的新闻。一位荷兰人异想天开地做了一个很大的黄鸭子浮在水面上，引发了很多人去看，特别是孩子们。不但在中国，在西方发达国家也很有"人气"。其实这也谈不上是什么创新，不过是把鸭子做得大一些罢了。大人带了孩子去看，孩子口干了，大人会买一些饮料给孩子喝，说起来还拉动了 GDP；也有人做了一些小鸭子，卖的钱做了慈善，这也是一件好事。然而在我国，却有不少人模仿地做了一些"大黄鸭"，这里放，那里也放，这本身也无可非议，但是应该看到我们是太热衷于模仿，却把创新的思维给压制掉了。又使我想起的是不久前在奥运会上一位女运动员说了一句她已用了"洪荒之力"。这表明这位运动员尽了最大的努力去获得好成绩，虽值得赞许，但仅此而已。然而我们的媒体一时把"洪荒之力"炒作得遍地皆是，无处不在。本来这"洪荒之力"也不是什么大发明，古籍上就有。但这么一炒作，似乎这是宣传艰苦努力的唯一表述方法；另外，似乎大家都既满足于，也热衷于无数遍地重复这些"热门"词汇。重复，在一定意义上是一种守旧的思维。这种社会文化环境，是与创新理念截然相反的文化。习惯于这种重复性的文化，创新思维又从何而来？

（8）

回顾长期从事的科研工作，我的一个体会是，我们一直是千方百计地去寻找和发现事物的规律，而我们能够做的仅仅是利用这种规律，并不是擅自去改变或违背这种规律来适应我们的需要。

我们可以举出化学工程中的很多例子来加以说明。我们所的赵玲教授课题组研究一种缩聚过程，为了加速这种高粘过程而需要尽快把低沸组分脱除使反应正向进行，而脱除这些低沸组分，其一是靠增大气液传质表面，其二是靠这种液体表面的不断更新。赵玲教授认识到这一点，她没有刻意地去考虑提高扩散速率之类的方法，而是研究了结构化流场的缩聚反应器，物系在借重力下降流动中依靠反应器中预先设计的流场结构反复更新了表面，很好地解决了这个问题。周兴贵教授的课题组在研究丙烯直接氧化制备环氧丙烷催化剂时，发现作为载体的钛硅分子筛的内孔道易被堵而影响催化剂的稳定性，也浪费了作为活性组分的金。他们不是刻意地去改变这种规律，而是顺应这种规律，有意识地预堵了分子筛的内孔，利用分子筛颗粒外表面，稳定了催化剂活性和反应的选择性，并节约了金的用量。

发现规律，但并不是"顶撞"这些被发现的规律，而是顺应"规律"，想方设法利用规律，以达到我们的目的。"认识规律，顺应规律，利用规律"，而不是顶撞规律，这个道理似乎十分简单明了，谁都明白，但是在实际工作中却并不都是如此。

有一件事我想记述一下。我生于 1935 年。也就是在 1935 年，后来成为我岳父的胡焕庸教授在《地理学报》上发表了一篇题为"中国人口之分布"的文章。他是一位地理学家。他从当时的人口统计数据中，以一万人为一点，在我国地图上标了 2.5 万个点，统计了人口的分布。他以黑龙江的瑷珲为一端，以云南省的腾冲为另一端，画了一条线，叫"瑷珲－腾冲线"（后瑷珲改名为黑河，故又称"黑河－腾冲线"），现在人们都称作"胡焕庸线"或"胡线"。这条线看似一条近 45° 的直线，把中国分为西北和东南两部分（见图）。西北部分占地约为全国的 57%，但人口约为 6%；东南部分占地约 43%，人口约 94%。人口分布严重不均匀。他认为，由于自然条件及社会的原因，在今后很长的时期内，这一人口密度分布将不会有大的改变。

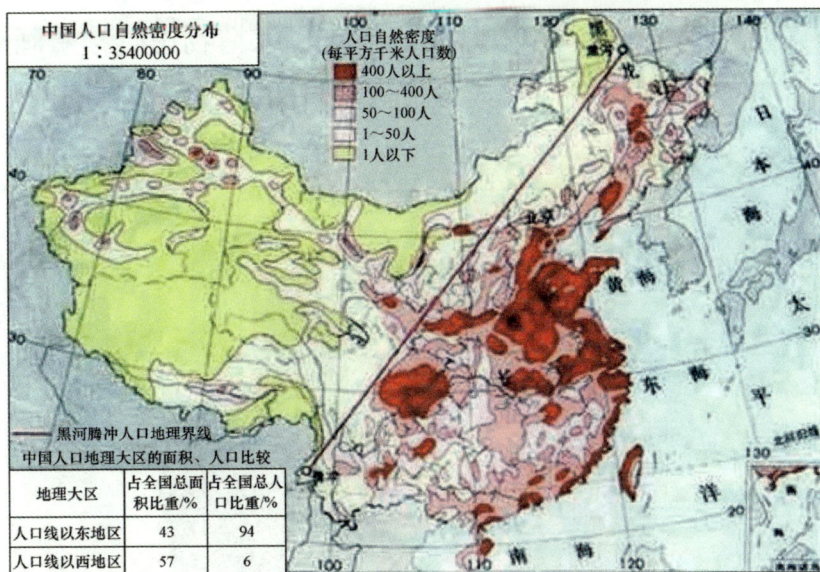

"胡焕庸线"示意图

地理学界认为，"胡焕庸线"有地理学的及社会学的基础：水文、气候、地貌、植被、宗教、民族等因素。在二次大战期间，作为我国盟国的美国政府曾将"胡线"材料译成英文供参战的美军参考。在 2009 年庆祝中国地理学会成立 100 周年的时候，曾由国内地理研究最负盛名的大学提名中国地理百年大发现，其结果是"胡线"被列为第二大发现（第一为珠峰精确测量）。

地理学界把"胡线"看作是一个规律。他们认为这个规律是无法"打破"的，因为它有地理学的及社会学的基础，但是可以在认识到这个规律存在以后，采取有效措施而被"突破"。新中国建国以后单是西北两个兵团的建设，据说就迁了 1700 万人，三线建设又迁了千百万人，但是迄今为止，这个分布仍没有被打破，这是光靠宣传、号召和行政命令所无能为力的。在 1935 年这篇论文发表的 80 年后的今天，我国人口已增至 13 亿，但这个 94% 和 6% 的人口分布比例还是不变。腾讯公司公布了 2014 年 4 月 11 日 QQ 在线突破 2 亿的用户分布图，仍是符合当年那条"胡线"两侧的人口分布。李克强总理于 2014 年 11 月 27 日参观国家博物馆时指着画有"胡焕庸线"的大幅中国地图问"如何破胡焕庸线？"（见图）

2014 年 11 月 27 日，李克强总理参观国家博物馆时在画有
"胡焕庸线"的大幅中国地图前

我的认识是，"胡线"当然不是不可破。它只是说明了一个规律，是通过研究发现并得到科学解释的。要顺应规律，因为事实已证明靠行政命令，靠声势浩大，是没有用的。认识到了规律，利用规律，改变形成这种不均衡的内在原因，才有可能突破"胡线"。学者们有很多好的见解。在2014年11月由华东师大、中国地理学会和中国人口学会举办的关于"胡线"的研究讨论会上，中外学者们曾就突破"胡线"提了很多好的意见，多是从区域经济均衡的角度出发的。例如王铮教授写了很好的文章，他提出了在西北大力发展信息产业的想法，也非常有见解（《文汇报》，2014年12月2日第六版）。我写上这一大段，只不过是想说明发现和认识规律是科学家的任务，如何利用发现的规律，是应依靠大家，特别是依靠领导人了。但是，通过研究发现的并已得到证实的规律，绝不要去做违背它的事。让我们稍稍再回顾一下当年的"大跃进"之类的做法，违背规律的后果就十分清楚了。其实我国是不乏这些经验和教训的。

　　使我感触很深的是，一次我出差成都，主人请我去看了都江堰水利工程。我站在高处看着蜀郡太守李冰及其子于公元前256年修建而至今尚在使用的治水工程，实在是无尚钦佩。我听了四川大学水利系老师的介绍，后来又兴趣所至，看了一些有关的资料。一个太守，按理来说不是什么水利专家，按今天的说法，他应该是一名"高官"。2300年前，大概也不会有什么科研。但他们父子两位高官却汲取了前人的治水经验，从老百姓口中听取了很多有益的知识，大概也仔细观察了地形和水情，却把治水的规律了解得如此清晰透彻，通过工程实现了分流和灌溉的双重功能，这实在是一项非常成功的"认识规律、顺应规律、利用规律"之举。

　　说到水利工程，老百姓一般是无能为力的，这通常是一种国家行为。新中国成立以后国家投入巨资，兴修了很多水利工程，有成功，也有失败，有的成功了，但是留下了很多"后遗症"，有的"后遗症"还是很严重的，譬如生态的或环境的。我们现在有了那么多的高水平专家，有那么多高水平的研究机构，我们的"高官"尽可以学学2300年前的李冰父子，把事情做得透明些，民主些，多听些逆耳的忠言，少听些"顺耳"的奉承话。一句话，多研究一些规律，不要去做违背这些自然界规律的事。科学家已经研究了这些规律，我们只能顺应这些规律，并且根据科学的原理，利用好这些规律。

哪里都有规律。自然界有，工程界有，经济界也有，甚至教育也有教育的规律，都是只能顺应利用，不能违反的。"救市"之类的措施，得不偿失，是违背经济规律的，得到的结果是房市泡沫增加和实体经济萎缩，而后者却是国民经济的支柱。没有强大的实体经济，谈何现代金融？我们不能老是参照发达国家的数字行事，说美国的服务业占GDP多少来看我国服务业比例太低。要知道他们的实体经济有多么强大，以至于运用金融的力量来强化实体经济，可以做到皆大欢喜，而并不是为了追求数字。又例如我们要城镇化，说美国城镇化比例是多少多少等，似乎城镇化比例高了，国家就变得发达了，富有了。可是要我们的农村人口迁到城镇来，离开他们祖祖辈辈耕作的土地，又让他们来干什么？我们的城镇有那么多就业机会么？这就有些像破"胡焕庸线"的思考，要人口向西北迁移，首先应该改善那里的生态，开创区域经济均衡局面，而不是靠行政手段。这才是顺应规律的做法。

我以我从事研究工作数十年以后的一点小小的体会来总结本文，那就是研究工作本身就是为了去发现和认识客观世界的规律。认识了规律就必须尊重它，顺应规律，才能使事情成功。违反了规律，不论出发点怎样，不论是高贵者还是卑贱者，其结果必是轻则失望，重则失败。

与疾病"和平"相处

在撰写本文时，我已是 81 周岁有余了。有时恍然想起，我已经活了那么多年，自己却也会小吃一惊。主要是，我似乎还保留着以前那种与老成和世故保持距离的人生姿态，如果允许我说，还有些单纯处世的纯真情怀，和通常人们感觉中的"老人"的思维稍有差别。另外，可能是因为我还在工作，因此我接触的多为中青年人，特别是中年人。"近朱者赤"，自己也就感到和他们相差不多了。

"忘了年龄"，据说是一种好的习惯。人们看到我，可能会说看样子你身体还好。然而我自己心中有数，我的健康状况并不好：经历过多种疾病，现在尚有多种疾病缠身。我写这一篇，也只是为了说明，疾病几乎终身伴随着我，因此写我的工作和生活，不写疾病似乎有些不"公平"，我的一生也只是设法和它们"和平"相处罢了。

（1）

从小瘦弱，这大概是人们在儿时对我的普遍印象。我妈妈后来告诉我，她和我们的亲戚们都曾经担心我怕是"养不大"了，意思就是很可能会"夭折"。

十岁以前住过几次医院，最严重的一次大概是白喉。这在当时可是一种致命疾病。还记得一次是切除扁桃腺，这当然是无所谓的事，是我妈妈听了一些医生的话，说切除扁桃腺后身体可能会好一些，也就切了。我之所以还记得切扁桃腺，并不是因为病痛，而是因为在切除后的恢复期，医嘱要给我吃冷饮，如冰淇淋、冷牛奶之类。我爱吃冰淇淋，所以那段时间印象深刻，过后还问妈妈，什么时候再给我切除扁桃腺，其中的原因是因为我想吃冰淇淋，妈妈说已经切完了，没有了，我才明白过来。这件事情记忆犹新，不是由于疾病，而是为了吃冰淇淋的缘故。

小学五年级的暑假得了伤寒，挺过来了，但瘦得不成人形，后来虽然慢慢恢复过来，但体质却一直很弱，小毛小病不断。我又不主动锻炼，在中学里上课最怕上体育课。

到了大学，我似乎有些赶时髦，说是得了神经衰弱症，但我至今还有些怀疑，是不是真的得了神经衰弱。那时候同学们都因功课压力大而睡不好觉，他们到医务室去要了一种称作"巴甫洛夫溶液"的深棕色液体药，据说可以治疗神经衰弱，我没有什么功课压力，可能有些"无病呻吟"，于是也去要了一些喝。过后想想，不一定是什么神经衰弱，很可能是我自己习惯于在睡前，在万籁皆寂之时独自一人反思一天发生的事情（见《半生行悟——亲历与随想》）而影响了睡眠的缘故。

使我最担心的是 1954 年我在大学一年级结束后的那个暑假，我得了脑膜炎。我知道脑膜炎的后遗症可能是十分严重的，特别是对智力的影响。暑假第一天一早我就感到头痛、恶心、脖子僵直，且伴有发烧，我看了家里那本老旧的医书，书中所述脑膜炎症状与我的几乎可以完全对得上号，于是我就担心起来。我独自走到位于北京西路上的上海第一公费医院，当时就被诊断为"脑膜炎待排"而住院。随后做了腰椎穿刺，化验了脑脊液证实了我确实患了脑膜炎。一年级课程全优，正是风华正茂之时，却得了这种病，当时我心灰意冷，感到一生完了。直到后来病体逐渐恢复，脑力似乎也并没有多大减退，才放下心来。

在后来的日子里，小病不断，我也不想去记述。到了"三年困难时期",粮食供应十分困难,当然更谈不上营养了,并且那时我们的研究工作分外紧张,使我不得不夜以继日地做实验、做计算、写论文,也顾不上健康了。从那时起,自己有时就感觉不适,实际上是一些疾病引起的。如双侧肾脏下垂,多达10厘米。由于下垂造成的输尿管扭曲变形,常致肾盂肾炎,并有腰酸腰痛感觉。这算不上什么大病,但却很不舒服,特别是在劳动时。又如在北京工作期间不时有胃出血,医生说是胃溃疡。又有慢性腹泻,一天可达十余次之多,这在"五七"干校劳动时表现得尤为严重,医生说可能是与在"三年困难时期"肝脏受损有关,但也无法探个究竟。

这些都还是在我的中青年时代的疾病,但是真正的考验却来自我逐渐步入老年之时。

(2)

1991年我们的化学工程联合国家重点实验室刚刚建成开放。一天我们几个实验室主任坐在一起商议走出去看看的事。我们一致同意去访问德、法两国的有关学校及研究机构,并去参观在法兰克福举办的国际上规模最大的化工博览会。我对此也颇有兴趣,因为我从未访问过法国,而它正是我非常向往的国家。

我们好不容易得到了法国的签证。虽然访问非常短暂,但我们还是有机会在去德国前在巴黎观光了一天。前一天听说第二天巴黎的公交工人要罢工一天,我们还似信非信。早上我们离开驻法使馆招待所时还搭上了地铁,当参观完埃菲尔铁塔后,我们发现公交全部瘫痪,连出租车都已销声匿迹。然而我们当然不能放弃这个难得的机会,于是就安步当车,人手一张地图,在巴黎步行参观。虽然这个城市比起北京和上海来要小得多,但是靠步行观光还是难以应付。虽然巴黎美景宜人,但我自知体力已经不支,特别发现是左大腿后侧有一处麻木,很不舒服。当时没有在意,想当然是路走多了,疲劳所致。就这样坚持步行回到招待所。

回国以后，不论如何休息，腿麻不但不见好，而且麻区似有扩大之势，我去医院（当时只能到区级医院看病），医生说这是神经痛，吃些维生素 B1 就会好，后来又开了针剂，我家里反正人人都会打针，我就请俊中给我在家注射。我治疗了半年，丝毫未见好转。我不得已就请医生给我"转院"到华山医院。第一次到华山医院看门诊，我不知道该看什么科好，就去挂了骨科号。看门诊时张至玉医生二话不说，就开了一张 X 光检查单要我去查腰。我暗自想，我是腿麻，他怎么要我去查腰？但不想一拍 X 光片就发现腰椎内有"可疑占位"，而就是这个"占位"影响腿部感觉的。

进一步的是做磁共振检查。在我前面做的一个病人，病情很重，也是腰椎病，已不能走路，几乎是爬着由人抬上检查台去的，而我却像常人一样，昂首阔步地走入检查室。检查结果是我那一束"马尾神经"上长了一个肿瘤。我还不信，心想可能检查的医生弄错了，错把我前面那位已经不能直立的病人检查结果误加到我头上了。我要求医生再为我做一次磁共振检查，因为我把希望寄托在"误检"上。但是再一次磁共振检查结果无情地告诉我：第一次检查没有错，我确是在马尾神经上长了一个肿瘤。这就是不同医院医疗水平的差别。如果按我起始时的区级医院那种维生素 B1 治疗，可能不久就会出现下肢瘫痪。

接着就别无选择地考虑手术治疗。华山医院的神经外科是全国闻名的。我转到了华山医院。手术分为两个阶段，前一阶段是打开脊椎，使马尾神经暴露出来，这是骨科医生做的，然后由神经外科医生切除马尾神经上的肿瘤。

马尾神经之称是来自它是呈神经束状的，有点像马的尾巴。它管住四肢的运动，越向下，它管辖的部位越低。我的腿麻，就是说明肿瘤长的位置已经相当低了。医生的判断是，切除了肿瘤，必然影响这一束神经，因此存在下肢部分瘫痪的风险，要我们作好思想准备。

那是在 1992 年年初，我已住在华山医院的高干病房。病房位于大楼的第 14 层，从病房的窗口向外望去，上海总体上还是往日的上海，尚能看到今天沪闵高架在中山西路上的立交路，以及高架路上的灯火。华山医院的 14 楼病房与中山西路的高架路之间是一片低矮房，这与今天高楼林立的上海是无法比拟的。我意识到上海即将来到的巨变，因为最高领导已作了"南巡讲话"，已作了开发浦东的指示。一个繁华的上海即将呈现。然而那时的我却被那即将到来的手术所折磨，思想上非常悲观。我曾写过，悲观似乎一生陪伴着我。医生说根据马尾神经的根数，推算手术致瘫的可能性大概在 15% ～ 20%。我想我大概会落在这不幸的 15% ～ 20% 之中，并将在病榻上度过余生，未来上海的繁荣将与我无缘了。

我的手术方案是先由骨科医生打开脊椎，再由神经外科医生切除肿瘤。医院指定的一位骨科医生学历不高，资历也一般，因而俊中非常担心他是不是能够承担这一涉及我未来的手术。她不敢在我面前有所流露，只是独自站在病房走廊尽头的窗口前偷偷垂泪。正好我们学校曾经教过俊中课的吴指南教授也住在同一楼的病房。她看到了俊中的神态，就问了原委，安慰了俊中，并给陈敏恒校长打了电话。老陈来院约见了医院的一位副院长，由此改派了经验十分丰富的骨科张至玉教授来主刀骨科手术，神经外科副主任徐启武教授主刀肿瘤切除。在征得医院同意后，特准我校医务室的一位外科医生在手术时进入手术室观察和协助。

应该说手术十分成功，术后我也没有瘫痪。但由于切断了三条马尾神经，一条受伤，自此落得了一种无可避免的后遗症：我的左腿及其小腿下端会发生抽痛，有时会剧烈疼痛。在疼痛最为剧烈的时候止痛药根本不起作用，那时我甚至考虑过截肢，但剧痛过后也就不想了。这种疼痛伴我至今。好在每次周期性的剧痛只持续一两天时间，熬过去就可以"太平"一两个月，与下肢瘫痪相比无疑已是好得多了。我也"认命"了，相信我这一生将注定与这种疼痛为伍，直至生命的终点。

（3）

2001 年前后，华山医院的医生在体检中发现我的前列腺有一处"占位"，这意味着有产生肿瘤的可能。

自从我发现并切除了我的马尾肿瘤以后，我的医疗关系就从原先的区级医院转到了华山医院。华山医院名气很大，它的神经外科、皮肤科和手外科等在国内外享有盛名。华山医院是我很喜欢的医院，除了医疗水平和医护服务外，我也喜欢它的位置：在上海市中心，离我们原来的家，也就是我父亲生前的住处不远。门诊为我看病的黄延焱医生后来成了我的好友，她后来被提升为教授和老年科主任，并且担任一个高干病区的主任，以收治神经内科病人为主，我也曾多次住过她任主任的 28 病区的一个单人病房。对我们来说，不论什么病，即使是外科病或年度体检，也可以选住她主持的病区。

在 2001 年前后的一次体检中，发现了我的前列腺有"占位"，并且我的"前列腺特异抗原"，即 PSA 略高，怀疑有前列腺癌的可能性。但请外院的专家检查后说只是"积石"，并无大碍，我也自我感觉良好，认为不会是癌。我"随访"多年，直到有一次华山医院一位年轻的泌尿科医生来到我的病房，他对我提出了"严重警告"，说必须十分重视我的前列腺问题。于是我按他的嘱咐再到外院请专家作了检查，并通过 2006 年年末的一次活检确诊我患有前列腺癌，而且前列腺的包膜已经"破损"，扩散的可能性增加。

虽然不少人都安慰我说前列腺癌患者众多，并且并不凶险，但是作为当事人，我自然也有一些不安。多亏因特网的帮助，我搜索了国内外医学界提供的信息。虽说这种东西并不凶险，但美国每年因前列腺癌及相关疾病死亡的病例一直稳定在 20 万到 22 万之间，

袁渭康自传

因此也并不能很乐观。国外医学界广泛报道，肿瘤的治疗方案是需要由医生和患者共同决定的。因此我也比较了多种治疗方案，特别是通过网络查阅了比较多的文献资料，应该说，那时候我已可以说是一个半通不通的前列腺癌"行家"了。

我十分感谢领导的关心。市科委的领导曾亲自到病房来看望我，并要华山医院的一位副院长，也是一位泌尿外科专家来到病房与我一起讨论治疗方案。我非常感谢我校当时的党委办公室主任，现任的党委副书记陈麒教授，他多次在繁忙的工作之中抽时间陪同我去拜访了上海几位最负有盛名的泌尿外科专家，讨论我的治疗方案。中国工程院医药卫生学部的顾健人院士是肿瘤专家，他亲自过问我的病情，出了很好的主意，并帮助我落实了治疗方案。最后，医生和我一起决定采用放射联合内分泌治疗的方案。由于华山医院没有这种特殊的适型调强放疗（IMRT）设备，学校党委想方设法把我的医疗关系转到了华东医院。虽说是转医疗关系，但也并不容易，因为据说华东医院的"级别"比华山医院高。市科委领导还亲自给华东医院的俞院长打了电话，请他关心，因此我到了华东医院就有幸入住1号楼（南楼）三楼病房。病房条件很好，宽敞的单人病房，设施齐全，推窗而望可见大片绿地和参天大树，医护人员态度良好，护理周到，有客人或学生来访讨论工作也十分方便。1号楼是著名的匈牙利建筑师邬达克设计的，虽然建成已近百年，但仍然可见气魄宏大。我最喜欢1号楼的客厅以及厅内令人印象深刻的大壁炉。晴天我会到绿化地散步，雨天则可以在楼内大客厅散步，并且一面欣赏楼的建筑美。这样华东医院1号楼三楼病房便成了我住院的固定去处，每次治疗和体检都会住在1号楼三楼病房。三楼病房是巴金先生和谈家桢先生生前住过的，我为得到了与这些大人物相当的待遇而自愧。

我接受了40次放疗，直到达到射线治疗的允许限度，并且同时使用注射的内分泌疗法。我的前列腺特异抗原PSA很快就恢复了正常。但是这种内分泌治疗是抑制激素的，有一些副作用，其中最难忍受的是盗汗。我在"系主任－所长－实验室主任"一文中曾提到在一次国际会议上做大会报告时因盗汗而影响效果，因而在回上海后就要求医生停止我的药物治疗，虽然医生并不同意，而是在我的坚持之下才停药的。我那时在网上查阅了很多文献，其中讲到了美国的研究成果主张适时停药，在 PSA 再增高情况下再用。所以后来我还下载打印了有关材料给医生参考，医生才同意停药的。

就在我第一次因前列腺癌住院治疗期间，学校正好要开一个会，请了几位院士前来，要求我也从医院请假回到学校开会。会间讲起我正在住院治疗，来开会的有何鸣元院士。何先生那时还在石油化工科学研究院兼职。会后他回到北京，并告知同在石科院工作的闵恩泽院士我的情况。不料不久后我收到闵先生写的一封亲笔手书信，他是从何先生那里得知我的病情的。闵先生在信中安慰我，并劝慰我不必过于担心，说他在几年前也因前列腺癌接受内分泌治疗，现在情况良好。我很感激闵先生的来信。他是我的师长辈，一直对我的成长关心，那时他虽已年近 90 尚亲自动笔，我在感动之余当然写信致谢。

治疗显然是很有效的。几年前的一次体检中，泌尿科主任偕同负责我治疗的林兴主任来到病房给我作了检查，离开病房前开玩笑地说："我们要与你说再见了"，意思是说以后不用再每次都需要做指检了。

（4）

2011 年年中，一次偶然事件使我脑部受伤，我当时并没有意识到其严重性，过了几天还和妻子俊中一起到北京参加院士增选会议去了。但是在北京有几次感到略有头晕。于是回到上海的次日我就去华东医院就诊。医生要我去做头颅 CT，并且立等结果，结论是头颅硬膜下严重血肿，由于血肿已明显压缩大脑，应立即住院准备手术。我说回家取一些洗漱用品，他们也不让，但我还是想回家一次。过了一会我看到我们的党委沈书记和党办主任陈麒，以及钱锋副校长来到急诊室，与他们同来的还有我的秘书小潘。原来是医院方面为了平息我的情绪打电话到学校党委。书记亲自过问，我当然只得听从。于是我乖乖地进入病房，由小潘到我家取来了必要的生活用品。

那是 2011 年 7 月 5 日，星期二。医生告知手术将请华山医院神经外科江成川教授来华东医院主刀，定在下周一下午。我病情逐渐恶化，周四时医生通知提前到星期五下午手术。那天包括党委书记在内校领导也都来了，我进手术室时已经昏迷，没有知觉。手术后待麻醉过去，醒来已是次日凌晨大约三四点钟。我也不知道我已是在 ICU 病房，只感到手足被约束固定，十分不适。那时我已完全清醒，于是就问护士为什么把我捆绑约束起来，她说你做了手术，怕出意外，必须把手足固定。我说我怎么会做手术？但随后转念想想，又清醒了一些：我进医院原本就是要来动手术的，所以护士说得不错。我请护士开恩，把我的手足松开，我保证不会拔去插在我头颅里的管子，她说这不行，只有医生吩咐了才能松开。我又谎称我要上洗手间，她又说你正在导尿，没有关系的。直到天明，俞卓伟院长来了，才把我松开。我的手恢复自由后的第一件事就是给家里打电话，俊中接电话时大吃一惊，她说"你已经能讲话了？"因为我的声音已与常人无异。

又通过插管放掉了头颅里的血肿和血水，病情恢复良好，我又回到了自己的病房。华东医院神经外科的孙主任来看我时，我问："如果不是提前手术，会发生什么情况？"他回答说，"这种病如果不及时手术，那结果就是"，他迟疑了一下，然后说出了很干脆的两个字"死亡"。快出院了，医生叮嘱不能乘坐飞机、火车……，甚至汽车，在家里站立、坐下、走路等必须十分缓慢，以防止伤口再度出血。我习惯比较快地动作，包括走路、站立等，常常会忘了医生嘱咐，以致颅内出血不止。在后来的检查中确实发现血肿还在继续，因此是否要再次手术成了一个问题。不久后的 11 月 1 日我再次入住华东医院，准备再次脑部手术。各项准备工作都在有条不紊地进行着，主刀还是华山医院的江教授，手术安排在 9 日下午。7 日晚略有小雨，晚饭后我无法到外面散步，就在 1 号楼大厅里绕圈子散步，为第二天的手术准备理理情绪。正好俞卓伟院长进来，打了招呼。他问我这次住院为了什么，我就如实告诉他是再次做头颅手术的。他听后说头颅手术是一个重要的事情，必须再次请专家会诊，再作决定。第二天上午，没有给我理光头，我暗想：有转机了。下午，华山医院的神经外科主任周良辅院士来了，与医生们在会议室看片子讨论。我用通常的思维估计，他不大会推翻医生们原有的方案。讨论结束了，周先生踏入病房，后面跟随着一群医生。他在沙发上坐下后缓声说，根据他的考虑，暂缓手术，他估计血肿会缓慢地被吸收。这是一个力排众议的决定，因为所有的在场医生都认为我应该再次手术。我当然十分高兴，可以少挨一刀了。华山医院神经外科赫赫有名，周先生又是这个领域最知名的专家之一，当时也只有他才能"翻"这个案。他讲话了，众医生无话可说。临别时，周先生开玩笑似地对我说："你以后别再去翻筋斗了"。意思就是要我动作缓慢些，不要再做比较剧烈的动作。当时我和周先生还不大熟，但此后每次开会见到他时，总会回忆起他帮我"翻案"的往事而感谢他。

果然，血肿逐步被吸收，我逐步恢复了正常的生活与工作。

（5）

在撰写本文过程中，与一位朋友谈起文章的题目。他笑着问我，人家都说与疾病做斗争，你却说与疾病和平共处，岂不有点不对，缺乏了斗争精神。我说这话不是我说的。刚得前列腺癌时的 2007 年春节，市领导来病房看望病人，当别人介绍我的病情及治疗方案时，那位市的主要领导说："你就和它（指癌肿）和平共处吧。"至今我还记得他说的"和平共处。"

"斗争"与"和平共处"只是比较形象的说法。我认为所谓"和平共处"，还是一种可取的、避免"过度治疗"的途径。目前医学界在宣传应避免"过度治疗"，实际上也隐含着得过且过、和平共处的意思：能不检查就不检查，能不吃药就不吃药，能不动刀就不动刀。

一次与我校胡英院士闲聊。胡先生比我年长一岁。他说如果人活 100 岁，从健康和生命的角度算是得了一个满分，那我们活到了 80 岁，也可以算是得了一个 80 分，也可以了。我想他这话也有一定道理。的确在我的中青年时代，我没有一个争取活多少岁的目标和打算，可能是那时觉得想这种事还早着呢，也可能那些时候想的多是一些工作和生活上的事。现在回头一看，心想怎么我已经活了那么久了？如果不是改革开放后医疗条件改善，生活条件改善，怎么可能活那么久呢？这么一想，什么事都可以想开了。最近就在撰写本文的时候，医生又怀疑我可能已患了另一种很凶险的癌症。我很平静。我想患就患吧，只要到时候不要太痛苦，就"则安之"吧。

后　语

本篇定名为《一路行思——人生与思考》，既讲到是"一路行思"，又被收集到院士传记中去，这"一路"自然指的是人生之路，也就是时间跨度为我的一生。

这一生，说平淡无奇也可，说跌宕起伏似乎也可。总体来说，虚度八十，既无大功，也无大过，算是平平淡淡更加合适。人生在世，有大功者寥寥，有大过者也不多，多数是平常人。从这个角度，我也可以说是这个绝大多数的芸芸诸生中的一员，写出来，供同是平常人的读者闲时一阅，似也无不可。

本篇拟与早先已由上海人民出版社出版的拙作《半生行悟——亲历与随想》互为姐妹篇，合起来形成我的"自传"。但是这本"自传"，又有一点旁门左道，不是严格按时间顺序来排列，而且还不时不识时务地穿插了一些"思考"和"随想"，难免给人有一种"不伦不类"之感。然而在组稿之初，我就与出版社说明，我已记不清我一生的"流水账"，要写我就写几个时间点，略为展开成一个小小的面。这样就成了一本时间和地点的"阵"。如果允许，我就按这个"旁门左道"的思路去写，就像一个矩阵以时间为行、地点为列，但很多的元素为零值，也就是没有写到，表示没有什么可写，或者有意规避。

一本时间和地点意义上残缺的杂记，就成了我的自传。他们同意了，可能多少有一些保留。设身处地想想，他们也很有道理：按部就班，总是最稳妥的。我建议读者在阅读这本书的时候，可以按苏轼说的"横看成岭侧成峰"那样，随心所欲地去看，可能会有"远近高低各不同"之感也说不定，而这一点正是我的本意。

附　录

附录一

学习、工作大事记

1935 年　7 月 1 日出生于上海

1940 年　进入幼儿园（幼稚园）学习

1941 年　进入上海长乐路上的炳生小学学习，直至 1947 年毕业

1947 年　进入圣芳济中学学习

1953 年　从时代（原圣芳济）中学毕业，进入华东化工学院（今华东理工大学）化工机械系学习

1957 年　从华东化工学院毕业，统一分配报考华东化工学院化学工程研究生

1958 年　2 月通过研究生入学考试，成为华东化工学院化学工程专业研究生

1962 年　2 月华东化工学院化学工程研究生毕业。通过统一分配开始在北京化工学院化工原理教研组工作

1966 年　6 月"文化大革命"开始，教学与研究均被停止

1968 年　下放位于河南驻马店的"五七干校"进行劳动锻炼

1969 年　9 月因"复课闹革命"的需要，奉调回北京参加科研，在燕山石化胜利化工厂参加调研，准备科研

1970 年　开始在北京化工研究院做固体颗粒循环实验，研究结果除向当时化工部第一设计院提供设计资料外，还在 1972 年 4 月的全国化学工程技术交流会上宣读，并从此开始调往华东化工学院的进程

1973 年	6 月调到华东化工学院化工原理教研组
1976 年	10 月"文革"结束,参加粉碎"四人帮"的庆祝活动
1977 年	被提升为讲师
1977 年	年末及 1978 年初 领导通知出国进修,并参加一次全国性的英语考试,获准成为改革开放后第一批公派出国人员
1979 年	8 月从北京出发转道巴黎前往美国麻省理工学院化工系
1981 年	10 月结束进修回到华东化工学院
1982 年	年初破格提升为副教授
1983 年	年初被任命为化学工程系主任
1983 年	11 月加入中国共产党
1984 年	6 月国家教委特批为教授、博士生导师
1984 年	10 月被任命为化学反应工程研究所所长
1984 年	9 月第一次参加国际化学反应工程讨论会(ISCRE)
1989 年	9 月开始学术休假,先在丹麦技术大学,后在美国弗吉尼亚大学,于 1990 年 5 月回国
1990 年	9 月决定启动争取在我国主办 ISCRE 的程序
1991 年	1987 年批准立项经过四年筹备的化学工程联合国家重点实验室通过验收,任实验室副主任和华东化工学院分室主任
1998 年	启动中法化学和环境工程可持续发展联合实验室,任中方负责人
2001 年	出任化学工程联合国家重点实验室学术委员会主任
2002 年	9 月第 17 届国际化学反应工程讨论会(ISCRE-17)在香港会议中心举办。我作为两主席之一主持了会议
2004 年	辞去联合化学反应工程研究所所长

附录二

主 要 论 著

1. Weikang Yuan. Targeting the Dominating-scale Structure of a Multi-scale Complex System: a Methodological Problem. Chemical Engineering Science, 2007,62:3335-3345.

2. Weikang Yuan, Mooson Kwauk. Reactor Engineering: Science, Technology, and Art. Ind. Eng. Chem. Res. , 1997, 36, 2910-2914.

3. Wende Xiao,Kaihong Zhu,Weikang Yuan, Henry Hungyeh Chien. An Algorithm for Simultaneous Chemical and Phase Equilibrium Calculation. AIChE Journal, 1989, 35(11):1813-1820.

4. Zhenmin Cheng, Abdulhakeim M. Anter, Weikang Yuan. Intensification of Phase Transition on Multiphase Reactions. AIChE Journal, 2002, 47(5):1185-1192.

5. Dachao Li, Tao Liu, Ling Zhao, Weikang Yuan. Controlling Sandwich-structure of PET Microcellular Foams Using Coupling of CO_2 Diffusion and Induced Crystallization. AIChE Journal,2012,58(8):2512-2523.

6. X.G. Zhou, W.K. Yuan. Modeling Silver Catalyst Sintering and Epoxidation Selectivity Evolution in Ethylene Oxidation. Chemical Engineering Science, 2004,59: 1723-1731.

7. Yi'an Zhu, De Chen, Xinggui Zhou, Per-Olof Åstrand,Weikang Yuan. First-principles Calculations of C Diffusion through the Surface and Subsurface of Ag/Ni(100) and Reconstructed Ag/Ni(100). Surface Science, 2010,604: 186-195.

8. Yu Chen, Yanpeng Mao, Haisong Zhu, Xiangli Long, Weikang Yuan.

Catalytic Reduction of Hexamminecobalt(III) by Pitch-based Spherical Activated Carbon(PBSAC). Clean-Soil, Air, Water, 2010,38(7): 601-607.

9. Wenyao Chen, Jian Ji, Xiang Feng,Xuezhi Duan, Gang Qjan, Ping Li, Xinggui Zhou, De Chen, Weikang Yuan. Mechanistic Insight into Size-dependent Activity and Durability in Pt/CNT Catalyzed Hydrolytic Dehydrogenation of Ammonia Borane. J.Am.Chem.Soc., 2014,136: 16736-16739.

10. Xiangli Long, Wende Xiao, Weikang Yuan. Kinetics of Gas-liquid Reaction between NO and $Co(NH_3)_6^{2+}$. Journal of Hazardous Materials B, 2005,123: 210-216.

11. Yi'an Zhu,De Chen, Xinggui Zhou, Weikang Yuan. DFT Studies of Dry Reforming of Methane on Ni Catalyst.Catalysis Today,2009,148:260-267.

12. Yi'an Zhu,Xinggui Zhou,De Chen,Weikang Yuan. First-principles Study of C Adsorption and Diffusion on the Surfaces and in the Subsurfaces of Nonreconstructed and Reconstructed Ni(100). J.Phys.Chem. C, 2007, 111:3447-3453.

13. Zhiming Zhou, Tianying Zeng, Zhenmin Cheng, Weikang Yuan. Diffusion-enhanced Hierarchically Macro-mesoporous Catalyst for Selective Hydrogenation of Pyrolysis Gasoline. AIChE Journal, 2011, 57(8):2198-2206.

14. Zhenmin Cheng, Abdulhakeim M. Anter, Xiangchen Fang, Qiong Xiao, Weikang Yuan. Dryout Phenomena in a Three-phase Fixed-bed Reactor. AIChE Journal, 2003,49(1):225-231.

15. Zhenmin Cheng, Weikang Yuan. Influence of Hydrodynamic Parameters on Performance of a Multiphase Fixed-bed Reactor under Phase Transition. Chemical Engineering Science, 2002,57:3407-3413.

16. Z.M.Cheng, F.D.Yu,G.Grevillot,L.Luo,D.Tondeur,W.K.Yuan. Redistribution of Adsorbed VOCs in Activated Carbon under Electrothermal

Desorption. AIChE Journal,2002,48(5):1132-1138.

17. Zhiqiang Jiang, Weixing Zhou, Bing Xu, Weikang Yuan. Process Flow Diagram of an Ammonia Plant as a Complex Network. AIChE Journal, 2007,53(2):423-428.

18. Zhiming Zhou, Zhenmin Cheng, Zhuo Li, Weikang Yuan. Determination of Effectiveness Factor of a Partial Internal Wetting Catalyst from Adsorption Measurement. Chemical Engineering Science, 2004,59:4305-4311.

19. Zhenmin Cheng, Xiangchen Fang, Ronghui Zeng, Baoping Han,Lei Huang,Weikang Yuan. Deep Removal of Sulfur and Aromatics from Diesel through Two-stage Concurrently and Countercurrently Operated Fixed-bed Reactors. Chemical Engineering Science, 2004,59: 5465-5472.

20. Haiyu Qi, Xinggui Zhou, Lianghong Liu, Weikang Yuan. A Hybrid Neural Network-first Principles Model for Fixed-bed Reactor. Chemical Engineering Science, 1999,54:2521-2526.

21. Q.Xiao,Z.M.Cheng,Z.X.Jiang,A.M.Anter,W.K.Yuan. Hydrodynamic Behavior of a Trickle Bed Reactor under "Forced"Pulsing Flow. Chemical Engineering Science, 2001,56: 1189-1195.

22. Wende Xiao, Hui Wang, Weikang Yuan. Practical Studies of the Commercial Flow-reversed SO_2 Converter. Chemical Engineering Science, 1999, 54:4645-4652.

23. Chunzhong Li, Yanjie Hu, Weikang Yuan. Nanomaterials Synthesized by Gas Combustion Flames: Morphology and Structure. Particuology, 2010,8:556-562.

24. Fan Bai, Chunchun Zhu, Yin Liu, Peiqing Yuan, Zhenming Cheng, Weikang Yuan. Co-pyrolysis of Residual Oil and Polyethylene in Sub-and Supercritical Water. Fuel Processing Technology, 2013, 160:267-274.

25. Jie Chen, Tao Liu, Ling Zhao, Weikang Yuan. Experimental Measurements and Modeling of Solubility and Diffusivity of CO_2 in Polypropylene/

Micro-and Nanocalcium Carbonate Composites. Ind. Eng.Chem. Res.,2013,52:5100-5110.

26. Bin Li, Guohua Hu, Guiping Cao, Tao Liu, Ling Zhao, Weikang Yuan. Effect of Supercritical Carbon Dioxide-assisted Nano-scale Dispersion of Nucleating Agents on the Crystallization Behavior and Properties of Polypropylene. The Journal of Supercritical Fluids, 2008,44:446-456.

27. Lei Li, Tao Liu, Ling Zhao, Weikang Yuan. CO_2-induced Phase Transition of Isotactic Poly-1-butene with Form III upon Heating. Macromolecules, 2011,44:4836-4844.

28. Lei Li, Tao Liu, Ling Zhao, Weikang Yuan. CO_2-induced Polymorphous Phase Transition of Isotactic Poly-1-butene with Form III upon Annealing. Polymer, 2011,52:3488-3495.

29. Bin Li, Guohua Hu, Guiping Cao, Tao Liu, Ling Zhao, Weikang Yuan. Supercritical Carbon Dioxide-assisted Dispersion of Sodium Benzoate in Polypropylene and Crystallization Behavior of the Resulting Polypropylene. Journal of Applied Polymer Science, 2006, 102: 3212-3220.

30. Yang Xu, Tao Liu, Lei Li, Dachao Li, Weikang Yuan, Ling Zhao. Controlling Crystal Phase Transition from Form II to I in Isotactic Poly-1-butene Using CO_2. Polymer, 2012,53:6102-6111.

31. Xiulei Jiang, Tao Liu, Zhimei Xu, Ling Zhao, Guohua Hu,Weikang Yuan. Effects of Crystal Structure on the Foaming of Isotactic Polypropylene Using Supercritical Carbon Dioxide as a Foaming Agent. The Journal of Supercritical Fluids, 2009,48:167-175.

32. Dachao Li, Tao Liu, Ling Zhao, Weikang Yuan.Foaming of Linear Isotactic Polypropylene Based on its Non-isothermal Crystallization Behaviors under Compressed CO_2. The Journal of Supercritical Fluids, 2011,60:89-97.